당신의 호기심을 풀어보는

신비한
파이썬 프로젝트

Lee Vaughan 저 / 전인표 역

YoungJin.com Y.
영진닷컴

no starch press

호기심을 풀어보는
신비한 파이썬 프로젝트

ISBN : 978-89-314-6208-1

독자님의 의견을 받습니다.

이 책을 구입한 독자님은 영진닷컴의 가장 중요한 비평가이자 조언가입니다. 저희 책의 장점과 문제점이 무엇인지, 어떤 책이 출판되기를 바라는지, 책을 더욱 알차게 꾸밀 수 있는 아이디어가 있으면 팩스나 이메일, 또는 우편으로 연락주시기 바랍니다. 의견을 주실 때에는 책 제목 및 독자님의 성함과 연락처(전화번호나 이메일)를 꼭 남겨 주시기 바랍니다. 독자님의 의견에 대해 바로 답변을 드리고, 또 독자님의 의견을 다음 책에 충분히 반영하도록 늘 노력하겠습니다.

이메일 : support@youngjin.com
주　소 : (우)08505 서울시 금천구 가산디지털2로 123 월드메르디앙벤처센터2차 10층 1016호 영진닷컴 기획1팀
파본이나 잘못된 도서는 구입하신 곳에서 교환해 드립니다.

STAFF

저자 Lee Vaughan | **역자** 전인표 | **총괄** 김태경 | **진행** 김민경, 이민혁 | **표지 디자인** 임정원 | **본문 디자인** 이주은
영업 박준용, 임용수, 김도현 | **마케팅** 이승희, 김근주, 조민영, 이은정, 김예진 | **제작** 황장협 | **인쇄** SJ P&B

어쩌다 프로그래머가 된 이들,
충실한 비전문가들,
취미로 매일 코드를 작성하는 모든 비전문가들을 위해.
이 책이 여러분의 앞길을 밝혀줄 수 있기를.

저자 소개

Lee Vaughan은 석유공업 분야에서 30년 이상의 경력을 가진 지질학자이다. 유수의 국제 정유 회사의 지질 모델링 관련 선임 기술 전문가로서 컴퓨터 모델들의 제작과 리뷰에 참여했다. 이는 개발, 테스팅과 소프트웨어 영리화를 포함하며 지구 과학자와 엔지니어들의 교육도 담당했다. 프로그래머는 아니지만 프로그래밍을 해야 하는 직원들을 지원하는 업무를 맡게 되면서, 독학하는 이들이 파이썬 언어 스킬을 연마할 수 있도록 도와줄 호기심을 풀어보는 *신비한 파이썬 프로젝트*를 저술하게 되었다.

기술 리뷰어 소개

Jeremy Kun은 시카고의 일리노이 대학교에서 수학 박사 학위를 수료했다. Math ∩ Programming(*https://jeremykun.com/*)이라는 블로그를 운영하고 있으며 현재 Google에서 데이터센터 최적화 업무를 수행하고 있다.

번역가 소개

전인표는 서울과학기술대학교 컴퓨터공학과를 졸업했다. 2012년부터 웹 개발자로 일했으며 2018년에는 해커톤에 출전해 우승한 경력이 있다. 현재 (주)현대홈쇼핑 UX팀에서 빅데이터 및 검색 기획 업무를 담당하고 있다.

목차

감사의 말.. xiv

소개 xv

Chapter 1: 우스꽝스러운 이름 생성기 1

Chapter 2: 팔린그램 주문 찾기 19

Chapter 3: 아나그램 풀기 35

Chapter 4: 미국 남북전쟁 암호 해독 63

Chapter 5: 영국 대내란 암호 암호화 91

Chapter 6: 투명 잉크로 쓰기 105

Chapter 7: 유전 알고리즘으로 거대 쥐 키우기 125

Chapter 8: 하이쿠 시 음절 세기 145

Chapter 9: 마르코프 체인 분석으로 하이쿠 작성 161

Chapter 10: 우리는 혼자인가? 페르미 역설 탐구 187

Chapter 11: 몬티 홀 문제 217

Chapter 12: 노후 자금 확보하기 239

Chapter 13: 외계 화산 시뮬레이션 265

Chapter 14: 화성 궤도 탐사선으로 화성 맵핑 285

Chapter 15: 행성 쌓기를 이용한 천체 사진 향상시키기 325

Chapter 16: 벤포드의 법칙을 이용한 사기 탐지 347

부록 : 연습 프로젝트 솔루션 367

상세 목차

감사의 말   **xiv**

소개   **xv**
이 책의 대상 xvi
이 책의 내용 xvi
        파이썬 버전, 플랫폼, 그리고 IDE xviii
        코드 xix
        코딩 스타일 xix
도움을 받을 수 있는 곳 xix
전진! xx

1
우스꽝스러운 이름 생성기   **1**
프로젝트 #1: 별명 생성하기 1
프로젝트 계획과 설계 2
        전략 3
        의사 코드 3
코드 4
        파이썬 커뮤니티의 스타일 가이드 이용하기 6
        Pylint로 당신의 코드를 점검하라 7
        Docstring을 이용해서 코드 설명하기 10
        코드 스타일 확인하기 11
요약 14
더 보기 14
        의사 코드 14
        스타일 가이드 14
        서드파티 모듈 15
연습 프로젝트 15
        피그 라틴 15
        보급형 막대 차트 15
도전 프로젝트 16
        해외 보급형 막대 차트 16
        중간 이름 17
        완전히 다른 것 17

2
팔린그램 주문 찾기   **19**
사전을 찾아 열기 20
        파일을 열 때의 예외 처리 21
        사전 파일 로드하기 21
프로젝트 #2: 회문 찾기 23
        전략과 의사 코드 23
        회문 코드 24

프로젝트 #3: 팔린그램 찾기 25
    전략과 의사 코드 25
    팔린그램 코드 28
    팔린그램 프로파일링 29
    팔린그램 최적화 31
dnE ehT 33
추가 참고 도서 33
실습 프로젝트 : 사전 정리 33
도전 프로젝트 : 재귀적 접근 34

3
아나그램 풀기   35

프로젝트 #4: 단일어 아나그램 찾기 36
    전략과 의사 코드 36
    아나그램 검색 코드 38
프로젝트 #5: 문구 아나그램 찾기 39
    전략과 의사 코드 40
    아나그램 문구 코드 43
프로젝트 #6: 볼드모트 찾기(갈릭 갬빗) 49
프로젝트 #7: 볼트모트 찾기(브리티쉬 브루트 포스) 51
    전략 51
    브리티쉬 브루트 포스 코드 54
요약 61
더 보기 61
연습 프로젝트: 다이어그램 찾기 61
도전 프로젝트: 자동 아나그램 생성기 62

4
미국 남북전쟁 암호 해독   63

프로젝트 #8: 루트 암호 64
    전략 66
    의사 코드 69
    루트 암호 복호화 코드 69
    루트 암호 해킹하기 72
    사용자 인터페이스 추가 74
프로젝트 #9: 레일 펜스 암호 80
    전략 81
    레일 펜스 암호 암호화 코드 82
    레일 펜스 암호 복호화 코드 84
요약 86
추가 참고 도서 87
연습 프로젝트 87
    링컨 해킹 87
    암호 유형 식별 88
    사전으로 키 저장 88
    가능한 키 자동화 88
    루트 전치 암호: 브루트 포스 공격 88
도전 프로젝트 90
    루트 암호 암호기 90
    3레일 펜스 암호기 90

5
영국 대내란 암호 암호화   91

프로젝트 #10: 트레바니언 암호 92
    전략과 의사 코드 93
    트레바니언 암호 94
프로젝트 #11: 널 암호 작성 98
    리스트 암호 코드 99
    리스트 암호 출력 100
요약 101
추가 참고 도서 101
연습 프로젝트 101
    Mary 구하기 102
    콜체스터 캐치 103

6
투명 잉크로 쓰기   105

프로젝트 #12: 비즈네르 암호 숨기기 106
플랫폼 107
전략 107
    투명 잉크 만들기 108
    python-docx를 활용한 Word 문서 조작 110
    자료 다운로드 112
의사 코드 113
코드 114
    python-docx 임포트, 목록 생성, 머리글 추가 114
    메시지 서식화 및 입력하기 115
    비즈네르 암호 추가 118
숨겨진 메시지 탐지 119
요약 122
추가 참고 도서 122
연습 프로젝트: 빈 행 개수 검토 122
도전 프로젝트: 모노스페이스 폰트 사용 123

7
유전 알고리즘으로 거대 쥐 키우기   125

최적의 해답 찾기 126
프로젝트 #13: 슈퍼 쥐 군단 만들기 126
    전략 127
    슈퍼 쥐 코드 130
    요약 136
프로젝트 #14: 최신형 금고 뚫기 137
    전략 139
    금고 뚫기 코드 140
    요약 143
추가 참고 도서 143
도전 프로젝트 144
    쥐 하렘 만들기 144
    보다 효율적인 금고털이 장치 만들기 144

8
하이쿠 시 음절 세기   **145**

일본 하이쿠 146
프로젝트 #15: 음절 계수 147
전략 147
      말뭉치 사용 148
      NLTK 설치 148
      CMUdict 다운로드 149
      음절 대신 소리 계수 150
      다양하게 발음되는 단어 처리 150
누락된 단어 관리 151
      학습용 말뭉치 151
      누락된 단어 코드 151
음절 계수 코드 156
      준비, 로드, 계수 156
      main() 함수 정의 158
프로그램 검증을 위한 프로그램 158
요약 159
추가 참고 도서 160
연습 프로젝트: 음절 카운터 vs. 사전 파일 160

9
마르코프 체인 분석으로 하이쿠 작성   **161**

프로젝트 #16: 마르코프 체인 분석 162
전략 164
      단어들을 고르거나 버리기 165
      한 행에서 다음 행으로 이어가기 167
의사 코드 167
학습용 말뭉치 168
디버깅 169
      스카폴딩 만들기 170
      Logging 모듈 사용하기 170
코드 171
      준비 171
      마르코프 모델 만들기 172
      무작위 단어 선택 173
      마르코프 모델 적용하기 174
      하이쿠 행 생성하기 175
      사용자 인터페이스 작성 178
결과 181
      좋은 하이쿠 182
      씨앗 하이쿠 183
요약 184
추가 참고 도서 184
도전 프로젝트 184
      새로운 단어 생성기 184
      튜링 테스트 185
      믿을 수 없어! 정말 믿을 수 없어! 믿을 수 없다고! 185
      하이쿠를 짓느냐 짓지 않느냐, 그것이 문제로다. 186
      마르코프 음악 186

10
우리는 혼자인가? 페르미 역설 탐구   **187**

프로젝트 #17: Milky Way 모델링 188
전략 189
문명 개수 측정 190
라디오 버블 범위 설정 191
감지 가능성에 대한 수식 생성 192
감지 가능성 코드 194
     문명 범위에 대한 감지 가능성 계산 195
     예측 공식을 생성하고 결과값 검토 198
그래픽 모델 생성 199
     그래픽 모델 스케일링 201
     은하계 시뮬레이터 코드 202
결과 211
요약 212
추가 참고 도서 212
연습 프로젝트 212
     멀고 먼 은하계 212
     은하 제국 건설 213
     감지 가능성 우회 측정 214
도전 프로젝트 214
     막대나선 은하계 만들기 215
     은하계에 거주 가능한 지역 추가 215

11
몬티 홀 문제   **217**

몬테 카를로 시뮬레이션 218
프로젝트 #18: vos Savant 입증 220
     전략 220
     Vos Savant 입증 코드 221
프로젝트 #19: 몬티 홀 게임 223
     객체 지향 프로그래밍 개요 223
     전략과 의사 코드 226
     게임 요소 227
     The Monty Hall 게임 코드 228
요약 237
추가 참고 도서 238
연습 프로젝트: 생일 역설 238

12
노후 자금 확보하기   **239**

프로젝트 #20: 퇴직 후 수명 시뮬레이션 240
전략 240
     과거 실적 변수 243
     가장 큰 불확실성 245
     결과 제시를 위한 질적 방법 246
의사 코드 248
과거 데이터 검색 249

코드 250
데이터 로드, 사용자 입력을 받기 위한 모듈 임포트, 함수 정의............... 250
사용자 입력 받기 251
기타 입력 오류 확인 253
몬테 카를로 엔진 정의 253
사례의 각 연도 시뮬레이션 256
빈털터리가 될 확률 계산 257
main() 함수 정의 및 호출 258
시뮬레이터 사용.. 259
요약 263
추가 참고 도서 263
도전 프로젝트 264
천 달러 값의 그림 264
믹스 앤 매치 264
내 팔자야! 264
모든 구슬들 264

13
외계 화산 시뮬레이션   265
프로젝트 #21: 이오의 융기 266
pygame 개요... 267
전략 268
게임 스케치를 사용한 계획 268
입자 클래스 계획 269
코드 271
모듈 임포트, pygame 초기화, 색상 정의 271
입자 클래스 정의 272
입자 분출.. 274
입자 업데이트 및 경계 조건 다루기 276
main() 함수 정의 277
main() 함수 완성 278
시뮬레이션 실행.. 280
요약 281
추가 참고 도서 281
연습 프로젝트: 장거리 여행 282
도전 프로젝트 283
쇼크 캐노피... 283
마천루 283
총알 실험... 284

14
화성 궤도 탐사선으로 화성 맵핑   285
게이머를 위한 우주역학... 286
만유인력의 법칙 286
Kepler의 행성운동법칙 287
궤도역학.. 288
프로젝트 #22: 화성 궤도 게임 293
전략 293
게임 내 요소들 296

코드 297
    색상표 임포트 및 구축 297
    위성 클래스 초기화 방법 정의 298
    위성의 초기 위치, 속도, 연료, 소리에 대한 설정 299
    추진 엔진 점화 및 플레이어 입력 점검 300
    위성 위치 시키기 301
    위성 회전 및 궤도 그리기 302
    위성 오브젝트 업데이트 303
    Planet 클래스 초기화 메서드 정의 304
    행성 회전시키기 306
    gravity(), update() 메서드 정의 307
    이심률 계산 308
    레이블을 만들기 위한 함수 정의 309
    토양 수분 맵핑 311
    그림자 드리우기 311
    main() 함수 정의 312
    오브젝트 인스턴스화, 궤도 검증 설정, 맵핑 및 시간 기록 314
    게임 루프 시작 및 사운드 재생 315
    중력 적용, 이심률 계산, 실패 처리 316
    성공 보상, 스프라이트 업데이트 및 그리기 318
    지침 표시, 원격 측정, 그림자 드리우기 318
요약 320
도전 프로젝트 320
    게임 타이틀 화면 320
    스마트 게이지 320
    라디오 블랙아웃 320
    점수 매기기 320
    전략 가이드 321
    에어로브레이킹 321
    침입자 경보! 322
    정상을 넘어 322

15
행성 쌓기를 이용한 천체 사진 향상시키기　　　　　　　　325

프로젝트 #23: 목성 쌓기 326
pillow 모듈 327
파일 및 폴더 처리 327
    디렉터리 경로 328
    쉘 유틸리티 모듈 329
비디오 330
전략 331
코드 331
    자르기 및 크기 조정 코드 331
    적층 코드 337
    강화 코드 340
요약 343
추가 참고 도서 343
도전 프로젝트: 사라지게 만들기 344

16
벤포드의 법칙을 이용한 사기 탐지
347

프로젝트 #24: 벤포드의 첫째 자릿수 법칙 348
    벤포드의 법칙 적용 350
    카이-제곱 검정 수행 352
데이터셋 353
전략 354
코드 355
    모듈 임포트 및 데이터 로드 355
    첫째 자릿수 카운트 356
    예상 카운트 구하기 357
    적합도 판단 357
    막대 차트 함수 정의 358
    막대 차트 함수 완성 359
    main() 함수 정의 및 실행 361
요약 363
추가 참고 도서 364
연습 프로젝트: 벤포드 이기기 364
도전 프로젝트 366
    전장 벤포딩 366
    아무도 보지 않을 때 366

부록
연습 프로젝트 솔루션
367

Chapter 1: 우스꽝스러운 이름 생성기 367
Chapter 2: 팔린그램 주문 찾기 368
Chapter 3: 아나그램 풀기 369
Chapter 4: 미국 남북전쟁 암호 해독 370
Chapter 5: 영국 대내란 암호 암호화 375
Chapter 6: 투명 잉크로 쓰기 377
Chapter 8: 하이쿠 시 음절 세기 378
Chapter 10: 우리는 혼자인가? 페르미 역설 탐구 379
Chapter 11: 몬티 홀 문제 384
Chapter 13: 외계 화산 시뮬레이션 385
Chapter 16: 벤포드의 법칙을 이용한 사기 탐지 387

감사의 말

책을 집필하는 것은 가족의 일이다. No Starch Press의 가족과 내 가족의 지원 없이는 성공적으로 마무리할 수 없었을 것이다. 먼저, 아내 Hannah와 딸들 Sarah와 Lora의 이해와 인내, 무한한 지원에 감사한다.

No Starch에서 내 제안을 수락해 준 Bill Pollock과 Tyler Ortman, 내가 말하고자 하는 바를 이해해준 Zach Lebowski, 전문적인 제작 구성을 수행해준 Janelle Ludowise, 기술 서적을 교정하고 보강하는 어려운 작업을 맡아준 Rachel Monaghan과 Paula Fleming, 작문을 도와준 David van Ness, 그리고 멋진 커버 디자인을 만들어준 Serena Yang과 Josh Ellingson에게 감사를 표한다. 또한, 내 기술 리뷰어로서 귀중한 제안과 보완 의견으로 책의 완성도를 현저히 높여준 Jeremy Kun, Michael Contraveos와 Michele Pratusevich에게도 감사하다.

No Strarch 외에도 Sarah Vaughan, Eric Evenchick, Xiao-Hui Wu, Brooks Clark, Brian Proett, Brent Francis, 그리고 Glenn Krum이 중요한 기술 지원을 제공해 주었다.

마지막으로, 내게 파이썬을 소개해준 Mark Nathern과 파이썬의 창시자 Guido van Rossum에게 감사를 표한다.

소개

호기심을 풀어보는 신비한 파이썬 프로젝트에 온 것을 환영한다! 당신은 파이썬 프로그래밍 언어를 이용해 화성, 목성을 비롯한 아득히 먼 은하계, 시인의 영혼, 대형 금융 거래, 스파이와 투표 조작, 게임 쇼의 속임수 등을 탐험하게 될 것이다. 당신은 pygame, Pylint, pydocstyle, tkinter, python-docx, matplotlib과 pillow 같은 모듈을 이용해 마르코프 체인 분석으로 하이쿠를 작성하고, 몬테 카를로 시뮬레이션을 통해 금융 시장을 모델링하고, 이미지 쌓기로 천체 사진을 향상시키고, 유전 알고리즘으로 거대한 쥐를 기르게 될 것이다. 그리고 무엇보다도, 즐거움을 느낄 것이다.

이 책의 대상

이 책은 당신의 두 번째 파이썬 책이라고 생각하면 된다. 이 책은 완전 초보자를 위한 책이나 입문 수준에서 이어지도록 만들어졌다. 당신은 이미 배운 개념을 반복하기 위해 돈이나 책꽂이 공간을 낭비할 필요 없이 프로젝트 기반의 접근을 통해 자습을 이어갈 수 있다. 하지만 방치하지는 않을 테니 걱정하지 마라. 모든 코드는 주석과 함께 설명을 제공할 것이다.

이 프로젝트들은 프로그래밍을 이용해 실험을 수행하거나, 이론을 테스트하거나, 자연을 재현하거나, 그저 재미로 개발을 하려는 사람들 모두를 위한 것이다. 여기에는 직업상 프로그래밍을 하지만 프로그래머는 아닌 사람들(과학자들과 엔지니어들), 취미로 프로그래밍 문제 자체를 즐기는 이른바 "충실한 비전문가들" 역시 포함된다. 이곳에 제시된 개념들을 즐기고 싶지만, 밑바닥부터 프로젝트를 시작하는 것이 너무 어렵거나 시간을 잡아먹을 것 같다고 느낀다면, 당신에게 필요한 것은 바로 이 책이다.

이 책의 내용

당신은 프로젝트를 진행하면서 유용한 파이썬 라이브러리와 모듈에 관한 지식을 쌓게 될 것이다. 단축키, 내장 함수들과 유용한 기술들에 대해 배우고 프로그램의 설계, 테스트와 최적화를 연습한다. 추가적으로, 이것들을 실생활과 데이터 집합, 문제들에 연관시킬 수 있다.

Ralph Waldo Emerson을 인용하면, "열정 없이는 그 어떤 위대한 일도 달성할 수 없다." 이는 학습 경험에도 적용된다. 이 책의 궁극적인 목표는 당신의 상상력에 불을 붙이고 당신만의 흥미로운 프로젝트를 개발하도록 하는 것이다. 너무 거창한 것 같아 보이겠지만 걱정할 것 없다. 약간의 성실함과 수많은 구글링은 당신의 생각보다 빨리 기적을 일으킬 것이다.

다음은 이 책의 각 챕터에 대한 개요이다. 순서대로 수행할 필요는 없지만 가장 쉬운 프로젝트들이 앞쪽에 배치되었으며, 새로운 개념과 모듈, 그리고 기술들은 처음 소개할 때 더욱 상세히 설명한다.

챕터 1: 우스꽝스러운 이름 생성기

이 워밍업 프로젝트는 가이드라인에 따른 코드 적합성을 분석하는 파이썬 PEP 8, PEP 257 스타일 가이드와 Pylint, 그리고 pydocstyle 모듈들을 소개한다. 최종 결과물은 USA Network의 TV 프로그램 *Psych*에서 영감을 얻은 우스꽝스러운 이름 생성기이다.

챕터 2: 팔린그램 주문 찾기

DC 코믹스의 마법사 Zatanna를 위험으로부터 구하면서 당신의 코드를 프로파일링하는 방법을 배운다. 온라인 사전에서 Zatanna가 시간을 되돌리는 악당을 이기기 위해 필요한 마법 팔린그램들을 검색한다.

챕터 3: 아나그램 풀기

사용자가 자신의 이름으로 아나그램을 만들 수 있도록 도와주는 프로그램을 작성한다. 예를 들어, *Clint Eastwood*는 *old west action*이 되고, Tom Marvolo Riddle이 언어 거름망을 통해 "I am Lord Voldemort."라는 아나그램을 만들 수 있도록 돕는다.

챕터 4: 미국 남북전쟁 암호 해독

역사상 가장 성공적인 군 암호인 연방 루트 암호를 연구하고 해독한다. 그리고 양측의 스파이들이 지그재그로 움직이는 레일 펜스 암호를 이용해서 비밀 메시지를 보내고 해독할 수 있도록 돕는다.

챕터 5: 영국 대내란 암호 암호화

영국 대내란에서 사용된 널(null) 암호를 해독해서 뻔히 보이는 곳에 숨겨진 메시지를 읽는다. 그리고 더 어려운 임무인 널 암호 작성을 완수하기 위한 코드를 설계하고 적용해서 스코틀랜드의 여왕 Mary를 구한다.

챕터 6: 투명 잉크로 쓰기

산업 스파이가 Sherlock Holmes의 아버지를 배신하고 투명 전자 잉크를 이용해서 탐지망을 벗어나도록 돕는다. 이 챕터는 CBS TV 프로그램인 *Elementry*의 에피소드를 바탕으로 한다.

챕터 7: 유전 알고리즘으로 거대 쥐 키우기

다윈의 진화론에서 영감을 얻은 유전 알고리즘을 이용해서 암컷 불마스티프 크기의 슈퍼 쥐를 기른다. 그리고 James Bond가 100억 가지 조합으로 잠겨 있는 금고를 눈 깜짝할 사이에 열 수 있도록 돕는다.

챕터 8: 하이쿠 시 음절 세기

일본 시의 종류인 하이쿠를 작성하기 위한 준비 단계로써 컴퓨터를 학습시켜 영어 음절을 셀 수 있도록 만든다.

챕터 9: 마르코프 체인 분석으로 하이쿠 작성

챕터 8에서 만든 음절 계수 모듈과 마르코프 체인 분석, 고대와 현대를 아우르는 수백 개의 하이쿠에서 얻은 학습 말뭉치를 컴퓨터에 학습시켜 하이쿠를 작성한다.

챕터 10: 우리는 혼자인가? 페르미 역설 탐구

드레이크 방정식과 우리 은하의 규모, 감지할 수 있는 "신호 버블"의 크기 추측을 통해 외계 라디오 신호의 부재를 조사한다. 유명한 tkinter 모듈을 이용해서 은하계와 지구의 라디오 버블을 시각적으로 표현한다.

챕터 11: 몬티 홀 문제

세계에서 가장 똑똑한 여성이 몬티 홀 문제를 해결할 수 있도록 돕는다. 그리고 객체 지향 프로그래밍(OOP)을 통해 재미있는 그래픽 인터페이스를 갖춘 몬티의 유명한 게임을 제작한다.

챕터 12: 노후자금 확보하기

Monte Carlo 기반의 금융 시뮬레이션을 통해 당신(또는 당신의 부모님)의 노후 자금을 확보한다.

챕터 13: 외계 화산 시뮬레이션

pygame을 이용해 이오 또는 목성의 위성 중 하나에서 화산 폭발을 재현한다.

챕터 14: 화성 궤도 탐사선을 이용한 화성 맵핑

중력 기반 아케이드 게임을 만들고 연료가 떨어지거나 대기권에서 전소되지 않도록 위성을 원형 맵핑 궤도로 이동시킨다. 궤도 역학을 배우면서 주요 매개변수의 판독값을 표시하고, 궤도 경로를 추적하고, 행성의 그림자를 추가하고, 화성을 축 위에서 천천히 회전시킨다.

챕터 15: 행성 쌓기를 이용한 천체 사진 향상시키기

파이썬 이미지 라이브러리를 이용해 저해상도 비디오 이미지를 쌓아 목성의 구름 띠와 대적점을 나타낸다. 내장 os와 shutil 모듈을 이용해서 파일, 폴더와 디렉토리 경로를 활용하는 방법을 배운다.

챕터 16: 벤포드의 법칙을 이용한 사기 탐지

벤포드의 법칙을 이용해서 2016년 대통령 선거의 부정 투표를 수사한다. matplotlib을 이용해서 결과를 차트로 요약한다.

각 챕터는 최소 한 개의 연습 프로젝트나 도전 프로젝트로 끝난다. 각 연습 프로젝트에는 솔루션이 제공된다. 그것이 최적의 솔루션이라는 것은 아니다. 당신이 더 나은 솔루션을 떠올릴 수도 있으니 미리 훔쳐보지 말 것!

하지만 도전 프로젝트는 스스로 해내야 한다. 1519년 Cortez가 멕시코를 침략했을 때, 그는 부하들에게 도망칠 곳이 없다는 것을 깨닫게 하기 위해 자신의 캐러벨 선을 불태웠다. 그들은 단호하고 확고한 마음가짐으로 아즈텍인들과 맞서야 했다. 그래서 "배를 태워버려라."라는 표현은 진심을 다하거나 임무에 완전히 전념하는 것을 뜻한다. 당신은 이러한 마음가짐으로 도전 프로젝트를 대해야 한다. 당신의 배가 불타버린 것과 같은 마음으로 도전 프로젝트를 수행해야 한다. 그래야만 당신은 이 책의 다른 부분보다 이 연습들을 통해 더 많은 것을 배울 수 있을 것이다.

파이썬 버전, 플랫폼, 그리고 IDE

이 책의 각 프로젝트는 Microsoft Windows 10 환경에서 파이썬 v3.5로 제작되었다. 만약 당신이 다른 운영체제를 이용한다 해도 문제는 없다. 적절한 곳에 다른 플랫폼을 위한 호환 모듈을 제안해 두었다.

이 책의 코드 예제와 화면 캡처의 출처는 파이썬 IDLE 텍스트 에디터와 대화형 쉘이다. IDLE은 *integrated development and learning environment*의 약자이다. 이는 *integrated development environment(IDE)*에 *L*을 추가해서 몬티 파이썬의 Eric Idle과 두음을 맞춘 것이다. 대화형 쉘은 인터프리터라고도 불리며 파일을 생성하지 않아도 코드를 테스트할 수 있도록 명령어를 즉시 실행해준다.

IDLE은 행 번호의 부재와 같은 여러 단점이 있지만, 무료이며 파이썬에 번들로 제공되므로 누구나 사용할 수 있다. 각자 사용하고 싶은 IDE를 사용하면 된다. 온라인에 Geany(지니라고 발음된다), PyCharm, PyScripter와 같은 수많은 선택지가 존재한다. Geany는 Unix, macOS, Windows 등 다양한 운영체제에서 동작한다. PyCharm은 Linux, Windows, macOS에서 동작한다. PyScripter는 Windows에서 동작한다. 사용가능한 더 많은 파이썬 개발 툴과 호환 플랫폼은 *https://wiki.python.org/moin/DevelopmentTools/*에서 확인할 수 있다.

코드

이 책에 있는 각 프로젝트는 모든 코드 라인이 제공되며 가능한 한 직접 입력해보기를 권장한다. 어떤 대학 교수는 "학습은 손을 통해 이루어진다."고 말했다. 직접 코드를 입력하는 것이야말로 일어나고 있는 일에 최대한 집중할 수 있는 방법이라는 것에 동의한다. 하지만 당신이 프로젝트를 신속하게 완료하고 싶거나 실수로 작업물을 모두 지웠다면 모든 코드와 연습 프로젝트의 솔루션들을 영진닷컴 홈페이지에서 다운로드할 수 있다.

코딩 스타일

이 책은 문제 해결과 초심자 레벨의 흥미에 초점을 두고 있기 때문에 코드는 모범 사례와 최대 효율에 거리가 멀 수도 있다. 종종 리스트 컴프리헨션이나 특수 연산자를 사용해야 할 수도 있지만 대부분의 경우 배우기 쉬운 간단하고 간편한 코드에 집중하게 될 것이다.

프로그래머가 아니지만 프로그래밍을 하면서 이 책을 읽는 이들에게는 단순함이 중요하다. 그들의 코드는 대부분 아마도 특정한 목적을 위해 한두 번 사용되고 버려지는 "클리넥스 코드"일 것이다. 이러한 코드는 동료들 사이에서 공유되거나 인수인계될 수 있으므로 이해가 쉬워야 한다.

모든 주요 프로젝트 코드는 주석이 달려 있고 독립적으로 설명되며 일반적으로 *Python Enhancement Proposal 8(PEP 8)*의 스타일 제안을 따른다. PEP 8에 관한 자세한 정보와 이 가이드라인을 따르는 데 도움을 주는 소프트웨어는 챕터 1에서 확인할 수 있다.

도움을 받을 수 있는 곳

프로그래밍 난제를 해결하는 것은 그야말로 난제이다. 파이썬처럼 친화적인 언어를 사용해도 코딩이라는 것은 항상 직관적으로 이해할 수 있는 것이 아니다. 이어지는 챕터들에서 유용한 정보 리소스의 링크와 레퍼런스를 제공하겠지만 당신이 직접 프로젝트를 작성할 때는 온라인 검색만한 것이 없다.

성공적인 검색의 열쇠는 질문을 정확히 아는 것이다. 처음에는 꽤 어려울 수 있지만 스무고개라고 생각해보라. 답을 찾거나 근접할 때까지 성공적인 검색마다 키워드를 정제하라.

만약 책과 온라인 검색을 실패했다면, 다음 단계는 누군가에게 질문하는 것이다. 온라인에서 돈을 내고 답변을 받을 수도 있고 Stack Overflow(*https://stackoverflow.com/*) 와 같은 무료 포럼을 이용할 수도 있다. 하지만 주의할 점은, 이러한 사이트들의 회원들은 바보를 달가워하지 않는다. 글을 올리기 전에 "올바른 질문 방법"을 반드시 읽어보길 바란다. 예를 들면, Stack Overflow의 경우에는 *http://stackoverflow.com/help/how-to-ask/*에서 확인할 수 있다.

전진!

시간을 들여 소개글을 읽어준 것에 감사를 표한다. 당신은 분명 이 책을 통해 가능한 많은 것을 얻고 싶을 것이고, 지금 멋지게 시작하고 있다. 이 책의 끝에 도달하면 당신은 파이썬에 더 능숙해지고 실생활의 난제들에 더 유연하게 대처할 준비가 될 것이다.

이제 시작해보자.

1

우스꽝스러운 이름 생성기

USA Network 채널에서 초인적인 인지 능력을 지닌 사설탐정 Shawn Spencer가 영적인 능력을 사용하는 척하며 사건을 해결하는 *Psych*라는 추리물을 방영한 적이 있다. 이 쇼의 트레이드마크는 그가 자신의 조수인 Gus를 Galileo Humpkins, Lavender Gooms, Bad News Marvin Barnes 등과 같은 괴상한 별명으로 소개하는 것이었다. 이것은 나에게 깊은 감명을 주었는데, 몇 년 전 인구조사기구에서 일할 때 한 동료가 Shawn이 지어낸 이름들처럼 조금씩 이상한 구석이 있는 실제 이름들의 리스트를 준 적이 있기 때문이다.

프로젝트 #1: 별명 생성하기

이 연습 프로젝트를 통해 이름과 성을 무작위로 조합해서 멋진 별명들을 생성하는 간단한 파이썬 프로그램을 작성하게 된다. 운이 좋다면 당신은 어떤 조수라도 만족할 수많은 별명들을 만들 수 있을 것이다.

또한 코딩 가이드라인 모범 사례를 리뷰하고 그 가이드라인을 따를 수 있도록 도움을 주는 외부 프로그램들을 사용하게 될 것이다.

*Psych*가 입맛에 맞지 않는다면 코드 속에 미리 만들어 둔 리스트에 있는 이름들을 당신이 좋아하는 농담이나 주제로 바꾸면 된다. 당신은 손쉽게 이 프로젝트를 왕좌의 게임 이름 생성기로 바꿀 수도 있고, 당신만의 "Benedict Cumberbatch" 이름을 발견할 수도 있다.

> ⊙ 목표 ▶ 수립된 스타일 가이드라인에 맞춰 파이썬 코드로 재치있는 무작위 조수 별명 생성하기

프로젝트 계획과 설계

계획하는 시간은 결코 시간 낭비가 아니다. 당신이 재미로 개발을 하든 이윤 창출을 목표로 하든 결국은 프로젝트가 얼마나 걸릴 것이며 어떤 장애물을 만날지, 어떤 도구와 자원이 필요할지 구체적으로 예측해야 한다. 그러기 위해서는 무엇을 만들려고 하는지 초기 단계에서부터 확실히 알고 있어야 한다.

한 성공한 매니저가 자신의 비법은 단순히 많은 질문을 하는 것이라고 말한 적이 있다. 이루려는 것이 무엇인가? 그렇게 하려는 이유는 무엇인가? 이런 방식으로 하는 이유는 무엇인가? 시간은 얼마나 주어졌는가? 예산은 얼마나 운용할 수 있는가? 이러한 질문들에 답하는 것은 설계 단계에서 굉장한 도움이 되며 당신의 시야를 명확하게 해준다.

Allen Downey는 그의 책에서 두 가지 개발 계획에 대해 설명한다. "프로토타입과 패치", "설계된 개발". 프로토타입과 패치 방식에서는 일단 간단한 프로그램을 제작하고 패치나 코드 수정을 통해 테스트 도중 맞닥뜨리는 문제들을 해결한다. 이 방식은 당신이 잘 이해하지 못하는 복잡한 문제를 다룰 때 유리한 접근법이 될 수 있다. 하지만 난잡하고 신뢰도 낮은 코드를 만들어낼 수도 있다. 특정 문제의 해결 방향에 대한 명확한 관점을 가지고 있다면, 미리 설계한 개발 계획을 따름으로써 예상되는 문제들과 그에 따른 패치 작업을 피하는 것이 좋다. 이 접근법을 이용하면 코딩을 쉽고 효율적으로 만들 수 있고 일반적으로 좀 더 강력하고 신뢰할 수 있는 코드들로 이어진다.

이 책에 실린 모든 프로젝트는 당신의 설계 결정을 수립해 줄 명확하게 정의된 문제나 목표를 가지고 시작된다. 그 후에는 문제 이해를 도와줄 전략에 대해 논의하며 설계된 개발 계획을 구축한다.

전략

우스꽝스러운 이름들로 이루어진 두 개의 리스트(이름과 성)로 시작한다. 리스트들은 비교적 짧기 때문에 메모리에 부하를 주지 않으며 동적으로 업데이트 할 필요가 없고 런타임 오류를 뱉어내지 않을 것이다. 리스트에서 이름들을 읽어 들이기만 하면 되기 때문에 튜플을 컨테이너로 사용하기로 한다.

한 번의 버튼 터치를 통해 이름들로 이루어진 두 개의 튜플에서 이름과 성을 조합하여 새로운 이름들을 생성할 것이다. 사용자는 충분히 재미있는 이름이 등장할 때까지 그 과정을 반복할 수 있다.

또한, 인터프리터 윈도우 내의 이름을 모종의 방법으로 하이라이트 처리하여 커맨드 프롬프트에서 눈에 띄도록 만들어야 한다. IDLE 쉘에는 폰트 옵션이 많지 않지만, 에러가 빨간색으로 표시되는 것을 자주 보았을 것이다. print() 함수의 기본값은 표준 출력이지만 sys 모듈이 로드된 상태라면 file 파라미터: print(출력할 것, file=sys.stderr)를 이용해 빨간색이 트레이드마크인 에러 채널로 출력을 리다이렉트할 수 있다.

마지막으로, 파이썬 프로그래밍을 위한 추천 스타일 중 어떤 것을 사용할지 결정한다. 이 가이드라인은 코드뿐만 아니라 코드 사이에 포함되는 문서화 요소들도 다룬다.

의사 코드

"미국인들은 항상 믿어도 좋다. 그들은 모든 실수를 겪어보고 올바른 방법을 택하거든." 이것은 윈스턴 처칠과 약간의 관계가 있는 인용구로 의사 코드에 대한 많은 이들의 접근 방식을 담고 있다.

의사 코드는 인간의 언어를 이용하여 컴퓨터 프로그램을 표현하는 고급 비정형 수단이다. 이는 간략화된 프로그래밍 언어를 닮아야 하며 키워드와 적절한 들여쓰기가 포함된다. 개발자들은 진짜 프로그래밍 언어의 모든 난해한 구문을 무시하고 그 밑에 깔린 논리에 집중하기 위해 이것을 이용한다. 광범위한 활용에도 불구하고 의사 코드는 공식적인 표준이 없고 가이드라인만 존재한다.

만약 당신이 좌절감에 빠졌다면 의사 코드 작성에 시간을 할애하지 않았기 때문일지도 모른다. 의사 코드는 숲 속에서 길을 잃을 뻔할 때마다 언제나 솔루션으로 인도한다. 이 책의 프로젝트들을 진행하면서 일정한 형태의 의사 코드를 사용하게 될 것이다. 당신이 최소한 그 활용성을 인지하기를 바라며 더 나아가 프로젝트에 의사코드를 사용하기 위한 훈련이 되기를 기원한다.

우스꽝스러운 이름 생성기를 위한 아주 높은 수준의 의사 코드는 다음과 같은 형태가 된다.

```
Load a list of first names
Load a list of surnames
Choose a first name at random
Assign the name to a variable
Choose a surname at random
```

```
Assign the name to a variable
Print the names to the screen in order and in red font
Ask the user to quit or play again
If user plays again:
    repeat
If user quits:
    end and exit
```

당신이 프로그래밍 수업을 수료하려고 하거나 남들에게 명확한 지시를 제공하려는 것이 아니라면, 비표준 가이드라인을 무조건 따르려고 하지 말고 의사 코드의 목적에 집중해라. 프로그래밍을 멈추지 마라. 당신은 의사 코드 프로세스를 더 광범위하게 이용할 수 있다. 일단 그것을 이해하면 세금 계산, 투자 계획, 집 건축과 같은 작업에도 도움이 되고 캠핑 여행 준비에도 적용할 수 있다. 이는 개념에 집중함으로써 실생활에 성공적인 프로그래밍을 적용할 수 있도록 해주는 훌륭한 방법이다. 의회에서도 사용한다면 좋을 텐데.

코드

코드 1-1은 두 개의 이름 튜플에서 별명 리스트를 컴파일하고 출력하는 우스꽝스러운 이름 생성기의 코드이다. 만약 모든 이름을 입력하고 싶지 않다면 이 중 일부만 타이핑하거나 영진닷컴 홈페이지에서 코드를 다운로드할 수 있다.

pseudonyms.py

```
❶ import sys, random

❷ print("Welcome to the Psych 'Sidekick Name Picker.'\n")
  print("A name just like Sean would pick for Gus:\n\n")

  first = ('Baby Oil', 'Bad News', 'Big Burps', "Bill 'Beenie-Weenie'",
          "Bob 'Stinkbug'", 'Bowel Noises', 'Boxelder', "Bud 'Lite' ",
          'Butterbean', 'Buttermilk', 'Buttocks', 'Chad', 'Chesterfield',
          'Chewy', 'Chigger', "Cinnabuns", 'Cleet', 'Cornbread', 'Crab Meat',
          'Crapps', 'Dark Skies', 'Dennis Clawhammer', 'Dicman', 'Elphonso',
          'Fancypants', 'Figgs', 'Foncy', 'Gootsy', 'Greasy Jim', 'Huckleberry',
          'Huggy', 'Ignatious', 'Jimbo', "Joe 'Pottin Soil'", 'Johnny',
          'Lemongrass', 'Lil Debil', 'Longbranch', '"Lunch Money"',
          'Mergatroid', '"Mr Peabody"', 'Oil-Can', 'Oinks', 'Old Scratch',
          'Ovaltine', 'Pennywhistle', 'Pitchfork Ben', 'Potato Bug',
          'Pushmeet','Rock Candy', 'Schlomo', 'Scratchensniff', 'Scut',
          "Sid 'The Squirts'", 'Skidmark', 'Slaps', 'Snakes', 'Snoobs',
          'Snorki', 'Soupcan Sam', 'Spitzitout', 'Squids', 'Stinky',
          'Storyboard', 'Sweet Tea', 'TeeTee', 'Wheezy Joe',
          "Winston 'Jazz Hands'", 'Worms')

  last = ('Appleyard', 'Bigmeat', 'Bloominshine', 'Boogerbottom',
         'Breedslovetrout', 'Butterbaugh', 'Clovenhoof', 'Clutterbuck',
         'Cocktoasten', 'Endicott', 'Fewhairs', 'Gooberdapple', 'Goodensmith',
         'Goodpasture', 'Guster', 'Henderson', 'Hooperbag', 'Hoosenater',
         'Hootkins', 'Jefferson', 'Jenkins', 'Jingley-Schmidt', 'Johnson',
```

```
        'Kingfish', 'Listenbee', "M'Bembo", 'McFadden', 'Moonshine', 'Nettles',
        'Noseworthy', 'Olivetti', 'Outerbridge', 'Overpeck', 'Overturf',
        'Oxhandler', 'Pealike', 'Pennywhistle', 'Peterson', 'Pieplow',
        'Pinkerton', 'Porkins', 'Putney', 'Quakenbush', 'Rainwater',
        'Rosenthal', 'Rubbins', 'Sackrider', 'Snuggleshine', 'Splern',
        'Stevens', 'Stroganoff', 'Sugar-Gold', 'Swackhamer', 'Tippins',
        'Turnipseed', 'Vinaigrette', 'Walkingstick', 'Wallbanger', 'Weewax',
        'Weiners', 'Whipkey', 'Wigglesworth', 'Wimplesnatch', 'Winterkorn',
        'Woolysocks')

❸ while True:
    ❹ firstName = random.choice(first)

    ❺ lastName = random.choice(last)

      print("\n\n")
    ❻ print("{} {}".format(firstName, lastName), file=sys.stderr)
      print("\n\n")

    ❼ try_again = input("\n\nTry again? (Press Enter else n to quit)\n ")
      if try_again.lower() == "n":
          break

❽ input("\nPress Enter to exit.")
```

코드 1-1 이름 튜플들로부터 우스꽝스러운 별명들 생성하기

우선 sys와 random 모듈을 임포트한다❶. IDLE 윈도우에 눈길을 끄는 빨간색 결과를 출력하기 위해 sys를 이용해서 시스템 특정 에러 메시지 기능에 접근할 것이다. 그리고 random은 당신이 이름 리스트에서 무작위로 아이템을 선택할 수 있도록 해준다.

❷의 print 구문들은 프로그램을 사용자에게 소개한다. 개행 명령어 \n은 강제 개행을 실행하고 작은 따옴표 ''는 출력시 코드 가독성을 해치는 백슬래시없이 따옴표를 사용할 수 있도록 해준다.

다음으로 이름 튜플을 정의하고 while 루프를 실행한다❸. while = True는 기본적으로 "멈추라고 할 때까지 실행"하라는 의미를 갖는다. break 구문을 이용해서 루프를 끝낸다.

루프는 first 튜플에서 무작위로 이름을 선택해서 firstname에 그 이름을 저장하는 것으로 시작된다❹. random 모듈의 choice 메서드를 이용해서 비어있지 않은 시퀀스로부터 무작위 엘리먼트를 반환하는 것이다. 이 경우에는 이름의 튜플이다.

그 다음에는 last 튜플에서 무작위로 성을 선택해서 lastName 변수에 저장한다❺. 이제 두 이름들이 모였으니 file=sys.stderr 옵션 인자를 이용해서 IDLE에 빨간색 "에러" 폰트로 출력한다❻. 예전 문자열 포맷 연산자(%) 대신 새로운 문자열 포맷 *메서드*를 사용해서 이름 변수를 문자열로 변환한다. 이 새로운 메서드에 대해 더 알아보려면 메서드에 관한 파이썬 공식문서(*https://docs.python.org/ko/3.7/library/string.html*)를 참고하면 된다.

이름이 출력되고 나면 input을 이용해서 사용자에게 재실행할 것인지 종료할 것인지 물어보는 문구를 제공한다. 빈 행을 추가하면 IDLE 윈도우에 나타나는 재미있는 이름의 가독성을 높일 수 있다.

만약 사용자가 Enter↵를 입력하면 try_agian 변수에는 아무 것도 반환되지 않는다❼. 아무것도 반환되지 않으면 if 문의 조건이 성립하지 않고 while 루프가 계속되며 새로운 이름이 출력된다. 만약 사용자가 N을 입력하면 if 문은 break 명령으로 이어지고 while 구문이 더 이상 True가 아니기 때문에 루프가 종료된다. 소문자 문자열 메서드인 .lower()를 이용해서 사용자의 CapsLock이 눌려 있어도 정상 작동을 유도한다. 다르게 말하면, 사용자가 소문자, 대문자 중 어떤 것을 입력해도 프로그램은 항상 소문자로 읽는다.

마지막으로, 사용자에게 Enter↵를 눌러 종료할 것인지 묻는다❽. Enter↵ 입력은 input()의 값을 변수에 저장하지 않기 때문에 프로그램은 종료되고 콘솔 윈도우는 닫히게 된다. IDLE 에디터에서 F5를 누르면 완성된 프로그램이 실행된다.

이 코드는 정상적으로 작동하지만 그것만으로 충분하지 않다. 파이썬 프로그램은 멋지게 작동해야 한다.

파이썬 커뮤니티의 스타일 가이드 이용하기

*Zen of Python(https://www.python.org/dev/peps/pep-0020/)*은 "어떠한 일을 하기 위한 단 하나의 방법만이 존재해야 한다."고 말한다. 어떠한 일을 하기 위한 명백히 "옳은 방법"을 제공하고 이를 따르려는 정신으로, 파이썬 커뮤니티는 *Python Enhancement Proposals*라는 코딩 방법론을 발표했다. 이는 파이썬 코드를 위한 코딩 규칙으로, 주요 파이썬 배포에 포함되는 표준 라이브러리이다. 이중에서도 가장 중요한 것은 파이썬 프로그래밍을 위한 스타일 가이드인 PEP 8이다. PEP 8은 새로운 규칙들이 식별됨에 따라 시간이 지나면서 진화해왔고 과거의 가이드는 언어의 변화에 따라 폐기되었다.

PEP 8(*https://www.python.org/dev/peps/pep-0008/*)은 빈 행, 탭, 공백, 최대 행수, 주석 등이 포함되는 네이밍 규칙들을 위한 표준을 정의한다. 목표는 코드의 가독성을 향상하고 광범위한 파이썬 프로그램 간의 일관성을 유지하는 것이다. 프로그래밍을 시작할 때, 나쁜 습관이 각인되기 전에 보편적인 규칙들을 학습하고 따르려고 노력해야 한다. 이 책에서 사용되는 코드는 PEP 8을 거의 준수하지만 출판의 용이성을 위해 몇몇 규칙(예를 들면, 주석 축소, 빈 행 축소, docstring 축약 등)은 변경했다.

표준화된 이름과 절차는 팀간 협업시 특히 중요해진다. 1999년, 팀마다 사용하는 측정 단위가 달랐던 탓에 엔지니어들이 화성 기후 우주선을 잃어버렸을 때처럼 과학자들과 엔지니어들 사이의 대화에서는 많은 손실이 발생할 수 있다. 거의 20년동안 엔지니어링 함수들로 전환된 지구의 컴퓨터 모델들을 구축했다. 엔지니어들은 스크립트를 사용하여 이 모델들을 자신들이 소유한 프로그램에 적재했다. 그들은 효율성을 향상시키고 경험이 없는 이들을 돕기 위해 이 스크립트를 타 프로젝트에도 공유했다. 이 "명령 파일들"은 각 프로젝트에 맞게 변형되었기에 모델 업데이트로 인해 속성명이 변경될 때마다 엔지니어들은 불편함을 느꼈다. 실제로 내부 가이드라인 중 하나는 "빌든 뇌물을 먹이든, 그것도 안 되면 괴롭혀서라도 모델 설계자가 일관성 있는 속성명을 사용하도록 만들어라!"였다.

Pylint로 코드를 점검하라

PEP 8이 익숙해져도 당신은 여전히 실수를 저지를 것이며, 작성 중인 코드와 가이드를 비교하는 것은 피곤한 일이다. 다행히도 Pylint, pycodestyle, Flake8과 같은 프로그램을 이용하면 PEP 8 스타일 권장 사항을 쉽게 따를 수 있다. 이 프로젝트에서는 Pylint를 사용할 것이다.

Pylint 설치하기

Pylint는 파이썬 프로그래밍 언어를 위한 소스 코드, 버그, 품질 검사기이다. 무료 프로그램을 다운로드하려면 *https://www.pylint.org/#install*로 가서 당신의 플랫폼에 맞는 설치 버튼을 찾으면 된다. 이 버튼은 Pylint를 설치하기 위한 명령어를 보여줄 것이다. 예를 들어 Windows의 경우, 파이썬이 설치된 폴더(예를 들면, *C:\Python35*)로 이동하여 Shift 와 마우스 오른쪽 버튼을 눌러 context 메뉴를 열고, Windows 버전에 따라 **open command window here**이나 **open PowerShell window here**를 클릭한다. 윈도우가 뜨면 pip install pylint를 입력한다.

Pylint 실행하기

Windows에서 Pylint는 명령 윈도우(신규 시스템에서는 PowerShell)에서 실행된다. **pylint** *filename*을 입력해서 프로그램을 실행한다(그림 1-1). *.py* 확장자는 옵션이며 당신의 디렉토리 경로는 아래 코드와는 다를 수 있다. macOS나 여타 Unix 기반의 시스템에서는 터미널 에뮬레이터를 이용한다.

그림 1-1 Pylint 실행 명령어를 입력한 Windows 명령 윈도우

명령 윈도우는 Pylint 결과값을 표시할 것이다. 아래는 유용한 출력값의 샘플이다.

```
C:\Python35\Python 3 Stuff\Psych>pylint pseudonyms.py
No config file found, using default configuration
************* Module pseudonyms
C: 45, 0: No space allowed around keyword argument assignment
    print(firstName, lastName, file = sys.stderr)
                                    ^ (bad-whitespace)
C:  1, 0: Missing module docstring (missing-docstring)
C:  2, 0: Multiple imports on one line (sys, random) (multiple-imports)
C:  7, 0: Invalid constant name "first" (invalid-name)
C: 23, 0: Invalid constant name "last" (invalid-name)
C: 40, 4: Invalid constant name "firstName" (invalid-name)
C: 42, 4: Invalid constant name "lastName" (invalid-name)
C: 48, 4: Invalid constant name "try_again" (invalid-name)
```

각 행의 시작 부분에 있는 대문자는 메시지 코드이다. 예를 들어 C: 15에서 0은 15번 행, 0번 열의 코딩 표준 위반을 뜻한다. 당신은 다양한 Pylint 메시지 코드를 통해 해당 하는 키를 참조할 수 있다.

R "모범 사례" 표본 위반을 뜻하는 리팩터(Refactor)

C 코딩 표준 위반을 뜻하는 규칙(Convention)

W 스타일 관련 또는 사소한 프로그래밍 문제를 뜻하는 경고(Warning)

E 중요한 프로그래밍 문제(버그일 가능성 농후)를 의미하는 에러(Error)

F 이후 프로세싱을 방해하는 에러를 뜻하는 치명적(Fatal)

Pylint는 프로그램의 PEP 8 준수 여부를 평가하며 보고서를 종료한다. 당신의 코드는 10점 만점에 4점을 받았다.

```
Global evaluation
-----------------
Your code has been rated at 4.00/10 (previous run: 4.00/10, +0.00)
```

잘못된 상수명 에러 처리

보다시피 Pylint는 모든 전역 변수명을 상수로 인식하여 전부 대문자로 나타낸다. 이 문제는 여러 가지 방법으로 해결할 수 있다. 첫 번째 방법은 당신의 코드를 main() 함수에 임베드시키는 것이다(코드 1-2처럼). 이를 통해 변수를 전역에서 벗어나게 만들 수 있다.

```
def main():
    some indented code
    some indented code
    some indented code
❶ if __name__ == "__main__":
    ❷ main()
```

코드 1-2 main() 함수 정의 및 호출

__name__ 변수는 프로그램이 독립적으로 실행되는지 임포트 된 모듈로써 동작하는지 확인할 때 사용하는 특별한 내장 변수이다. 모듈은 다른 파이썬 프로그램 내에 있는 파이썬 프로그램일 뿐이라는 것을 기억하자. 프로그램을 직접 실행하면 __name__은 __main__ 으로 설정된다. 코드 1-2에서 __name__은 프로그램이 임포트 되었을 때, 일부러 호출하기 전에는 main() 함수가 동작하지 않도록 하지만 프로그램을 직접 실행하면 if 문에 포함된 조건이 충족되고❶ main()은 자동으로 호출된다❷. 이 규칙을 항상 따를 필요는 없다. 예를 들어, 당신의 코드가 함수를 정의하는 것뿐이라면 모듈로써 로드해서 __name__과 상관 없이 호출할 수도 있다.

이제 코드 1-2에서처럼 import 구문을 제외하고 *pseudonyms.py* 내의 모든 내용을 main() 함수 내에 임베드하고, main() 함수 호출을 if 문 안에 임베드해보자. 당신은 스스로 이것을 수행할 수도 있고 *pseudonyms_main.py* 프로그램을 영진닷컴 홈페이지에서 다운로드할 수도 있다. Pylint를 재실행한다. 이제 다음과 같은 결과값이 명령 윈도우에 출력될 것이다.

```
C:\Python35\Python 3 Stuff\Psych>pylint pseudonyms_main
No config file found, using default configuration
************ Module pseudonyms_main
C: 47, 0: No space allowed around keyword argument assignment
        print(firstName, lastName, file = sys.stderr)
                                        ^ (bad-whitespace)
C:  1, 0: Missing module docstring (missing-docstring)
C:  2, 0: Multiple imports on one line (sys, random) (multiple-imports)
C:  4, 0: Missing function docstring (missing-docstring)
C: 42, 8: Invalid variable name "firstName" (invalid-name)
C: 44, 8: Invalid variable name "lastName" (invalid-name)
```

이제 잘못된 상수명에 대한 거슬리는 주석이 사라졌지만, 아직 완전히 문제가 해결된 것은 아니다. 파이썬 규칙들은 내가 좋아하는 firstName과 같은 카멜 표기법 이름을 허용하지 않는다.

Pylint 설정하기

소규모 스크립트를 검증할 때, 보통 Pylint의 기본값을 활용하고 잘못된 "상수명" 오류들은 무시한다. -rn 옵션(-reports=n의 약식)을 이용해서 Pylint가 반환하는 대용량의 불필요한 통계들을 생략하는 것도 좋아한다.

```
C:\Python35\Python 3 Stuff\Psych>pylint -rn pseudonyms_main.py
```

-rn의 사용은 코드 평가 옵션을 비활성화 한다는 사실을 기억하자.

Pylint가 지닌 또 다른 문제는 행당 최대 길이의 기본값이 100 글자인데 PEP 8은 79 글자를 권장한다는 것이다. PEP 8에 맞추려면 다음과 같은 옵션으로 Pylint를 실행할 수 있다.

```
C:\Python35\Python 3 Stuff\Psych>pylint --max-line-length=79 pseudonyms_main
```

이제 main() 함수의 이름들을 들여쓰기함으로써 몇몇 행이 가이드라인을 벗어난다는 것을 알 수 있다.

```
C: 12, 0: Line too long (80/79) (line-too-long)
C: 14, 0: Line too long (83/79) (line-too-long)
--snip--
```

Pylint를 실행할 때마다 설정을 조정하고 싶지 않다는 것도 귀찮은 일일 것이다. 다행히 그렇게 하지는 않아도 된다. --generate-rcfile 명령을 이용하면 맞춤형 설정 파일을 만들 수 있다. 예를 들어, 보고서를 생략하고 최대 행 길이를 79로 설정하고 싶다면 아래 내용을 명령 프롬프트에 입력하면 된다.

```
your pathname>pylint -rn --max-line-length=79 --generate-rcfile > name.pylintrc
```

--generate-rcfile > name.pylintc 구문 앞에 바꾸고 싶은 내용을 넣고 .pylintrc 확장자 앞에 파일명을 작성한다. 위와 같이 독립적인 설정 파일을 생성할 수도 있고 파이썬 프로그램을 검증할 때 수행할 수도 있다.

.pylintrc 파일은 작업 디렉토리에 자동으로 저장되지만 디렉토리 경로를 추가하는 옵션도 있다. (*https://pylint.org*와 *https://pylint.readthedocs.io/en/latest/user_guide/run.html* 참조)

맞춤형 설정 파일을 재사용하려면 해당 설정 파일명과 검증하는 프로그램의 이름 뒤에 --rcfile 옵션을 입력하면 된다. 예를 들어, *myconfig.pylintrc*를 *pseudonyms_main.py* 프로그램에 사용하려면 다음과 같이 입력한다.

```
C:\Python35\Python 3 Stuff\Psych>pylint --rcfile myconfig.pylintrc pseudonyms_main
```

Docstring을 이용해서 코드 설명하기

Pylint는 *pseudonyms_main.py* 프로그램에 docstring이 없다고 식별한다. PEP 257 스타일 가이드(*https://www.python.org/dev/peps/pep-0257/*)에 따르면, *docstring*은 모듈, 함수, 클래스나 메서드 정의의 첫 구문으로 등장하는 문자열 리터럴이다. docstring은 기본적으로 당신의 코드가 하는 일에 대해 짧게 요약하며, 필요한 입력값과 같은 코드의 세부 사항을 포함하기도 한다. 3중 따옴표 (""")안쪽에 있는 것은 함수를 위한 단행 docstring의 예시이다.

```
def circ(r):
    """Return the circumference of a circle with radius of r."""
    c = 2 * r * math.pi
    return c
```

위의 docstring은 단순히 함수가 어떤 일을 하는지만 서술하지만, docstring은 더 길고 더 많은 정보를 포함할 수 있다. 예를 들면, 다음은 동일한 함수에 대한 복행 docstring으로 함수의 입출력에 대한 정보를 출력한다.

```
def circ(r):
    """Return the circumference of a circle with radius of r.

    Arguments:
    r - radius of circle

    Returns:
        float: circumference of circle
    """
    c = 2 * r * math.pi
    return c
```

안타깝게도 docstring은 사람, 프로젝트, 회사에 따라 다양하게 서술되며 가이드라인들이 상충하기도 한다. 구글은 자체적인 포맷과 훌륭한 스타일 가이드를 가지고 있다. 과학계에서는 NumPy doctring 표준을 사용하는 경우도 있다. 또한, *reStructuredText*는 보통 docstring을 이용해서 파이썬 프로젝트를 위한 HTML 또는 PDF 형식의 문서를 생성하는 Sphinx와 함께 쓰이는 유명한 포맷이다.

만약 파이썬 모듈을 위한 문서들(*https://readthedocs.org/*)을 읽어본 적이 있다면, 당신은 Sphinx가 사용되는 모습을 실제로 본 것이다. 챕터 1의 "더 보기"에 이런 다양한 스타일에 대한 가이드 링크가 수록되어 있다.

pydocstyle이라는 무료 도구를 이용하면 당신의 docstring이 PEP 257 규칙을 따르는지 확인할 수 있다. Windows나 기타 운영체제에서 이 도구를 설치하려면 명령 윈도우를 열어 **pip install pydocstyle**을 실행한다(파이썬 2, 3이 모두 설치된 경우 pip3 이용).

pydocstyle을 실행하려면 확인하고 싶은 코드가 들어있는 폴더에서 명령 윈도우를 연다. 파일명을 특정하지 않으면 pydocstyle은 해당 폴더에 있는 모든 파이썬 프로그램을 실행하고 피드백을 반환할 것이다.

```
C:\Python35\Python 3 Stuff\Psych>pydocstyle
.\OLD_pseudonyms_main.py:1 at module level:
        D100: Missing docstring in public module
.\OLD_pseudonyms_main.py:4 in public function `main`:
        D103: Missing docstring in public function
.\ pseudonyms.py:1 at module level:
        D100: Missing docstring in public module
.\ pseudonyms_main_broken.py:1 at module level:
        D200: One-line docstring should fit on one line with quotes (found 2)
.\ pseudonyms_main_broken.py:6 in public function `main`:
        D205: 1 blank line required between summary line and description (found 0)
```

만약 docstring 문제가 없는 파일을 특정한다면, pydocstyle은 아무 것도 반환하지 않는다.

```
C:\Python35\Python 3 Stuff\Psych>pydocstyle pseudonyms_main_fixed.py

C:\Python35\Python 3 Stuff\Psych>
```

주석 코드의 시각적 혼란을 최소화하기 위해 이 책의 모든 프로젝트에서 최대한 단순한 docstring을 사용할 것이다. 원한다면 더욱 자세하게 작성하여 연습해도 된다. 당신은 언제나 pydocstyle을 이용해서 결과값을 확인할 수 있다.

코드 스타일 확인하기

어릴 적, 내 삼촌은 "헤어 스타일링"을 받기 위해 차를 몰아 우리가 살던 시골 동네에서 큰 도시로 나가곤 했다. 난 그게 평범한 헤어 스타일과 뭐가 다른지 알 수 없었지만 우리의 우스꽝스러운 이름 생성기 코드를 PEP 8과 PEP 257에 맞게 "스타일링" 하는 방법은 알고 있다.

*pseudonyms_main.py*의 사본인 *pseudonyms_main_fixed.py*를 만들고 다음 코드를 이용해서 바로 Pylint로 검증한다.

```
your_path>pylint --max-line-length=79 pseudonyms_main_fixed
```

-rn으로 보고서를 생략하지 말고, 명령 윈도우 하단에서 이 출력값을 확인해야 한다.

```
Global evaluation
-----------------
Your code has been rated at 3.33/10
```

이제 Pylint 출력에 기반해서 코드를 수정한다. 다음 예시에는 수정된 부분이 굵은 글씨로 표현되어 있다. 행 길이 문제를 수정하기 위해 이름 튜플들을 수정했다. 수정된 코드인 *pseudonyms_main_fixed.py*는 영진닷컴 홈페이지에서 다운로드할 수 있다.

*pseudonyms
_main_fixed.py*

```python
"""Generate funny names by randomly combining names from 2 separate lists."""
import sys
import random


def main():
    """Choose names at random from 2 tuples of names and print to screen."""
    print("Welcome to the Psych 'Sidekick Name Picker.'\n")
    print("A name just like Sean would pick for Gus:\n\n")

    first = ('Baby Oil', 'Bad News', 'Big Burps', "Bill 'Beenie-Weenie'",
             "Bob 'Stinkbug'", 'Bowel Noises', 'Boxelder', "Bud 'Lite'",
             'Butterbean', 'Buttermilk', 'Buttocks', 'Chad', 'Chesterfield',
             'Chewy', 'Chigger', 'Cinnabuns', 'Cleet', 'Cornbread',
             'Crab Meat', 'Crapps', 'Dark Skies', 'Dennis Clawhammer',
             'Dicman', 'Elphonso', 'Fancypants', 'Figgs', 'Foncy', 'Gootsy',
             'Greasy Jim', 'Huckleberry', 'Huggy', 'Ignatious', 'Jimbo',
             "Joe 'Pottin Soil'", 'Johnny', 'Lemongrass', 'Lil Debil',
             'Longbranch', '"Lunch Money"', 'Mergatroid', '"Mr Peabody"',
             'Oil-Can', 'Oinks', 'Old Scratch', 'Ovaltine', 'Pennywhistle',
             'Pitchfork Ben', 'Potato Bug', 'Pushmeet', 'Rock Candy',
             'Schlomo', 'Scratchensniff', 'Scut', "Sid 'The Squirts'",
             'Skidmark', 'Slaps', 'Snakes', 'Snoobs', 'Snorki', 'Soupcan Sam',
             'Spitzitout', 'Squids', 'Stinky', 'Storyboard', 'Sweet Tea',
             'TeeTee', 'Wheezy Joe', "Winston 'Jazz Hands'", 'Worms')

    last = ('Appleyard', 'Bigmeat', 'Bloominshine', 'Boogerbottom',
            'Breedslovetrout', 'Butterbaugh', 'Clovenhoof', 'Clutterbuck',
            'Cocktoasten', 'Endicott', 'Fewhairs', 'Gooberdapple',
            'Goodensmith', 'Goodpasture', 'Guster', 'Henderson', 'Hooperbag',
            'Hoosenater', 'Hootkins', 'Jefferson', 'Jenkins',
            'Jingley-Schmidt', 'Johnson', 'Kingfish', 'Listenbee', "M'Bembo",
            'McFadden', 'Moonshine', 'Nettles', 'Noseworthy', 'Olivetti',
            'Outerbridge', 'Overpeck', 'Overturf', 'Oxhandler', 'Pealike',
            'Pennywhistle', 'Peterson', 'Pieplow', 'Pinkerton', 'Porkins',
            'Putney', 'Quakenbush', 'Rainwater', 'Rosenthal', 'Rubbins',
            'Sackrider', 'Snuggleshine', 'Splern', 'Stevens', 'Stroganoff',
            'Sugar-Gold', 'Swackhamer', 'Tippins', 'Turnipseed',
            'Vinaigrette', 'Walkingstick', 'Wallbanger', 'Weewax', 'Weiners',
            'Whipkey', 'Wigglesworth', 'Wimplesnatch', 'Winterkorn',
            'Woolysocks')
```

```
    while True:
        first_name = random.choice(first)
        last_name = random.choice(last)

        print("\n\n")
        # Trick IDLE by using "fatal error" setting to print name in red.
        print("{} {}".format(first_name, last_name), file=sys.stderr)
        print("\n\n")

        try_again = input("\n\nTry again? (Press Enter else n to quit)\n ")

        if try_again.lower() == "n":
            break

    input("\nPress Enter to exit.")

if __name__ == "__main__":
    main()
```

Pylint는 수정된 코드를 10점 만점에 10점으로 채점한다.

```
Global evaluation
-----------------
Your code has been rated at 10.00/10 (previous run: 3.33/10, +6.67)
```

앞에서 본 바와 같이 *pseudonyms_main_fixed.py*에 pydocstyle을 수행하면 아무런 오류도 출력되지 않지만, 그렇다고 해서 괜찮다고 생각하면 오산이다. 예를 들어, docstring은 다음과 같은 문장도 통과할 수 있다.

```
"""ksjkdls lskjds kjs jdi wllk sijkljs dsdw noiu sss."""
```

적당한 곳에 간결하고 유용한 docstring과 주석을 쓰는 것은 쉽지 않은 일이다. docstring은 PEP 257의 도움을 받을 수 있지만 주석은 좀 더 자유롭고 광범위하다. 지나친 주석은 시각적으로 방해할 수 있고 유저에게 거부감을 느끼게 할 수 있으며 잘 작성된 코드는 문서화가 이미 되어 있는 것이나 마찬가지이기 때문에 주석이 불필요하다. 측량 단위나 입력 포맷이 필요한 경우에는 프로그램의 의도를 명확히 하고 발생 가능성이 있는 사용자 오류를 방지하기 위해 주석을 사용하는 것이 유리할 수 있다. 균형 잡힌 주석을 위해서는 좋은 예시가 보일 때마다 정리해 두는 것이 좋다. 당신이 5년 후에 코드를 다시 볼 때 어떤 내용이 필요할지를 생각해보는 것도 좋은 방법이다.

Pylint와 pydocstyle은 설치와 실행이 쉽고 당신이 파이썬 커뮤니티에서 인정하는 코딩 표준을 배우고 따를 수 있도록 해준다. 웹 포럼에 질문을 올리기 전에 Pylint에 당신의 코드를 돌려 보는 것은 좋은 연습이 될 것이며, "더 친절하고 자상한" 답변을 받을 수 있을 것이다.

요약

당신은 이제 코드를 작성하는 방법과 파이썬 커뮤니티의 기대에 부합하는 문서화 방법을 익혔을 것이다. 더 중요한 것은 이제 사이드킥, 갱스터, 정보원 등에게 붙여줄 수 있는 아주 재미있는 이름들을 생성했다는 것이다. 내 마음에 든 것들은 다음과 같다.

Pitchfork Ben Pennywhistle	'Bad News' Bloominshine
Chewy Stroganoff	'Sweet Tea' Tippins
Spitzitout Winterkorn	Wheezy Joe Jenkins
'Big Burps' Rosenthal	Soupcan Sam Putney
Bill 'Beenie-Weenie' Clutterbuck	Greasy Jim Wigglesworth
Dark Skies Jingley-Schmidt	Chesterfield Walkingstick
Potato Bug Quakenbush	Jimbo Woolysocks
Worms Endicott	Fancypants Pinkerton
Cleet Weiners	Dicman Overpeck
Ignatious Outerbridge	Buttocks Rubbins

더 보기

이 리소스들을 다운받으려면 영진닷컴 홈페이지를 방문하라.

의사 코드

형식을 갖춘 의사 코드 표준에 대한 설명은 *http://users.csc.calpoly.edu/~jdalbey/SWE/pdl_std.html* 와 *http://www.slideshare.net/sabiksabz/pseudo-code-basics/*에서 찾을 수 있다.

스타일 가이드

다음은 파이썬 프로그램을 만들 때 참고할 수 있는 스타일 가이드 리스트이다.

- PEP 8 스타일 가이드는 *https://www.python.org/dev/peps/pep-0008/*에서 찾을 수 있다.
- PEP 257 가이드라인은 *https://www.python.org/dev/peps/pep-0257/*에서 찾을 수 있다.
- 구글의 자체적인 포맷과 스타일 가이드는 *https://google.github.io/styleguide/pyguide.html*에 있다.
- 구글 스타일 예시는 *https://sphinxcontrib-napoleon.readthedocs.io/en/latest/example_google.html*에서 찾을 수 있다.
- NumPy docstring 표준은 *https://numpydoc.readthedocs.io/en/latest/*에 있다.

- NumPy docstring 예시는 *https://sphinxcontrib-napoleon.readthedocs.io/en/latest/example_numpy.html*에서 찾을 수 있다.
- reStructuredText에 대한 정보는 *https://docs.python.org/devguide/documenting.html*, *https://docs.python.org/3.1/documenting/rest.html*, *https://wiki.python.org/moin/reStructuredText/*에서 찾을 수 있다.
- *The Hitchhiker's Guide to Python*(*http://docs.python-guide.org/en/latest/writing/style/*)에는 코드 스타일과 코드를 PEP 8로 자동 변환해주는 autopep8 관련 섹션을 포함하고 있다.
- Brett Slatkin의 *Effective Python*(Addison-Wesley, 2015)에는 프로그램 문서화에 관한 유용한 섹션이 있다.

서드파티 모듈

다음은 서드파티 모듈 사용을 위한 리소스이다.

- Pylint에 대한 세부사항은 *https://docs.pylint.org/en/1.8/tutorial.html*에 있다.
- pydocstyle에 대한 세부사항은 *http://www.pydocstyle.org/en/latest/*에서 찾을 수 있다.

연습 프로젝트

문자열을 이용하는 프로젝트들을 수행해 보도록 해보자. 솔루션은 부록에서 확인할 수 있다.

피그 라틴

피그 라틴을 만들려면 자음으로 시작하는 영단어의 자음을 끝으로 이동하고 어미에 "ay"를 추가하면 된다. 모음으로 시작하는 단어는 어미에 "way"만 추가하면 된다. 가장 유명한 피그 라틴 중 하나는 Mel Brooks의 코미디 걸작 *Young Frankenstein*에서 Marty Feldman의 대사였던 "ixnay on the ottenray"이다.

단어를 입력하면 색인과 분할을 통해 피그 라틴을 반환하는 프로그램을 작성하라. Pylint와 pydocstyle를 이용해서 코드 스타일을 정정한다. 솔루션은 부록을 확인하거나 영진닷컴 홈페이지에서 *pig_latin_practice.py* 파일을 다운로드하면 된다.

보급형 막대 차트

영어에서 가장 많이 쓰이는 여섯 글자는 "etaoin"(*eh-tay-oh-in*('에타오인')으로 발음)으로 기억할 수 있다. 문장(문자열)을 입력받아 그림 1-2와 같이 단순한 막대 차트형으로 표현하는 파이썬 스크립트를 작성하라. 힌트는 다음과 같다. 사전의 자료 구조와 아직 다루지 않은 두 개의 모듈 pprint와 collections/defaultdict를 사용했다.

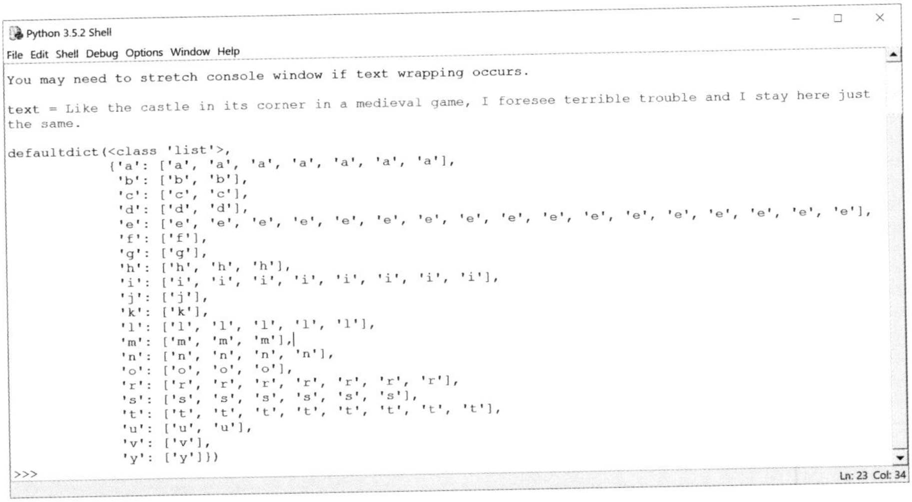

그림 1-2 부록의 ETAOIN_practice.py 프로그램에서 출력한 막대 차트형

도전 프로젝트

도전 프로젝트에는 솔루션이 제공되지 않는다. 이것들은 당신 스스로 해결해야 한다!

해외 보급형 막대 차트

온라인 번역기를 사용해서 텍스트를 또 다른 라틴어 기반 언어(스페인어, 프랑스어 등)로 변환하고 보급형 막대 차트에 있는 코드를 다시 돌려서 결과를 비교하라. 예를 들어, 그림 1-2에 있는 텍스트의 스페인어 버전은 그림 1-3과 같은 결과를 반환한다.

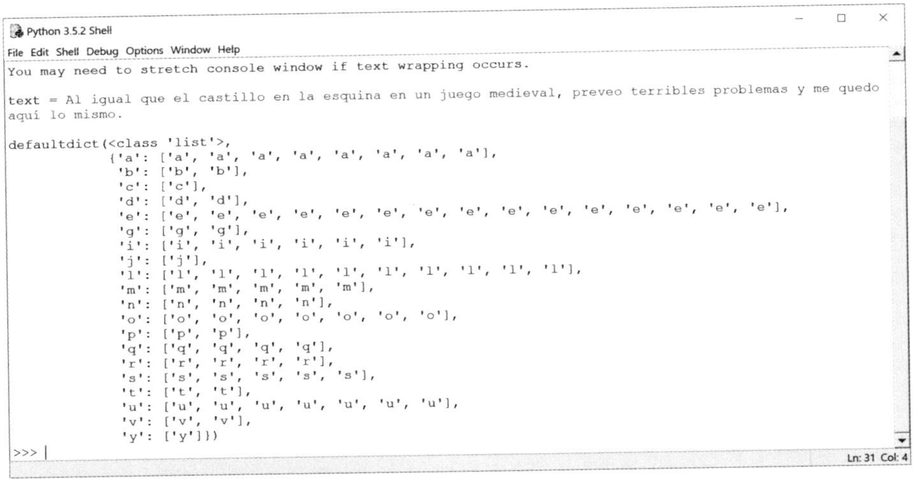

그림 1-3 그림 1–2의 EATOIN_challenge.py 텍스트를 스페인어 번역해서 돌린 결과

스페인어 문장에는 두 배의 *L*과 세 배의 *U*가 등장한다. 다른 입력에 대한 막대 차트를 직접 비교하려면 코드를 수정해서 알파벳의 모든 글자에 키를 부여하고 값이 없어도 표시되도록 한다.

중간 이름

중간 이름을 포함하는 우스꽝스러운 이름 생성기를 다시 작성하라. 먼저 middle_name 튜플을 생성하고 이미 존재하는 이름 – 중간 이름 쌍("Joe 'Pottin Soil'"이나 "Sid 'The Squirts'" 등)을 분리한 다음 해당 튜플에 추가한다. 명백한 별명들("Oil Can"과 같은)도 middle_name 튜플로 이동한다. 마지막으로, 새로운 중간 이름 몇 개를 추가한다("The Big News", "Grunts", "Tinkle Winkle" 등). 파이썬의 random 모듈을 이용해서 중간 이름이 1/2 또는 1/3 확률로만 선택되도록 한다.

완전히 다른 것

당신만의 우스꽝스러운 이름들을 리스트로 만들어서 이름 생성기에 추가하라. 힌트를 하나 주자면, 영화 크레딧 화면에는 좋은 먹잇감이 많다.

힌트 : 영화 크레딧 화면은 먹잇감이 풍부한 사냥터이다.

2

팔린그램 주문 찾기

Radar, Kayak, Rotator, Sexes. 이 단어들의 공통점은 무엇일까? 이들은 거꾸로 읽어도 동일한 단어들로 회문이라고 부른다. 더 재미있는 것은 팔린그램인데, 이것은 문구 전체가 회문의 형태를 가지고 있다. 나폴레옹은 가장 유명한 팔린그램의 창시자이다. 그는 자신이 유배된 섬 Elba를 처음 봤을 때, "Able was i ere i saw Elba."라고 말했다.

2011년, DC 코믹스는 팔린그램을 영리하게 이용하는 흥미로운 스토리를 출판했다. 슈퍼히어로 마법사인 Zatanna는 회문으로만 주문을 외울 수 있는 저주에 걸렸다. 그녀는 겨우 nurses run, stack cats, puff up과 같이 두 단어로 된 문장을 이용해서 검을 든 공격자를 무찌른다. 이것을 보고 얼마나 많은 "공격형" 팔린그램들이 있을지 궁금해졌다. Zatanna에게 더 나은 선택지는 없는 걸까?

이 챕터에서 당신은 인터넷에서 구한 사전 파일들을 로드하고 파이썬을 이용해 회문과 복잡한 팔린그램들을 찾아낼 것이다. 그리고 cProfile이라는 도구를 이용해서 당신의 팔린그램 코드를 분석한 후 성능을 향상시킬 것이다. 마지막으로, 그 중에서 얼마나 많은 팔린그램들이 "공격" 성향을 지녔는지 알아볼 것이다.

사전을 찾아 열기

이 챕터의 모든 프로젝트는 *사전 파일*이라고 부르는 단어 리스트가 포함된 텍스트 파일을 필요로 한다. 이것을 로드하는 방법을 배워보자.

사전 파일에는 단어만 저장되어 있고 발음이나 음절 수, 의미 등은 포함되지 않는다. 그런 것들은 방해만 되기 때문에 좋은 소식이라고 볼 수 있다. 또한, 사전 파일은 온라인에서 무료로 제공된다.

표 2-1에 나열된 위치에서 적합한 사전 파일을 찾을 수 있다. 파일 중 하나를 다운로드하거나 내용을 복사해서 메모장이나 워드패드(macOS의 경우 TextEdit) 등의 텍스트 편집기에 붙여넣고 *.txt* 파일로 저장하라. 사전은 파이썬 코드와 동일한 디렉토리에 보관한다. 이 프로젝트를 준비하기 위해 *2of4brif.txt* 파일을 사용했다. 이 파일은 표 2-1 제일 위에 적힌 웹 사이트에서 다운로드 할 수 있는 12dicts-6.0.2.zip 파일의 International 폴더 안에 있다.

파일	수록 단어 수
http://wordlist.aspell.net/12dicts/	60,388
https://inventwithpython.com/dictionary.txt	45,000
http://www-personal.umich.edu/~jlawler/wordlist.html	69,903
http://greenteapress.com/thinkpython2/code/words.txt	113,809

표 2-1 다운로드 가능한 사전 파일

표 2-1의 파일들 외에도 Unix나 Unix 유사 운영체제들에는 20만 개가 넘는 단어들이 개행으로 구분된 커다란 워드 파일이 패키지로 묶여 있다. 이 파일은 보통 */usr/share/dict/words* 또는 */usr/dict/words*에 저장되어 있다. Debian GNU/Linux에서 단어 리스트는 */usr/share/opendict/dictionaries*에 위치한다. macOS 사전은 일반적으로 */Library/Dictionaries*에서 찾을 수 있으며 비영어 사전이 포함되어 있다. 이 파일들 중 하나를 사용하려면 정확한 디렉토리 경로를 찾기 위해 운영체제와 버전에 따라 온라인 검색이 필요할 수도 있다.

일부 사전 파일은 *a*와 *i*를 단어에서 제외한다. 어떤 사전들은 (*d*로 시작하는 단어들을 소개하기 전 *d*를 넣듯) 모든 문자를 단어들의 "표제어"로 포함하기도 한다. 이 프로젝트들에서는 한 글자 회문은 무시하므로 이것은 문제가 되지 않는다.

파일을 열 때의 예외 처리

외부 파일을 로드할 때마다 프로그램은 파일 누락이나 잘못된 파일명과 같은 입출력 문제를 자동으로 확인하고 문제가 있을 경우 당신에게 알려야 한다.

다음 try와 except 구문을 사용하여 실행 중 감지되는 *예외*들을 캐치하고 처리하라.

```
❶ try:
    ❷ with open(file) as in_file:
        do something
except IOError❸ as e:
❹ print("{}\nError opening {}. Terminating program.".format(e, file),
    file=sys.stderr)
❺ sys.exit(1)
```

가장 먼저 try 절이 실행된다❶. with 구문은 블록 형태와 상관없이 내포된 코드 블록 뒤에 자동으로 파일을 닫는다❷. 프로세스를 종료하기 전에 파일을 닫는 것이 바람직하다. 파일을 닫지 않으면 파일 서술자가 부족해질 수 있고(주로 장시간 실행되는 고용량 스크립트에서 문제 발생), Windows에서 파일이 잠겨 이후 접근이 어려워지거나, 파일이 손상되거나, 파일 쓰기 도중 데이터가 유실될 수 있다.

뭔가 잘못되고 오류 유형의 이름이 except 키워드와 같다면❸, 나머지 try 절은 무시되고 except 절이 실행된다❹. 문제가 없다면 try 절이 실행되고 except 절은 무시된다. except 절의 print 문이 사용자에게 문제가 발생했다는 것을 알리고 file=sys.stderr 인자가 IDLE 인터프리터 윈도우에서 오류 구문을 빨간색으로 표시한다.

sys.exit(1)❺ 문은 프로그램을 종료할 때 사용된다. sys.exit(1)의 1은 프로그램에 오류가 발생했으며 정상적으로 종료되지 않았다는 것을 뜻한다.

발생한 예외의 이름이 except 절과 다르다면 외부의 try 문이나 메인 프로그램 실행으로 전달된다. 핸들러를 찾을 수 없을 경우 *처리되지 않은 예외*가 "traceback" 오류 메시지를 출력하며 프로그램을 중단시킨다.

사전 파일 로드하기

코드 2-1은 사전 파일을 리스트로 로드한다. 이 스크립트를 직접 입력하거나 영진닷컴 홈페이지에서 *load_dictionary.py*를 다운로드 하라.

당신은 다른 프로그램에 이 파일을 모듈로 임포트해서 단행 구문으로 실행할 수 있다. 모듈은 다른 파이썬 프로그램에서 사용될 수 있는 파이썬 프로그램일 뿐이라는 것을 기억하자. 알다시피 모듈은 *추상화* 방식의 하나다. 추상화 덕분에 모든 코딩 세부사항에 대해서는 걱정할 필요가 없다. 추상화의 원리는 세부사항을 은닉하는 캡슐화이다. 우리는 파일 로딩 코드를 모듈 속에 캡슐화하기 때문에 다른 프로그램의 상세한 코드를 확인하거나 걱정할 필요가 없다.

```
"""Load a text file as a list.

Arguments:
-text file name (and directory path, if needed)

Exceptions:
-IOError if filename not found.

Returns:
-A list of all words in a text file in lower case.

Requires-import sys

"""
❶ import sys

❷ def load(file):
    """Open a text file & return a list of lowercase strings."""
    try:
        with open(file) as in_file:
❸           loaded_txt = in_file.read().strip().split('\n')
❹           loaded_txt = [x.lower() for x in loaded_txt]
                return loaded_txt
    except IOError as e:
❺       print("{}\nError opening {}. Terminating program.".format(e, file),
              file=sys.stderr)
        sys.exit(1)
```

코드 2-1 사전 파일을 리스트로 로드하기 위한 모듈

docstring 이후에는 오류 핸들링 코드가 동작하도록 sys로 시스템 함수들을 임포트한다❶. 다음 코드 블록은 앞에서 논의된 파일 열기 기능을 정의한 함수이다❷. 해당 함수는 파일 이름을 인수로 사용한다.

예외가 발생하지 않으면, 텍스트 파일의 공백은 제거되고 아이템들은 개행되어 리스트에 추가된다❸. 리스트가 반환되기 전에 리스트에 있는 각 단어는 별도의 아이템이 되어야 한다. 또한, 파이썬은 대소문자를 구분하기 때문에 리스트에 있는 단어들은 *list comprehension*을 통해 소문자로 변환되어야 한다❹. 리스트 컴프리헨션은 리스트나 여타 이터러블을 다른 리스트로 변환하기 위한 쉬운 방법이다. 이 경우 for 루프를 대체한다.

입출력 오류가 발생할 경우 프로그램은 e에 의해 지정된 표준 오류 메시지를 표시하며, 이벤트 설명과 사용자에게 프로그램 종료를 알리는 메시지가 동반된다❺. 그리고 sys.exit(1) 명령이 프로그램을 종료한다.

이 코드 예제는 각 단계가 어떻게 동작하는지를 설명하기 위한 것이다. 일반적으로 로그 파일 작성과 같은 동작은 프로그램이 종료되기 전에 수행하기 때문에 모듈로부터 sys.exit()를 호출하지는 않는다. 이후의 챕터에서 우리는 명확성과 제어를 위해 try-except 블록과 sys.exit()를 main() 함수 내부로 이동할 것이다.

프로젝트 #2: 회문 찾기

당신은 사전에서 단일어 회문들을 찾은 뒤에 좀 더 어려운 회문 구절들로 넘어갈 것이다.

⊕ 목표 ▶ 파이썬을 이용해서 영어 사전 파일에서 회문을 찾아라.

전략과 의사 코드

코드를 작성하기 전에, 한 걸음 물러나서 하고 싶은 작업을 개념적으로 검토하라. 회문을 식별하는 것은 쉽다. 단순히 단어를 쪼개서 반대로 돌린 후 비교하면 된다. 다음은 정방향으로 단어를 쪼갠 후 역방향으로 수행하는 예시이다.

```
>>> word = 'NURSES'
>>> word[:]
'NURSES'
>>> word[::-1]
'SESRUN'
```

문자열(또는 쪼갤 수 있는 모든 자료형)을 쪼갤 때 값을 제공하지 않으면 기본값은 문자열의 시작, 문자열의 끝, 단계는 양수 1로 설정된다.

그림 2-1은 반대 방향으로 쪼개는 프로세스를 나타낸다. 시작 위치를 2로, 단계는 -1로 설정했다. 끝 색인이 없기 때문에(콜론 사이에 색인이나 공백이 없다) 작업은 더 이상 문자가 남지 않을 때까지 반대 방향으로 이루어진다(단계가 -1이기 때문에).

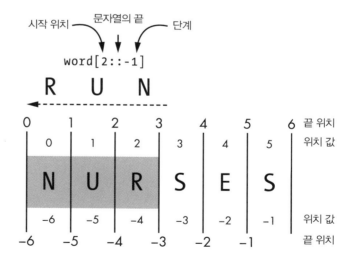

그림 2-1 word = 'NURSES'에 대한 역방향 쪼개기의 예

음수 쪼개기는 정방향 쪼개기와 다르게 동작하여 정방향 및 역방향 값과 끝 위치는 비대칭이다. 혼동이 될 수 있으니 역방향 쪼개기를 [::-1] 형식으로 제한하도록 하자.

사전에서 회문을 찾기 위해 필요한 코드의 행은 사전 파일을 로드할 때보다 적다. 의사 코드는 다음과 같다.

```
Load digital dictionary file as a list of words
 Create an empty list to hold palindromes
 Loop through each word in the word list:
     If word sliced forward is the same as word sliced backward:
         Append word to palindrome list
Print palindrome list
```

회문 코드

코드 2-2의 *palindromes.py*는 영어 사전 파일에서 회문 단어를 식별하고 리스트에 저장한 후 스택 아이템으로 리스트를 출력한다. 영진닷컴 홈페이지에서 이 코드를 다운로드할 수 있다. *load_dictionary.py*와 사전 파일도 필요할 것이다. 세 개의 파일을 동일한 폴더에 저장하라.

palindromes.py

```
"""Find palindromes (letter palingrams) in a dictionary file."""
❶ import load_dictionary
❷ word_list = load_dictionary.load('2of4brif.txt')
❸ pali_list = []

❹ for word in word_list:
       if len(word) > 1 and word == word[::-1]:
               pali_list.append(word)

print("\nNumber of palindromes found = {}\n".format(len(pali_list)))
❺ print(*pali_list, sep='\n')
```

코드 2-2 로드한 사전 파일에서 회문 찾기

먼저 *load_dictionary.py*를 모듈로 임포트하라❶. *.py* 확장자는 임포트를 위한 것이 아니라는 점에 주의하자. 또한, 모듈은 이 스크립트와 동일한 폴더에 존재하므로 모듈의 디렉토리 경로를 지정할 필요는 없다. 그리고 모듈이 필요한 import sys행을 포함하기 때문에 이곳에 다시 기재할 필요 없다.

단어 리스트를 사전에서 발췌한 단어들로 채우려면 점 표시와 함께 load_dictionary 모듈 내의 load() 함수를 호출한다❷. 외부 사전의 파일명을 전달하라. 이번에도 사전 파일이 파이썬 스크립트와 동일한 폴더 내에 있다면 군이 경로를 지정할 필요가 없다. 사용하는 파일명은 다운로드한 사전에 따라 다를 수 있다.

이제 회문들을 담을 빈 리스트를 생성하고❸ word_list의 모든 단어를 훑는 루프를 시작하라❹. 정방향 쪼개기와 역방향 쪼개기를 비교하고 만약 두 결과가 동일하다면 해당 단어를 pali_list에 추가한다. 문자가 두 개 이상인 단어만 허용되며 (len(word) > 1) 이는 회문의 가장 엄격한 정의를 따르는 것이다.

마지막으로, 회문을 따옴표와 쉼표 없이 쌓아서 보기 좋은 형태로 출력하라. 리스트의 모든 단어를 루핑할 수도 있지만 더 효율적인 방법이 있다❺. 리스트를 입력 받아 함수 호출에서 위치 인수로 확장하는 스플랫 연산자(*로 지정)를 사용하는 것이다. 마지막 인수는 출력을 위해 여러 리스트 값들 사이에 사용되는 구분자이다. 기본 구분자는 공백(sep=' ')이지만 우리는 개행하여 새로운 아이템을 출력해보자(sep='\n').

영어에서는 단일 단어 회문이 드문 편이다. 60,000 단어짜리 사전 파일을 사용해도 운이 좋아야 60개 가량, 즉, 0.1% 밖에 발견할 수 없을 것이다. 하지만, 파이썬을 이용하면 충분히 쉽게 찾아낼 수 있다. 그럼 이제 더욱 흥미롭고 복잡한 팔린그램으로 넘어가보자.

프로젝트 #3: 팔린그램 찾기

팔린그램을 찾으려면 단일어 회문을 찾는 것보다 좀 더 많은 노력이 필요하다. 이번에는 단어 쌍 팔린그램을 찾는 코드를 설계하고 작성할 것이다.

> **⊕ 목표** ▶ 파이썬을 이용해서 영어 사전에서 두 단어 팔린그램을 찾아라. cProfile 도구를 이용해 팔린그램 코드를 분석하고 최적화하라.

전략과 의사 코드

예시 단어 쌍 팔린그램은 *nurses run*과 *stir grits*이다.(덧붙이자면, girts는 이탈리아의 폴렌타와 비슷한 곡물로 만든 아침 식사 메뉴이다.)

회문과 마찬가지로 팔린그램도 정방향과 역방향이 동일하게 읽힌다. *nurses*와 같은 이것들을 회문 형태와 역전 단어를 파생시키는 핵심 단어로 여긴다(그림 2-2 참조).

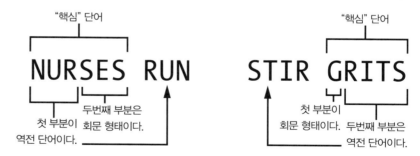

그림 2-2 단어 쌍 팔린그램 해부

프로그램은 핵심 단어를 검사할 것이다. 그림 2-2를 기반으로 우리는 핵심 단어에 대해 다음과 같이 추론할 수 있다.

1. 문자의 수가 홀수이든 짝수이든 상관 없다.
2. 단어의 연속하는 한 부분은 역방향으로 읽어도 실제 단어가 된다.
3. 이 연속된 부분은 핵심 단어의 일부일 수도 있고 전체일 수도 있다.
4. 이외의 연속된 부분은 회문 형태의 문자들로 이루어져 있다.
5. 회문 형태는 핵심 단어의 일부일 수도 있고 전체일 수도 있다.
6. 회문 형태는 실제 단어가 아니어도 된다(전체가 회문 형태인 경우 제외).
7. 위의 두 부분은 겹치거나 문자를 공유해서는 안 된다.
8. 회문 형태는 역방향으로 돌릴 수 있다.

 ▶ 역전 단어가 핵심 단어 전체이고 회문이 아닐 경우, 이를 semordnilap이라고 한다. semordnilap은 회문과 비슷하지만 역방향으로 읽었을 때 같은 단어가 되는 것이 아니라 다른 단어가 된다. 그 예로는 bats와 stab, wolf와 flow가 있다. semordnilap은 회문(palindromes)을 거꾸로 쓴 것이다.

그림 2-3은 여섯 글자의 임의 단어를 나타낸다. X들은 역방향으로 읽었을 때 실제 단어를 형성 할 수도 있는 단어의 일부를 나타낸다(*run*이 되는 *nurses*의 *nur*처럼). O들은 회문 형태가 될 수 있는 글자들을 나타낸다(*nurses*의 *ses*처럼). 그림 2-3의 좌측 열에 표시된 단어들은 그림 2-2의 맨 앞에 역전 단어를 가진 *nurses*처럼 동작한다. 우측 열에 표시된 단어는 끝부분에 역전 단어를 가지며 *grits*처럼 동작한다. 각 열의 조합 개수는 단어에 있는 글자 수에 1을 더한 것과 같다. 맨 위와 맨 아래 행은 동일한 상황을 나타낸다.

각 열의 맨 위 행은 semordnilap을 나타낸다. 각 열의 맨 아래 줄은 회문을 나타낸다. 이들은 모두 역전된 단어들이며 유형이 다를 뿐이다. 따라서 이들은 하나의 엔티티로 여겨지며 단일 루프에서 단일 코드 행으로 식별된다.

다이어그램의 실제 실행 모형을 보려면 *devils lived*와 *retro porter* 회문을 나타낸 그림 2-4를 확인하라. *devils*와 *porter*는 모두 핵심 단어이며 회문 형태와 역전 단어의 거울 이미지이다. 이것을 *semordnilap evil*과 회문 *kayak*과 비교해보라.

```
XXXXXX    XXXXXX
XXXXXO    OOOOOX
XXXXOO    OOOOXX
XXXOOO    OOOXXX
XXOOOO    OOXXXX
XOOOOO    OXXXXX
OOOOOO    OOOOOO
```

그림 2-3 여섯 자리 핵심 단어에서 역전 단어(X)와 회문 형태(O)에서 글자의 위치 예

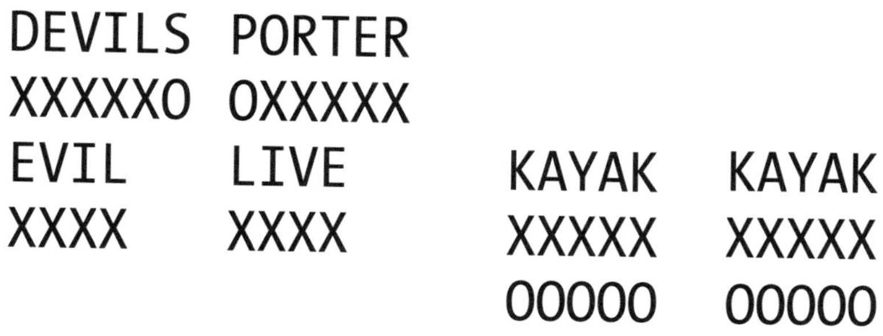

DEVILS PORTER
XXXXXO OXXXXX
EVIL LIVE
XXXX XXXX
KAYAK KAYAK
XXXXX XXXXX
OOOOO OOOOO

그림 2-4 semordnilap과 회문의 역전 단어(X)와 회문 형태(O)

회문은 역전 단어이자 회문 형태이다. 이들의 X 패턴은 semordnilap과 같기 때문에 semordnilap에 사용된 것과 동일한 코드로 처리할 수 있다.

전략적인 관점에서 당신은 사전의 각 단어를 루핑하여 그림 2-3의 모든 조합으로 검증해야 한다. 60,000 단어의 사전이라고 가정할 때, 프로그램은 약 500,000번의 검증을 거쳐야 한다.

루프를 이해하려면 그림 2-5에서 팔린그램인 *stack cats*의 핵심 단어를 살펴보라. 당신의 프로그램은 끝 문자로 시작해서 루프의 반복마다 문자를 추가하면서 단어에 있는 문자들을 검증해야 한다. *stack cats*와 같은 팔린그램을 찾기 위해 프로그램은 핵심 단어, *stack*의 끝부분에 있는 회문 형태를 검증하는 동시에 시작 부분의 역전 단어를 확인한다. 이 경우 단일 문자(*k*)가 회문 역할을 할 수 있기 때문에 그림 2-5의 첫 번째 루프는 성공적으로 수행된다.

네 번째 루프
세 번째 루프
두 번째 루프
첫 번째 루프
회문인가?
STACK
첫 번째 루프
두 번째 루프
세 번째 루프
네 번째 루프
역전 단어인가?

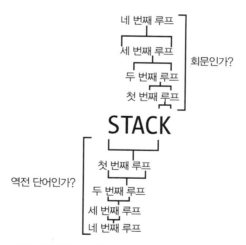

그림 2-5 핵심 단어를 루프에 넣고 회문과 역전 단어를 동시에 찾는 예시

하지만 아직 끝난 것이 아니다. 그림 2-3에서 "거울 이미지" 동작을 확인하려면 루프를 역순으로 수행하면서 단어의 시작 부분에서 회문 형태를 찾고 끝 부분에서 역전 단어를 찾아야 한다. 이렇게 하면 *stir grits* 같은 팔린그램을 찾을 수 있을 것이다.

다음은 팔린그램 찾기 알고리즘의 의사 코드이다.

```
Load digital dictionary as a list of words
Start an empty list to hold palingrams
For word in word list:
    Get length of word
    If length > 1:
        Loop through the letters in the word:
            If reversed word fragment at front of word is in word list and letters
            after form a palindromic sequence:
                Append word and reversed word to palingram list
            If reversed word fragment at end of word is in word list and letters
            before form a palindromic sequence:
                Append reversed word and word to palingram list
Sort palingram list alphabetically
Print word-pair palingrams from palingram list
```

팔린그램 코드

코드 2-3의 *palingrams.py*는 단어 목록을 루핑하고 어떤 단어들이 단어 쌍 팔린그램을 형성하는지 식별하여 해당 쌍들을 리스트에 저장하고 리스트를 아이템 스택으로 출력한다. 영진닷컴 홈페이지에서 코드를 다운로드할 수 있다. 결과값이 코드와 일치하도록 *2of4brif.txt* 사전 파일을 사용하는 것을 추천한다. 사전과 *load_dictionary.py*를 팔린그램 스크립트와 동일한 폴더에 저장하라.

palingrams.py

```
"""Find all word-pair palingrams in a dictionary file."""
import load_dictionary

word_list = load_dictionary.load('2of4brif.txt')

# find word-pair palingrams
❶ def find_palingrams():
    """Find dictionary palingrams."""
    pali_list = []
    for word in word_list:
      ❷ end = len(word)
      ❸ rev_word = word[::-1]
      ❹ if end > 1:
        ❺ for i in range(end):
          ❻ if word[i:] == rev_word[:end-i]and rev_word[end-i:]in word_list:
                pali_list.append((word, rev_word[end-i:]))
          ❼ if word[:i] == rev_word[end-i:]and rev_word[:end-i]in word_list:
                pali_list.append((rev_word[:end-i], word))
    ❽ return pali_list

❾ palingrams = find_palingrams()
```

```
# sort palingrams on first word
palingrams_sorted = sorted(palingrams)

# display list of palingrams
❿ print("\nNumber of palingrams = {}\n".format(len(palingrams_sorted)))
for first, second in palingrams_sorted:
    print("{} {}".format(first, second))
```

코드 2-3 로드한 사전에서 단어 쌍 팔린그램을 검색하여 출력

사전 파일을 로드하기 위해 *palindromes.py* 코드에서 사용한 단계를 반복한 다음 팔린그램을 검색하는 함수를 정의하라❶. 함수를 사용하면 추후 코드를 분리할 수 있고 사전의 모든 단어를 처리하는 데 소요되는 시간을 잴 수 있다.

이제 pali_list라는 리스트를 시작하여 프로그램이 발견한 모든 팔린그램을 보관하라. 다음은 for 루프를 시작하고 word_list의 단어들을 검증하라. 각 단어의 길이를 찾고 end 변수에 할당하라❷. 단어의 길이는 프로그램이 단어를 쪼개기 위해 사용하는 색인을 결정하며, 코드 2-3에서처럼 가능한 모든 역전 단어와 회문 형태 조합을 검색한다.

다음은 단어에 음수 쪼개기를 수행하고 결과값을 rev_word 변수에 할당한다❸. word[::-1]의 가독성 좋은 대체 표기법은 ' '.join(reversed(word))이다.

단어 쌍 팔린그램을 찾는 것이기 때문에 한 글자 단어는 제외한다❹. 그리고 또 다른 for 문을 감싸서 현재 단어를 구성하는 글자들을 루핑한다❺.

이제 단어 리스트에 단어의 끝 부분이 회문이 되고 시작 부분이 역전 단어가 되는지를 판단하는 조건문을 실행하라(다른 말로 하면 "실제" 단어)❻. 단어가 테스트를 통과하면 팔린그램 리스트에 추가되고 역전 단어가 된다.

코드 2-3에 따르면 조건문을 반복해야 하는데, 출력값을 역전시키기 위해서는 쪼개는 방향과 단어 순서를 바꿔야 한다. 다시 말해, 단어의 끝 부분보다는 시작 부분에서 회문 형태를 찾아야 한다❼. 팔린그램 리스트를 반환하여 함수를 완료한다❽.

정의된 함수를 호출한다❾. 팔린그램 리스트에 추가되는 사전 단어의 순서는 루프 도중에 바뀌기 때문에 팔린그램은 알파벳 순서로 정렬되지 않는다. 따라서, 단어 쌍의 첫 번째 단어가 알파벳 순서로 정렬되도록 목록을 정렬하라. 리스트의 크기를 출력하고❿, 각 단어 쌍을 구분된 행에 출력하라.

앞서 말한대로 *palingrams.py*는 약 60,000 단어가 포함된 사전 파일에서 실행될 때 약 3분이 소요된다. 다음 본문에서는 이렇게 긴 런타임의 원인을 조사하고 이를 해결할 수 있는 방법을 알아보도록 한다.

팔린그램 프로파일링

프로파일링은 프로그램이 실행될 때, 프로그램의 행동(예를 들면, 함수 호출 횟수 및 지속 시간)에 대한 통계를 수집하는 분석 프로세스이다.

프로파일링은 최적화 프로세스의 핵심이다. 프로그램 내의 어떤 부분이 가장 많은 시간이나 메모리를 소모하고 있는지 정확히 알려준다. 이를 통해서 성능 향상을 위해 어떤 부분에 노력에 집중해야 하는지 알 수 있다.

cProfile을 사용한 프로파일링

프로파일은 측량 출력이다. 프로그램의 특정 부분이 얼마나 오랫동안, 얼마나 자주 실행되는지를 기록한다. 파이썬 표준 라이브러리는 장시간 실행되는 프로그램의 프로파일링에 적합한 C 확장 프로파일링 인터페이스인 cProfile을 제공한다.

palingrams.py 프로그램에서 find_palingrams() 함수에 있는 무언가가 비교적 긴 런타임을 차지하고 있는 것 같다. 이를 확인하기 위해 cProfile을 실행해보자.

다음 코드를 *cprofile_test.py*라는 이름의 새 파일에 복사하여 *palingrams.py*와 사전 파일이 있는 폴더에 저장하라. 이 코드는 cProfile과 팔린그램 프로그램을 임포트하며, 점 표기법을 이용해 find_palingrams() 함수에서 cProfile을 실행한다. 따로 *.py* 확장자를 지정할 필요가 없다.

```
import cProfile
import palingrams
cProfile.run('palingrams.find_palingrams()')
```

*cprofile_test.py*를 실행하고(인터프리터 윈도우에서 >>>를 보게 될 것이다), 종료되면 다음과 같은 내용을 보게 될 것이다.

```
         62622 function calls in 199.452 seconds

   Ordered by: standard name

   ncalls  tottime  percall  cumtime  percall filename:lineno(function)
        1    0.000    0.000  199.451  199.451 <string>:1(<module>)
        1  199.433  199.433  199.451  199.451 paliWngrams.py:7(find_palingrams)
        1    0.000    0.000  199.452  199.452 {built-in method builtins.exec}
    60388    0.018    0.000    0.018    0.000 {built-in method builtins.len}
     2230    0.001    0.000    0.001    0.000 {method 'append' of 'list' objects}
```

이 기기에서는 루프, 쪼개기, 검색에 199.452초가 걸렸지만 시간은 기기에 따라 상이할 수 있다. 또한, 일부 내장 함수에 대한 추가 정보를 얻을 수 있으며 각 팔린그램이 내장 append() 함수를 호출했기 때문에 검색된 팔린그램의 개수(2,230)도 확인할 수 있다.

 ▶ cProfile을 실행하는 가장 일반적인 방법은 인터프리터에서 직접 실행하는 것이다. 이를 통해 텍스트 파일 형태로 출력값을 덤프하고 웹 뷰어에서 확인할 수 있다. 자세한 내용은 https://docs.python.org/3/library/profile.html 참조한다.

time을 이용한 프로파일링

프로그램의 런타임을 측정하는 또 다른 방법은 *epoch* 타임스탬프를 반환하는 time.time()을 사용하는 것이다. 이는 UTC 1970년 1월 1일 12시를 기점으로 몇 초가 지났는지 반환한다(*Unix epoch*). *palingrams.py*를 새로운 파일에 복사하고 *palingrams_timed.py*로 저장한 다음 맨 위에 다음 코드를 삽입하라.

```
import time
start_time = time.time()
```

이제 파일 끝부분으로 이동해서 다음 코드를 추가하라.

```
end_time = time.time()
print("Runtime for this program was {} seconds.".format(end_time - start_time))
```

파일을 저장하고 실행하라. 몇 초 후, 인터프리터 윈도우 하단에 다음과 같은 피드백이 제공된다.

```
Runtime for this program was 222.73954558372498 seconds.
```

이제 find_palingrams() 함수뿐만 아니라 출력을 포함한 전체 프로그램을 검증하기 때문에 런타임이 전보다 길어진다.

cProfile과는 달리 time은 자세한 통계값을 제공하지 않지만 cProfile과 마찬가지로 개별 코드 컴포넌트로 동작할 수 있다. 방금 실행한 파일을 수정해서 시작과 끝 시간 구문(아래 짙은 글씨로 표현)을 옮겨서 장시간 실행되는 find_palingams() 함수를 묶도록 한다. 파일의 시작과 끝 부분에 있는 import와 print 문은 그대로 둔다.

```
start_time = time.time()
palingrams = find_palingrams()
end_time = time.time()
```

파일을 저장하고 실행하라. 다음과 같은 피드백이 인터프리터 윈도우 하단에 나타날 것이다.

```
Runtime for this program was 199.42786622047424 seconds.
```

이제 결과값이 cProfile을 사용했을 때 얻은 초기 결과값과 일치한다. 프로그램을 다시 실행하거나 다른 타이머를 사용하면 정확히 같은 시간이 출력되지는 않지만 신경쓰지 않아도 된다. 코드 최적화를 위해 중요한 것은 *상대적인 시간*이다.

팔린그램 최적화

미안하지만, 팔린그램을 기다린다고 내 인생의 3분을 쓰고 싶지는 않다. 프로파일링 결과값을 통해 우리는 find_palingrams() 함수가 대부분의 처리 시간을 잡아먹고 있다는 것을 알았다. 아마도 리스트를 읽고 쓰거나, 쪼개거나, 검색하는 작업과 관련이 있을 것이다. 튜플, 세트 또는 사전과 같은 대체 자료 구조를 사용하면 함수의 속도를 개선시킬 수 있을지도 모른다.

특히 in 키워드를 사용하면 리스트보다 세트가 훨씬 빠르다. 세트는 빠른 검색을 위해 해시 테이블을 사용한다. 해싱을 사용하면 텍스트 문자열은 참조 텍스트보다 훨씬 작고 효율적인 검색이 가능한 고유 숫자로 변환된다. 반면, 리스트를 사용하면 당신은 모든 아이템을 선형 검색해야 한다.

이렇게 생각해보자. 잃어버린 휴대전화를 찾기 위해 집을 수색할 때, 찾을 때까지(보통 마지막 방에서 찾게 된다) 당신은 모든 방을 뒤지면서 머릿속에 리스트를 만들 것이다. 하지만 세트를 만들면 다른 전화로 당신의 휴대전화에 전화를 걸고, 벨소리를 따라 휴대전화가 있는 방으로 직행할 수 있다.

세트를 사용할 때의 단점이라면 내부의 아이템 순서를 제어할 수 없고, 값 복제가 허용되지 않는다는 점이다. 리스트를 사용하면 순서가 유지되고 복제가 허용되지만, 검색은 더 오래 걸린다. 다행히도 우리는 순서나 복제 같은 건 신경 쓰지 않기 때문에 세트를 사용하면 된다!

코드 2-4는 *palingrams.py* 프로그램 원본의 find_palingrams() 함수를 단어 리스트가 아닌 단어 세트를 사용하도록 수정한 것이다. 영진닷컴 홈페이지에서 다운로드한 *palingrams_optimized.py*에서 이 내용을 확인할 수 있으며, 스스로 새로운 런타임을 확인하고 싶다면 기존의 *palingrams_timed.py* 사본을 수정해도 된다.

*palingrams
_optimized.py*

```
def find_palingrams():
    """Find dictionary palingrams."""
    pali_list = []
❶   words = set(word_list)
❷   for word in words:
        end = len(word)
        rev_word = word[::-1]
        if end > 1:
            for i in range(end):
❸               if word[i:] == rev_word[:end-i]and rev_word[end-i:]in words:
                    pali_list.append((word, rev_word[end-i:]))
❹               if word[:i] == rev_word[end-i:]and rev_word[:end-i]in words:
                    pali_list.append((rev_word[:end-i], word))
    return pali_list
```

코드 2-4 세트를 이용해 최적화 된 find_palingrams() 함수

바뀌는 것은 네 개의 행뿐이다. word_list의 세트인 새 변수 words를 정의하라❶. 그리고 이 세트를 루핑한다❷. 이제 리스트가 아니라 세트 내에서 단어 조각들을 찾는다❸❹. 다음은 *palingrams_optimized.py* 내에 있는 find_palingrams() 함수의 새로운 런타임이다.

```
Runtime for this program was 0.4858267307281494 seconds.
```

3분 이상이었던 것이 1초 미만으로 바뀌었다! 이게 바로 최적화다! 차이는 자료 구조에서 비롯된 것이다. *리스트*에서 단어를 검증했던 것이 우리의 패착이었다.

"잘못된" 방법을 먼저 보여준 이유는 그것이 현실 세계에서 일어나는 일이기 때문이다. 당신은 일단 코드가 동작하도록 만든 뒤에 최적화를 수행한다. 이렇게 간단한 예제는 숙련된 프로그래머라면 처음부터 올바른 방향으로 시작했겠지만, 보통은 우선 최선을 다해 만든 후 개선에 들어가는 전형적인 최적화 형태로 진행된다.

dnE ehT

당신은 회문과 팔린그램을 찾기 위한 코드를 작성했고, cProfile을 사용해 코드를 프로파일링했으며 목적에 부합하는 자료 구조를 사용하여 코드를 최적화했다. Zatanna는 어떻게 될까? 적들을 이길 수 있을까?

다음은 *2of4brif* 사전 파일에서 발견한 "공격적인" 팔린그램 중 일부를 나열한 것이다. 예상할 수 없는 *sameness enemas(장관인 관장)*부터 듣기만 해도 무시무시한 *torsos rot(상반신 반상)*, 지질학자의 취향을 저격하는 *eroded ore(반지하 지반)*까지.

dump mud	drowsy sword	sameness enemas
legs gel	denims mined	lepers repel
sleet eels	dairy raid	slam mammals
eroded ore	rise sir	pots nonstop
strafe farts	torsos rot	swan gnaws
wolfs flow	partner entrap	nuts stun
slaps pals	flack calf	knobs bonk

추가 참고 도서

Allen Downey는 *Think Python, 2쇄*(O'Reilly, 2015)에서 해시테이블에 관한 짧고 명확한 설명과 그것이 효율적인 이유를 논한다. 이 책은 훌륭한 파이썬 참고서이기도 하다.

실습 프로젝트 : 사전 정리

인터넷에서 구할 수 있는 데이터 파일을 항상 바로 쓸 수 있는 것은 아니다. 이러한 데이터를 프로젝트에 적용하기 전에 조금 주물러줘야 할 수도 있다. 앞서 언급했듯이 일부 온라인 사전 파일에는 각 알파벳이 단어로 포함되어 있다. 이는 *acidic a*처럼 팔린그램 내에 한 글자 단어를 사용하려고 할 때 문제가 될 수 있다. 언제든 사전 텍스트 파일을 직접 편집하여 이를 제거할 수 있지만, 그건 바보들이나 할법한 지루한 작업이다. 그 대신, 사전이 파이썬에 로드된 다음 이를 제거하는 간단한 스크립트를 작성하라. 제대로 동작하는지 테스트하려면 사전 파일을 수정해서 *b*나 *c*와 같은 한 글자 단어들을 포함시켜 보면 된다. 솔루션은 부록을 참조하거나 다운로드한 예제 파일에서 사본(*dictionary_cleanup_practice.py*)을 확인하라.

도전 프로젝트 : 재귀적 접근

파이썬을 이용하면 일을 해결하는 방법이 다양해진다. 칸 아카데미 웹사이트(*https://www.khanacademy.org/computing/computer-science/algorithms/recursive-algorithms/a/using-recursion-to-determine-whether-a-word-is-a-palindrome/*)에서 토론과 의사 코드를 살펴보라. 그리고 *palindrome.py* 프로그램을 다시 작성해서 재귀를 사용하여 회문을 식별하도록 한다.

아나그램 풀기

아나그램은 다른 단어의 문자들을 재배치해서 만들어지는 단어이다. 예를 들어, *Elvis*는 *evils, lives, veils*가된다. Elvis가 아직 살아있지만(lives) 자신의 사악한(evil) 존재를 숨기고(veils) 있다는 뜻일까? 해리 포터와 비밀의 방에서 "I am Lord Voldemort(나는 볼드모트 경이다)"라는 대사는 사악한 마법사의 진짜 이름 Tom Marvolo Riddle의 아나그램이다. "Lord Earldom Vomit(오바이트 백작)"도 Tom Marvolo Riddle의 아나그램이지만 해리포터 저자인 J. K. 롤링은 좀 더 그럴싸한 아나그램을 선택했다.

이 챕터에서는 먼저 주어진 단어나 이름에 대한 아나그램을 찾을 것이다. 그리고 사용자가 자신의 이름으로 아나그램 문구를 만들 수 있는 프로그램을 작성할 것이다. 마지막으로, 당신은 컴퓨터 마법사가 되어 "Tom Marvolo Riddle"에서 "I am Lord Voldemort"를 추출하는 방법을 알아볼 것이다.

프로젝트 #4: 단일어 아나그램 찾기

먼저 간단한 단일어 아나그램을 분석해서 프로그램으로 어떻게 그들을 식별할지 알아내보자. 이것을 마치고 나면 이어지는 본문에서 아나그램 문구에 도전할 준비가 될 것이다.

> **⊕ 목표** ▶ 파이썬과 사전 파일을 이용해서 주어진 영단어나 이름에서 모든 단일어 아나그램을 찾아낸다. 사전 파일을 로드하고 검색하는 방법은 챕터 2의 시작 부분에서 확인할 수 있다.

전략과 의사 코드

600개 이상의 신문과 100개 이상의 인터넷 사이트는 *Jumble*이라고 불리는 아나그램 게임을 제공한다. 1954년에 만들어진 이 게임은 이제 세계에서 가장 유명한 워드 스크램블 게임이 되었다. *Jumble*은 꽤 어렵지만 아나그램을 찾는 것은 회문을 찾는 것만큼이나 쉬운 일이다. 당신은 그저 아나그램의 일반적인 특성만 이해하면 된다. 글자의 종류와 개수가 동일해야 한다.

아나그램 식별하기

파이썬은 아나그램 연산자를 제공하지 않지만 직접 간단하게 작성할 수 있다. 이 챕터에 있는 프로젝트에서 당신은 챕터 2에 있는 사전 파일을 문자열 리스트로 로드할 것이다. 프로그램으로 두 문자열이 서로 아나그램이 되는지를 검증하게 된다.

예시를 살펴보자. *Pots*는 *stop*의 아나그램이며, len() 함수를 통해 *stop*과 *pots*가 동일한 글자수를 가지고 있다는 것을 검증할 수 있다. 하지만 파이썬은 두 문자열이 같은 숫자의 글자들을 가지고 있는지 알 수 없다. 적어도 문자열을 다른 자료 구조로 변환하거나 계수 함수를 사용하지 않는다면 말이다. 그렇다면 이 두 단어를 단순히 문자열로 볼 것이 아니라 한 글자 문자열들이 들어 있는 두 개의 리스트라고 생각해보자. 다음을 참고하여 IDLE과 같은 쉘에서 이 리스트들을 생성하고 word와 anagram이라고 명명하라.

```
>>> word = list('stop')
>>> word
['s', 't', 'o', 'p']
>>> anagram = list('pots')
>>> anagram
['p', 'o', 't', 's']
```

이 두 리스트는 아나그램 쌍의 기준에 부합한다. 서로 동일한 종류와 개수의 글자를 가지고 있다는 뜻이다. 하지만 == 연산자를 이용해서 동일한 값인지 비교하면 결과값은 False를 반환한다.

```
>>> anagram == word
False
```

    == 연산자는 리스트 아이템의 개수와 종류가 동일하고 같은 순서로 배치되어 있을 때만 두 리스트가 같다고 여긴다. 이것은 리스트를 인자로 받아 내용물을 알파벳 순서로 재정렬하는 sorted() 내장 함수를 통해 간단히 해결할 수 있다. sorted()를 각 리스트에 한 번씩 두 번 호출하고 정렬된 리스트들을 비교하면 둘은 동일해진다. == 연산자가 True를 반환한다는 말이다.

```
>>> word = sorted(word)
>>> word
['o', 'p', 's', 't']
>>> anagram = sorted(anagram)
>>> anagram
['o', 'p', 's', 't']
>>> anagram == word
True
```

    문자열을 sorted()에 넘겨서 위의 코드 스니펫에 있는 리스트들처럼 정렬된 리스트로 생성할 수도 있다. 이는 사전 파일의 단어들을 정렬된 한 글자 문자열 리스트로 변환할 때 유용할 것이다.

    이제 아나그램을 검증하는 방법을 알았으니 전체 스크립트를 설계할 수 있다. 목표는 사전을 로드한 다음 사용자에게서 단어(또는 이름)을 입력 받고 모든 아나그램을 찾아서 출력하는 것이다.

의사 코드 사용하기

의사 코드로 세운 계획은 잠재적 문제점들을 찾아내 결과적으로 시간을 절약할 수 있도록 도와준다는 것을 기억하자. 다음 의사 코드는 우리가 다음 챕터에서 작성할 스크립트 *anagrams.py*를 더욱 잘 이해할 수 있도록 도와줄 것이다.

```
Load digital dictionary file as a list of words
Accept a word from user
Create an empty list to hold anagrams
Sort the user-word
Loop through each word in the word list:
    Sort the word
    if word sorted is equal to user-word sorted:
        Append word to anagrams list
Print anagrams list
```

    스크립트는 사전 파일에서 단어들을 로드하여 문자열 리스트로 만드는 것으로 시작된다. 사전을 루핑하여 아나그램을 찾기 전에 당신은 어떤 단어를 아나그램으로 만들 것인지 알아야 하며, 찾은 아나그램들을 저장할 공간도 필요하다. 따라서, 먼저 사용자에게 단어를 입력받고 아나그램을 저장할 빈 리스트를 생성하라.

프로그램이 사전의 모든 단어를 루핑하고 나면 아나그램 리스트를 출력할 것이다.

아나그램 검색 코드

코드 3-1은 사전 파일을 로드한 다음 프로그램에서 지정한 단어 또는 이름을 입력 받고 이를 기준으로 사전 파일 내의 모든 아나그램을 탐색한다. 챕터 2의 사전 로드 코드도 필요할 것이다. 영진닷컴 홈페이지에서 *anagrams.py*와 *load_dictionary.py*를 다운로드할 수 있다. 두 파일을 같은 폴더에 저장하라. 당신은 챕터 2에서 사용한 사전 파일을 사용하거나 새로운 파일을 다운로드할 수 있다(20 페이지의 표 2-1 참고).

anagrams.py

```
❶ import load_dictionary

❷ word_list = load_dictionary.load('2of4brif.txt')

❸ anagram_list = []

  # input a SINGLE word or SINGLE name below to find its anagram(s):
❹ name = 'Foster'
  print("Input name = {}".format (name))
❺ name = name.lower()
  print("Using name = {}".format(name))

  # sort name & find anagrams
❻ name_sorted = sorted(name)
❼ for word in word_list:
      word = word.lower()
      if word != name:
          if sorted(word) == name_sorted:
              anagram_list.append(word)

  # print out list of anagrams
  print()
❽ if len(anagram_list) == 0:
      print("You need a larger dictionary or a new name!")
  else:
❾     print("Anagrams =", *anagram_list, sep='\n')
```

코드 3-1 프로그램이 주어진 단어(또는 이름)와 사전 파일로 아나그램을 찾고 리스트를 출력

먼저 챕터 2에서 생성한 load_dictionary 모듈을 임포트한다❶. 이 모듈은 load() 함수로 사전 파일을 열어 모든 단어들을 리스트에 로드할 것이다❷. 당신이 사용하는 *.txt 파일은 로드한 사전 파일에 따라 상이할 수 있다(21 페이지 "사전 파일 로드하기" 참고).

그리고 찾아낸 모든 아나그램들을 저장하기 위해 anagram_list라는 이름의 빈 리스트를 생성한다❸. 사용자가 자신의 이름과 같은 한 개의 단어를 추가하도록 한다❹.

꼭 정확한 이름이 아니어도 상관 없지만, 우리는 이것을 코드 내부에서 사전의 word와 구분하기 위해 name이라는 이름으로 부를 것이다. 사용자가 자신이 입력한 내용을 볼 수 있도록 이 이름을 출력하라.

다음 행은 사용자의 문제 행동을 예측한다. 사람들은 자신의 이름 첫 글자를 대문자로 입력하는 경향이 있는데 파이썬에서 이것이 문제가 될 수 있다. 따라서 `.lower()` 문자열 메서드를 사용하여 모든 글자를 소문자로 치환한다❺.

이제 이름을 정렬한다❻. 앞서 말한 바와 같이 `sorted()`에 리스트나 문자열을 넘길 수 있다.

입력값이 리스트 내에서 알파벳 순서로 정렬되면 이제 아나그램을 찾는다. 사전 단어 리스트에 있는 모든 단어를 루핑한다❼. 비교 작업은 대소문자를 구분하기 때문에 안전하게 단어를 소문자로 치환한다. 치환이 끝나고 나면 단어를 정렬되지 않은 이름과 비교한다. 단어는 스스로의 아나그램이 될 수 없기 때문이다. 다음으로 사전 단어를 정렬하고, 정렬된 이름과 비교한다. 통과할 경우, 해당 사전 단어를 anagram_list에 삽입한다.

이제 결과값을 출력하라. 먼저 아나그램 리스트가 비어있는지 확인한다. 비어있을 경우, 재미있는 메시지를 출력해서 사용자가 멍하니 기다리고 있지 않도록 한다❽. 프로그램이 최소한 한 개 이상의 아나그램을 발견했다면 스플랫(*) 연산자를 이용해서 리스트를 출력한다. 챕터 2에서 스플랫 연산자는 리스트의 모든 값을 구분된 행으로 출력해 준다는 것을 언급했었다❾.

다음은 *Foster*라는 이름이 입력되었을 때 이 프로그램이 출력하는 결과값의 예시이다.

```
Input name = Foster
Using name = foster

Anagrams =
forest
fortes
softer
```

다른 입력값을 사용하고 싶다면 소스 코드에서 name 변수의 값을 변경하면 된다. 연습으로 코드를 수정해서 사용자가 이름(또는 단어)를 입력하게끔 해보자. input() 함수를 이용하면 된다.

프로젝트 #5: 문구 아나그램 찾기

앞선 프로젝트에서 당신은 한 개의 이름 또는 단어에 있는 모든 글자를 재배치해서 단일 어 아나그램을 찾았다. 이제 이름에서 여러 개의 단어를 추출할 것이다. 이 문구 아나그램에 들어가는 단어들은 입력되는 이름의 일부만 구성하기 때문에 가용 글자를 모두 소진하려면 여러 개의 단어가 필요할 것이다.

🎯 목표 ▶ 사용자가 자신의 이름에 들어 있는 글자들로 아나그램 문구를 만드는 파이썬 프로그램을 작성하라.

전략과 의사 코드

가장 좋은 문구 아나그램은 이름 주인의 잘 알려진 특성이나 행동을 설명하는 것이다. 예를 들면 Clint Eastwood는 *old west action*으로 재배열 될 수 있으며, Alec Guinness 는 *genuine class*, Madam Curie는 *radium came*, George Bush는 *he bugs Gore*, Statue of Liberty(자유의 여신상)는 *built to stay free*가 된다. 내 이름은 *a huge navel*(거대한 배꼽)이 되는데 내 특성과는 거리가 멀다.

이쯤 되면 당신은 전략적 도전에 맞서야 한다는 것을 눈치챘을 것이다. 어떻게 컴퓨터 가 맥락적 판단을 할 수 있을까? IBM에서 Watson을 개발한 이들은 이에 대한 답을 알 고 있는 것 같지만 우리에게는 조금 어려운 문제이다.

브루트 포스 메서드는 온라인 아나그램 생성기의 일반적인 접근법이다. 이 알고리즘 은 이름을 받아 수많은 무작위 아나그램 문구를 반환한다(보통 100개 ~ 10,000개 이상). 반환된 문구 대부분은 말이 안 되는 것들이고 수백 개의 결과값들을 일일이 뒤지는 건 귀찮은 일이다.

다른 해법은, 인간만이 문맥을 파악할 수 있다는 것을 인정하고 이러한 문제를 해결할 수 있는 프로그램을 작성하는 것이다. 컴퓨터는 1차적으로 입력된 이름을 구성하는 글 자들을 조합해서 단어를 만들 수 있다. 그 후 사용자가 "말이 되는" 단어들을 선택한다. 프로그램은 선택된 단어들을 재계산해서 남아있는 글자를 파악하고 모든 글자가 사용되 거나 가능한 단어 조합이 소진될 때까지 동일한 프로세스를 반복한다. 이 설계는 두 참 여자의 강점을 모두 살릴 수 있다.

당신은 사용자가 이름을 입력하도록 유도하고 선택 가능한 단어들과 남은 단어를 표 시하는 간단한 인터페이스가 필요하다. 프로그램은 아나그램 문구를 계속해서 출력하고 사용자에게 글자가 사용될 때마다 알려줘야 한다. 수많은 실패가 발생할 것이기 때문에 인터페이스는 사용자가 언제든 프로세스를 재시작할 수 있도록 해야 한다.

아나그램은 구성하는 글자의 종류와 개수가 동일해야 하기 때문에 이들을 식별하는 또 다른 방법은 각 글자의 개수를 세는 것이다. 당신의 이름을 글자의 조합이라고 생각 해보면, (1) 단어의 모든 글자가 당신의 이름에서 등장할 때 생성되며, (2) 동일하거나 더 적은 빈도를 가져야 한다. 특정 단어에서 *e*가 세 번 등장하고 당신의 이름에서 두 번 등장한다면, 그 단어는 당신의 이름에서 추출될 수 없다. 따라서, 단어를 구성하는 글자 들이 당신의 이름을 구성하는 글자들의 부분 집합이 아니라면, 해당 단어는 당신의 이름 아나그램이 될 수 없다.

글자 집계를 위해 Counter 사용하기

파이썬은 몇몇 컨테이너 자료형을 담고 있는 collections라는 모듈을 제공하며 이중 하나인 Counter 타입은 아이템의 등장 횟수를 계수한다. 파이썬은 아이템들을 사전 키로 저장하며 사전 값으로 계수한다. 예를 들어, 다음 코드 스니펫은 리스트에 몇 개의 분재 나무가 들어있는지 계수한다.

```
>>> from collections import Counter
❶ >>> my_bonsai_trees = ['maple', 'oak', 'elm', 'maple', 'elm', 'elm', 'elm', 'elm']
❷ >>> count = Counter(my_bonsai_trees)
```

```
>>> print(count)
```
❸ Counter({'elm': 5, 'maple': 2, 'oak': 1})

my_bonsai_trees 리스트는 동일한 종류의 나무를 다수 담고 있다❶. Container는 나무들을 계수하고❷ 쉽게 참조할 수 있는 사전을 생성한다❸. print() 함수는 선택적이며, 여기서는 명확한 의미 전달을 위해 사용되었다. count만 사용해도 사전 내용은 표시될 것이다.

단일어 아나그램을 찾기 위해 sorted() 메서드 대신 Counter를 이용할 수 있다. 결과값은 두 개의 정렬된 리스트가 아니라 ==으로 바로 비교할 수 있는 두 개의 사전이 될 것이다. 예제는 다음과 같다.

```
>>> name = 'foster'
>>> word = 'forest'
>>> name_count = Counter(name)
>>> print(name_count)
```
❶ Counter({'f': 1, 't': 1, 'e': 1, 'o': 1, 'r': 1, 's': 1})
```
>>> word_count = Counter(word)
>>> print(word_count)
```
❷ Counter({'f': 1, 't': 1, 'o': 1, 'e': 1, 'r': 1, 's': 1})

Counter는 단어의 각 글자와 해당 글자의 등장 빈도를 맵핑하는 사전을 생성한다❶❷. 사전은 정렬되어있지 않지만 서로 동일한 종류와 개수의 글자들을 가지고 있다면 파이썬은 두 사전이 동일하다는 것을 식별해낸다.

```
>>> if word_count == name_count:
        print("It's a match!")

It's a match!
```

Counter는 이름에 들어가는 단어들을 탐색하는 환상적인 방법을 제공한다. 각 글자의 개수가 이름에 있는 해당 글자의 개수와 동일하거나 적을 경우, 그 단어는 이름에서 추출될 수 있다!

의사 코드

우리는 이제 두 개의 중요한 설계 결정을 내렸다. (1) 사용자가 자신의 아나그램을 한 단어씩 만들 수 있도록 했고, (2) Counter 메서드를 이용해 아나그램을 찾았다. 이제 고급 의사 코드를 만들어보자.

```
Load a dictionary file
Accept a name from user
Set limit = length of name
Start empty list to hold anagram phrase
While length of phrase < limit:
    Generate list of dictionary words that fit in name
    Present words to user
    Present remaining letters to user
    Present current phrase to user
    Ask user to input word or start over
    If user input can be made from remaining letters:
        Accept choice of new word or words from user
```

```
            Remove letters in choice from letters in name
            Return choice and remaining letters in name
        If choice is not a valid selection:
            Ask user for new choice or let user start over
        Add choice to phrase and show to user
        Generate new list of words and repeat process
When phrase length equals limit value:
    Display final phrase
    Ask user to start over or to exit
```

업무 분담

코드가 복잡해짐에 따라 캡슐화의 필요성이 나타난다. 캡슐화는 입력값과 출력값을 관리하고 재귀를 실행하거나 코드를 읽는 일을 수월하게 만들어 줄 것이다.

main 함수는 프로그램이 실행되는 부분이며 코드 전체를 관리하고 사용자와 소통하는 고급 구조를 활성화한다. 문구 아나그램 프로그램에서 main 함수는 모든 "일벌" 함수들을 묶고, 사용자 입력의 대부분을 받고, 아나그램 문구를 추적하며 문구의 종료 지점을 파악하여 사용자에게 결과값을 보여줄 것이다.

임무와 진행 흐름을 종이에 연필로 그려보는 것은 무엇을 하고 싶은지, 어떻게 할 것인지를 생각해낼 때 많은 도움이 된다("시각적 의사 코드"와도 같다). 그림 3-1은 함수 할당을 강조한 플로우차트이다. 여기서는 main(), find_anagrams(), process_choice() 세 개의 함수면 충분하다.

main() 함수의 주요 임무는 글자수의 한계를 지정하고 문구 아나그램 생성을 위해 while 루프를 관리하는 것이다. find_anagrams() 함수는 이름에 남아있는 글자들의 집합을 실시간으로 받아 조합 가능한 모든 단어들을 반환한다. 단어들은 main() 함수가 "소유"하고 표시하는 현재 문구와 함께 사용자에게 보여진다. 그리고 process_choice() 함수는 사용자가 새로 시작할 것인지, 아나그램 문구를 위한 단어를 고를 것인지 선택하도록 유도한다. 사용자가 선택을 마치면 이 함수가 선택된 글자들의 가용 여부를 확인한다. 만약 사용이 불가능하다면 사용자에게 다시 선택하거나 새로 시작하도록 유도한다. 사용자가 사용 가능한 글자들을 선택할 경우, 해당 글자들은 남은 글자 리스트에서 제거되고 선택된 글자들과 남은 글자 리스트가 반환된다. main() 함수는 반환된 선택값을 문구에 추가한다. 한계치에 도달하면 완성된 문구 아나그램이 표시되고 사용자는 새로 시작할 것인지, 종료할 것인지 선택하게 된다.

이름을 main() 내부가 아닌 전역으로 입력받았다. 이는 사용자가 자신의 이름을 다시 입력하지 않고도 언제든 새로 시작할 수 있도록 해 준다. 지금은 사용자가 새로운 이름을 입력하고 싶다면 프로그램을 종료하고 새로 시작해야 한다. 챕터 9에서는 메뉴 시스템을 이용해서 사용자가 프로그램을 종료하지 않고도 재시작할 수 있도록 할 것이다.

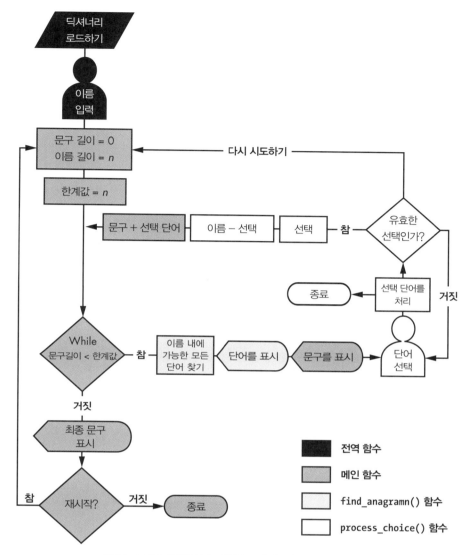

그림 3-1 함수 할당이 강조된 문구 아나그램 탐색 플로우 차트

아나그램 문구 코드

이 섹션에 있는 코드는 사용자로부터 이름을 받아 아나그램 문구를 만드는 것을 도와준다. 전체 스크립트 *phrase_anagrams.py*는 영진닷컴 홈페이지에서 다운로드할 수 있다. *load_dictionary.py* 프로그램도 다운로드 해야 한다. 두 파일을 같은 폴더에 저장하라. 36 페이지의 "프로젝트 #4: 단일어 아나그램 찾기"에서 사용한 폴더를 사용할 수 있다.

세팅 및 아나그램 탐색

코드 3-2는 *phrase_anagram.py*가 사용하는 모듈을 임포트하고, 사전 파일을 로드한다. 또, 사용자에게 이름 입력을 요청하고, 아나그램 탐색에 가장 많이 관여하는 find_ana-grams() 함수를 정의한다.

*phrase
_anagrams.py,
part 1*

```
❶ import sys
  from collections import Counter
  import load_dictionary

❷ dict_file = load_dictionary.load('2of4brif.txt')
  # ensure "a" & "I" (both lowercase) are included
  dict_file.append('a')
  dict_file.append('i')
  dict_file = sorted(dict_file)

❸ ini_name = input("Enter a name: ")

❹ def find_anagrams(name, word_list):
      """Read name & dictionary file & display all anagrams IN name."""
  ❺  name_letter_map = Counter(name)
      anagrams = []
  ❻  for word in word_list:
      ❼  test = ''
      ❽  word_letter_map = Counter(word.lower())
      ❾  for letter in word:
              if word_letter_map[letter] <= name_letter_map[letter]:
                  test += letter
          if Counter(test) == word_letter_map:
              anagrams.append(word)
  ❿  print(*anagrams, sep='\n')
      print()
      print("Remaining letters = {}".format(name))
      print("Number of remaining letters = {}".format(len(name)))
      print("Number of remaining (real word) anagrams = {}".format(len(anagrams)))
```

코드 3-2 모듈 임포트, 사전 로드, find_anagram() 함수 정의

파이썬 표준 라이브러리에서 권장하는 순서에 따라 먼저 서드파티 모듈을 임포트하고 로컬 개발 모듈을 임포트한다❶. IDLE 윈도우에서 특정 출력값을 빨간색으로 표시하고 사용자가 키 입력을 통해 프로그램을 종료할 수 있도록 하기 위해 sys를 사용한다. 당신 은 Counter를 사용해서 입력 받은 이름의 아나그램들을 식별할 것이다.

다음으로 임포트한 모듈을 이용해서 사전 파일을 로드한다❷. 파일명 인자는 사용하 는 사전의 파일명이어야 한다. 몇몇 사전 파일은 *a*와 *I*를 누락하기 때문에 필요에 따라 이것을 추가하고 리스트를 정렬해서 적절한 알파벳 순서에 따라 찾을 수 있게 한다.

이제 사용자로부터 이름을 입력받고 ini_name("initial name") 변수에 할당한다❸. 이 최초 이름에서 name 변수를 얻을 수 있으며, name은 사용자가 이름의 아나그램을 생성함 에 따라 점차 변화하게 된다.

최초 이름을 별도의 변수로 보존함으로써 사용자가 새로 시작하거나 다시 시도하고자 할 때 모두 초기화할 수 있게 된다.

다음 코드 블록은 이름에서 아나그램을 찾는 find_anagrams()이다❹. 이 함수의 매개변수는 이름과 단어 리스트로 이루어진다. 이 함수는 Counter로 주어진 글자가 이름에서 몇 번 등장하는지 계수하고 name_letter_map 변수에 이 값을 할당한다❺. Counter는 문자를 키로, 계수를 값으로 하는 사전 구조를 사용한다. 이제 함수는 아나그램을 저장하기 위해 빈 리스트를 생성하고 사전 파일 내의 각 단어에 for 루프를 돌린다❻.

for 루프는 test라는 빈 문자열을 생성하면서 시작된다❼. 이 변수로 이름에 "들어맞는" word를 구성하는 모든 글자를 축적한다. 그리고 name에 했던 것처럼 현재 단어의 Counter를 만들고 word_letter_map이라고 명명하라❽. word의 모든 글자를 루핑하면서 ❾ 각 글자의 개수가 name에서의 계수값보다 작거나 같은지 체크한다. 글자가 이 조건을 만족하면 테스트 문자열에 추가된다. 몇몇 글자들은 걸러질 것이기 때문에 test에 Counter를 돌려서 루프를 끝내고 word_letter_map과 비교한다. 일치하는 단어는 아나그램 리스트에 추가하라.

함수는 사용자를 위한 약간의 통계값과 함께 스플랫 연산자와 print를 이용해 단어 리스트를 표시하면서 종료된다❿. find_anagrams()는 아무것도 반환하지 않는다는 것을 기억하자. 이때 사람의 개입이 이루어진다. 프로그램은 계속 돌아가지만 사용자가 출력된 리스트에서 단어를 선택하기 전까지는 아무런 일도 일어나지 않는다.

사용자 선택 처리

코드 3-3은 *phrase_anagrams.py* 내부에서 사용자가 선택하는 단어(또는 단어들)를 받아서 name 변수에 남은 글자들과 비교하고 main() 함수로 선택지를 반환하는 process_choice()를 정의한다. main()처럼 이 함수 역시 사용자와 직접적으로 소통한다.

*phrase
_anagrams.py,
part 2*

```
❶ def process_choice(name):
      """Check user choice for validity, return choice & leftover letters."""
      while True:
❷         choice = input('\nMake a choice else Enter to start over or # to end: ')
          if choice == '':
              main()
          elif choice == '#':
              sys.exit()
          else:
❸             candidate = ''.join(choice.lower().split())
❹         left_over_list = list(name)
❺         for letter in candidate:
              if letter in left_over_list:
                  left_over_list.remove(letter)
❻         if len(name) - len(left_over_list) == len(candidate):
              break
```

```
        else:
            print("Won't work! Make another choice!", file=sys.stderr)
❼ name = ''.join(left_over_list)  # makes display more readable
❽ return choice, name
```

코드 3-3 process_choice() 함수 정의

먼저, name이라는 한 개의 매개변수로 함수를 정의한다❶. 처음 프로그램이 실행되면 이 매개변수의 값은 프로그램이 시작될 때 사용자가 입력하는 전체 이름인 ini_name 변수와 동일할 것이다. 사용자가 아나그램 문구에 사용할 단어(또는 단어들)을 고른 다음에는 이름에서 남아있는 글자들을 갖게 된다.

사용자가 적절한 선택을 할 때까지 돌아가는 while 루프로 함수를 시작한 다음 사용자에게서 입력을 받는다❷. 사용자는 아나그램 리스트에서 한 개 이상의 단어를 선택할 수 있고 Enter↵로 재시작하거나 #으로 종료할 수 있다. 단어가 문자가 아닌 #을 사용한 이유는 선택지와 혼동되지 않도록 하기 위해서이다.

사용자가 선택을 마치면 해당 문자열은 공백이 모두 제거되고 소문자로 전환되어 candidate 변수에 할당된다❸. 이는 name 변수와 직접적으로 비교할 수 있게 하기 위해서이다. 비교 후에는 name 변수로부터 남은 글자들을 담는 리스트가 생성된다❹.

이제 candidate에서 글자들을 추출하는 루프를 시작한다❺. 선택된 글자가 리스트에 있으면 제거된다.

사용자가 리스트에 없는 단어를 입력하거나 두 개 이상의 단어를 입력할 경우, 글자는 리스트에 제공되지 않는다. 이를 체크하기 위해 name에서 남은 글자들을 추출하고 결과값이 candidate에 남아있는 글자수와 같다면 입력값이 유효하다고 판단하고 while 루프에서 빠져나온다❻. 그렇지 않다면, IDLE 윈도우에서 빨간색 경고 메시지를 띄운다. 사용자가 적절한 선택을 할 때까지 while 루프는 계속해서 안내 메시지를 띄운다.

만약 사용자가 선택한 모든 글자들이 테스트를 통과한다면 남은 글자들의 리스트는 문자열로 변환되고 name 변수를 업데이트하는 데 사용된다❼. 리스트를 문자열로 변환하는 것은 꼭 필요한 작업은 아니지만 name 변수의 타입 일관성을 유지하고 추가적인 print 인자 없이 남은 글자들을 명확히 읽을 수 있는 포맷으로 표시할 수 있게 해준다.

사용자의 선택과 남은 글자들의 문자열(name)을 main() 함수에 반환하면서 종료한다❽.

main() 함수 정의

코드 3-4는 *phrase_anagrams.py*의 main() 함수를 정의한다. 이 함수는 앞선 함수들을 감싸고 while 루프를 실행하며 사용자가 성공적으로 아나그램 문구를 생성했는지 확인한다.

phrase_anagrams.py, part 3

```
def main():
    """Help user build anagram phrase from their name."""
❶ name = ''.join(ini_name.lower().split())
    name = name.replace('-', '')
```

```python
    ❷  limit = len(name)
       phrase = ''
       running = True

    ❸  while running:
    ❹      temp_phrase = phrase.replace(' ', '')
    ❺      if len(temp_phrase) < limit:
               print("Length of anagram phrase = {}".format(len(temp_phrase)))

    ❻          find_anagrams(name, dict_file)
               print("Current anagram phrase =", end=" ")
               print(phrase, file=sys.stderr)

    ❼          choice, name = process_choice(name)
               phrase += choice + ' '

    ❽      elif len(temp_phrase) == limit:
               print("\n*****FINISHED!!!*****\n")
               print("Anagram of name =", end=" ")
               print(phrase, file=sys.stderr)
               print()
    ❾          try_again = input('\n\nTry again? (Press Enter else "n" to quit)\n ')
               if try_again.lower() == "n":
                   running = False
                   sys.exit()
               else:
                   main()

❿  if __name__ == '__main__':
       main()
```

코드 3-4 main() 함수 정의 및 호출

가장 먼저 할 일은 ini_name 변수를 공백 없는 소문자 글자들의 집합으로 만드는 것이다❶. 파이썬에서는 대소문자 구분이 유의미하기 때문에 의도한 바대로 비교를 하기 위해서는 모든 문자열을 소문자로 변환해야 한다. 또한, 파이썬은 공백을 문자로 인식하기 때문에 계수 전에 제거해야 하며 하이픈이 있는 이름에서는 하이픈도 제거해야 한다. 이 새로운 name 변수를 선언함으로써 사용자가 재시작을 원할 때를 대비하여 최초 이름을 보존할 수 있다. process_choice() 함수에서 오직 name만이 변경될 것이다.

다음으로, 이름의 길이를 받아❷ while 루프의 한계값으로 지정한다. 이렇게 하면 아나그램 문구가 이름에 있는 모든 글자들을 사용해서 루프를 종료할 시점을 알 수 있다. 이는 최초 이름 전체를 사용해야 하기 때문에 while 루프 밖에서 이루어져야 한다. 그리고 아나그램 문구를 담을 변수를 할당하고 while 루프를 제어하기 위해 running 변수를 True로 세팅한다.

이제 이름을 돌려서 아나그램 문구를 생성할 커다란 루프를 시작한다❸. 먼저, 늘어나는 문구를 담을 문자열을 준비하고 공백을 제거하도록 한다❹. 공백은 문자로 계수될 것이며 문구의 길이와 limit 변수를 비교할 때 연산자가 제거될 것이다.

다음으로, 문구의 길이와 한계값을 비교하고 한계값보다 작을 때에는 사용자와 상호 작용을 하기 전, 문구의 현재 길이를 표시한다❺.

다른 함수들을 사용할 차례가 되었다. find_anagrams()을 호출하고❻ 이름과 사전 파일을 넘겨서 이름에 들어있는 아나그램의 리스트를 받아온다. 표시된 리스트의 아래 부분에는 현재 문구를 보여준다. print() 함수의 end 매개변수를 이용해서 두 개의 print문을 동일한 행에 출력한다. 이렇게 하면 IDLE 윈도우에서 다른 정보와 구분할 수 있도록 문구에 빨간 폰트를 적용할 수 있다.

이제 process_choice() 함수를 호출하여❼ 사용자의 단어 선택을 받고, 늘어나는 아나그램 문구에 추가한다. 이는 name 변수의 업데이트 된 버전까지 받아 프로그램이 문구가 완결되지 않은 이벤트의 while 루프에서 재사용할 수 있도록 한다.

만약 문구의 길이가 limit 변수와 동일할 경우❽, 이름 아나그램이 완성된 것이다. 사용자에게 작업이 종료되었음을 알리고 문구를 빨간색 폰트로 출력한다. 문구가 limit 변수보다 클 경우에 따른 조건은 없다. process_choice() 함수가 이미 이 결과값을 핸들링하고 있기 때문이다(가능한 글자수 이상을 선택하면 검증 조건을 통과하지 못한다).

main() 함수는 사용자에게 다시 시도할지 물으면서 종료된다. n을 타이핑하면 프로그램은 종료되고, Enter↵를 누르면 main() 함수가 재호출된다❾. 앞서 기술한 대로, 사용자가 최초 이름을 바꾸는 방법은 프로그램을 종료하고 재실행하는 것밖에 없다.

프로그램이 모듈로써 임포트 되지 않을 경우, main() 함수 외부는 main() 함수를 호출하는 일반적인 두 행으로 종료된다❿.

예시 세션 실행

이번에는 *phrase_anagrams.py*와 *Bill Bo*라는 이름을 이용한 예시 상호작용 세션을 넣어두었다. 굵은 폰트는 사용자 인풋을, 굵은 기울임 폰트는 빨간색 폰트로 표시되는 부분을 의미한다.

```
Enter a name: Bill Bo
Length of anagram phrase = 0
bib
bill
blob
bob
boil
boll
i
ill
lib
lilo
lo
lob
oi
oil
```

```
Remaining letters = billbo
Number of remaining letters = 6
Number of remaining (real word)anagrams = 14
Current anagram phrase =

Make a choice else Enter to start over or # to end: ill
Length of anagram phrase = 3
bob

Remaining letters = bbo
Number of remaining letters = 3
Number of remaining (real word)anagrams = 1
Current anagram phrase = ill

Make a choice else Enter to start over or # to end: Bob

***** FINISHED!!! *****

Anagram of name = ill Bob


Try again? (Press Enter else "n" to quit)
```

아나그램 개수는 당신이 사용하는 사전 파일에 따라 다르다. 만약 아나그램 문구를 만드는 것이 어렵다면 더 큰 사전을 이용해보자.

프로젝트 #6: 볼드모트 찾기(갈릭 갬빗)

Tom Riddle이 어떻게 "I am Lord Voldemort"라는 아나그램을 떠올렸는지 궁금하지 않은가? 그냥 양피지에 깃펜을 가져다대고 지팡이를 휘두른 걸까? 파이썬의 마법을 이용한 걸까?

호그와트에서 컴퓨터 마법을 가르치는 교수인 당신을 모범생 반장인 Tom Riddle이 도우러 왔다고 상상해보자. 운 좋게도, 그는 앞의 본문에서 사용한 *phrase_anagrams.py* 주문을 통해 아나그램 리스트의 첫 번째 부분에서 *I am Lord*를 찾아낼 수 있었다. 하지만 남은 글자들의 집합인 *tmvoordle*에서는 *dolt*, *drool*, *looter*나 *lover* 같은 변변찮은 단어들만 추출되었다. Riddle은 이에 만족할 수 없었다.

알고 보면 문제는 간단하다. *Voldemort*는 프랑스어이기 때문에 영어 사전에서는 찾을 수 없었던 것이다. *Vol de la mort*는 프랑스어로 "죽음의 비행"이라는 뜻이며 Voldemort도 대충 그런 뜻이다. 하지만 Riddle은 100 퍼센트 영국인이고, 아직까지는 당신도 영어만 사용해왔다. 리버스 엔지니어링을 위해서가 아니라면, 갑자기 영어 사전을 프랑스어 사전으로 바꿀 이유가 없다.

당신은 무작위로 남은 글자들을 섞어 무엇이 나오는지 시도해 볼 수도 있다. 불행하게도, 가능한 조합의 수는 글자수의 팩토리얼 나누기 반복 글자수의 팩토리얼이므로(o가 두 번 나온다) 9! / 2! = 181,440이 된다. 당신이 모든 순열을 확인한다면 개당 1초씩 걸린다고 해도 리스트를 전부 훑는 데까지 이틀이 걸릴 것이다!

Tom Riddle에게 이 작업을 맡긴다면 아마 당신은 호크룩스의 재료가 될 것이다!

이 시점에서, 우리는 두 개의 논리적인 방법을 고려할 수 있다. 바로 "갈릭 갬빗"과 "브리티쉬 브루트 포스"이다. 먼저 첫 번째 방법을 다루고 두 번째 방법은 다음 본문에서 다뤄보도록 한다.

 ▶ Marvolo는 Voldemort 아나그램이 유효하도록 하는 허구의 단어이다. J.K. Rowling은 Thomas를 Tom으로 바꾸고 Lord와 I am 부분을 추가하는 융통성을 발휘했다. 이런 속임수는 비영어권 국가의 언어로 번역될 때에도 사용되었다. 몇몇 언어에서는 이름이 바뀌어야 했다. 프랑스에서는 아나그램이 "I am Voldemort."를 의미하지만 노르웨이에서는 "Voldemort the Great.", 네덜란드에서는 "My name is Voldemort."가 된다. 중국과 같은 다른 국가들에서는 아나그램 자체가 성립되지 않았다!

Tom Riddle은 죽음을 극복하는 것에 집착했으니 *tmvoordle*에서 죽음이라는 의미를 찾아보면 프랑스어 고어인 *morte*와(Sir Thomas Malory의 책, *Le Morte d'Arthur*에 쓰였듯이) 신어인 *mort*를 발견할 수 있을 것이다. *mort*를 지우면 *vodle* 다섯 글자가 남고 이 정도면 감당할 수 있는 개수의 순열을 만들 수 있다. 인터프리터 윈도우에서도 쉽게 *volde*를 찾을 수 있다.

```
❶ >>> from itertools import permutations
   >>> name = 'vodle'
❷ >>> perms = [''.join(i) for i in permutations(name)]
❸ >>> print(len(perms))
   120
❹ >>> print(perms)
   ['vodle', 'vodel', 'volde', 'voled', 'voedl', 'voeld', 'vdole', 'vdoel', 'vdloe',
   'vdleo', 'vdeol', 'vdelo', 'vlode', 'vloed', 'vldoe', 'vldeo', 'vleod', 'vledo',
   'veodl', 'veold', 'vedol', 'vedlo', 'velod', 'veldo', 'ovdle', 'ovdel', 'ovlde',
   'ovled', 'ovedl', 'oveld', 'odvle', 'odvel', 'odlve', 'odlev', 'odevl', 'odelv',
   'olvde', 'olved', 'oldve', 'oldev', 'olevd', 'oledv', 'oevdl', 'oevld', 'oedvl',
   'oedlv', 'oelvd', 'oeldv', 'dvole', 'dvoel', 'dvloe', 'dvleo', 'dveol', 'dvelo',
   'dovle', 'dovel', 'dolve', 'dolev', 'doevl', 'doelv', 'dlvoe', 'dlveo', 'dlove',
   'dloev', 'dlevo', 'dleov', 'devol', 'devlo', 'deovl', 'deolv', 'delvo', 'delov',
   'lvode', 'lvoed', 'lvdoe', 'lvdeo', 'lveod', 'lvedo', 'lovde', 'loved', 'lodve',
   'lodev', 'loevd', 'loedv', 'ldvoe', 'ldveo', 'ldove', 'ldoev', 'ldevo', 'ldeov',
   'levod', 'levdo', 'leovd', 'leodv', 'ledvo', 'ledov', 'evodl', 'evold', 'evdol',
   'evdlo', 'evlod', 'evldo', 'eovdl', 'eovld', 'eodvl', 'eodlv', 'eolvd', 'eoldv',
   'edvol', 'edvlo', 'edovl', 'edolv', 'edlvo', 'edlov', 'elvod', 'elvdo', 'elovd',
   'elodv', 'eldvo', 'eldov']
   >>>
❺ >>> print(*perms, sep='\n')
   vodle
   vodel
   volde
   voled
   voedl
   --snip--
```

itertools에서 permutations를 임포트하는 것으로 시작한다❶. itertool 모듈은 파이썬 표준 라이브러리에 내장된 함수 집합으로 반복문과 효과적인 루핑을 생성한다. 당신은 숫자의 순열을 떠올리겠지만 itertools 버전은 문자를 포함한 이터러블 내부의 요소들에 적용된다.

이름(이 경우에는 이름에 남아있는 글자들)을 입력한 후, 리스트 컴프리헨션을 통해 이름 순열 리스트를 생성한다❷. 각 요소를 순열에 담아 최종 리스트에 있는 각 아이템이 *vodle*의 유일한 순열이 되도록 한다. join을 이용해서 새로운 이름을 읽기 어려운 한 글자 요소 튜플('v', 'o', 'd', 'l', 'e')이 아닌, 'vodle'이라는 하나의 요소로 추출한다.

순열의 길이를 받아 5의 팩토리얼이 되는 것을 체크한다❸. 어떤 방법으로 출력하건 ❹❺, 쉽게 *volde*를 찾을 수 있을 것이다.

프로젝트 #7: 볼트모트 찾기(브리티쉬 브루트 포스)

이제 Tom Riddle이 아나그램(또는 프랑스어)에 소질이 없다고 가정해보자. 그는 *mort*나 *morte*를 식별하지 못하고, 당신은 그가 만족할 만한 글자 조합을 찾기 위해 남아있는 아홉 개의 문자들을 수천번 섞고 있다.

긍정적으로 생각하면, 이것은 당신이 방금 본 상호작용 솔루션보다 프로그램적으로 더 흥미로운 문제이다. 당신은 일종의 필터링을 통해 모든 순열을 깎아내야 한다.

⊕ 목표 ▶ Voldemort를 포함한 tmvoordle의 아나그램 개수를 감당할 수 있는 만큼으로 줄이기.

전략

옥스포드 영어 사전 *2쇄*에 따르면 현재 171,476개의 영단어가 사용되고 있는데, 이는 *tmvoordle*의 순열 개수보다 적다. 어떤 언어든 permutations() 함수에 의해 생성되는 아나그램들은 대부분 의미를 갖지 않는다.

코드와 암호학을 이용하면 *ldtmvroeo*와 같은 의미 없고 발음할 수 없는 수많은 조합들을 안전하게 제거할 수 있고 직접 눈으로 확인하지 않아도 된다. 암호학은 언어들을 오랫동안 연구해왔고 단어와 문자에 등장하는 패턴들에 대한 통계를 가지고 있다. 우리는 이 프로젝트에 수많은 암호 해독 기술을 사용할 수 있지만 그중 자모 맵핑, 트라이그램 빈도, 다이어그램 빈도, 이렇게 세 개에 집중해보자.

자모 맵핑을 통한 필터링

자모 맵(c-v 맵)은 단어에 있는 c(자음) 또는 v(모음)를 대체한다. 예를 들어, Riddle의 경우 cvcccv가 된다. 사전 파일을 색인하여 각 단어에 대한 c-v 맵을 생성할 수 있다. 기본적으로 cccccvvv와 같은 불가능한 조합은 배제된다. c-v 맵을 통해 가능한 조합이지만 발생 빈도가 낮은 단어들도 추가적으로 배제할 수 있다.

c-v 맵은 포괄적이지만 우리에게는 오히려 다행이다. Riddle에서 파생될 수 있는 옵션은 적절한 이름을 만드는 것이며, 사전에 등재되지 않은 단어도 적절한 이름은 될 수 있다. 그러므로 초반부터 너무 많은 것을 배제하지 않는 것이 좋다.

트라이그램을 통한 필터링

초기 필터는 구멍이 넓은 거름망을 필요로 하며, 안전하게 다음 단계에서 순열에 있는 아나그램들을 더 제거해야 한다. 트라이그램은 세 개의 연이은 글자들을 포함하는 세 개의 문자 집합이다. 영어에서 가장 흔한 트라이그램 단어는 the이고 그 다음은 and와 ing이다. 가장 흔치 않은 트라이그램은 zvq이다.

트라이그램의 출현 빈도에 관한 통계는 온라인(*http://norvig.com/ngrams/count_3l.txt*)에서 찾아볼 수 있다. *tmvoordle*과 같은 무작위 글자 조합에서도 당신은 낮은 빈도의 트라이그램 리스트를 생성하고 이용해서 순열의 개수를 줄일 수 있다. 이 프로젝트에서는 영진닷컴 홈페이지에서 파일을 다운로드하여 이용할 수 있다. 이 텍스트 파일은 *tmvoordle*에서 하위 10 퍼센트 빈도로 발생하는 트라이그램 영단어를 포함하고 있다.

다이어그램을 통한 필터링

다이어그램(또는 *바이그램*)은 문자 쌍이다. 흔한 빈도로 출현하는 영어 다이어그램은 *an, st, er* 등이 있다. 반대로, *kg, vl, oq*와 같은 쌍은 흔치 않다. 당신은 *https://www.math.cornell.edu/~mec/2003-2004/cryptography/subs/digraphs.html, http://practical-cryptography.com/*과 같은 웹사이트에서 다이어그램의 출현 빈도에 관한 통계를 확인할 수 있다.

표 3-1은 *tmvoordle* 문자 집합과 6만 개의 영단어 사전으로부터 파생되었다. 좌측에 있는 글자들은 다이어그램의 시작 글자이며 위쪽에 있는 글자들은 다이어그램의 끝 글자이다. 예를 들어, *vo*를 찾으려면 좌측의 *v*에서 시작해서 *o* 아래의 열까지 색인한다. *tmvoordle*에서 파생된 다이어그램 중 *vo*는 겨우 0.8 퍼센트의 빈도로 출현한다.

	d	e	l	m	o	r	t	v
d		3.5%	0.5%	0.1%	1.7%	0.5%	0.0%	0.1%
e	6.6%		2.3%	1.4%	0.7%	8.9%	2.0%	0.6%
l	0.4%	4.4%		0.1%	4.2%	0.0%	0.4%	0.1%
m	0.0%	2.2%	0.0%		2.8%	0.0%	0.0%	0.0%
o	1.5%	0.5%	3.7%	3.2%	5.3%	7.1%	2.4%	1.4%
r	0.9%	6.0%	0.4%	0.7%	5.7%		1.3%	0.3%
t	0.0%	6.2%	0.6%	0.1%	3.6%	2.3%		0.0%
v	0.0%	2.5%	0.0%	0.0%	0.8%	0.0%	0.0%	

표 3-1 tmvoordle과 6만 단어 사전에서 파생되는 다이어그램들의 상대적 빈도
(검정색 칸은 아예 발생하지 않는 쌍을 의미)

"영어스러운" 글자 조합을 찾는다면 이와 같은 빈도 맵을 이용해서 엄한 문자 쌍을 배제할 수 있다. 음영이 없는 부분만 통과할 수 있는 "다이어그램 거름망"이라고 생각해도 좋다.

안전하게 하기 위해 지금은 0.1 퍼센트 이하의 출현 빈도를 가진 다이어그램들만 배제하기로 하자. 이것들에는 검정색 음영이 들어가 있다. 너무 뼈에 가깝게 깎아내다 보면 *Voldemort*에 필요한 *vo* 쌍도 간단히 제거될 수 있다는 것을 명심하자!

당신은 시작 부분에서 출현하지 않을 법한 다이어그램을 태깅함으로써 더 선택적인 필터를 생성할 수 있다. 예를 들어, *lm* 다이어그램이 단어 내에서 출현하는 것은 그리 희귀한 일이 아니지만(*almanac*이나 *balmy*처럼) 단어의 시작 부분에 나오는 경우는 현저히 적다. 암호학을 이용할 필요도 없다. 그저 한번 발음해보라! 시작 부분 선택지의 음영 처리는 표 3-2와 같다.

	d	e	l	m	o	r	t	v
d		3.5%	0.5%	0.1%	1.7%	0.5%	0.0%	0.1%
e	6.6%		2.3%	1.4%	0.7%	8.9%	2.0%	0.6%
l	0.4%	4.4%		0.1%	4.2%	0.0%	0.4%	0.1%
m	0.0%	2.2%	0.0%		2.8%	0.0%	0.0%	0.0%
o	1.5%	0.5%	3.7%	3.2%	5.3%	7.1%	2.4%	1.4%
r	0.9%	6.0%	0.4%	0.7%	5.7%		1.3%	0.3%
t	0.0%	6.2%	0.6%	0.1%	3.6%	2.3%		0.0%
v	0.0%	2.5%	0.0%	0.0%	0.8%	0.0%	0.0%	

표 3-2 표 3-1의 업데이트, 회색 음영들은 단어의 시작 부분에 나오기 힘든 다이어그램을 의미

당신은 이제 181,440개 순열을 가진 *tmvoordle*에 사용할 수 있는 세 개의 필터를 가지고 있다. c-v 맵, 트라이그램, 그리고 다이어그램. 마지막으로, 필터를 통해 특정 글자로 시작되는 아나그램만 볼 수 있는 옵션을 사용자에게 제공하는 것도 가능하다. 이는 사용자로 하여금 남은 아나그램들을 좀 더 다루기 좋은 "조각들"로 분할할 수 있게 하거나 (*v*로 시작하는 것들처럼) 좀 더 무섭게 들리는 아나그램에 집중할 수 있게 해준다.

브리티쉬 브루트 포스 코드

다음 코드는 *tmvoordle*의 순열을 생성하고 방금 기술한 필터를 통해 걸러낸다. 그리고 사용자에게 모든 순열을 볼 것인지, 주어진 글자로 시작하는 순열만 볼 것인지 선택할 수 있도록 한다.

당신은 필요한 모든 프로그램을 영진닷컴 홈페이지에서 다운로드할 수 있다. 이 섹션의 코드는 *voldemort_british.py*라는 이름의 스크립트이다. 이 챕터에서 사용했던 사전 파일과 *load_dictionary.py* 프로그램을 스크립트와 동일한 폴더에 저장해야 한다. 마지막으로, 영어에서 출현 빈도가 낮은 트라이그램들을 모아둔 새 텍스트 파일 이름을 *least-likely_trigrams.txt*로 지정하라. 모든 파일들을 동일한 폴더에 저장해야 한다.

main() 함수 정의

코드 3-5는 *voldemort_british.py*에 필요한 모듈을 임포트하고 main() 함수를 정의한다. *phrase_anagrams.py* 프로그램에서는 main() 함수를 코드 말미에서 정의했다. 여기서는 시작 부분에서 정의한다. 이렇게 하면 처음부터 함수가 어떻게 동작하는지(어떻게 프로그램을 실행하는지) 확인할 수 있다는 장점이 있다. 단점이라면, 헬퍼 함수가 무엇을 하는지 아직 알 수가 없다는 것이다.

voldemort_british.py, part 1

```
❶ import sys
from itertools import permutations
from collections import Counter
import load_dictionary

❷ def main():
    """Load files, run filters, allow user to view anagrams by 1st letter."""
 ❸ name = 'tmvoordle'
    name = name.lower()

 ❹ word_list_ini = load_dictionary.load('2of4brif.txt')
    trigrams_filtered = load_dictionary.load('least-likely_trigrams.txt')

 ❺ word_list = prep_words(name, word_list_ini)
    filtered_cv_map = cv_map_words(word_list)
    filter_1 = cv_map_filter(name, filtered_cv_map)
    filter_2 = trigram_filter(filter_1, trigrams_filtered)
    filter_3 = letter_pair_filter(filter_2)
    view_by_letter(name, filter_3)
```

코드 3-5 모듈 임포트 및 main() 함수 정의

이전 프로젝트들에서 사용했던 모듈들을 임포트한다❶. 이제 main() 함수를 정의한다❷. name 변수는 *tmvoordle*에 남은 글자들의 문자열이다❸. 사용자 입력 오류에 대비하여 이를 소문자로 변환한다. 그리고 load_dictionary 모듈을 이용해서 당신의 사전 파일을 로드하고 트라이그램 파일을 리스트로 불러온다❹. 당신의 사전 파일명은 코드와 상이할 수 있다.

마지막으로, 각종 함수들을 순서대로 호출한다❺. 각 함수들에 대해 곧 서술하겠지만 기본적으로 당신은 단어 리스트와 c-v 맵을 준비하고, 세 개의 필터를 적용한 다음, 사용자에게 모든 아나그램을 볼지, 첫 번째 단어에 따른 아나그램 서브셋을 볼지 결정하게 한다.

단어 리스트 준비

코드 3-6은 name 변수의 길이와 동일한 글자수를 가진 단어들만 포함한 단어 리스트를 준비한다(이 경우에는 아홉 개). 연속성을 위해 모든 단어는 소문자가 되어야 한다.

*voldemort
_british.py,
part 2*

```
❶ def prep_words(name, word_list_ini):
       """Prep word list for finding anagrams."""
  ❷ print("length initial word_list = {}".format(len(word_list_ini)))
       len_name = len(name)
❸ word_list = [word.lower() for word in word_list_ini
                     if len(word) == len_name]
❹ print("length of new word_list = {}".format(len(word_list)))
  ❺ return word_list
```

코드 3-6 name 변수와 동일한 글자수를 가진 단어들의 리스트 생성

prep_words() 함수를 정의해서 이름 문자열과 사전 단어 리스트를 인자로 받는다❶. 단어 리스트가 필터를 거치기 전후 길이를 모두 출력하는 것을 권장한다. 그렇게 하면 필터의 영향력을 추적할 수 있다. 따라서, 사전의 길이를 출력한다❷. 이름의 길이를 담을 변수를 할당하고 리스트 컴프리헨션을 이용하여 word_list_ini에 있는 단어들을 루핑해서 길이가 name과 동일한 단어들의 리스트를 새로 생성한 다음, 소문자로 변환한다❸. 그리고, 새로운 단어 리스트의 길이를 출력하고❹ 다음 함수에서 사용할 수 있도록 이 리스트를 반환한다❺.

새로운 c-v 맵 생성

이제 준비된 단어 리스트를 c-v 맵으로 변환해야 한다. 사전에 있는 실제 단어들은 이미 검토를 통해 배제되었기 때문에 더는 신경쓰지 않아도 된다. 당신의 목표는 남은 글자들이 제대로 된 명사처럼 보일 때까지 섞는 것이다.

코드 3-7은 word_list에 있는 각 단어의 c-v 맵을 생성하는 함수를 정의한다. *voldemort_british.py* 프로그램은 이 c-v 맵으로 섞인 글자들이 영어의 자모 패턴에 따르는지 검증한다.

```
❶ def cv_map_words(word_list):
       """Map letters in words to consonants & vowels."""
❷     vowels = 'aeiouy'
❸     cv_mapped_words = []
❹     for word in word_list:
           temp = ''
           for letter in word:
               if letter in vowels:
                   temp += 'v'
               else:
                   temp += 'c'
           cv_mapped_words.append(temp)

       # determine number of UNIQUE c-v patterns
❺     total = len(set(cv_mapped_words))
       # target fraction to eliminate
❻     target = 0.05
       # get number of items in target fraction
❼     n = int(total * target)
❽     count_pruned = Counter(cv_mapped_words).most_common(total - n)
❾     filtered_cv_map = set()
       for pattern, count in count_pruned:
           filtered_cv_map.add(pattern)
       print("length filtered_cv_map = {}".format(len(filtered_cv_map)))
❿     return filtered_cv_map
```

코드 3-7 word_list의 단어들로 c−v 맵 생성

   cv_map_words() 함수를 정의하여 준비된 단어 리스트를 인자로 받는다❶. 자음과 모음은 2진 구조이기 때문에 모음을 문자열로 정의할 수 있다❷. 맵을 담을 빈 리스트를 생성한다❸. 그리고 단어들과 각 단어의 글자들을 반복하면서 각각 c나 v로 치환한다❹. temp라는 변수에 맵을 담고 리스트에 붙여 넣는다. temp는 루프가 반복될 때마다 초기화된다는 것을 기억하라.

   출현 빈도가 낮은 개체들을 제거하기 위해 주어진 c-v 맵 패턴(예를 들면, cvcv)의 출현 빈도를 알고 싶다면 빈도를 계산하기 전에 리스트를 고유의 c-v 맵으로 합쳐야 한다. 이대로라면 cvcv가 수도 없이 반복될 것이다. 따라서, cv_mapped_words 리스트를 세트로 바꾸고 중복을 제거한 다음 길이를 받는다❺. 이제 제거할 목표 퍼센티지를 소수값으로 정의한다❻. 0.05(5 퍼센트)와 같은 작은 값으로 시작해야 가용 이름을 구성할 수 있는 아나그램들을 제거하지 않는다. 이 목표값에 cv_mapped_words 세트의 길이를 곱하고 그 결과값을 n 변수에 할당한다❼. n은 계수값이므로 소수가 될 수 없기 때문에 반드시 정수로 변환한다.

   Counter 모듈 데이터 타입은 당신이 제공한 count 값에 따라 리스트에서 가장 흔한 아이템을 반환하는 most_common()이라는 편리한 메서드를 지원한다. 이 경우에는 c-v 맵 리스트의 길이인 total - n이다. most_common()에 전달한 값은 정수여야 한다. most_common() 함수에 리스트의 길이를 전달하면 리스트에 있는 모든 아이템을 반환할 것이다.

5 퍼센트 정도로 계수값을 추출하면 효과적으로 이 c-v 맵들을 리스트로부터 제거할 수 있다❽.

Counter는 사전을 반환하지만 당신에게 필요한 것은 빈도 계수값이 아니라 최종 c-v 맵이다. 따라서, filtered-cv-map이라는 빈 세트를 초기화하고❾ count_pruned()의 각 키 값 쌍을 루핑하여 새로운 세트에 키만 추가한다. 그리고 다음 함수에서 사용할 필터링 된 c-v 맵을 반환하면서 종료한다❿.

c-v 맵 필터 정의하기

코드 3-8에서는 c-v 맵 필터를 적용한다. 아나그램들이 name 변수 속 글자들의 순열에 따라 생성되고 프로그램이 이를 c-v 맵으로 변환하여 cv_map_words() 함수로 구축한 필터링 된 c-v 맵과 비교한다. 이 아나그램의 c-v 맵이 filtered_cv_map에 존재할 경우, 프로그램은 다음 필터를 위해 아나그램을 저장한다.

*voldemort
_british.py,
part 4*

```
❶ def cv_map_filter(name, filtered_cv_map):
       """Remove permutations of words based on unlikely cons-vowel combos."""
❷     perms = {''.join(i) for i in permutations(name)}
       print("length of initial permutations set = {}".format(len(perms)))
       vowels = 'aeiouy'
❸     filter_1 = set()
❹     for candidate in perms:
           temp = ''
           for letter in candidate:
               if letter in vowels:
                   temp += 'v'
               else:
                   temp += 'c'
❺         if temp in filtered_cv_map:
               filter_1.add(candidate)
       print("# choices after filter_1 = {}".format(len(filter_1)))
❻     return filter_1
```

코드 3-8 cv_map_filter() 함수 정의

이름과 cv_map_words()에서 반환된 c-v 맵 세트, 이렇게 두 개의 인자를 받는 cv_map_filter()를 정의한다❶. 세트 컴프리헨션과 permutations 모듈을 사용해서 순열 세트를 생성한다❷. 이 프로세스를 49 페이지의 "프로젝트 #6: 볼드모트 찾기(갈릭 갬빗)"에 기술해두었다. 두 개의 필터 세트에서 차집합을 찾아내는 것과 같은 이후의 세트 작업에 용이하도록 세트를 사용하는 것이다. permutations는 각 *o*를 별도의 아이템으로 다루기 때문에 중복이 제거되고 9! / 2!가 아니라 9!를 반환한다. permutations는 *tmvoordle*과 *tmvoordle*을 다른 문자열로 인식한다.

이제 첫 번째 필터의 내용을 담을 빈 세트를 초기화하고❸ 순열들을 루핑한다❹. 대부분은 단어가 아니라 무작위 글자들의 조합이기 때문에 *candidate(후보)*라는 용어를 사용한다. cv_words()로 했던 것처럼 각 후보를 구성하는 글자들을 루핑하고 *c* 또는 *v*로 매핑한다.

각 c-v 맵과 temp가 `filtered_cv_map`의 구성요소인지 검토한다. 이것이 세트를 이용하는 이유 중 하나이다. 구성요소 여부 검토는 속도가 아주 빠르기 때문이다. 만약 후보가 조건에 부합하면 `filter_1`에 추가한다❺. 이 새로운 아나그램 세트를 반환하면서 종료한다❻.

트라이그램 필터 정의

코드 3-9는 적합하지 않은 세 글자 트리플렛의 순열을 제거하는 트라이그램 필터를 정의한다. 이것은 다양한 암호학 웹사이트에서 유래하였으며 *tmvoordle*을 구성하는 글자들에 최적화된 텍스트 파일을 사용한다. 이 함수는 이 트라이그램들 중 하나를 포함하는 순열만을 반환한다. main() 함수가 새로운 세트를 다음 필터 함수로 전달할 것이다.

*voldemort
_british.py,*
part 5

```
❶ def trigram_filter(filter_1, trigrams_filtered):
      """Remove unlikely trigrams from permutations."""
❷   filtered = set()
❸   for candidate in filter_1:
❹       for triplet in trigrams_filtered:
            triplet = triplet.lower()
            if triplet in candidate:
                filtered.add(candidate)
❺   filter_2 = filter_1 - filtered
    print("# of choices after filter_2 = {}".format(len(filter_2)))
❻   return filter_2
```

코드 3-9 trigram_filter() 함수 정의

트라이그램 필터를 위한 매개변수에는 c-v 맵 필터의 출력값과 적합하지 않은 외부 트라이그램의 리스트인 `trigrams_filtered`가 포함된다❶.

금지된 트라이그램을 포함하는 순열을 담을 빈 세트를 초기화한다❷. 그리고 이전 필터에서 살아남은 후보들을 검토하는 또 다른 for 루프를 시작한다❸. 중첩된 for 루프는 트라이그램 리스트의 각 트리플렛을 검토한다❹. 해당 트리플렛이 후보군에 있다면 필터에 추가된다.

이제 세트 작업을 통해 `filter_1`에서 새로운 필터를 추출할 수 있고❺, 다음 필터에 사용할 차집합을 반환한다.

다이어그램 필터 정의

코드 3-10은 적합하지 않은 문자 쌍을 제거하는 다이어그램 필터를 정의한다. 일부는 순열 어디에 존재하건 필터를 발동시키고 나머지는 순열의 시작 부분에 존재할 경우에만 필터를 발동시킨다. 인정되지 않는 다이어그램은 표 3-2의 음영이 들어간 칸들에 기반한다. 이 함수는 마지막 필터 함수에 사용할 결과값을 반환한다.

*voldemort
_british.py,*
part 6

```
❶ def letter_pair_filter(filter_2):
      """Remove unlikely letter-pairs from permutations."""
❷   filtered = set()
❸   rejects = ['dt', 'lr', 'md', 'ml', 'mr', 'mt', 'mv',
               'td', 'tv', 'vd', 'vl', 'vm', 'vr', 'vt']
```

```
 ❹ first_pair_rejects = ['ld', 'lm', 'lt', 'lv', 'rd',
                          'rl', 'rm', 'rt', 'rv', 'tl', 'tm']
 ❺ for candidate in filter_2:
     ❻ for r in rejects:
            if r in candidate:
                filtered.add(candidate)
     ❼ for fp in first_pair_rejects:
            if candidate.startswith(fp):
                filtered.add(candidate)
 ❽ filter_3 = filter_2 - filtered
    print("# of choices after filter_3 = {}".format(len(filter_3)))
 ❾ if 'voldemort' in filter_3:
        print("Voldemort found!", file=sys.stderr)
 ❿ return filter_3
```

코드 3-10 letter_pair_filter() 함수 정의

이 필터는 이전 필터의 결과값을 인자로 받는다❶. 폐기된 순열들을 담을 빈 세트가 초기화된다❷. 그리고 거부된 쌍들이 담긴 두 리스트가 rejects 변수와❸ first_pair_rejects에 할당된다❹. 두 리스트 모두 수동으로 입력되었다. 첫 번째 리스트는 표 3-2 에서 검정색 음영 처리된 칸을, 두 번째는 회색 음영 처리된 칸을 나타낸다. 첫 번째 리스트의 구성요소를 포함한 모든 순열은 폐기될 것이며, 두 번째 리스트의 구성요소로 시작되는 순열은 허락되지 않는다. 당신은 이 리스트들에 다이어그램을 추가하거나 제거함으로써 필터의 동작을 바꿀 수 있다.

순열 루핑을 시작한다. 이 순열들은 단어가 아닐 수도 있기 때문에 여전히 "후보"라고 칭한다❺. 중첩된 for 루프가 rejects에 속하는 쌍들을 검토하면서 candidate와 대조해 filtered 세트에 추가한다❻. 두 번째 중첩 for 루프는 이 프로세스를 first_pair_rejects에 반복한다❼. 이전 함수에서 반환된 filter_2 세트에서 filtered를 추출한다❽.

당신이 필터링을 너무 심하게 걸지 않았는지 확인하기 위해 filter_3에 *voldemort*가 포함되었는지 검토해보자❾. 그리고 발견한 값을 IDLE 사용자의 눈을 사로잡는 빨간색 폰트로 하이라이트 처리한다. 필터링된 최종 세트를 반환하면서 종료한다❿.

사용자에게 시작 글자 선택권 부여

아직은 필터링이 성공적인지 예측할 수 없다. 여전히 수천 개의 순열이 남아있을 것이다. 출력값의 서브셋만 볼 수 있는 옵션을 제공한다고 해서 전체 수량이 줄어들지는 않는다. 하지만 정신적 부담을 덜어줄 수는 있다. 코드 3-11에서는 *voldemort_british.py*에 특정 문자로 시작하는 아나그램 리스트를 볼 수 있는 능력을 부여한다.

```
❶ def view_by_letter(name, filter_3):
      """Filter to anagrams starting with input letter."""
  ❷ print("Remaining letters = {}".format(name))
  ❸ first = input("select a starting letter or press Enter to see all: ")
  ❹ subset = []
  ❺ for candidate in filter_3:
        if candidate.startswith(first):
            subset.append(candidate)
```

```
❻    print(*sorted(subset), sep='\n')
      print("Number of choices starting with {} = {}".format(first, len(subset)))
❼ try_again = input("Try again? (Press Enter else any other key to Exit):")
      if try_again.lower() == '':
        ❽ view_by_letter(name, filter_3)
      else:
        ❾ sys.exit()
```

코드 3-11 view_by_letter() 함수 정의

view_by_letter() 함수를 정의하고 name 변수와 filter_3를 인자로 받는다❶. 필터링할 글자 선택지를 사용자에게 보여주려면 이름이 필요하다❷. 남아있는 모든 순열을 볼 것인지, 해당 글자로 시작하는 것들만 볼 것인지 선택하는 사용자 입력을 받는다❸. 그리고 마지막 서브셋을 담을 빈 리스트를 시작한다❹.

조건적 for 루프는 후보가 선택된 글자로 시작되는지 검토하고 subset에 이 글자들을 전달한다❺. 이 리스트는 splat 연산자를 통해 출력된다❻. 그리고 나면 프로그램은 사용자에게 다시 시도할지 종료할지 묻는다❼. Enter↵를 누르면 view_by_letter()가 재귀 호출되며 프로그램의 처음으로 돌아간다❽. 그렇지 않으면 프로그램은 종료된다❾. 파이썬의 재귀 깊이 한계는 기본적으로 1,000회로 설정되어 있지만 이 프로젝트에서는 무시하도록 한다.

main() 함수 실행

전역으로 돌아와서, 코드 3-12는 사용자가 다른 프로그램으로 임포트하지 않고 프로그램을 스탠드얼론 모드로 실행했을 때, main() 함수를 호출함으로써 코드를 완성한다.

voldemort_british.py, part 8

```
if __name__ == '__main__':
    main()
```

코드 3-12 main() 함수 호출

완성된 프로그램의 출력값 예시는 아래와 같다. 프로그램이 세 번째 필터를 적용하면 248개의 순열이 남게 되며, *v*로 시작하는 것은 73개가 남는다. 해볼 만한 크기가 된 것이다. 간결성을 위해 순열의 출력은 생략했다. 출력값에 표기된 것처럼, *Voldemort*는 필터링에서 살아남았다.

```
length initial word_list = 60388
length of new word_list = 8687
length filtered_cv_map = 234
length of initial permutations set = 181440
# choices after filter_1 = 123120
# of choices after filter_2 = 674
# of choices after filter_3 = 248
Voldemort found!
Remaining letters = tmvoordle
select a starting letter or Enter to see all: v
```

흥미롭게도, *lovedmort*라는 순열도 살아남았다. 볼드모트가 얼마나 많은 이들을 죽였는지 생각해본다면, 이게 가장 적절한 이름일지도 모른다.

요약

이 챕터에서 당신은 주어진 단어나 이름의 아나그램을 찾는 코드를 작성하고 사용자와 상호작용하여 구절 이름 아나그램을 찾는 기능을 추가했다. 그리고 암호 해독 기술을 사용하여 약 20만 개의 아나그램 중에서 *Voldemort*를 뽑아냈다. 그 과정에서 collections와 itertools 모듈의 유용한 기능들을 적용했다.

더 보기

Jumble 웹사이트: *http://www.jumble.com/*
쓸만한 온라인 아나그램 생성기들은 다음에서 찾을 수 있다.

- *http://wordsmith.org/anagram/*
- *https://www.dcode.fr/anagram-generator*
- *http://www.wordplays.com/anagrammer/*

더 많은 아나그램 프로그램은 Allen Downey가 집필한 *Think Python, 2쇄*(O'Reilly, 2015)에서 확인할 수 있다.

Al Sweigart의 *Cracking Codes with Python*(No Starch Press, 2017)은 *voldemort_british.py* 프로그램에서 필터링에 사용된 것과 같은 단어 패턴 컴퓨팅을 위한 더 많은 코드를 제공한다.

연습 프로젝트: 다이어그램 찾기

당신은 암호학 웹사이트에서 빈도 통계를 찾거나 활용했을 것이다. *tmvoordle*에 포함된 모든 다이어그램을 찾고 이들의 사전 출현 빈도를 계수하는 파이썬 프로그램을 작성하라. 단일어에서 반복되는 다이어그램을 놓치지 않도록 반드시 *volvo*와 같은 단어로 코드를 테스트하라. 솔루션은 부록에서 확인하거나 영진닷컴 홈페이지에서 제공하는 예제파일에서 *count_digrams_practice.py*를 다운로드할 수 있다.

도전 프로젝트: 자동 아나그램 생성기

"더 보기"에 기재한 온라인 아나그램 프로그램들을 보고 이들을 따라하는 파이썬 프로그램을 작성하라. 당신의 프로그램은 입력 받은 이름으로 구절 아나그램을 생성하고 서브셋(예를 들면, 상위 500개)을 출력하여 사용자가 검토할 수 있게 해야 한다.

4

미국 남북전쟁 암호 해독

암호학은 코드(*codes*)와 암호(*ciphers*)를 사용하는 보안 통신의 과학이다. 코드는 단어 전체를 다른 단어로 치환하고, 암호는 단어에 포함된 글자를 섞거나 치환한다(따라서, 모스 부호는 사실 모스 암호라고 해야 맞다). 암호학의 목표 중 하나는 키를 사용하여 평문을 읽을 수 없는 비문으로 암호화하고 이를 다시 평문으로 복호화하는 것이다. 암호 해독의 목표는 키나 암호화 알고리즘을 모르는 상태로 암호와 코드를 해독하는 것이다.

이 챕터에서는 미국 남북전쟁에서 사용된 두 개의 암호, 루트 암호(북부)와 레일 펜스 암호(북부, 남부)를 탐구한다. 우리는 이 암호들의 성공 비결과 실적용에서 얻은 교훈으로, 경험이 부족한 사용자들과 파이썬 코드에 익숙하지 않은 이들의 프로그램 작성 실력을 향상시킬 방법을 찾는다.

프로젝트 #8: 루트 암호

남북전쟁 당시 연방군은 암호학 분야를 비롯해 모든 면에서 연합군을 압도했다. 연방군은 더 나은 코드와 암호를 갖고 있었으며 더 뛰어난 인재들이 있었다. 그 중에서도 가장 큰 강점은 리더쉽과 조직력이었다.

미군 전신국의 국장은 Anson Stager(그림 4-1)였다. 서부 연방의 공동 설립자였던 Stager는 전보 운용자들이 일반적인 비문처럼 무작위 글자들과 숫자들보다는 온전한 단어들을 발송할 때 더 적은 실수를 범한다는 것을 경험으로 알고 있었다. 또한, 군사 우편은 명령이 완수될 때까지만 기밀이 유지되면 된다는 것도 알았다. 그의 보안 솔루션은 루트 전치 암호라고 불리는 하이브리드 암호체계였다. 이는 실제 단어들과 코드 단어들을 전치하는 방식이었고 당시 가장 성공적인 군사 암호체계였다.

그림 4-1 Anson Stager 장군, 미 전신국, 1865년

전치 암호는 평문의 단어 속 글자들을 다른 글자나 심볼로 대체하는 치환 암호와는 달리, 단어 속 글자들의 순서를 뒤섞는 방식이었다. 그림 4-2는 루트 전치 암호의 예시를 보여준다. 메시지는 지정된 행렬에 맞춰 좌측에서 우측으로 쓰였으며, 중요한 평문 단어들은 코드 단어로 대체되었고 마지막 행은 의미 없는 더미 단어들로 채워졌다. 독자는 열을 위아래로 훑으며 재배치된 단어의 순서를 파악했다. 시작 단어는 *REST*이고 암호화 루트는 화살표로 표시했다.

코드 단어

VILLAGE = Enemy		**ROANOKE** = Cavalry	
GODWIN = Tennessee		**SNOW** = Rebels	

암호화 행렬에 담긴 원본 메시지

Enemy	cavalry	heading	to
Tennessee	With	Rebels	gone
you	are	free	to
transport	your	supplies	south

암호화 루트 + 코드 & 더미 단어들

VILLAGE	ROANOKE	heading	to
GODWIN	With	**SNOW**	gone
you	are	free	to
transport	your	supplies	south
REST	**IS**	**JUST**	**FILLER**

비문

```
REST TRANSPORT YOU GODWIN VILLAGE
ROANOKE WITH ARE YOUR IS JUST SUPPLIES FREE
SNOW HEADING TO GONE TO SOUTH FILLER
```

그림 4-2 실제 연방 코드 단어에 사용된 루트 암호

완벽히 메시지를 복호화하기 위해서는 시작점과 메시지 탐색 루트를 알아야 하며, 최종 비문과 코드 단어들의 의미도 알아야 한다.

20세기 초, 유명한 군사 암호 해독가 William Friedman은 Stager의 루트 암호를 폄하했다. 그는 이 암호가 너무 단순하고 연합군에서 이 암호를 해독하지 못할 리 없다고 여겼다. 하지만 실제로 수백, 수천 개의 루트 암호문이 전쟁 중 전달되었고, 연합군의 노력에도 불구하고 해독되지 못했다. 연합군은 해독을 도와줄 사람을 찾기 위해 신문에 암호문을 게재했지만 아무런 수확이 없었다. 이는 크라우드소싱의 초기 예시라고 할 수 있다.

몇몇 역사학자들은 이 암호가 제대로 기능하지 못한 경우도 있었을 것이라고 추측하지만, Stager의 설계는 다음과 같은 교훈을 준다.

인적 오류를 대비하여 설계할 것　군사 암호는 하루에 수백 건이 발송되기 때문에 단순해야 한다. 루트 암호에는 실제 단어가 사용되기 때문에 전보 운용자들이 실수할 확률이 낮아진다. Stager는 고객을 파악해 그에 맞게 설계한 것이다. 그는 노동자들의 한계를 알고 그에 걸맞게 조정했다. 반면, 연합군은 자신들의 복잡한 메시지를 해독하는 것조차도 힘에 겨워서 종종 포기하고 전선을 가로질러 직접 메시지를 들으러 가기도 했다.

발명 보다는 개혁　항상 새로운 것을 발명할 필요는 없다. 이미 있는 것을 다시 발견하기만 하면 된다. 전보 통신에 사용되는 짧은 단어 전치 암호는 단독으로 사용되기에는 부족한 부분이 있었지만, 코드 이름과 방해용 더미 단어들과 합쳐지자 연합군을 당혹스럽게 했다.

학습 공유　전신국에 있던 모든 인원이 동일한 메서드를 사용했기 때문에 이미 존재하는 기술을 바탕으로 만들어질 수 있었고 학습이 수월했다. 덕분에 루트 암호는 은어와 고의적인 오타, 그리고 점점 많아지는 장소, 사람, 날짜에 대응하는 코드 단어들을 통해 시간이 갈수록 진화했다.

이후의 "순수론자들"에게는 Stager의 실용적인 암호가 탐탁치 않았을지 모르지만 당대에는 완벽한 설계였다. 그 속에 감춰진 개념은 세월이 흘러도 유효하며 현대에도 쉽게 적용할 수 있다.

⊕ **목표** ▶ Harry Turtledove의 1992년 수상 소설(1992년 발간 소설), Guns of the South에서는 시간 여행자들이 연합군에 최신 무기들을 공급해서 역사를 바꾼다. AK-47 대신 당신이 노트북과 여분의 배터리, 그리고 주어진 행렬과 루트로 루트 암호를 해석하는 알고리즘을 설계할 파이썬을 가지고 1864년으로 돌아갔다고 가정해보자. Stager의 정신을 이어받아, 당신은 인적 오류를 최소화하는 사용자 친화적인 프로그램을 작성할 것이다.

전략

해독을 위해서는 자신이 해독할 암호의 타입을 파악하는 것이 좋다. 이 경우, 뒤섞인 실제 단어들이 사용되었기 때문에 당신은 전치 암호라는 것을 알 수 있다. 코드 단어와 널(null) 단어들이 섞여 있다는 것을 알 수 있다. 당신은 루트 암호의 전치 부분을 해독할 방법을 찾고 코드 단어는 다른 사람에게 맡긴 다음 칵테일을 마시러 가면 된다.

제어 메시지 생성

어떻게 해야 하는지 이해하기 위해 먼저 당신만의 메시지와 루트 암호를 작성한다. 이것을 *제어 메시지*라고 한다.

- 열의 개수 = 4
- 행의 개수 = 5
- 시작 위치 = 좌측 하단
- 루트 = 열 상하 반복
- 평문 = 0 1 2 3 4 5 6 7 8 9 10 11 12 13 14 15 16 17 18 19
- 비문 = 16 12 8 4 0 1 5 9 13 17 18 14 10 6 2 3 7 11 15 19
- 키 = -1 2 -3 4

평문에 수열을 사용하면 메시지 내의 어느 부분이든 복호화가 정상적으로 이루어졌는지 확인할 수 있다.

전치 행렬은 그림 4-3과 같다. 회색 화살표는 암호화 루트를 의미한다.

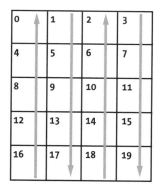

= 16 12 8 4 0 1 5 9 13 17 18 14 10 6 2 3 7 11 15 19

그림 4-3 루트 암호 경로와 결과 비문을 포함한 제어 메시지에 따른 전치 행렬

키는 열에서 루트의 순서와 방향을 지속적으로 추적한다. 루트가 열을 따라 순서대로 움직일 필요는 없다. 예를 들어, 첫 번째 열에서 아래로, 세 번째 열에서 위로, 네 번째 열에서 아래로, 마지막으로 두 번째 열에서 위로 움직여도 된다. 음수는 하단에서 위로 올라간다는 뜻이며 양수는 그 반대를 의미한다. 제어 메시지에 따르면, 프로그램에 사용된 마지막 키는 [-1, 2, -3, 4] 라는 리스트가 된다. 이 리스트에 따르면 프로그램은 열 1의 하단에서 위로, 열 2의 상단에서 아래로, 열 3의 하단에서 위로, 열 4의 상단에서 아래로 내려가게 된다.

사용자는 인간이기 때문에 0이 아니라 1부터 세어야 한다는 사실을 기억하자. 물론 파이썬은 0부터 세는 것을 선호하기 때문에 뒤에서는 키 값에서 1을 빼야 한다. 윈-윈인 것이다.

88 페이지, "루트 전치 암호: 브루트 포스 공격"에서는 이 함축된 키 구조를 통해 강제로 루트 사이퍼를 뚫고 평문이 복원될 때까지 자동으로 수백 개의 키를 시도한다.

행렬 설계, 채우기, 비우기

당신은 비문을 연속 문자열로 입력할 것이다. 프로그램이 이 문자열에서 루트를 풀기 위해서는 먼저 번역 행렬을 만들고 채워넣어야 한다. 비문 문자열은 그림 4-3에 있는 전치 행렬의 열이 읽히는 순서대로 나열되어 있는 것이다. 전치 행렬에 다섯 개의 열이 있으므로, 비문에 포함된 다섯 개의 요소들로 이루어진 그룹을 각 열이라고 생각하면 된다. 이 행렬을 리스트들의 리스트로 표현할 수 있다.

```
>>> list_of_lists = [['16', '12', '8', '4', '0'], ['1', '5', '9', '13', '17'],
['18', '14', '10', '6', '2'], ['3', '7', '11', '15', '19']]
```

이 새로운 리스트에 있는 아이템들은 각 열을 나타내는 리스트들을 의미하며, 각 리스트에 속한 다섯 개의 요소는 해당 열을 구성하는 행을 의미한다. 가독성을 향상시키기 위해 이 중첩 리스트를 개행해보도록 하자.

```
>>> for i in range(len(list_of_lists)):
        print(list_of_lists[i])
[16, 12, 8, 4, 0]
[1, 5, 9, 13, 17]
[18, 14, 10, 6, 2]
[3, 7, 11, 15, 19]
```

만약 각 리스트를 좌측에서 우측으로 읽고 상단에서 시작한다면 열을 상하로 움직이는 전치 루트를 따르게 된다(그림 4-3 참고). 파이썬의 관점에서는 첫 번째 열은 list-of-lists[0]이고, 시작 지점은 list-of-lists[0][0]이 된다.

이제 시작 열과 동일한 방향(위로)으로 모든 열을 읽음으로써 루트를 정상화한다. 이를 위해서는 아래 굵게 표시된 부분처럼 다른 리스트에 속한 요소들의 순서를 뒤집어야 한다.

```
[16, 12, 8, 4, 0]
[17, 13, 9, 5, 1]
[18, 14, 10, 6, 2]
[19, 15, 11, 7, 3]
```

패턴이 보이기 시작한다. 우측 상단에서 시작하고 각 열을 아래로 읽어서 좌측 하단에서 끝낸다면 숫자들은 순차적으로 배치될 것이다. 평문을 복원한 것이다!

이 절차를 위해 스크립트는 번역 행렬이 빌 때까지 모든 중첩 리스트를 루핑하고 리스트의 마지막 아이템을 제거한 다음 아이템을 새로운 문자열로 추가한다.

이 스크립트는 역전되어야 하는 중첩 리스트와 행렬을 비우기 위한 순서를 키를 통해 인식한다. 결과값은 복원된 평문 문자열이 될 것이다.

```
'0 1 2 3 4 5 6 7 8 9 10 11 12 13 14 15 16 17 18 19'
```

이제 이 전략을 개괄적으로 이해했을 것이다. 좀 더 자세히 알아보면서 의사 코드를 작성해보자.

의사 코드

이 스크립트는 세 개의 주요 부분으로 나눌 수 있다. 사용자 입력, 번역 행렬 채우기, 평문으로 복호화. 이는 다음 의사 코드에서 확인할 수 있다.

```
Load the ciphertext string.
Convert ciphertext into a cipherlist to split out individual words.
Get input for the number of columns and rows.
Get input for the key.
Convert key into a list to split out individual numbers.
Create a new list for the translation matrix.
For every number in the key:
    Create a new list and append every n items (n = # of rows) from the cipherlist.
    Use the sign of key number to decide whether to read the row forward or backward.
    Using the chosen direction, add the new list to the matrix. The index of each
    new list is based on the column number used in the key.
Create a new string to hold translation results.
For range of rows:
    For the nested list in translation matrix:
        Remove the last word in nested list
        Add the word to the translation string.
Print the translation string.
```

첫 번째 루프 이전의 내용은 암호 데이터를 수집하고 재구성하는 부분이다. 첫 번째 루프는 행렬을 생성하고 채우는 부분이고, 두 번째 루프는 번역 문자열을 행렬로부터 만들어낸다. 마지막으로, 번역 문자열이 출력된다.

루트 암호 복호화 코드

코드 4-1은 루트 암호로 암호화된 메시지, 번역 행렬의 행과 열, 키를 받고 번역된 평문을 출력한다. 이 방식은 루트가 열의 상단이나 하단에서 시작되어 위 아래로 움직이는 모든 "보편적인" 루트 암호들을 복호화할 수 있다.

이것은 프로토타입 버전으로 작동 확인 후 패키징해서 다른 사람들도 사용할 수 있도록 만들 것이다. 코드는 영진닷컴 홈페이지에서 다운로드할 수 있다.

*route_cipher
_decrypt
_prototype.py*

❶ ciphertext = "16 12 8 4 0 1 5 9 13 17 18 14 10 6 2 3 7 11 15 19"

```
# split elements into words, not letters
```

```
❷ cipherlist = list(ciphertext.split())

❸ # initialize variables
  COLS = 4
  ROWS = 5
  key = '-1 2 -3 4'  # neg number means read UP column vs. DOWN
  translation_matrix = [None] * COLS
  plaintext = ''
  start = 0
  stop = ROWS

  # turn key_int into list of integers:
❹ key_int = [int(i) for i in key.split()]

  # turn columns into items in list of lists:
❺ for k in key_int:
  ❻ if k < 0:  # reading bottom-to-top of column
          col_items = cipherlist[start:stop]
      elif k > 0:  # reading top-to-bottom of columnn
          col_items = list((reversed(cipherlist[start:stop])))
      translation_matrix[abs(k) - 1] = col_items
      start += ROWS
      stop += ROWS

  print("\nciphertext = {}".format(ciphertext))
  print("\ntranslation matrix =", *translation_matrix, sep="\n")
  print("\nkey length= {}".format(len(key_int)))

  # loop through nested lists popping off last item to new list:
❼ for i in range(ROWS):
      for col_items in translation_matrix:
        ❽ word = str(col_items.pop())
        ❾ plaintext += word + ' '

  print("\nplaintext = {}".format(plaintext))
```

코드 4-1 route_cipher_decrypt_prototype.py 코드

먼저 비문을 문자열로 로드한다❶. 글자들이 아니라 단어를 다룰 것이기 때문에 split() 문자열 메서드를 이용해서 문자열을 공백 기준으로 나누고 cipherlist라는 새 리스트를 생성한다❷. split() 메서드는 앞서 나왔던 join() 메서드의 반대 동작을 수행한다. 당신은 무엇이든 분할할 수 있으며, 이 작업은 기본적으로 연속된 공백들을 지우면서 진행된다.

우선 암호에 대해 알고 있는 행렬을 구성하는 행과 열의 수, 루트를 담은 키를 입력한다❸. 행과 열의 수는 상수로 초기화한다. 그리고 translation_matrix라는 빈 리스트를 생성해서 각 열의 내용을(중첩) 리스트로 담는다. None 값에 열의 개수를 곱해서 플레이스홀더를 할당한다. 이 빈 아이템들의 인덱스를 이용해서 순서가 어긋난 열들을 키에 맞는 올바른 순서로 정렬할 수 있다.

plaintext라는 빈 문자열이 복호화된 메시지를 담을 것이다. 다음은 분할 매개변수 차례이다. 이들 중 일부는 각 열에 속한 아이템의 개수, 즉 행의 개수에서 파생되었다.

이제 리스트 관련 작업을 수행하는 편리한 방법인 *리스트 컴프리헨션*을 이용해서 문자열인 키 변수를 정수 리스트로 변환한다❹. 키에 있는 숫자들을 인덱스로 사용하게 될 것이기 때문에 정수값이 되어야 한다.

다음 코드 블록은 리스트들의 리스트인 translation_matrix를 채우는 for 루프이다 ❺. 각 열이 중첩 리스트가 되고 key_int 리스트의 길이가 열의 개수와 같기 때문에, 루프의 범위는 루트를 서술하는 키가 된다.

루프 안에서는 조건문을 이용하여 키가 양수인지 음수인지 검토한다❻. 키가 양수일 경우, 분할의 방향은 반대가 된다. 키의 절대값에 따라 translation_matrix의 올바른 지점에 분할을 적용하고 1을 뺀다(키는 0을 포함하지 않지만 리스트의 인덱스는 포함하기 때문에). 분할 종료 지점을 행의 개수만큼 전진시키고 루프를 끝내면서 유용한 정보를 출력한다.

마지막 블록은❼ 모든 행(중첩 리스트에 속한 단어 수와 동일한 개수)과 각 중첩 리스트를 루핑한다. 처음 두 루프는 그림 4-4에서 확인할 수 있다. 각 중첩 리스트에서 작업을 중단할 때, 당신은 파이썬 함수인 리스트 pop() 메서드를 사용하게 된다❽. pop() 메서드는 특정 인덱스에 주어지지 않으면 마지막 아이템을 제거하면서 반환한다. 이로 인해 중첩 리스트가 소멸되지만, 어차피 더 이상 필요하지 않다.

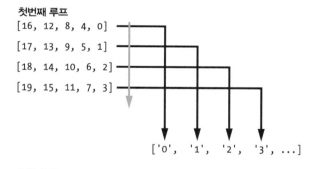

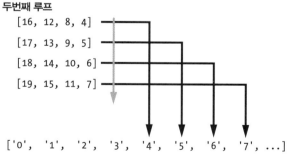

그림 4-4 중첩 리스트의 첫 번째, 두 번째 루프가 마지막 아이템을 제거하면서 번역 문자열에 추가한다

단어를 뽑아내자마자 plaintext 문자열에 붙이고 공백을 추가한다❾. 남은 일은 복호화된 비문을 출력하는 것뿐이다. 수열 테스트 세트의 출력값은 다음과 같다.

```
plaintext = 0 1 2 3 4 5 6 7 8 9 10 11 12 13 14 15 16 17 18 19
```

성공한 것 같다!

루트 암호 해킹하기

앞서 나왔던 코드는 당신이 암호 행렬의 루트를 알고 있거나 키를 정확히 예측했다고 가정한다. 만약 그 가정이 틀렸다면, 당신에게 남은 방법은 모든 가용 키와 행렬 순서들을 시도해 보는 것뿐이다. 당신은 88 페이지의 "루트 전치 암호: 브루트 포스 공격"에서 키 선택 프로세스(일부 열에 한해)를 자동화할 수도 있다. 하지만 보다시피 연방 루트 암호는 브루트 포스 공격에 강하다. 뚫을 수는 있겠지만 엄청난 데이터 양 때문에 차를 쫓아가다가 결국 붙잡게 된 개의 기분을 느끼게 될 것이다. (불가능할 것 같은 일을 해냈지만 그 뒤에 뭘 해야 할 지 모르는 상황을 뜻하는 관용구)

메시지가 길어질수록 전치 암호의 가능한 암호화 경로는 많아지고, 현대의 컴퓨터를 사용해도 강제로 해독하기가 어려워진다. 예를 들어, 여덟 개의 열이 있고 루트가 열을 건너뛸 수 있다면 조합의 개수는 8의 팩토리얼이 된다. $8 \times 7 \times 6 \times 5 \times 4 \times 3 \times 2 \times 1 =$ 40,320. 대체 루트를 제외해도 40,320개의 경로가 있다는 이야기이다. 만약 루트가 이동 방향을 바꿀 수 있다면 조합의 개수는 10,321,920개로 늘어난다. 시작 지점을 선택할 수 있고(상단이나 하단 외에도) 행렬을 통과하는 모든 루트가 허용된다면(나선형과 같은) 도저히 감당할 수 없는 수준이 된다.

그러므로 짧은 전치 암호라 할지라도 수천 개에서 수백만 개의 가능 경로가 발생한다. 경로의 개수가 컴퓨터가 다룰 수 있는 수준이어서 브루트 포스 공격이 먹혀들어간다 해도 무수히 많은 결과값을 살펴봐야 하며, 컴퓨터를 통해서 정답을 고르거나 육안으로 작은 후보 서브셋을 골라내야 한다.

좀 더 일반적인 문자 전치 암호의 경우, 사전 복호화 비교를 통해 쉽게 영어를 탐지하는 함수를 작성할 수 있다. 사전에 포함된 복호화된 단어의 개수가 특정 한계 퍼센트보다 크다면 당신은 암호를 뚫은 것이다. 이와 마찬가지로, 만약 흔한 문자 쌍(*er, th, on, an*과 같은 *다이어그램*)의 빈도가 높다면 해법을 찾았다고 볼 수 있다. 하지만 안타깝게도 이 접근법은 우리가 사용한 단어 전치 암호에는 통하지 않는다.

사전은 어떤 단어가 제대로 배치되었는지 알아내는 데 도움이 되지 않는다. 단어의 배치에 관해서는 문법 규칙과 *n*-grams와 같은 확률적 언어 모델 같은 접근법을 활용해서 프로그램적으로 후보군을 추려내볼 수 있지만, Stager가 그의 루트 암호에 사용한 코드명과 더미 단어 때문에 상당히 복잡해질 것이다.

앞서 말한 문제점들에도 불구하고, 암호 해독가들은 짧고 직관적인 전치 암호들은 비교적 쉽게 컴퓨터를 이용해 해독한다. 이들은 의미를 가진 일반적인 단어나 문자 쌍을 찾고 이를 이용해서 전치 행렬을 구성하는 열의 개수를 추측한다.

이것을 재현하기 위해 숫자로 구성된 제어 메시지를 이용해보자. 그림 4-5에서 당신은 비문 결과값을 4×5 행렬의 형태로 확인할 수 있고 이들은 각자 네 모서리 중 한 곳에서 시작되며, 교차하는 순차 루트를 따른다. 모든 경우는 인접한 수의 반복을 포함한다(그림 4-5에서 음영 처리된 부분). 이것은 좌우로 이동하는 것을 나타내며 행렬의 구성과 사용된 루트에 대한 단서를 제공한다. 20개의 단어가 메시지에 들어있다는 것을 알게 되었으니, 열의 개수는 네 개라는 것을 알 수 있다(20 / 5 = 4). 평문 메시지가 좌측에서 우측으로 쓰여졌다는 타당한 가정을 하면 심지어 루트도 추측할 수 있다. 예를 들어 우측 하단에서 시작한다면 위로 가서 3, 좌로 가서 2, 아래로 가서 18, 좌로 가서 17, 위로 가서 1, 좌로 가서 0이 된다. 물론 단어로 구성된 행렬이라면 단어 간의 연결은 유일하지 않기 때문에 훨씬 어려워지겠지만 숫자를 이용해서 핵심을 파악할 수 있다.

5자리 숫자 = 5개 행!

우측 하단 = 19 15 11 7 **3 2** 6 10 14 **18 17** 13 9 5 **1 0** 4 8 12 16

좌측 하단 = 16 12 8 4 **0 1** 5 9 13 **17 18** 14 10 6 **2 3** 7 11 15 19

우측 상단 = 3 7 11 15 **19 18** 14 10 6 **2 1** 5 9 13 **17 16** 12 8 4 0

좌측 상단 = 0 4 8 12 **16 17** 13 9 5 **1 2** 6 10 14 **18 19** 15 11 7 3

그림 4-5 논리적으로 정렬된 문자 또는 단어(음영 부분)를 통해 암호화 루트를 추측할 수 있다.

그림 4-2의 메시지를 바탕으로 그림 4-6을 보자. 끝 단어들과 "is just"나 "heading to"와 같이 가능한 연결 단어들은 음영 처리되었다.

REST TRANSPORT YOU GODWIN **VILLAGE ROANOKE** WITH ARE YOUR
IS JUST SUPPLIES FREE SNOW **HEADING TO** GONE TO SOUTH **FILLER**

그림 4-6 그림 4-2의 루트 암호를 사람이 해킹한 것. 5열 행렬이 나타난다.

4, 5개 또는 10개의 행을 구성하는 총 20개의 단어가 있다. 2개의 열을 가진 행렬이 사용됐을 가능성은 적으니 4×5나 5×4 배열을 다루고 있다고 가정할 수 있다. 만약 루트 암호 경로가 그림 4-5와 같다면 4행 행렬에서는 음영 처리된 단어들 사이에 2개의 음영 없는 단어가 존재할 것이고, 5행 행렬에서는 3개의 음영 없는 단어가 존재할 것이다. 4열 패턴에서는 어떤 방향으로 비문을 읽어도 그럴싸한 단어 쌍을 떠올리기 어렵다.

그러므로 우리는 좌측에서 시작하는 5열 해법을 다루면 될 것이다(연결된 단어들이 좌측에서 우측으로 읽었을 때 말이 되기 때문에).

그림 4-6에서 음영 처리된 단어들이 그림 4-7의 행렬에서 상단과 하단 행에 있다는 것에 주목하자. 이를 통해 각 열의 상단과 하단에서 경로가 "뒤로 돈다"고 추측할 수 있다. 시각적 해법은 수포자를 위한 신의 선물이다!

VILLAGE	ROANOKE	heading	to
GODWIN	With	SNOW	gone
you	are	free	to
transport	your	supplies	south
REST	IS	JUST	FILLER

그림 4-7 그림 4–6에서 음영 처리된 단어들의 전치 행렬 내 배치

이것은 쉬워보이지만, 이는 우리가 루트 암호의 동작 방식을 알고 있기 때문이다. 연합 군의 암호 해독가들도 결국은 알아낼 것이다. 하지만 코드 단어의 사용 덕분에 그들은 이 체계를 완벽히 파악할 수 없다. 이 코드를 해독하려면 코드북을 탈취하거나 빅 데이터를 분석할 수 있는 거대한 기구를 설립해야 하는데, 19세기의 연합군에게 이것은 불가능한 일이었다.

사용자 인터페이스 추가

이 프로젝트의 두 번째 목표는 인적 오류를 최소화하는 방향으로 코드를 작성하는 것이다(특히 기술자들, 인턴들, 동료들, 1864년의 전보 담당자들 같은 이들을 위해). 물론 프로그램을 사용자 친화적으로 만드는 가장 좋은 방법은 *그래픽 유저 인터페이스(GUI)*를 포함하는 것이지만 종종 이 방법이 현실적이지 못하거나 불가능한 경우가 있다. 예를 들어, 코드 해독 프로그램들은 자동으로 수천 개의 가능한 키를 루핑하고 이 키들을 알아서 생성하는 것이 사용자에게 직접 과정을 보여주는 것보다 쉽다.

이 예시에서는 사용자가 프로그램 파일을 열어서 무언가를 입력하거나 코드를 조금 수정한다고 가정해볼 것이다. 다음 가이드라인을 따르도록 한다.

1. 유용한 docstring으로 시작한다(챕터 1).
2. 모든 사용자 입력을 상단에 배치한다.
3. 코멘트를 통해 입력 요구사항을 확실하게 밝힌다.
4. 사용자 입력과 나머지 코드를 명확히 분리한다.
5. 함수의 프로세스 대부분을 캡슐화한다.
6. 예측 가능한 사용자 오류를 캐치하는 함수들을 포함한다.

이러한 접근법의 장점은 누구의 지성도 모욕하지 않는다는 것이다. 사용자가 스크롤을 내려 코드를 확인하거나 수정하고 싶다면, 그렇게 하면 된다. 원리는 모르더라도 값을 입력하면 만족스러운 답을 구할 수 있다.

그리고 우리는 모든 것을 간단하게 만들고 오류의 가능성을 낮춤으로써 Anson Stager의 정신을 존중할 수 있다.

사용자에게 안내하고 입력 받기

코드 4-2는 다른 사람들에게 공유할 수 있도록 리패키징된 프로토타입을 나타낸다. 이 코드는 영진닷컴 홈페이지에서 다운로드할 수 있다.

route_cipher
_decrypt.py,
part 1

❶ """Decrypt a path through a Union Route Cipher.

❷ Designed for whole-word transposition ciphers with variable rows & columns.
Assumes encryption began at either top or bottom of a column.
Key indicates the order to read columns and the direction to traverse.
Negative column numbers mean start at bottom and read up.
Positive column numbers mean start at top & read down.

Example below is for 4x4 matrix with key -1 2 -3 4.
Note "0" is not allowed.
Arrows show encryption route; for negative key values read UP.

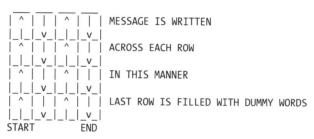

Required inputs - a text message, # of columns, # of rows, key string

Prints translated plaintext
"""

❸ import sys

```
#==============================================================================
```
❹ # USER INPUT:

❺ # the string to be decrypted (type or paste between triple-quotes):
ciphertext = """16 12 8 4 0 1 5 9 13 17 18 14 10 6 2 3 7 11 15 19
"""

❻ # number of columns in the transposition matrix:
COLS = 4

# number of rows in the transposition matrix:
ROWS = 5

❼ # key with spaces between numbers; negative to read UP column (ex = -1 2 -3 4):
key = """ -1 2 -3 4 """

```
❽ # END OF USER INPUT - DO NOT EDIT BELOW THIS LINE!
   #==============================================================================

❾ _____
```

코드 4-2 route_cipher_decrypt.py의 Docstring, 임포트, 사용자 입력

3중 따옴표 안에 작성된 복수 행 docstring으로 시작한다❶. docstring은 사용자에게 이 프로그램이 보편적인 루트 암호(열의 상단이나 하단에서 시작하는 것)만 해독한다는 것을 알리고 키 정보 입력 방법을 안내한다❷. 이해를 돕기 위해 다이어그램이 포함되었다.

다음으로, 시스템 폰트와 함수에 접근할 수 있도록 sys를 임포트한다❸. 사용자의 입력 내용을 검토하여 수용을 결정할 것이므로, 시선을 사로잡는 빨간색으로 쉘에 메시지를 표시해야 한다. 여기서 딜레마가 발생한다. 코드를 사용자에게서 숨기는 전략적 목표를 달성하기 위해서는 프로그램의 후반부에 이 임포트 문을 사용하는 것이 좋다. 그러나 모든 임포트 문을 가장 상단에 적는 파이썬의 관습을 무시하기 어렵다.

이제 입력 섹션을 보자. 프로그램 전체에 걸쳐 입력이나 수정이 이루어져야 하는 코드를 본 적이 있는가? 이는 작성자에게 혼란을 줄 수 있고 다른 사용자에게는 더 큰 혼란을 줄 수 있다. 따라서, 오류없고 읽기 편한 코드를 만들기 위해 중요한 변수들은 모두 상단으로 이동시킨다.

먼저 입력 섹션을 선으로 구분하고 모두 대문자로 작성된 코멘트를 통해 사용자의 주의를 환기시킨다❹. 필요한 입력값은 코멘트로 명확하게 정의된다. 텍스트 입력에 3중 따옴표를 사용하면 긴 텍스트를 효율적으로 담을 수 있다. 그림 4-3의 숫자 문자열을 입력하였다는 것에 주목하라❺. 이제 사용자는 전치 행렬의 열과 행 개수를 추가하고❻ 제안된(또는 대표적인) 키를 추가해야 한다❼.

해당 효과에 대한 선언 코멘트와 다음 행 아래에는 수정을 금한다는 주의사항과 함께 사용자 입력 섹션을 종료한다❽. 그리고 빈 공간을 추가하여 입력 섹션과 프로그램의 나머지 부분을 더욱 명확하게 구분한다❾.

main() 함수 정의

코드 4-3은 프로그램을 실행하고 암호가 해독된 후 평문을 출력하는 main() 함수를 정의한다. main() 함수는 마지막으로 호출한 함수일 경우, 자신을 호출한 함수의 전후에 정의될 수 있다.

route_cipher _decrypt.py, part 2

```python
def main():
    """Run program and print decrypted plaintext."""
❶   print("\nCiphertext = {}".format(ciphertext))
    print("Trying {} columns".format(COLS))
    print("Trying {} rows".format(ROWS))
    print("Trying key = {}".format(key))

    # split elements into words, not letters
❷   cipherlist = list(ciphertext.split())
```

```
❸ validate_col_row(cipherlist)
❹ key_int = key_to_int(key)
❺ translation_matrix = build_matrix(key_int, cipherlist)
❻ plaintext = decrypt(translation_matrix)

❼ print("Plaintext = {}".format(plaintext))
```

코드 4-3 main() 함수 정의

쉘에 사용자 입력을 출력하여 main() 함수를 시작한다❶. 그리고 프로토타입 코드에서처럼 공백으로 비문을 분할하여 리스트로 만든다❷.

다음 일련의 구문들은 당신이 곧 정의하게 될 기능들을 호출한다. 첫 번째는 입력된 행과 열이 메시지 길이에 적합한지 여부를 확인한다❸. 두 번째는 키 변수를 문자열에서 정수 리스트로 변환한다❹. 세 번째는 전치 행렬을 만들고❺ 네 번째는 행렬에서 복호화 알고리즘을 실행하여 평문 문자열을 반환한다❻. 평문을 출력하여 main()을 종료한다❼.

데이터 검증

최종 사용자를 위해 *route_cipher_decrypt.py* 패키징을 계속하는 동안 입력값이 적합한지 검증해야 한다. 코드 4-4는 일반적인 사용자 오류를 예측하고 사용자에게 유용한 피드백과 지침을 제공한다.

route_cipher _decrypt.py, part 3

```
❶ def validate_col_row(cipherlist):
      """Check that input columns & rows are valid vs. message length."""
      factors = []
      len_cipher = len(cipherlist)
❷ for i in range(2, len_cipher):  # range excludes 1-column ciphers
          if len_cipher % i == 0:
              factors.append(i)
❸ print("\nLength of cipher = {}".format(len_cipher))
      print("Acceptable column/row values include: {}".format(factors))
      print()
❹ if ROWS * COLS != len_cipher:
          print("\nError - Input columns & rows not factors of length "
                "of cipher. Terminating program.", file=sys.stderr)
          sys.exit(1)

❺ def key_to_int(key):
      """Turn key into list of integers & check validity."""
❻ key_int = [int(i) for i in key.split()]
      key_int_lo = min(key_int)
      key_int_hi = max(key_int)
❼ if len(key_int) != COLS or key_int_lo < -COLS or key_int_hi > COLS \
      or 0 in key_int:
        ❽ print("\nError - Problem with key. Terminating.", file=sys.stderr)
          sys.exit(1)
      else:
        ❾ return key_int
```

코드 4-4 사용자 입력을 검토하고 준비하는 함수 정의

valid_col_row() 함수는 입력된 열과 행 개수가 인수로 전달받은 cipherlist의 길이에 부합하는지 검토한다❶. 전치 행렬은 항상 메시지의 단어 수와 크기가 같으므로, 열수와 행 수는 메시지 크기의 인자가 되어야 한다. 허용 가능한 모든 인자를 확인하려면 먼저 인자를 담을 빈 리스트를 생성하고 cipherlist의 길이를 구한다. 비문을 구성하는 요소들은 단어가 아니라 문자이므로, 입력된 *비문*이 아니라 *cipherlist*를 사용한다.

일반적으로 숫자의 인자를 구하기 위해서는 (1, number + 1)의 범위를 사용하지만, 이와 같은 차원의 전치 행렬은 평문이기 때문에 이러한 끝점은 factors 리스트에 포함시키지 않는다. 따라서, 이 값들은 범위에서 제외한다❷. 숫자의 인자는 그 숫자로 동일하게 나눠지므로, 나머지 연산자(%)를 사용하여 인자를 찾고 factors 리스트에 추가한다.

다음으로, cipherlist의 길이와 선택 가능한 행렬과 같이 사용자에게 유용한 정보를 표시한다❸. 마지막으로, 사용자의 선택 두 개를 곱하고 그 값을 cipherlist의 길이와 비교한다. 일치하지 않을 경우, 쉘에 빨간색 경고 메시지를 출력하고(file=sys.stderr 트릭을 사용하여) 프로그램을 종료한다❹. 1은 비정상적인 종료를 의미하므로 sys.exit(1)를 사용한다.

이제 키를 검토하는 함수를 정의하고 문자열을 list로 변환한다❺. 이 함수에 key 변수를 인자로 넘긴다. key에 속한 각 아이템을 분할하여 정수로 변환한다. 리스트를 key_int로 명명하여 사용자가 입력한 key 변수와 구분한다❻. 그리고 key_int 리스트에서 최소값과 최대값을 찾는다. 다음으로, 리스트가 열과 동일한 개수의 아이템을 포함하고 있고 key에 속한 아이템들이 너무 크거나, 너무 작거나, 0과 같은지 확인하기 위해 if 문을 사용한다❼. 이 조건들 중 하나라도 통과하지 못할 경우에는 오류 메시지와 함께 프로그램을 종료한다❽. 그렇지 않다면 key_int 리스트를 반환한다❾.

번역 행렬 구축과 복호화

코드 4-5는 전치 행렬을 작성하는 함수와 복호화하는 함수를 정의하고 main() 함수를 모듈로 또는 스탠드얼론 모드로 호출한다.

route_cipher _decrypt.py, part 4

```
❶ def build_matrix(key_int, cipherlist):
      """Turn every n items in a list into a new item in a list of lists."""
      translation_matrix = [None] * COLS
      start = 0
      stop = ROWS
      for k in key_int:
          if k < 0:  # read bottom-to-top of column
              col_items = cipherlist[start:stop]
          elif k > 0:  # read top-to-bottom of columnn
              col_items = list((reversed(cipherlist[start:stop])))
          translation_matrix[abs(k) - 1] = col_items
          start += ROWS
          stop += ROWS
      return translation_matrix
```

```
❷ def decrypt(translation_matrix):
      """Loop through nested lists popping off last item to a string."""
      plaintext = ''
      for i in range(ROWS):
          for matrix_col in translation_matrix:
              word = str(matrix_col.pop())
              plaintext += word + ' '
      return plaintext

❸ if __name__ == '__main__':
      main()
```

코드 4-5 번역 행렬 구축과 복호화를 위한 함수 정의

이 두 함수는 *route_cipher_decrypt_prototype.py* 프로그램에서의 코드를 캡슐화한 것이다. 상세한 기술은 코드 4-1을 참고하라.

먼저 전치 행렬을 작성하는 함수를 정의하고 key_int와 cipherlist 변수를 인자로 전달한다❶. 이 함수가 리스트들의 리스트를 반환하도록 한다.

다음으로, 각 중첩 리스트의 끝부분을 뽑아내는 복호화 코드를 transit_matrix 리스트를 인자로 사용하는 함수로 묶는다❷. main() 함수에서 출력될 평문을 반환한다.

프로그램을 모듈로써 또는 스탠드얼론 모드로 실행하는 조건문으로 종료한다❸.

만약 이 코드를 가끔 또는 처음 사용하는 사람이라면, 그 직관성과 접근성에 감복할 것이다. 목적에 맞게 코드를 수정할 계획이라면, 주요 변수에 접근할 수 있고 주요 작업들이 모듈화되어 있다는 점도 높게 평가할 것이다. 무엇이 중요한지 알아내거나 list1, list2와 같은 난해한 변수들의 차이점을 이해하기 위해 프로그램을 파헤칠 필요도 없다.

다음은 코드 4-3의 비문을 이용한 프로그램의 출력값이다.

```
Ciphertext = 16 12 8 4 0 1 5 9 13 17 18 14 10 6 2 3 7 11 15 19

Trying 4 columns
Trying 5 rows
Trying key = -1 2 -3 4

Length of cipher = 20
Acceptable column/row values include: [2, 4, 5, 10]

Plaintext = 0 1 2 3 4 5 6 7 8 9 10 11 12 13 14 15 16 17 18 19
```

이제 당신은 대표적인 키를 이용해서 쉽게 루트 전치 암호를 해독하거나 스크립트의 명확하고 접근성 좋은 인터페이스를 통해 예상 루트를 테스트하여 키를 조정할 수 있을 것이다. 88 페이지의 "루트 전치 암호: 브루트 포스 공격"에서는 가능한 모든 키를 자동으로 시도함으로써 이러한 암호 중 하나를 실제로 해독할 수 있는 기회를 제공한다.

프로젝트 #9: 레일 펜스 암호

연합군 장교들과 스파이들은 암호학에 관해 도움을 청할 곳이 없었다. 전문가의 부재는 스플릿 레일 펜스의 지그재그 패턴(그림 4-8 참고)과 유사한 모양 때문에 명명된 레일 펜스 암호같은 정교하지 않은 솔루션들의 탄생으로 이어졌다.

그림 4-8 레일 펜스

　레일 펜스도 연방군의 루트 암호처럼 사용이 간단한 전치 암호지만 단어보다는 글자들을 전치한다는 점에서 루트 암호와는 차이가 있고, 좀 더 오류 발생이 쉽다. 또한, 가능한 키의 개수가 루트 암호의 경로 수보다 현저히 제한적이기 때문에 레일 펜스 암호는 훨씬 무너지기 쉽다.

　연방군과 연합군 모두 레일 펜스를 야전 암호로 사용했고 스파이들은 아마 코드 단어를 자주 사용하지 않았을 것이다. 코드북은 당연히 엄격한 통제를 필요로 했고, 쉽게 노출될 수 있는 잠복 요원들이 소지하기보다는 군 전신국에 안전하게 보관되는 경우가 많았다.

　연합군은 종종 더 복잡한 비즈네르 암호(106 페이지의 "프로젝트 #12: 비즈네르 암호 숨기기" 참고)를 중요한 메시지 전달을 위해(적을 오도하기 위한 중요하지 않은 메시지들도) 사용하기도 했지만, 복호화와 암호화가 오래 걸리는 탓에 신속한 야전 통신에는 적합하지 않았다.

　암호학 체계에 대한 훈련은 부족했지만 연합군과 대부분의 남부지방 사람들은 영리하고 혁신적이었다. 그들의 비밀 메시지 기술이 낳은 인상적인 업적 중 하나는 현미경 사진술의 활용이었다. 이것이 널리 사용된 냉전보다도 100년이나 이른 시기였다.

스파이가 "2레일"(2열) 레일 펜스 암호를 암호화하고 해독하는 것을 도와줄 파이썬 프로그램을 작성한다. 당신은 경험이 없는 사용자들에 의한 잠재적인 오류를 최소화하는 방향으로 프로그램을 작성해야 한다.

전략

레일 펜스 암호를 이용해서 메시지를 암호화하려면 그림 4-9의 단계를 따른다.

Buy more Maine potatoes	1) 암호화할 평문을 쓴다.
BUYMOREMAINEPOTATOES	2) 공백을 없애고 대문자로 바꾼다.
	3) 지그재그 형태로 문자들을 두줄로 엇갈려 쌓아놓는다.
BYOEANPTTEUMRMIEOAOS	4) 윗줄과 아랫줄을 이어붙인다.
BYOEA NPTTE UMRMI EOAOS	5) 다섯 글자 단위로 띄워놓는다.

그림 4-9 "2레일" 레일 펜스 암호를 위한 암호화 프로세스

평문이 작성된 후, 공백은 제거되고 모든 글자는 대문자로 변환된다(2단계). 대문자를 사용하는 것은 암호학의 일반적인 관행으로, 이름과 문장의 시작 부분을 난독화하여 암호 해독가가 메시지를 복호화하기 위한 단서를 찾기 어렵게 만든다.

메시지는 누적 형태로 작성된다. 글자들은 이전 글자 아래에 위치하며 공백 한 칸만큼 이동한다(3단계). '레일 펜스'라는 이름의 유래가 명확해지는 부분이다.

첫 번째 행이 작성된 다음, 같은 라인의 두 번째 행(4단계)이 이어지고 글자들은 다섯 개의 그룹으로 나뉘어 개별 단어인 것처럼 꾸밈으로써 암호 분석가(5단계)의 혼란을 가중시킨다.

레일 펜스 암호를 해독하려면 프로세스를 역순으로 수행하면 된다. 공백을 없애고 메시지를 반으로 나눈 다음, 첫 번째 조각 아래에 두 번째 조각을 쌓고 한 글자씩 떨어뜨려서 지그재그 패턴으로 메시지를 읽는다. 비문을 구성하는 글자들이 홀수 개일 경우, 첫 번째(위쪽) 조각에 남는 글자를 포함시킨다.

레일 펜스 암호를 사용하고자 하는 이들에게 편의를 제공하기 위해 앞의 단계를 따라 암호화, 복호화 프로그램을 작성하라. 그림 4-9는 사실상 당신의 의사 코드이므로 한번 들여다 보도록 하자. 경험이 없는 사용자를 위해 코드를 패키징하는 방법을 알게 되었으니 처음부터 이 접근법을 사용하는게 좋다.

레일 펜스 암호 암호화 코드

이 섹션의 코드는 사용자가 평문 메시지를 입력할 수 있도록 하고 암호화된 결과값을 인터프리터 윈도우에 출력한다. 이 코드는 이 책의 자료들과 함께 영진닷컴 홈페이지에서 다운로드할 수 있다.

사용자에게 안내하고 입력 받기

코드 4-6에서 *rail_fence_cipher_encrypt.py* 상단에 프로그램의 안내문을 제공하고 평문을 변수에 할당한다.

rail_fence_cipher _encrypt.py, part 1

```
❶ r"""Encrypt a Civil War 'rail fence' type cipher.

   This is for a "2-rail" fence cipher for short messages.

   Example text to encrypt:  'Buy more Maine potatoes'

   Rail fence style:  B Y O E A N P T T E
                       U M R M I E O A O S

   Read zigzag:        \/\/\/\/\/\/\/\/\/\/

   Encrypted:  BYOEA NPTTE UMRMI EOSOS

   """
   #------------------------------------------------------------------------
❷ # USER INPUT:

   # the string to be encrypted (paste between quotes):
❸ plaintext = """Let us cross over the river and rest under the shade of the trees
   """

❹ # END OF USER INPUT - DO NOT EDIT BELOW THIS LINE!
   #------------------------------------------------------------------------
```

코드 4-6 rail_fence_cipher_encrypt.py의 Docstring과 사용자 입력 섹션

복수 행 docstring으로 시작하여 첫 번째 3중 따옴표 세트 앞에 r("raw") 접두사를 넣는다❶. 이 접두사가 없으면 Pylint는 더 아래쪽에 사용된 \/\ 슬래시에 대해 투덜댈 것이다. 다행히도, pydocstyle이 이것을 잡아내기 때문에 고칠 수 있다(Pylint와 pydocstyle에 대해서는 챕터1 참고). raw 문자열에 대한 자세한 내용은 파이썬 문서(*https://docs.python.org/3.6/reference/lexical_analysis.html#string-and-bytes-literals*)의 섹션 2.4.1을 참고하라.

이제 선을 그어 프로그램의 docstring과 import 문을 입력 섹션에서 분리하고 대문자로 작성된 코멘트를 통해 사용자가 입력할 차례임을 알린다❷. 코멘트를 통해 입력 요구사항을 명확하게 정의하고 긴 텍스트 문자열을 효과적으로 담을 수 있는 3중 따옴표 안에 평문을 담는다❸.

마지막으로, 해당 효과에 대한 선언 코멘트와 다음 행 아래에는 수정을 금한다는 주의사항과 함께 사용자 입력 섹션을 종료한다❹.

메시지 암호화

*rail_fence_cipher_encrypt.py*에 코드 4-7을 추가하여 암호화 프로세스를 다룬다.

```
❶ def main():
      """Run program to encrypt message using 2-rail rail fence cipher."""
      message = prep_plaintext(plaintext)
      rails = build_rails(message)
      encrypt(rails)

❷ def prep_plaintext(plaintext):
      """Remove spaces & leading/trailing whitespace."""
❸    message = "".join(plaintext.split())
❹    message = message.upper()  # convention for ciphertext is uppercase
      print("\nplaintext = {}".format(plaintext))
      return message

❺ def build_rails(message):
      """Build strings with every other letter in a message."""
      evens = message[::2]
      odds = message[1::2]
❻    rails = evens + odds
      return rails

❼ def encrypt(rails):
      """Split letters in ciphertext into chunks of 5 & join to make string."""
❽    ciphertext = ' '.join([rails[i:i+5] for i in range(0, len(rails), 5)])
      print("ciphertext = {}".format(ciphertext))

❾ if __name__ == '__main__':
      main()
```

코드 4-7 평문 메시지를 암호화하는 함수 정의

시작하기 위해 프로그램을 실행할 main() 함수를 정의한다❶. main() 함수는 추후 필요에 따라 이 프로그램을 다른 프로그램의 모듈로써 사용할 수 있는 유연성을 부여한다. 이 함수는 다음 세 개의 함수를 호출한다. 입력된 평문을 준비하는 함수, 암호가 사용하는 "레일"을 구축하는 기능, 암호화된 텍스트를 다섯 글자 조각으로 나누는 함수.

입력된 문자열을 받는 함수를 정의하고 암호화를 위해 준비한다❷. 이는 공백 제거와❸ 글자들을 대문자로(그림 4-9의 2단계와 같이) 변환하는 작업을 포함한다❹. 개행한 다음, 평문을 화면에 출력하고 반환한다.

이제 그림 4-9의 3단계와 같이 짝수(0부터 2씩 상승), 홀수(1부터 2씩 상승)로 메시지를 잘라내는 함수를 정의한다❺. 두 문자열은 연결되어 rails라는 새로운 문자열이 되고 ❻ 반환된다.

rails 문자열을 인자로 사용하는 암호화 함수를 정의한다❼. 리스트 컴프리헨션을 사용하여 비문을 다섯 글자 조각으로 나눈다(그림 4-9의 5단계와 같이)❽. 이제 암호화된 텍스트가 화면에 출력된다. 프로그램을 모듈로써 실행하거나 스탠드얼론 모드로 실행하여 코드를 종료한다❾.

이 프로그램의 결과값은 다음과 같다.

```
plaintext = Let us cross over the river and rest under the shade of the trees
ciphertext = LTSRS OETEI EADET NETEH DOTER EEUCO SVRHR VRNRS UDRHS AEFHT ES
```

레일 펜스 암호 복호화 코드

이 섹션의 코드는 사용자가 레일 펜스 암호로 암호화된 메시지를 입력하고 평문을 인터 프리터 윈도우에 출력하도록 한다. 이 코드는 이 책의 다른 자료들과 함께 영진닷컴 홈 페이지에서 다운로드할 수 있다.

모듈 임포트, 사용자에게 안내, 입력 받기

코드 4-8은 *rail_fence_cipher_encrypt.py* 프로그램과 같이 안내문으로 시작하며(코드 4-6) 두 개의 모듈을 임포트하고 사용자의 입력을 받는다.

rail_fence_cipher _decrypt.py, part 1

```
r"""Decrypt a Civil War 'rail fence' type cipher.

This is for a 2-rail fence cipher for short messages.

Example plaintext:  'Buy more Maine potatoes'

Rail fence style:  B Y O E A N P T T E
                    U M R M I E O A O S

Read zigzag:        \/\/\/\/\/\/\/\/\/\/\/

Ciphertext:  BYOEA NPTTE UMRMI EOSOS

"""
```
❶
```
import math
import itertools

#---------------------------------------------------------------------------
# USER INPUT:

# the string to be decrypted (paste between quotes):
```
❷
```
ciphertext = """LTSRS OETEI EADET NETEH DOTER EEUCO SVRHR VRNRS UDRHS AEFHT ES

"""

# END OF USER INPUT - DO NOT EDIT BELOW THIS LINE!
#---------------------------------------------------------------------------
```

코드 4-8 모듈 임포트, 사용자에게 안내, 입력 받기

한 가지 차이점은 math와 itertools 모듈을 임포트해야 한다는 것이다❶. 반올림을 위해 math를 사용할 것이다. itertools 모듈은 효율적인 루프를 위해 반복문을 생성하는 파이썬 표준 라이브러리의 함수 그룹이다.

복호화 프로세스에는 itertool의 zip_longest() 함수를 사용하게 될 것이다. 또 다른 차이점은 사용자가 평문이 아니라 비문을 입력해야 한다는 것이다❷.

메시지 복호화

코드 4-9에는 비문을 준비하고 복호화하며 *rail_fence_cipher_decrypt.py*를 종료하는 함수가 정의되어 있다.

*rail_fence_cipher
_decrypt.py,
part 2*

```
❶ def main():
       """Run program to decrypt 2-rail rail fence cipher."""
       message = prep_ciphertext(ciphertext)
       row1, row2 = split_rails(message)
       decrypt(row1, row2)

❷ def prep_ciphertext(ciphertext):
       """Remove whitespace."""
       message = "".join(ciphertext.split())
       print("\nciphertext = {}".format(ciphertext))
       return message

❸ def split_rails(message):
       """Split message in two, always rounding UP for 1st row."""
❹     row_1_len = math.ceil(len(message)/2)
❺     row1 = (message[:row_1_len]).lower()
       row2 = (message[row_1_len:]).lower()
       return row1, row2

❻ def decrypt(row1, row2):
       """Build list with every other letter in 2 strings & print."""
❼     plaintext = []
❽     for r1, r2 in itertools.zip_longest(row1, row2):
           plaintext.append(r1)
           plaintext.append(r2)
❾     if None in plaintext:
           plaintext.pop()
       print("rail 1 = {}".format(row1))
       print("rail 2 = {}".format(row2))
       print("\nplaintext = {}".format(''.join(plaintext)))

❿ if __name__ == '__main__':
       main()
```

코드 4-9 준비, 복호화, 메시지 출력

main() 함수는 코드 4-7의 암호화 프로그램에 사용되는 것과 유사하다❶. 입력 문자열을 준비하는 함수, 레일 펜스 암호의 "레일 분할"을 수행하는 함수, 두 레일을 다시 가독 평문으로 연결하는 함수, 세 개의 함수가 호출된다.

암호화에서 사용된 전처리 단계를 반복하는 함수로 시작한다❷. 다섯 글자 조각들 사이의 공백과 비문을 붙여 넣으며 따라온 공백을 제거한 후, 정리된 비문을 출력하고 반환한다.

다음은 암호화 프로세스를 역전시키기 위해 메시지를 다시 두 개로 분할해야 한다❸. 81 페이지의 "전략"에서 언급한 바와 같이, 글자가 홀수인 메시지는 첫 행이 한 글자 더 많다. 그러므로 홀수인 경우에는 math.ceil() 메서드를 사용한다❹. "Ceil"은 "올림"을 의미하므로, 2로 나눈 결과값이 가장 가까운 정수로 반올림된다. 이 숫자를 row_1_len 변수에 할당한다. 첫 번째 행의 길이를 이용하여 message 변수를 행을 나타내는 두 개의 문자열로 나눈다❺. 행 변수들을 반환하면서 함수를 종료한다.

이제 평문을 다시 연결하기 위해 행의 글자들을 선택하고 합치기만 하면 된다. decrypt() 함수를 정의하고 row1과 row2의 문자열을 전달한다❻. 결과값을 담을 빈 리스트를 작성하여 번역 프로세스를 시작한다❼. 다음으로, 비문을 구성하는 문자열 길이가 홀수일 경우(문자열이 서로 다른 길이의 두 문자열로 분리될 경우)를 쉽게 다룰 수 있는 방법이 필요하다. 파이썬은 동일하지 않은 길이를 가진 두 문자열을 비교하며 반복하는 것을 막기 위해 index-out-of-range 오류를 발생시키기 때문이다. 우리는 이 문제를 피하기 위해 루핑에 도움이 되는 함수들이 포함된 itertools 모듈을 임포트한 것이다.

itertools.zip_longest() 함수는 두 개의 문자열을 인자로 받아 얌전히 루핑하고 짧은 문자열의 끝부분에 도달하면 널 값(None)을 plaintext 리스트에 추가한다❽. 널 값을 출력하지 않으려면 루트 암호 코드에서 적용했던 pop() 메서드를 사용해서 제거하면 된다❾. 두 행(레일)을 화면에 인쇄한 다음 복호화 된 비문을 출력함으로써 복호화 프로세스를 완료한다.

모듈로써 또는 스탠드얼론 모드로써 프로그램을 실행하기 위한 표준 코드와 함께 종료한다❿. 프로그램의 출력값은 다음과 같다.

```
ciphertext = LTSRS OETEI EADET NETEH DOTER EEUCO SVRHR VRNRS UDRHS AEFHT ES

rail 1 = LTSRSOETEIEADETNETEHDOTERE
rail 2 = EUCOSVRHRVRNRSUDRHSAEFHTES

plaintext = letuscrossovertheriverandrestundertheshadeofthetrees
```

단어 사이에 공백이 없지만 괜찮다. 암호 해독가들에게도 할 일이 필요하지 않겠는가!

요약

이제 남북전쟁 암호 해독을 향한 우리의 여정은 끝이 났다. 당신은 사용자가 루트 암호를 해독할 수 있도록 도와주는 프로그램을 만들었고, 이것이 어떻게 작동하고 어떻게 해킹하는지에 대한 귀중한 인사이트를 얻었다. 다음 연습 프로젝트에서는 암호에 대한 자동 공격을 수행한다. 무수히 많은 가능 경로가 존재하며 코드 단어를 사용하는 연방 루트 암호는 단단한 호두와 같다는 것을 기억하자.

다음으로, 2레일 펜스 암호를 암호화하고 복호화하는 프로그램을 작성했다. 수동 암호화와 복호화 프로세스가 얼마나 지루하고 오류에 취약한지 감안해볼 때, 대부분의 작업을 자동화할 수 있는 방법을 찾는 것은 전쟁을 치르는 양측에 매우 중요했을 것이다. 그리고 이러한 유형의 문제를 더욱 효율적으로 다룰 수 있도록 경험이 없는 암호 분석가나 스파이에게 사용자 친화적인 코드를 작성했다.

추가 참고 도서

전치 암호를 다루는 더 많은 초급 수준의 파이썬 프로그램들은 Al Sweigart의 *Cracking Codes with Python*(No Starch Press, 2018)에서 확인할 수 있다.

홀륭하고 직관적인 암호학 개론은 Gary Blackwood의 *Mysterious Messages: A History of Codes and Ciphers*(The Penguin Group, 2009)과 Simon Singh의 *The Code Book: The Science of Secrecy from Ancient Egypt to Quantum Cryptography*(Anchor, 2000)을 참고하라.

http://www.civilwarsignals.org/pages/crypto/crypto.html, *http://www.mathaware.org/mam/06/Sauerberg_route-essay.html*에는 Edward Porter Alexander의 루트 암호 해독 시도에 대한 이야기가 수록되어 있다. Alexander는 연합군 통신대의 아버지였으며 수많은 인상적인 업적을 남긴 뛰어난 군 혁신가였다.

연습 프로젝트

이 프로젝트들을 통해 암호학에 능숙해져보자. 솔루션은 부록과 제공되는 예제 파일에서 확인할 수 있다.

링컨 해킹

그의 저서, *Mysterious Messages: A History of Codes and Ciphers*에서 Gary Blackwood는 Abraham Lincoln이 송신한 실제 메시지를 재현하고 루트 암호를 이용해서 암호화한다.

THIS OFF DETAINED ASCERTAIN WAYLAND CORRESPONDENTS OF AT WHY AND IF FILLS IT YOU GET THEY NEPTUNE THE TRIBUNE PLEASE ARE THEM CAN UP

route_cipher_decrypt.py 프로그램을 사용해서 이 암호문을 해독하라. 열과 행의 개수는 메시지 길이의 인자가 되어야 하고, 루트는 모서리들 중 하나에서 시작되고, 열을 건너뛰지 않으며, 열을 바꿀 때마다 방향을 바꾼다. 코드 단어 정의와 평문 솔루션은 부록에서 찾을 수 있다.

암호 유형 식별

어떤 유형의 암호를 다루고 있는지 빨리 알수록, 신속하게 암호를 해독할 수 있다. 단어 전치 암호는 구별이 쉽지만 문자 전치 암호는 문자 치환 암호처럼 보일 수도 있다. 다행히 비문을 구성하는 글자들의 발생 빈도를 활용해서 이들을 구별할 수 있다. 글자들은 섞여있기만 하고 전치 암호로 대체되지 않았으므로 빈도 분포는 평문이 작성된 언어와 같을 것이다. 전문 용어를 사용하고 일상 단어 대부분을 생략하는 군사 메시지는 예외이다. 이것을 해독하려면 군사 메시지들로 만들어진 빈도 표가 필요하다.

비문을 입력값으로 받아 전치 암호일 가능성이 높은지, 치환 암호일 가능성이 높은지 판단하는 파이썬 프로그램을 작성하라. 영진닷컴 홈페이지에서 다운로드할 수 있는 *cipher_a.txt*와 *cipher_b.txt* 파일을 활용하라. 솔루션 *identify_cipher_type_practice.py*는 부록과 예제 파일에서 찾을 수 있다.

사전으로 키 저장

루트 암호 키를 두 부분으로 나누는 짧은 스크립트를 작성하라. 하나는 열 순서를 기록하고, 하나는 열에서 행을 읽는 방향을 기록한다(위 또는 아래). 열 번호를 사전 키로 저장하고 읽는 방향을 사전 값으로 저장한다. 프로그램이 사용자에게 각 열에 대한 키 값을 요청하도록 한다. 솔루션 *key_dictionary_practice.py*는 부록과 제공되는 예제 파일에서 찾을 수 있다.

가능한 키 자동화

경로상에 있는 열의 조합을 사용하여 루트 암호 해독을 시도하려면 조합을 알아내서 복호화 함수에 인자로 입력해야 한다. 정수(열 개수 등)를 받아 튜플 집합을 반환하는 파이썬 프로그램을 작성하라. 각 튜플은 (1, 2, 3, 4)와 같은 열 번호의 고유 순서를 포함해야 한다. 음수 값(예를 들면, 2, -3, 4, -1)을 포함시켜 열에서 위아래로 움직이는 암호화 루트를 지정한다. 솔루션 *permutations_practice.py*는 부록에서 확인하거나 예제 파일에서 다운로드할 수 있다.

루트 전치 암호: 브루트 포스 공격

route_cipher_decrypt.py 프로그램을 복사하고 수정하여 그림 4-2의 루트 암호를 해킹하라. 하나의 키만 입력하지 말고 가능한 모든 키(가정한 열 개수에 맞는)를 루핑하고 결과값을 출력하라(4열 암호를 위한 키를 생성하려면 이전의 순열 코드를 사용). 열의 순서를 바꾸고 전치 행렬에서 위아래로 움직이는 경로를 허용했을 경우의 영향은 그림 4-10에 명확히 나타나 있다. 점선은 열 개수의 팩토리얼이며, 실선은 열을 위아래로 읽을 때의 영향을 캡쳐한다(키의 음수값 포함 캡쳐).

만약 당신이 4의 팩토리얼만 다룬다면 암호 분석가로서의 일은 쉬울 것이다. 그러나 암호가 길어질수록 가능한 키의 개수가 폭발적으로 증가한다. 그리고 실제 연방 루트 암호 일부는 10개 이상의 열을 가지고 있었다!

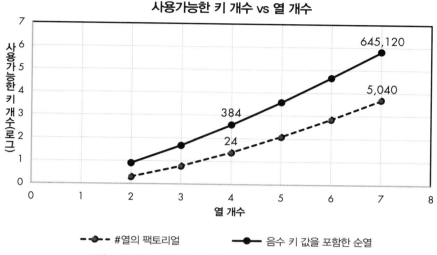

그림 4-10 루트 암호에서 사용 가능한 열 개수 대비 키 개수

다음은 그림 4-2의 비문 해석을 위해 생산된 번역 384개 중 4개이다.

```
using key = [-4, -1, -2, -3]
translated = IS HEADING FILLER VILLAGE YOUR SNOW SOUTH GODWIN ARE FREE TO YOU WITH
SUPPLIES GONE TRANSPORT ROANOKE JUST TO REST

using key = [1, 2, -3, 4]
translated = REST ROANOKE HEADING TO TRANSPORT WITH SNOW GONE YOU ARE FREE TO
GODWIN YOUR SUPPLIES SOUTH VILLAGE IS JUST FILLER

using key = [-1, 2, -3, 4]
translated = VILLAGE ROANOKE HEADING TO GODWIN WITH SNOW GONE YOU ARE FREE TO
TRANSPORT YOUR SUPPLIES SOUTH REST IS JUST FILLER

using key = [4, -1, 2, -3]
translated = IS JUST FILLER REST YOUR SUPPLIES SOUTH TRANSPORT ARE FREE TO YOU
WITH SNOW GONE GODWIN ROANOKE HEADING TO VILLAGE
```

코드 단어들과 더미 단어들로 인해 정답을 신속하게 골라내는 것이 얼마나 어려운지 알 수 있다. 어쨌든 당신은 임무를 마쳤다. 이제 가서 박하술이나 달콤한 차를 마셔도 좋다.

이 프로젝트의 솔루션 *route_cipher_hacker.py*는 부록과 영진닷컴 홈페이지에서 제공된다. 이전 연습 프로젝트를 바탕으로 하는 *perms.py* 프로그램도 필요할 것이다.

도전 프로젝트

도전 프로젝트는 솔루션이 제공되지 않는다.

루트 암호 생성기

신참 연방군 전보 담당자는 코드 단어들(표 4-1)로 구성된 다음 메시지를 암호화해야 한다. 메시지를 입력값으로 받아 자동으로 코드 단어들을 치환하고 하단 행을 더미 단어들로 채우며, [-1, 3, 2, 6, 5, -4] 키를 사용하여 단어를 전치하는 프로그램을 작성하라. 6×7 행렬을 사용하여 당신만의 더미 단어들을 만든다.

We will run the batteries at Vicksburg the night of April 16 and proceed to Grand Gulf where we will reduce the forts. Be prepared to cross the river on April 25 or 29. Admiral Porter.

Batteries	HOUNDS
Vicksburg	ODOR
April	CLAYTON
16	SWEET
Grand	TREE
Gulf	OWL
Forts	BAILEY
River	HICKORY
25	MULTIPLY
29	ADD
Admiral	HERMES
Porter	LANGFORD

표 4-1 코드 단어들

이 표에 있는 코드 단어들을 찾기 위해 파이썬 사전을 사용해보자.

3레일 펜스 암호기

두 개 대신 세 개의 레일(열)을 사용하는 레일 펜스 암호를 작성한다. *https://en.wikipedia.org/wiki/Rail_fence_cipher*에서 힌트를 찾을 수 있다.

5

영국 대내란 암호
암호화

1587년, 스코틀랜드의 여왕 Mary는 종이 한 조각 때문에 목이 날라갔다. 55년 후, 참수 당한 군주 Charles 1세의 지지자였던 John Trevanion 경은 종이 한 조각으로 목을 부지했다. 차이가 무엇이었을까? 바로 스테가노그래피이다.

스테가노그래피는 메시지의 존재조차 의심할 수 없도록 감춰버리는 고전적인 기술이다. 이름의 유래는 그리스어 '덮인 글'에서 왔다. 유래를 예시로 들면, 고대 그리스에서는 글을 쓸 때 사용하는 밀랍으로 덮인 나무 판에서 밀랍을 긁어내고 나무 위에 글을 쓴 다음, 부드러운 왁스를 이용해서 판을 새로 덮었다. 현대에 사용되는 예시로는, 이미지에 메시지를 삽입하고 색 구성요소를 미묘하게 변경하는 형태가 있다. 단순한 8비트 JPEG 이미지도 육안으로 감지할 수 있는 범위 이상의 색상들을 포함하고 있기 때문에, 디지털 프로세싱이나 필터링이 없으면 메시지는 투명한 것이나 다름이 없다.

이 챕터에서 당신은 비암호 자료 내의 문자열들 사이에서 평문을 숨겨넣는 스테가노그래피 기술, 널 암호를 다룰 것이다(엄연히 따지자면, 암호는 아니다).

널(Null)은 "없음"을 의미하기 때문에 널 암호를 사용한다는 말은 메시지를 암호화하지 않겠다는 의미와 같다. 다음은 모든 단어의 첫 단어를 사용하는 널 암호다.

Nice **u**ncles **l**ive **l**onger. **C**ruel, **i**nsensitive **p**eople **h**ave **e**ternal **r**egrets.

먼저, 당신은 John 경을 구한 숨겨진 메시지를 찾아내는 코드를 작성하고, 널 암호를 작성하는 훨씬 더 어려운 임무를 완수하게 될 것이다. 마지막으로, Mary의 목을 부지하게 해줬을지도 모를 결과값을 출력하는 프로그램을 작성할 것이다.

프로젝트 #10: 트레바니언 암호

Mary 여왕은 자신의 메시지를 보호하기 위해 스테가노그래피와 암호화를 모두 사용했다. 전략은 괜찮아 보이지만 적용에 문제가 있었다. 그녀는 자신의 메시지를 밀반입하기 위해 Gilbert Gifford라는 이중 스파이의 손을 빌렸다. Gifford는 이를 Elizabeth 여왕의 스파이마스터에게 먼저 전달했고, 그는 암호를 해독하여 Mary를 유죄로 만들 위조 메시지로 대체했다. 그 이후의 이야기는 여러분이 아는 대로이다.

John Trevanion은 훨씬 나은 결말을 맞이했다. 영국 대내란에서 Charles 1세를 도와 Oliver Cromwell에 대항했던 유명한 기사 John 경은 체포되어 콜체스터 성에 수감되었다. 처형 전날, 그는 친구가 보낸 편지를 받았다. 그 편지는 밀반입된 것이 아니라 간수들에 의해 전달되었는데, 그들은 편지에 숨겨진 속임수를 전혀 눈치채지 못했다. 편지를 읽은 John 경은 혼자 예배당에서 기도할 수 있는 시간을 요구했다. 간수가 돌아왔을 때, 그는 이미 사라져 있었다.

John 경이 받은 메시지는 다음과 같다.

> Worthie Sir John: Hope, that is the beste comfort of the afflicted,
> cannot much, I fear me, help you now. That I would say to you,
> is this only: if ever I may be able to requite that I do owe you,
> stand not upon asking me. 'Tis not much I can do: but what I
> can do, bee you verie sure I wille. I knowe that, if deathe comes,
> if ordinary men fear it, it frights not you, accounting for it for
> a high honour, to have such a rewarde of your loyalty. Pray yet that
> you may be spared this soe bitter, cup. I fear not that you will
> grudge any sufferings; onlie if bie submission you can turn them
> away, 'tis the part of a wise man. Tell me, an if you can, to do for
> you anything that you wolde have done. The general goes back
> on Wednesday. Restinge your servant to command. R.T.

이미 눈치챘겠지만, 겉보기에는 결백해 보이는 이 편지에는 숨겨진 메시지가 있다. 굵은 글씨를 주목하라.

> Worthie Sir John: Ho**p**e, th**a**t is the beste comfort of the afflicted,
> ca**n**not much, I f**e**ar me, he**l**p you now. Th**a**t I would saye to you,
> is **t**his only: if **e**ver I may be able to requite that I do owe you,
> st**a**nd not upon asking me. 'Ti**s** not much I can do: bu**t** what I
> can do, be**e** you verie sure I wille. I k**n**owe that, if **d**eathe comes,

이 널 암호는 문장 부호 뒤에 오는 세 번째 글자들을 이용해서 John 경에게 "예배당 동쪽 끝에 열리는 판이 있다"고 알려준 것이다. 나중에 성벽 속에서 좁은 계단실의 잔해가 발견되었다는 소문이 있다. 통로는 발견 당시 폐쇄됐지만 이것이 1642년경 John 경의 탈출로였을지도 모른다.

이런 아슬아슬한 탈출은 전통적인 암호로는 불가능했을 것이다. 스테가노그래피를 통해 전문적으로 메시지를 은폐한 덕분에 John 경에게 신속하게 전달될 수 있었던 것이다. 널 암호의 또 다른 장점은 John 경이 패턴을 몰랐더라도 숨겨진 메시지가 존재한다는 것을 의심하게 되면, 금방 메시지를 찾을 수 있었을 것이라는 점이다.

John 경의 친구가 한 번 더 꼬아서 평문 대신 암호화된 비문을 숨기고 암호 유형과 키를 미리 알려주지 않았다면 John 경은 제때 메시지를 해독하지 못했을지도 모른다.

> **◎ 목표 ▶** 널 암호에서 문장 부호 뒤의 숨겨진 글자를 찾아내고, 사용자가 문장 부호 뒤 글자수를 선택하여 솔루션을 찾도록 하는 코드를 작성한다.

전략과 의사 코드

널 암호는 송수신자 양측에게 알려진 반복 패턴에 의존한다. 예를 들어, 모든 세 번째 단어들은 실제 메시지의 일부일 수도 있고, 세 번째 단어들의 마지막 글자가 메시지를 구성할 수도 있다. 트레바니언 암호에서는 문장 부호 뒤 세 번째 글자를 이용한다.

트레바니언 암호를 찾기 위해, 문장 부호를 기준으로 모든 n번째 글자를 문자열 또는 리스트에 저장하는 코드를 작성한다. 이 방법을 터득한다면 모든 대문자, 단어의 두 번째 글자, 모든 세 번째 단어의 시작 글자 등 어떤 시작점에서도 동작하도록 쉽게 코드를 수정할 수 있다.

유일한 문제는 문장 부호이다. 널 암호 작성자는 문장 부호들이 평문에 포함되기를 원했는가? 주어진 계수 범위 내에 있는 두 번째 문장 부호는 어떻게 처리해야 하는가? 두 개의 문장 부호가 연속적으로 발생하면 어떻게 할까?

트레바니언 암호를 자세히 살펴보면, 'tis라는 단어를 반복하면서 두 개의 연속된 문장 부호가 생겼다는 것을 알 수 있다.

메시지의 끝부분에는 작성자의 이니셜과 함께 문장 부호들이 뒤섞여 있다. 이것을 다루기 위해 John 경과 그의 친구는 수감 전에 몇 가지 규칙을 정했을 수도 있고, John 경이 시행착오를 거치면서 해결했을 수도 있다.

메시지 말미를 보면 알 수 있듯이, 문장 부호는 글자 수에 포함되지 않는다. John 경의 친구가 이것을 의도했다면, 숨겨진 메시지는 대문자 *T*로 끝날 것이다. *T*는 문장 부호 뒤 세 번째 문자이지만 세 번째 글자가 아니기 때문이다. 이는 수신자가 계수 한계 내에서 문장 부호를 발견하면 계수를 다시 시작해야 한다는 것을 의미한다.

규칙은 다음과 같다.

- 모든 문장 부호마다 글자 계수를 실행한다.
- 문장 부호를 마주칠 경우 계수를 다시 시작한다.
- 문장 부호는 평문 메시지에 속하지 않는다.

글자 수를 모를 수도 있기 때문에 사용자가 제공하는 한계치를 통해 계수가 이루어질 수 있도록 코드를 작성한다. 의사 코드는 비교적 간단하다.

```
Load a text file and strip it of whitespace
Get user input on how many letters after punctuation to look ahead and examine
Loop through number of letters from 1 to this lookahead value
    Start an empty string to hold the translation
    Start a counter
    Start a ❶first-found marker and set to False
    Loop through characters in the text
        If character is punctuation
            Counter = 0
            First-found = True
        Otherwise, if ❷first-found is True
            Counter + 1
        If counter = lookahead value
            Add character to translation string
    Display translation for this lookahead value
```

첫 번째 발견 변수는 문장 부호를 만날 때까지 False로 유지되며❶, 그 후에는 True로 바뀐다❷. 이는 프로그램이 첫 번째 문장 부호를 찾을 때까지 계수를 실행하지 못하도록 한다.

이제 코드를 작성할 준비가 됐다!

트레바니언 암호

이 섹션의 코드는 각 문장 부호 뒤 특정 개수의 글자로 암호화된 트레바니언형 널 암호를 찾을 것이다. 트레바니언 암호가 들어있는 텍스트 파일이 필요할 것이다. 영진닷컴 홈페이지에서 *null_cipher_finder.py* 스크립트와 *trevanion.txt* 텍스트 파일을 다운로드할 수 있다. 이 파일들은 동일한 폴더에 저장해야 한다.

텍스트 로드

코드 5-1은 유용한 모듈들을 임포트하고 널 암호가 들어있는 텍스트 파일을 로드한다.

*null_cipher
_finder.py,
part 1*

```
❶ import sys
   import string

❷ def load_text(file):
       """Load a text file as a string."""
   ❸     with open(file) as f:
   ❹         return f.read().strip()
```

코드 5-1 모듈 임포트와 널 암호 텍스트 로드

먼저, 사용자 입력에서 발생할 수 있는 예외를 처리할 수 있도록 이제 친숙한 sys 모듈을 임포트한다❶. string 모듈도 임포트해서 글자들이나 문장 부호 같은 유용한 상수 컬렉션에 접근할 수 있도록 한다.

다음으로, 널 암호가 들어있는 텍스트 파일을 로드하는 함수를 정의한다❷. 이 함수는 챕터 2에서 사전 파일을 로드할 때 사용한 함수와 유사하다. 실제로 파일을 로드하기 위해 추후 main() 함수에 의해 호출될 것이다.

with로 파일을 열면서 load_text() 함수를 시작한다❸. with를 사용하면 파일이 로드된 후 자동으로 닫힌다는 것을 알 수 있다. read()를 사용해서 내용을 로드하고 strip()으로 전후의 공백을 제거하라. return 문과 같은 줄에서 이 작업을 수행할 수 있다❹.

숨겨진 메시지 찾기

코드 5-2는 숨겨진 메시지를 찾는 함수를 정의한다. 인자는 두 개가 필요하다. 첫 번째는 공백을 제거한 원본 텍스트 파일인 메시지이고, 두 번째는 문장 부호 뒤에서 계수할 글자수이다. 이 검토 값은 main() 함수의 일부로써 사용자가 입력한다.

*null_cipher
_finder.py,
part 2*

```
   def solve_null_cipher(message, lookahead):
       """Solve a null cipher based on number of letters after punctuation mark.

       message = null cipher text as string stripped of whitespace
       lookahead = endpoint of range of letters after punctuation mark to examine
       """
❶     for i in range(1, lookahead + 1):
❷         plaintext = ''
           count = 0
           found_first = False
❸         for char in message:
❹             if char in string.punctuation:
                   count = 0
                   found_first = True
❺             elif found_first is True:
                   count += 1
❻             if count == i:
                   plaintext += char
```

```
❼    print("Using offset of {} after punctuation = {}".
            format(i, plaintext))
     print()
```

코드 5-2 숨겨진 글자들 찾기

숨겨진 메시지가 있는지 메시지에 포함된 글자들을 검토할 수 있도록 lookahead 값을 for 루프 내 범위의 끝부분으로 지정한다. 범위를 (1, lookahead + 1)로 설정한다❶. 이렇게 해서 문장 부호 뒤 첫 번째 문자로 시작하고 사용자의 선택을 검증에 포함시킨다.

이제 변수들을 할당한다❷. 먼저, 번역된 평문을 담을 빈 문자열을 초기화하고 카운터를 0으로 설정한다. 마지막으로, found_first 변수를 False로 설정한다. 프로그램은 이 변수를 사용해서 첫 번째 문장 부호와 마주칠 때까지 카운트를 연기한다.

다음으로, 메시지의 글자들을 루핑한다❸. 문장 부호와 마주치면 카운터를 0으로 재설정하고 found_first를 True로 설정한다❹. 문장 부호를 찾았고 현재 문자가 문장 부호가 아니라면 카운터에 1을 더한다❺. 원하는 글자(카운트가 lookahead 값(i)에 도달)를 찾으면 해당 글자를 평문 문자열에 추가한다❻.

lookahead 값으로 메시지의 모든 문자를 검사한 다음, 현재 키와 번역을 출력한다❼.

main() 함수 정의

코드 5-3은 main() 함수를 정의한다. 챕터 3에서 main() 함수가 당신이 만든 프로그램의 프로젝트 매니저와 같다는 것을 기억할 것이다. 입력을 받고 프로세스를 추적하며 다른 함수들의 수행 시점을 알려준다.

*null_cipher
_finder.py,
part 3*

```
def main():
    """Load text, solve null cipher."""
    # load & process message:
❶   filename = input("\nEnter full filename for message to translate: ")
❷   try:
        loaded_message = load_text(filename)
    except IOError as e:
        print("{}. Terminating program.".format(e), file=sys.stderr)
        sys.exit(1)
❸   print("\nORIGINAL MESSAGE =")
    print("{}".format(loaded_message), "\n")
    print("\nList of punctuation marks to check = {}".
          format(string.punctuation), "\n")

    # remove whitespace:
❹   message = ''.join(loaded_message.split())

    # get range of possible cipher keys from user:
❺   while True:
❻       lookahead = input("\nNumber of letters to check after " \
                          "punctuation mark: ")
❼       if lookahead.isdigit():
```

```
        lookahead = int(lookahead)
        break
    else:
      ❽ print("Please input a number.", file=sys.stderr)
   print()

   # run function to decode cipher
 ❾ solve_null_cipher(message, lookahead)
```

코드 5-3 main() 함수 정의

먼저 사용자에게 파일명(이름 + 확장자)을 입력 받고❶ try를 이용해서 load_text()
함수를 호출한다❷. 파일을 찾을 수 없는 경우, IDLE 윈도우를 사용하는 사용자에게는
빨간색으로 오류를 출력하고 sys.exit(1)를 사용하여 프로그램을 종료한다. 1은 오류로
인해 종료한다는 의미이다.

string 모듈의 문장 부호 리스트 뒤에 메시지를 출력한다❸. 리스트 내의 문자들만 프
로그램에 의해 문장 부호로 인식된다.

다음으로, 로드된 메시지에서 모든 공백을 제거한다❹. 글자와 문장 부호만 계수할 것
이기 때문에 공백은 방해가 될 뿐이다. 사용자가 잘못된 값을 입력할 경우, 재입력을 요
청하는 while 루프를 시작한다❺. 사용자에게 문장 부호 뒤에서 검토할 글자 수를 요구
한다❻. 범위는 1부터 사용자의 선택에 1을 더한 값까지가 된다. string은 문자열을 반환
하기 때문에, 입력값이 숫자라면 정수로 변환한다❼. 이제 break으로 루프를 종료한다.

사용자가 "Bob"과 같이 잘못된 값을 입력하는 경우, print 문으로 숫자를 요구하
고 쉘 사용자일 경우에는 sys.stderr을 통해 폰트를 빨간색으로 만든다❽. 그런 다음,
while 루프가 입력 요구를 반복한다.

lookahead 변수와 함께 message를 solution_null_cipher 함수로 전달한다❾. 이제
main() 함수를 호출하면 된다.

main() 함수 실행

전역으로 돌아가서 main()을 호출하여 코드를 완성한다. 단, 프로그램이 다른 프로그램
에서 임포트된 것이 아니라 스탠드얼론 모드에서 실행되고 있을 경우에만 이를 실행한
다(코드 5-4).

null_cipher_finder.py, part 4

```
if __name__ == '__main__':
    main()
```

코드 5-4 main() 함수 호출

다음은 트레바니언 암호를 입력값으로 사용하는 완성된 프로그램의 출력 예시이다.

```
Enter full filename for message to translate: trevanion.txt

ORIGINAL MESSAGE =
Worthie Sir John: Hope, that is the beste comfort of the afflicted, cannot
much, I fear me, help you now. That I would say to you, is this only: if ever
I may be able to requite that I do owe you, stand not upon asking me. 'Tis not
much I can do: but what I can do, bee you verie sure I wille. I knowe that,
```

if deathe comes, if ordinary men fear it, it frights not you, accounting for
it for a high honour, to have such a rewarde of your loyalty. Pray yet that
you may be spared this soe bitter, cup. I fear not that you will grudge any
sufferings; onlie if bie submission you can turn them away, 'tis the part of a
wise man. Tell me, an if you can, to do for you anythinge that you wolde have
done. The general goes back on Wednesday. Restinge your servant to command.
R.T.

List of punctuation marks to check = !"#$%&'()*+,-./:;<=>?@[\]^_`{|}~

Number of letters to check after punctuation mark: 4

Using offset of 1 after punctuation = HtcIhTiisTbbIiiiatPcIotTatTRRT

Using offset of 2 after punctuation = ohafehsftiuekfftcorufnienohe

Using offset of 3 after punctuation = panelateastendofchapelslides

Using offset of 4 after punctuation = etnapthvnnwyoerroayaitlfogt

여기서 프로그램은 문장 부호 뒤 네 번째까지 검토했지만, 문장 부호 뒤 세 번째 글자
들을 검토할 때 이미 해답이 도출되었다.

프로젝트 #11: 널 암호 작성

이것은 각 단어의 시작점을 이용한 취약한 미완성 널 암호의 예시이다. 문장을 완성해
보자.

H_____ e_____ l_____ p_____ m_____ e_____.

글자들을 나열하든 전체 단어를 쓰든, 어색하거나 의심을 불러일으키지 않는 널 암호
를 만들려면 많은 노력과 시간이 필요하다는 것을 알 수 있다. 문제의 핵심은 문맥이다.
만약 암호가 서신 속에 캡슐화된다면, 해당 서신은 의심을 피하기 위해 일관성을 갖추어
야 한다. 이는 관련 주제에서 벗어나지 않고 적절한 문장들을 통해 주제에 충실해야 한
다는 것을 의미한다. 아마 눈치챘겠지만, 어떤 주제에 대해 한 문장이라도 적는 것은 쉬
운 일이 아니다!

중요한 것은 의심을 사지 않고 문맥을 피하는 것이며, 이를 위한 좋은 방법은 리스트
를 활용하는 것이다. 쇼핑 리스트가 엄격하게 정렬되어야 한다거나 논리적이어야 한다
고 생각하는 사람은 없다. 또한, 리스트는 수신자에 맞게 변형될 수 있다. 예를 들어, 기
자들은 책이나 영화에 관해 토론하거나 선호 작품 리스트를 교환할 수 있다. 외국어를
공부하는 죄수는 교사로부터 주기적으로 어휘 리스트를 받을 수 있다. 사업가는 창고의
재고품 리스트를 매달 받을 수 있다. 리스트는 단어들이 섞여 있어도 문맥은 지켜지므로
적절한 위치에서 적절한 글자를 찾을 수 있다.

리스트 암호 코드

코드 5-5에 있는 *list_cipher.py* 코드는 어휘 학습처럼 꾸민 사전 단어 리스트 속에 널 암호를 숨긴다.

챕터 2와 챕터 3에서 사용한 *load_dictionary.py* 프로그램도 필요할 것이다. 이 파일은 다음 스크립트와 함께 영진닷컴 홈페이지에서 다운로드할 수 있다. 마지막으로, 챕터 2와 챕터 3에서 사용한 사전 파일 중 하나가 필요할 것이다. 적합한 온라인 사전 목록은 20 페이지의 표 2-1에서 찾을 수 있다. 앞서 언급한 파일들은 모두 동일한 폴더에 보관해야 한다.

list_cipher.py

```
❶ from random import randint
  import string
  import load_dictionary

  # write a short message that doesn't contain punctuation or numbers!
  input_message = "Panel at east end of chapel slides"

  message = ''
  for char in input_message:
    ❷ if char in string.ascii_letters:
          message += char
  print(message, "\n")
❸ message = "".join(message.split())

❹ # open dictionary file
  word_list = load_dictionary.load('2of4brif.txt')

  # build vocabulary word list with hidden message
❺ vocab_list = []
❻ for letter in message:
      size = randint(6, 10)
    ❼ for word in word_list:
          if len(word) == size and word[2].lower() == letter.lower()\
          and word not in vocab_list:
              vocab_list.append(word)
              break

❽ if len(vocab_list) < len(message):
      print("Word List is too small. Try larger dictionary or shorter message!")
  else:
      print("Vocabulary words for Unit 1: \n", *vocab_list, sep="\n")
```

코드 5-5 리스트에 널 암호 숨기기

random 모듈의 randint() 함수를 임포트하여 시작한다❶. 이는 정수 값의 (의사)난수 선택을 허용한다. 그리고 ASCII 문자에 접근할 수 있도록 string 모듈을 로드한다. load_dictionary 모듈을 임포트하여 완료한다.

다음으로, 짧은 비밀 메시지를 작성한다. 관련 코멘트는 문장 부호나 숫자를 금지한다는 점에 유의해야 한다. 사전 파일의 내용과 함께 사용하면 문제가 될 것이다. 따라서, 대소문자가 모두 포함된 string.asci_letters을 검토하여 문자를 제외한 나머지를 필터링한다❷.

```
'abcdefghijklmnopqrstuvwxyzABCDEFGHIJKLMNOPQRSTUVWXYZ'
```

메시지를 표시한 다음 공백을 제거한다❸. 사전 파일을 로드하고❹ 어휘 단어들을 담을 빈 리스트를 시작한다❺.

메시지를 구성하는 글자들을 검토하기 위해 for 루프를 사용한다❻. size 변수의 이름을 지정하고 randint() 함수를 사용해 6에서 10 사이의 임의 값을 할당한다. 이 변수는 단어들이 어휘 단어로 보일 정도의 길이인지 검증할 것이다. 필요에 따라 최대값을 더 높게 설정할 수 있다.

for 루프를 추가로 중첩한 다음 사전에 있는 단어들을 대상으로 루핑하도록 하자❼. 각 루프에서는 사전 속 단어의 길이가 size 변수와 같은지 확인하고 단어의 세번째 글자(인덱스 2번)의 소문자를 현재 문자의 소문자와 같은지 확인한다. 단어의 인덱스를 변경할 수는 있지만 그 값이 'size 변수가 될 수 있는 가장 낮은 값 (randint()에 들어간 범위의 최소값) −1'을 넘어가지 않도록 조심하라! 마지막 비교는 같은 단어가 두 번 쓰이는 경우를 방지한다. 단어가 세 가지 조건을 모두 만족하면 vocab_list에 이를 추가하고 메시지의 다음 문자에 대한 루프로 넘어간다.

일반적인 사전 파일은 짧은 메시지를 암호화할 수 있는 충분한 단어를 포함한다. 하지만 안전하게 가기 위해 조건문을 이용하여 vocab_list의 길이가 메시지의 길이보다 짧지는 않은지 검토한다❽. 만약 짧다면, 메시지 끝에 도달하기 전에 단어가 부족해지므로 사용자에게 경고문을 출력해야 한다. 그렇지 않다면, 단어 리스트를 출력한다.

리스트 암호 출력

코드의 출력은 다음과 같다(가독성을 위해 세 번째 문자들을 강조했지만, 도움 없이도 쉽게 찾을 수 있다).

```
Panelateastendofchapelslides

Vocabulary words for Unit 1:

alphabets
abandoning
annals
aberration
ablaze
abandoned
acting
```

```
abetted
abasement
abseil
activated
adequately
abnormal
abdomen
abolish
affecting
acceding
abhors
abalone
ampersands
acetylene
allegation
absconds
aileron
acidifying
abdicating
adepts
absent
```

글자 폭이 일정한 폰트를 사용하고 단어를 쌓는 것은 암호가 노출되기 쉽게 만든다. 102 페이지의 "Mary 구하기"에서 이 문제의 해법을 알아볼 것이다.

요약

이 챕터에서는 트레바니언형 널 암호에 숨겨진 메시지를 드러내는 프로그램을 작성했다. 그런 다음, 널 암호를 생성하고 언어 학습자의 어휘 리스트 속에 숨기는 두 번째 프로그램을 작성했다. 다음 실습 프로젝트를 통해 이 리스트 암호를 보다 안전하게 만드는 방법을 학습할 수 있다.

추가 참고 도서

스코틀랜드의 여왕 Mary와 John Trevanion 경에 관한 자세한 내용은 Gary Blackwood의 *Mysterious Messages: A History of Codes and Ciphers*(The Penguin Group, 2009)와 Simon Singh의 *The Code Book: The Science of Secrecy from Ancient Egypt to Quantum Cryptography*(Anchor, 2000)에서 확인할 수 있다.

연습 프로젝트

이제 당신은 널 암호 전문가가 되었다. 스코틀랜드의 여왕 Mary의 운명을 바꿀 수 있는지 알아보고, John 경의 가장 비밀스러운 서신들을 슬쩍 들여다보자.

Mary 구하기

코딩의 가장 재미있는 부분은 문제와 솔루션을 고민하는 부분이다. 스코틀랜드의 여왕 Mary의 슬픈 사연을 다시 들여다보자. 우리가 알고 있는 것은 다음과 같다.

- Mary는 서신을 보낼 수 없어서 밀반입해야만 했다. 이는 배신자 Gilbert Gifford를 계산에서 뺄 수 없다는 뜻이다. Gifford는 Mary의 우편물을 배달할 수 있는 유일한 수단이었다.
- Mary와 그녀의 연락책들은 불안정한 암호를 과도하게 신뢰하여 자유롭게 서신을 교환했다. 그렇지 않았다면 조금 더 말을 조심했을 것이다.
- Mary의 간수들은 서신이 분명히 암호문일 것이라 가정하고, 유죄를 입증하는 자료를 찾을 때까지 지속적으로 관찰했다.

이중 스파이였던 Gifford는 Mary가 사용한 암호의 세부사항은 알지 못했다. Mary가 널 암호를 사용했다고 가정해보자. 만약 서신의 내용이 반역적이진 않더라도 다소 선동적이었다면 그녀를 가둔 이들은 무시했을지도 모른다. 간단한 검사과정만 거칠 경우 다양한 패턴을 사용하면 검사관들을 속이기에 충분했을 것이다.

앞서 보았듯이, 편지보다는 리스트에 널 암호를 숨기는 것이 더 쉽다. Mary를 지지하는 가문의 명단이라면 목적에 부합할 것이다. 이미 알려진 지지자들일 수도 있고, 권모술수를 부린다면 친구들과 적들이 섞어 놓을 수도 있다! 대놓고 선동적인 수준은 아니면서도 암호화 되어 있다는 의심은 받지 않을 정도의 메시지여야 한다.

이 연습 프로젝트를 위해, "Give your word and we rise"라는 메시지를 가문 명단에 숨기는 프로그램을 작성한다. 메시지에 글자들을 숨기기기 위해, 두 번째 이름의 두 번째 문자에서 시작하여 세 번째 이름의 세 번째 문자로 이동한 다음, 나머지 단어들에서는 두 번째 문자와 세 번째 문자로 번갈아 이동한다.

암호의 존재를 숨기는 데 도움이 되도록 리스트 초반부의 사용하지 않는 이름 부분에도 "Stuart"와 "Jacob"을 널 단어로 포함시킨다. 이러한 널 이름에 있는 단어들은 암호화에 포함시키지 말고, 다음 단어의 암호 문자 위치를 선택할 때 완전히 무시하도록 한다. 널 이름 앞의 단어에서 두 번째 문자가 사용될 경우 널 이름 뒤에 있는 단어에서는 세 번째 문자를 사용한다. 널 암호는 굵은 폰트로 처리될 것이다(널 단어의 위치는 당신이 정할 수 있지만 패턴에 영향을 미치지는 않도록 한다).

```
First Second Third STUART Fourth Fifth JACOB Sixth Seventh Eighth
```

프로그램은 리스트를 수직 또는 수평으로 출력할 수 있다. 이름 목록은 짧은 메시지와 함께 소개되어야 하지만, 해당 메시지는 암호의 일부가 되어서는 안 된다.

이름 목록은 영진닷컴 홈페이지에서 다운로드하고 표준 사전 파일로 로드할 수 있다. 솔루션 *save_Mary_practice.py*는 부록과 제공되는 예제 파일에서 찾을 수 있다.

콜체스터 캐치

다음 편지가 콜체스터 성에 도착할 때, 술고래 얼간이 대신 당신이 죄수인 John Trevanion을 감시하게 된다.

> Sir John: Odd and too hard, your lot. Still, we will band together and, like you, persevere. Who else could love their enemies, stand firm when all others fail, hate and despair? While we all can, let us feel hope. -R.T.

17세기라는 것을 감안해도, 이 편지에는 애매모호한 표현이 많다. 당신은 이 편지를 수감자에게 전달하기 전에 좀 더 자세히 조사하기로 결심한다.

*n*의 값을 입력 받고 *n*번째 단어의 시작점에서 *n*번째 문자를 기준으로 널 암호를 확인하고 출력하는 파이썬 프로그램을 작성한다. 예를 들어, 2를 입력하면 다음 메시지에서 굵게 표시된 글자들을 찾을 수 있다.

So, t**h**e cold t**e**a didn't pl**e**ase the old finicky w**o**man.

제공되는 예제 파일에서 메시지의 텍스트 파일인 *colchester_message.txt*를 다운로드할 수 있다. 솔루션 *colchester_practice.py*는 부록과 예제 파일에서 찾을 수 있다. 텍스트 파일과 파이썬 파일을 동일한 폴더에 저장한다.

6

투명 잉크로 쓰기

2012년 가을, 범죄 드라마 *Elementary*가 CBS TV Network에서 방영을 시작했다. Sherlock Holmes의 전설을 21세기 뉴욕을 배경으로 재구성한 이 프로그램은 Jonny Lee Miller가 Holmes 역을, Lucy Liu가 그의 사이드킥인 Joan Watson 박사 역을 맡았다. 2016년 에피소드인 "You've Got Me, Who's Got You?"에서 Sherlock의 아버지인 Morland Holmes는 자신의 회사에 있는 배신자를 찾아내기 위해 Joan을 고용한다. 그녀는 이메일에서 비즈네르 암호를 발견하고 사건을 신속하게 해결한다. 하지만 몇몇 팬들은 불만을 표했다. 비즈네르 암호는 발견하는 것이 그리 어렵지 않은데 Morland Holmes와 같은 지적인 인물이 스스로 발견하지 못했을까?

이 프로젝트에서는 챕터 5에서 공부한 널 암호가 아니라 스테가노그래피를 통해 이 딜레마를 해결한다. 이 메시지를 숨기기 위해 당신은 파이썬과 서드파티 모듈인 python-docx를 이용해서 Microsoft Word 문서를 직접적으로 조작할 것이다.

프로젝트 #12: 비즈네르 암호 숨기기

Elementary 에피소드에서 중국 투자자들은 Morland Holmes의 컨설팅 회사를 고용해서 콜럼비아 정부와 석유 소유권과 채굴권을 놓고 협상하게 한다. 1년 후, 계약이 거의 체결 단계에 이르렀을 때, 경쟁 업체가 나타나 계약을 가로채고 중국 투자자들에게 물을 먹인다. Morland는 그의 고용인 중 한 명이 배신을 했다고 의심하고 Joan Watson에게 홀로 수사를 진행해달라고 요청한다. Joan은 이메일에서 비즈네르 암호를 찾아 배신자를 식별해낸다.

⚠스포일러 주의 ▶ 해당 암호의 복호화된 내용은 나오지 않았고 배신자는 다음 에피소드에서 살해당했다.

해독 불가능한 암호로 알려진 *비즈네르 암호*는 아마 가장 유명한 암호일 것이다. 16세기 프랑스 학자 Blaise de Vigenere에 의해 개발된 이 암호는 복식 치환법 암호로써 한 개의 키워드를 사용한다. *BAGGINS*와 같은 이 키워드는 그림 6-1에서처럼 평문에 반복적으로 나타난다.

```
B A G G I N S B A G G I N S B A G G I
s p e a k f r i e n d a n d e n t e r
```

그림 6-1 비즈네르 암호 키워드 BAGGINS를 포함하는 평문 메시지

알파벳들의 표(또는 *타블로*)는 메시지를 암호화하기 위해 사용한다. 그림 6-2는 비즈네르 타블로의 처음 다섯 개 행의 예시이다. 알파벳이 매 행에서 왼쪽으로 한 칸씩 밀리는 것에 주목하라.

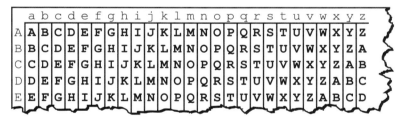

그림 6-2 비즈네르 타블로의 일부

평문 문자 위의 키워드 문자는 암호화에 사용할 행을 결정한다. 예를 들어, *speak*의 *s*를 암호화하려면 그 위에 있는 키워드 문자는 *B*가 된다. *B* 행으로 내려가서 열 상단에 평문 *s*가 표시된 곳을 읽는다. 비문 문자는 교차점에 있는 *T*가 된다.

그림 6-3은 비즈네르 암호로 암호화된 전체 메시지의 예시이다. 이런 유형의 텍스트가 문서에 포함되어 있다면 분명히 주의를 끌어 조사 대상이 될 것이다!

```
TPKGS SJJETJ IAV FNZKZ
```

그림 6-3 비즈네르 암호로 암호화된 메시지

19세기 중반까지 비즈네르 암호는 무너지지 않았으나, 컴퓨터의 전구체를 발명한 Charles Babbage가 장문의 메시지와 함께 사용하는 짧은 키워드는 키워드의 길이를 드러내는 패턴을 반복하게 되고, 결국 키 자체를 드러낼 수 있다는 것을 알아냈다. 암호의 해법이 드러난 것은 전문 암호학계에 엄청난 타격을 입혔고, 오리지널 Holmes와 Watson의 시대였던 빅토리아 시대 동안 암호학 분야에서는 이렇다 할 진보가 이루어지지 않았다.

이 암호의 존재는 *Elementary* 에피소드에서 몰입이 깨지는 문제를 야기했다. 어째서 명백히 의심스러운 이메일을 두고 외부 컨설턴트가 필요했을까? 파이썬을 이용해서 그럴듯한 변명을 만들 수 있는지 알아보자.

> ⊙ 목표 ▶ 당신이 그 에피소드에 등장하는 배신자라고 가정하고, 파이썬을 사용하여 공식 문서처럼 보이는 텍스트 문서 내에 입찰 세부사항을 요약한 비밀 메시지를 숨긴다. 암호화되지 않은 메시지를 암호화하는 것을 목표로 한다.

플랫폼

결과물을 타사에 공유할 것이기 때문에 당신의 프로그램은 아주 흔한 워드 프로세서와 호환되어야 한다. 이는 Windows용 Microsoft Office Suite 또는 MacOS나 Linux용 호환 버전을 뜻한다. 또한, 결과물을 표준 Word 문서로 제한하는 것은 하드웨어 문제를 Microsoft의 귀책으로 만든다.

따라서, 이 프로젝트는 Windows용 Word 2016으로 개발되었으며, 결과는 Mac용 Word v16.2에서 확인되었다. Word 라이센스가 없는 경우 *https://products.office.com/en-us/office-online*에서 무료로 제공되는 Microsoft Office Online 앱을 사용할 수 있다.

LibreOffice Writer 또는 OpenOffice Writer와 같은 Word의 대안 프로그램을 사용해도 이 프로젝트에서 사용되고 생성되는 Word(*.docx*) 파일을 읽을 수는 있지만, 숨겨진 메시지의 대부분이 손상될 가능성이 있다. 이것은 119 페이지의 "숨겨진 메시지 탐지"에서 자세히 다룬다.

전략

당신은 파이썬에 대한 초보자 수준의 지식을 가진 회계사이며, 매우 영리하고 의심이 많은 사람 밑에서 일하고 있다. 당신이 맡은 프로젝트는 기밀성을 유지하기 위해 통제(이메일 필터 등으로)된다. 모종의 방법으로 메시지를 몰래 **빼낸다**고 해도, 분명히 철저한 조사가 뒤따를 것이다.

따라서, 의심스러운 메시지를 본문 또는 첨부파일에 잘 숨겨서 초기 탐지와 이후의 내부 감사를 피해야 한다.

다음과 같은 제약조건이 있다.

- 경쟁사에 직접 메시지를 보낼 수는 없고 중개인을 통해야 한다.
- 키워드를 탐지하는 이메일 필터를 피하려면 메시지를 섞어야 한다.
- 의심을 사지 않도록 암호화된 메시지를 숨겨야 한다.

중개인은 조작할 수 있고 무료 암호화 사이트도 인터넷에 널려 있지만, 마지막 항목은 쉽지 않다.

스테가노그래피가 정답이 될 수 있지만 앞의 챕터에서 보았듯이, 널 암호에 짧은 메시지를 숨기는 것도 쉬운 일이 아니다. 대체 방법으로는 텍스트의 행을 세로로 바꾸거나, 단어를 나누어 가로로 바꾸거나, 글자들의 길이를 바꾸거나, 파일 자체의 메타데이터를 사용하는 방법이 있다. 하지만 당신의 파이썬 지식은 적고, 시간은 더욱 적은 회계사이다. 옛날에 사용된 투명 잉크처럼 쉬운 방법이 있다면 얼마나 좋을까?

투명 잉크 만들기

전자 잉크의 시대에 투명 잉크라니 정신 나간 이야기처럼 들리지만, 분명 성공할 것이다! 투명 폰트는 온라인 문서의 시각적 가독성을 차단할 수 있고, 심지어 종이로 인쇄해도 보이지 않을 것이다. 내용이 암호화되기 때문에 *bid*나 유전의 스페인어 이름 같은 키워드를 탐지하는 디지털 필터는 아무것도 찾을 수 없을 것이다. 그리고 무엇보다도, 투명 잉크는 사용이 쉽다. 단지 텍스트의 전경색을 배경색과 동일하게 설정하기만 하면 된다.

텍스트의 형태를 설정하고 색을 바꾸려면 Microsoft Word 같은 워드 프로세서가 필요하다. Word에서 투명 전자 잉크를 만들기 위해서는 문자, 단어 또는 선을 선택하고 폰트 색을 흰색으로 설정하면 된다. 메시지 수신자가 전체 문서를 선택하고 텍스트 강조색 도구(그림 6-4 참고)를 사용해서 텍스트를 검정색으로 칠하면, 기존의 검정색 글자들은 숨기고, 숨겨져 있던 흰색 글자들을 볼 수 있다.

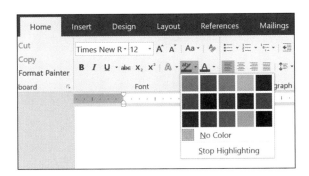

그림 6-4 Word 2016의 텍스트 강조색 도구

Word에서 문서를 선택한다고 해서 흰색 텍스트가 드러나지는 않는다(그림 6-5). 따라서, 이 숨겨진 메시지를 찾는 사람은 의심이 아주 많은 사람일 것이다.

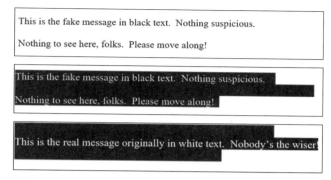

그림 6-5 위: 가짜 메시지가 보이는 Word 문서의 일부, 가운데: Ctrl+A로 선택한 문서, 아래: 배경색을 검정색으로 설정하여 표시되는 실제 메시지

물론, 워드 프로세서만으로도 이 작업을 수행할 수 있지만, 파이썬스러운 접근법이 선호되는 두 가지 경우가 있다. 1) 장문의 메시지를 암호화해야 하고, 모든 암호를 한 줄씩 직접 숨겨넣고 싶지 않을 경우, 2) 메시지를 다량으로 보내야 할 경우. 짧은 파이썬 프로그램이 이 과정을 단순화시킬 수 있다.

폰트 유형, 자간, 추적 고려

투명 텍스트를 배치하는 것은 중요한 설계 결정이다. 한 가지 방법은 보이는 가짜 메시지의 단어 사이 공백을 활용하는 것이지만, 이는 최종 결과물을 의심스럽게 보이도록 만들 수 있다.

비례 폰트는 가독성을 향상시키기 위해 가변 문자 폭을 사용한다. 예시 폰트는 Arial과 Times New Roman이다. 모노스페이스 폰트는 일정한 문자 폭을 채용하여 텍스트의 정렬과 개별 문자, 특히 (또는 { 같은 얇은 문자의 가독성을 향상시킨다. 때문에 프로그래밍 인터페이스에서는 모노스페이스 폰트가 많이 사용된다. 예시 폰트는 Consolas와 Courier New가 있다.

자간은 글의 모양새를 개선하기 위해 개별 문자 사이의 간격과 중첩을 조정하는 것이다. 추적 프로세스는 동일한 목적을 위해 전체 행이나 텍스트 블록에 걸쳐 문자 간격을 조정하는 데 사용된다. 이러한 조정은 글자 간격이 너무 가까워서 식별이 어렵거나 단어를 인식하기 어려울 정도로 멀리 떨어져 있는지 검토함으로써 가독성을 개선한다. 우리는 글자들이 아니라 단어를 읽는다. 못 믿겠다면, 이것을 읽어보라.

peopl raed wrds nt lttrs. Of corase, contxt hlps. (사들람은 글자를 읽않지고 단어를 읽낸어다. 물론, 맥락이 필하요다.)

먼저, 한 쌍의 문자에 자간을 조절한 다음 추적을 수행하며, 이때 문자 쌍의 상대적인 자간은 보존된다. 앞서 언급한 바와 같이, 이러한 가변 폭과 자동 보정은 비례 폰트를 사용하는 단어들 사이에 문자를 숨길 때 문제를 일으킬 수 있다.

To a great mind nothing is little.　　　숨겨진 글자가 없는 비례 폰트
To a great mind nothing is little.　　단어 사이에 글자가 숨겨진 비례 폰트
To$a3great mind2nothingKis little.　　숨겨진 글자($3.2K)가 나왔을 때

To a great mind nothing is little.　　　숨겨진 글자가 없는 모노스페이스 폰트
To a great mind nothing is little.　　　단어 사이에 글자가 숨겨진 모노스페이스 폰트
To$a3great .mind2nothingKis little.　　숨겨진 글자($3.2K)가 나왔을 때

모노스페이스 폰트를 사용하면 일정한 간격 덕분에 편리한 은신처가 제공된다. 하지만 전문 서신은 비례 폰트를 사용할 가능성이 높기 때문에, 투명 잉크 기법은 더 수월하게 조절할 수 있는 행 사이의 공간 활용에 초점을 맞추어야 한다.

단락 사이의 빈 행을 사용하면 프로그래밍하기도 쉽고 가독성도 좋다. 입찰 관련 요점은 간결하게 요약될 수 있기 때문에 장문의 가짜 메시지도 필요하지 않다. 우리는 보여지는 가짜 메시지 사이에 빈 페이지가 추가되는 것을 원하지 않는다. 결론적으로, 숨겨진 메시지가 차지하는 공간은 가짜 메시지가 차지하는 공간보다 작아야 한다.

문제 방지

소프트웨어를 개발할 때 스스로에게 반복적으로 물어야 하는 질문은 "사용자가 어떤 식으로 이 프로그램을 망쳐놓을까?"이다. 한 가지 잘못될 수 있는 부분은, 암호화 프로세스가 숨겨진 메시지에 있는 글자들을 변경하면 자간과 추적 조정으로 인해 단어 하나가 빠져나가면서 자동으로 개행을 발생시킬 수 있다는 것이다. 이는 가짜 메시지의 단락 사이에 불균일하고 의심스러운 공백을 만들 것이다. 이를 방지하는 방법 중 하나는 실제 메시지의 각 행을 입력할 때, ⎣Enter↵⎤를 조금 먼저 누르는 것이다. 암호화로 인한 변경을 고려하여 행 끝부분에 약간의 공백을 남겨둘 것이다. 물론 결과물은 검증해봐야 한다. 코드가 제대로 작동할 것이라고 추측하는 것은 제임스 본드가 죽었다고 가정하는 것만큼이나 위험하다!

python-docx를 활용한 Word 문서 조작

무료 서드파티 모듈인 python-docx는 파이썬으로 하여금 Microsoft Word(*.docx*) 파일을 조작할 수 있게 해준다. 이 책에서 언급한 서드파티 모듈을 다운로드하여 설치하려면, 파이썬 기반 소프트웨어를 쉽게 설치하도록 해 주는 패키지 관리 시스템, PIP(Preferred Installer Program)를 활용한다. Windows와 MacOS에 설치된 파이썬 3의 경우, 3.4 이후의 버전에는 pip가 설치되어 있다. 파이썬 2의 경우에는 2.7.9 이후의 버전에 설치되어 있다. Linux 사용자는 pip를 별도로 설치해야 한다. pip를 설치하거나 업그레이드해야 할 경우, *https://pip.pypa.io/en/stable/installing/*에 수록된 지침을 참조하거나 특정 운영 체제에 맞는 pip 설치법을 온라인에서 찾을 수 있다.

pip 도구를 활용하면 운영 체제에 따라 명령 윈도우, PowerShell 또는 터미널 윈도우에 `pip install python-docx`를 입력하는 것만으로 python-docx를 설치할 수 있다. python-docx에 관한 온라인 지침은 *https://python-docx.readthedocs.io/en/latest/*에서 확인할 수 있다.

이 프로젝트에서는 단락과 런 오브젝트를 이해해야 한다. python-docx 모듈은 다음 계층에서 세 가지 오브젝트를 통해 자료형을 구분한다.

- 문서: 단락 오브젝트 리스트가 수록된 전체 문서
- 단락: Word에서 Enter↵를 사용하여 구분된 텍스트 블록으로, 런 오브젝트 리스트를 포함
- 런: 동일한 스타일로 연결된 문자열

단락은 블록 *레벨* 오브젝트로 간주하며, python-docx는 이를 다음과 같이 정의한다. "블록 레벨 아이템은 텍스트의 좌우측 가장자리 사이에 존재하며, 텍스트가 오른쪽 경계를 벗어날 때마다 라인을 추가한다. 단락 오브젝트의 경계는 일반적으로 페이지 여백이지만, 페이지가 열 형태로 배열된 경우 열의 경계가 될 수도 있고, 테이블 셀 내부에서는 셀의 경계가 될 수도 있다. 테이블도 블록 레벨 오브젝트에 포함된다."

단락 오브젝트는 컨테이너(일반적으로 페이지) 내에서의 위치와 내용을 분단선으로 나누는 방식을 지정하는 다양한 속성을 가지고 있다. 단락의 ParagraphFormat 속성을 통해 단락 형식 속성에 접근할 수 있으며, *단락 스타일 그룹화*를 통해 모든 단락 속성을 설정하거나 단락에 직접 적용할 수 있다.

런은 단락 등의 블록 레벨 오브젝트에 포함된 인라인 *레벨* 오브젝트이다. 런 오브젝트는 폰트 오브젝트에 접근할 수 있는 읽기 전용 폰트 속성을 가지고 있다. 폰트 오브젝트는 해당 런에 대한 문자 형식을 가져오고 설정하기 위한 속성을 제공한다. 숨겨진 메시지의 텍스트 색을 흰색으로 설정할 때 이 기능이 필요할 것이다.

스타일은 문단들과 문자들(런 오브젝트) 또는 둘의 조합과 관련된 Word의 속성 컬렉션을 일컫는다. 스타일에는 폰트, 색상, 들여쓰기, 행 간격 등 익숙한 속성들이 포함된다. Word의 홈 리본에 있는 스타일 패널에서 이와 같은 그룹을 확인할 수 있다(그림 6-6 참고). 스타일을 변경하려면(한 글자라도) 새로운 런 오브젝트를 생성해야 한다. 현재는 열려있는 *.docx* 파일에만 적용된다. 이는 이후 버전의 python-docx에서 변경될 수 있다.

그림 6-6 Microsoft Word 2016의 스타일 패널

python-docx의 스타일 사용에 관련된 전체 문서는 *http://python-docx.readthedocs.io/ en/latest/user/styles-using.html*에서 확인할 수 있다.

다음은 python-docx의 관점에서 바라보는 단락과 런의 예시이다.

I am a single paragraph of one run because all my text is the same style.

I am a single paragraph with two runs. **I am the second run because my style changed to bold.**

I am a single paragraph with three runs. **I am the second run because my style changed to bold. The third run is my last** *word.*

이해가 되지 않는 것이 있더라도 조바심 낼 필요는 없다. python-docx를 자세히 알 필요는 없다. 다른 코드 조각과 마찬가지로, 무엇을 하고 싶은지 아는 것이 가장 중요하다. 온라인 검색을 통해 수많은 유용한 제안과 완성된 코드 샘플들을 얻을 수 있다.

 ▶ 원활하게 진행하려면 실제(숨겨진) 메시지 내에서 스타일을 변경하지 말고, Enter↵를 직접 입력해서 모든 행을 강제 개행하라. 안타깝게도, Word는 자동 개행으로 인한 줄 바꿈에 특수 문자를 부여하지 않는다. 따라서 자동 줄 바꿈이 들어간 기존 Word 문서에서 찾아 바꾸기를 사용해서 일괄적으로 강제 개행으로 변경할 수 없다. 배신자의 삶이란 이런 것이다.

자료 다운로드

필요한 외부 파일은 영진닷컴 홈페이지에서 다운로드할 수 있으며, 모두 동일한 폴더에 저장해야 한다.

template.docx Holmes Corporation의 공인 스타일, 폰트 및 여백이 적용된 빈 Word 문서

makeMessage.docx 머리글과 날짜가 없는 가짜 메시지 Word 문서

realMessage.docx 머리글과 날짜가 없는 실제 평문 메시지 Word 문서

realMessage_Vig.docx 비즈네르 암호로 암호화된 실제 메시지

example_template_prep.docx 템플릿 문서를 만들기 위해 사용된 가짜 메시지의 예시(프로그램 실행에 필요하지 않음)

 ▶ Word 2016을 사용한다면 가짜 메시지(머리글 포함)를 작성한 다음 파일을 저장해서 쉽게 빈 템플릿 파일을 만들 수 있다. 그리고 나서 텍스트를 모두 삭제하고 파일을 다른 이름으로 다시 저장하라. 이 빈 파일을 python-docx가 있는 변수에 할당하면 기존의 모든 스타일이 유지된다. 물론, 머리글이 포함된 템플릿 파일을 사용할 수도 있지만, python-docx에 대해 더 심도 있게 알아보기 위해 우리는 파이썬을 사용하여 머리글을 만들 것이다.

다음 네 개의 문서를 살펴보자. 이 파일들은 *elementary_ink.py* 프로그램에 대한 입력 값으로 구성되어 있다. 가짜 메시지와 실제 메시지(두 번째, 세 번째 아이템)는 그림 6-7 과 6-8에서 확인할 수 있다.

Dear Mr. Gerard:

I received your CV on Monday. It is very impressive, but I am sorry to inform you that Mr. Holmes is not looking for additional staff at this time.

While we do not normally accept unsolicited applications, I will keep your CV on file for future consideration. If it is convenient, please send me a list of references, especially those pertaining to skills in negotiation, accounting, and data mining (preferably using the Python programming language). A recent photograph is also recommended.

Best of luck to you. Feel free to check back at this time next year in the event a position becomes available. Use this email address, and include your name and the word "check-back" in the subject line.

Sincerely yours,

Emil Kurtz
Associate Director
International Affairs

그림 6-7 magicMessage.docx 파일의 "가짜" 텍스트

The Colombian deal will be for 2 new venture wildcat wells, one each in the Llanos & Magdalena Basins. These wells include a carry of thirty percent for the national oil company and will test at least 3 K meters of vertical section. In return, the client will be permitted to drill ten wells in the productive Putumayo province, earning a sixty % interest with a fifty percent royalty rate, increasing to the standard eighty five percent royalty five years after start of production in each well.

그림 6-8 realMessage.docx 파일의 실제 메시지

실제 메시지에는 숫자와 특수 문자가 포함되어 있다. 이들은 우리가 사용할 비즈네르 타블로로 암호화되지 않을 것이며, 그 점을 설명하기 위해 포함시켰다. 나중에 비즈네르 암호를 추가할 때, 최대한의 기밀성을 위해 철자(예: "3"은 "three", "%"는 "percent")로 표현될 것이다.

의사 코드

다음 의사 코드는 두 개의 메시지와 템플릿 문서를 로드하고, 흰색 폰트를 사용하여 실제 메시지를 빈 행에 숨긴 다음, 뒤섞인 메시지를 저장하는 방법을 기술한다.

```
Build assets:
In Word, create an empty doc with desired formatting/styles (template)
In Word, create an innocuous fake message that will be visible & have enough
blank lines to hold the real message
In Word, create the real message that will be hidden
Import docx to allow manipulation of Word docs with Python
```

```
Use docx module to load the fake & real messages as lists
Use docx to assign the empty doc to a variable
Use docx to add letterhead banner to empty doc
Make counter variable for lines in real message
Define function to format paragraph spacing with docx
For line in fake message:
    If line is blank and there are still lines in the real message:
        Use docx & counter to fill blank with line from real message
        Use docx to set real message font color to white
        Advance counter for real message
    Otherwise:
        Use docx to write fake line
    Run paragraph spacing function
Use docx to save final Word document
```

코드

코드 6-1의 *elementary_ink.py* 프로그램은 실제 메시지, 가짜 메시지, 그리고 빈 템플릿 문서를 로드한다. 흰색 폰트를 사용하여 가짜 메시지의 빈 행에 실제 메시지를 숨긴 다음, 이메일에 첨부할 수 있는 평범해 보이는 하이브리드 메시지를 저장한다. 코드는 영진닷컴 홈페이지에서 다운로드할 수 있다.

python-docx 임포트, 목록 생성, 머리글 추가

코드 6-1은 python-docx를 임포트하고, 가짜 메시지와 실제 메시지의 텍스트 행을 리스트 아이템으로 변환한다. 그리고 스타일을 설정하는 템플릿 문서를 로드하고, 머리글을 추가한다.

elementary_ink.py, part 1

```
  import docx
❶ from docx.shared import RGBColor, Pt

❷ # get text from fake message & make each line a list item
  fake_text = docx.Document('fakeMessage.docx')
  fake_list = []
  for paragraph in fake_text.paragraphs:
      fake_list.append(paragraph.text)

❸ # get text from real message & make each line a list item
  real_text = docx.Document('realMessage.docx')
  real_list = []
  for paragraph in real_text.paragraphs:
    ❹ if len(paragraph.text) != 0:  # remove blank lines
          real_list.append(paragraph.text)

❺ # load template that sets style, font, margins, etc.
  doc = docx.Document('template.docx')

❻ # add letterhead
  doc.add_heading('Morland Holmes', 0)
```

```
        subtitle = doc.add_heading('Global Consulting & Negotiations', 1)
        subtitle.alignment = 1
        doc.add_heading('', 1)
❼       doc.add_paragraph('December 17, 2015')
        doc.add_paragraph('')
```

코드 6-1 python-docx 임포트, 주요 .docx 파일 로드, 머리글 추가

docx 모듈("Python-docx"가 아니라)을 임포트한 다음 docx.shared를 사용하여 docx 모듈의 색상(RGBColor)과 길이(Pt) 오브젝트에 접근한다❶. 이제 폰트 색상을 바꾸고 행 간격을 설정할 수 있을 것이다. 다음 두 개의 코드 블록은 가짜 메시지❷와 실제 메시지❸가 담긴 Word 문서를 리스트 형태로 로드한다. 각 Word 문서에서 Enter↵를 입력한 위치에 따라 리스트에 포함될 아이템이 결정된다. 실제 메시지를 숨기기 위해 메시지가 최대한 짧아지도록 빈 행을 제거한다❹. 이제 리스트 인덱스를 이용해서 두 메시지를 병합하고 구분 추적할 수 있다.

다음으로 스타일, 폰트, 여백이 미리 지정된 템플릿 문서를 로드한다❺. docx 모듈이 이 변수에 작성하고 최종 문서로 저장할 것이다.

입력값이 로드되고 준비된 상태에서 최종 문서의 머리글 형태를 Holmes Corporation 문서와 맞춘다❻. add_heading() 함수는 텍스트와 정수 인자를 통해 머리글 스타일 단락을 추가한다. 정수 0은 템플릿 문서에서 상속된 최상위 헤더 또는 제목 스타일을 지정한다. 부제는 사용 가능한 다음 표제 스타일인 1로 서식화하고, 다시 정수 1(0 = 좌측 맞춤, 2 = 우측 맞춤)로 중앙 정렬한다. 날짜를 추가할 때는 정수를 넣을 필요가 없다❼. 인자를 제공하지 않으면 기본값은 기존 스타일 계층에서 상속되어 좌측 맞춤으로 설정된다. 이 블록의 다른 구문은 빈 행을 추가한다.

메시지 서식화 및 입력하기

코드 6-2는 실제 작업을 수행하며, 행 간격을 서식화하고 메시지를 입력한다.

elementary_ink.py,
part 2

```
❶ def set_spacing(paragraph):
        """Use docx to set line spacing between paragraphs."""
        paragraph_format = paragraph.paragraph_format
        paragraph_format.space_before = Pt(0)
        paragraph_format.space_after = Pt(0)

❷ length_real = len(real_list)
   count_real = 0  # index of current line in real (hidden) message

   # interleave real and fake message lines
   for line in fake_list:
   ❸   if count_real < length_real and line == "":
   ❹       paragraph = doc.add_paragraph(real_list[count_real])
   ❺       paragraph_index = len(doc.paragraphs) - 1
```

```
        # set real message color to white
        run = doc.paragraphs[paragraph_index].runs[0]
        font = run.font
    ❻ font.color.rgb = RGBColor(255, 255, 255) # make it red to test
    ❼ count_real += 1
    else:
        ❽ paragraph = doc.add_paragraph(line)

    ❾ set_spacing(paragraph)

❿ doc.save('ciphertext_message_letterhead.docx')

print("Done")
```

코드 6-2 단락 서식화 및 가짜 메시지, 실제 메시지의 입력

python-docx의 paragraph_format 속성을 사용하여 단락 사이의 간격을 서식화하는 함수를 정의한다❶. 그림 6-9의 좌측처럼 단락 사이에 의심스러울 정도로 큰 간격이 생기지 않도록 숨겨진 행의 상하 간격을 0 포인트로 설정한다.

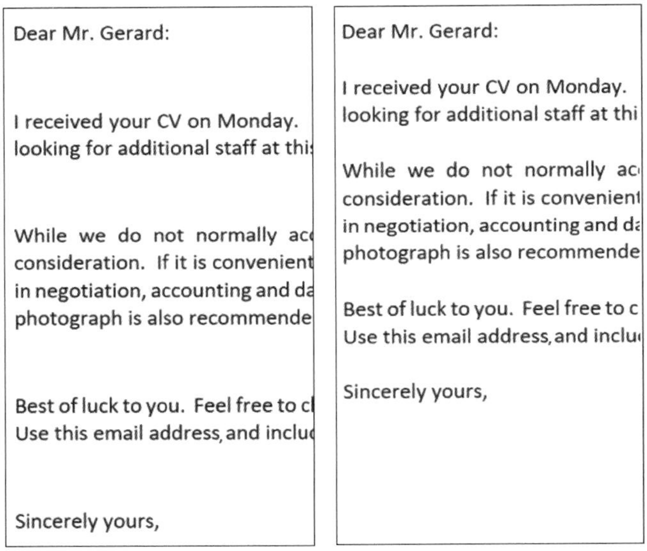

그림 6-9 python-docx 단락 서식이 없는 가짜 메시지 행 간격(좌측) vs. 서식이 있는 경우(우측)

다음으로, 실제 메시지를 담은 리스트의 길이를 구하여 작업 공간을 정의한다❷. 숨겨진 진짜 메시지가 보이는 가짜 메시지보다 짧아야만 이를 담기에 충분한 빈 행을 얻을 수 있다. 여기서부터 카운터를 시작한다. 프로그램은 이 카운터를 실제 메시지에서 몇 번째 행(리스트 아이템)을 처리하고 있는지 추적할 때 사용할 것이다.

가짜 메시지로 만든 리스트가 가장 길고 실제 메시지의 크기를 결정하므로, 다음 두 조건문을 통해 가짜 메시지를 루핑한다.

1) 진짜 메시지의 끝부분까지 도달했는지, 2) 가짜 리스트의 행이 비어 있는지❸. 실제 메시지 행이 여전히 존재하고 가짜 메시지 행이 비어 있는 경우, count_real을 real_list의 인덱스로 사용하고 python-docx를 사용하여 문서에 추가한다❹.

doc.paragraphs의 길이를 받고 1을 빼서 방금 추가한 행의 인덱스를 구한다❺. 그리고 이 색인을 사용하여 실제 메시지 행을 런 오브젝트로 설정하고(실제 메시지가 단일 스타일을 사용하므로 리스트의 첫 번째 런 아이템인 [0]을 선택한다) 폰트 색상을 흰색으로 설정한다❻. 이제 프로그램이 이 블록의 실제 메시지 리스트에서 행을 꺼내 추가했으므로 count_real 카운터가 1 증가한다❼.

이어지는 else 블록은 for 루프 내의 가짜 메시지 리스트에서 선택한 행이 비어 있지 않은 경우를 다룬다. 이 경우, 가짜 메시지 행은 단락에 바로 추가된다❽. 행 간격 함수인 set_spacing()을 호출하여 루프를 종료한다❾.

실제 메시지의 길이가 초과되면, for 루프는 계속해서 가짜 메시지의 나머지 부분(이 경우 Kurtz 씨의 서명 정보)을 추가하고 코드의 최종 라인에서 문서를 Word *.docx* 파일로 저장한다❿. 물론 현실에서는 *ciphertext_message_letterhead.docx*보다는 덜 의심스러운 파일명을 사용하는 게 좋다!

가짜 메시지를 기반으로 하는 for 루프를 사용하기 때문에 루프가 종료된 다음(가짜 리스트의 마지막 아이템에 도달한 후)에는 더 이상 숨겨진 행을 추가할 수 없다는 점을 명심하라. 가짜 메시지 하단에 강제 개행을 입력하면 공간을 더 늘릴 수 있지만, 너무 많이 추가하면 의심스러운 빈 페이지가 생길 수 있으니 주의하자!

프로그램을 실행하고 저장된 Word 문서를 열어서 Ctrl+A로 모든 텍스트를 선택한 다음, 배경색(그림 6-4 참고)을 어두운 회색으로 설정하여 두 가지 메시지를 모두 확인하라. 비밀 메시지가 드러날 것이다(그림 6-10).

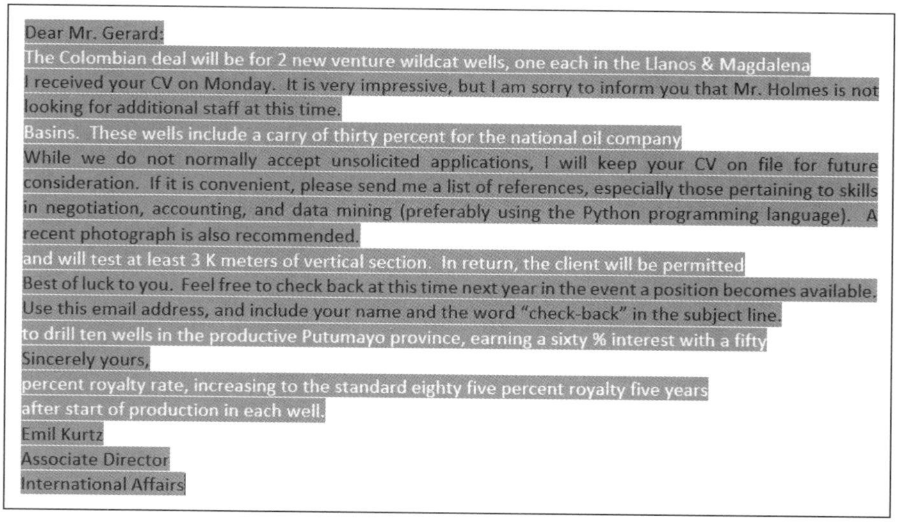

Dear Mr. Gerard:
The Colombian deal will be for 2 new venture wildcat wells, one each in the Llanos & Magdalena
I received your CV on Monday. It is very impressive, but I am sorry to inform you that Mr. Holmes is not looking for additional staff at this time.
Basins. These wells include a carry of thirty percent for the national oil company
While we do not normally accept unsolicited applications, I will keep your CV on file for future consideration. If it is convenient, please send me a list of references, especially those pertaining to skills in negotiation, accounting, and data mining (preferably using the Python programming language). A recent photograph is also recommended.
and will test at least 3 K meters of vertical section. In return, the client will be permitted
Best of luck to you. Feel free to check back at this time next year in the event a position becomes available. Use this email address, and include your name and the word "check-back" in the subject line.
to drill ten wells in the productive Putumayo province, earning a sixty % interest with a fifty
Sincerely yours,
percent royalty rate, increasing to the standard eighty five percent royalty five years after start of production in each well.
Emil Kurtz
Associate Director
International Affairs

그림 6-10 가짜 메시지와 암호화되지 않은 실제 메시지를 모두 표시하기 위해 진한 회색 배경이 적용된 Word 문서

비즈네르 암호 추가

지금까지의 코드는 실제 메시지의 평문 버전을 사용하므로, 문서의 배경색을 변경하는 사람은 누구나 내부의 민감한 정보를 읽고 이해할 수 있을 것이다. Kurtz 씨가 비즈네르 암호로 암호화했다는 것을 알고 있으니, 돌아가서 코드를 변경하여 평문을 암호화된 텍스트로 바꾸도록 하자. 이 작업을 위해 다음 행을 검색한다.

```
real_text = docx.Document('realMessage.docx')
```

이 행은 실제 메시지를 평문으로 로드하므로 굵은 글씨로 표시된 파일명을 변경하라.

```
real_text = docx.Document('realMessage_Vig.docx')
```

프로그램을 재시작한 다음 다시 전체 문서를 선택하고 배경색을 진한 회색으로 설정하여 숨겨진 텍스트를 드러낸다(그림 6-11).

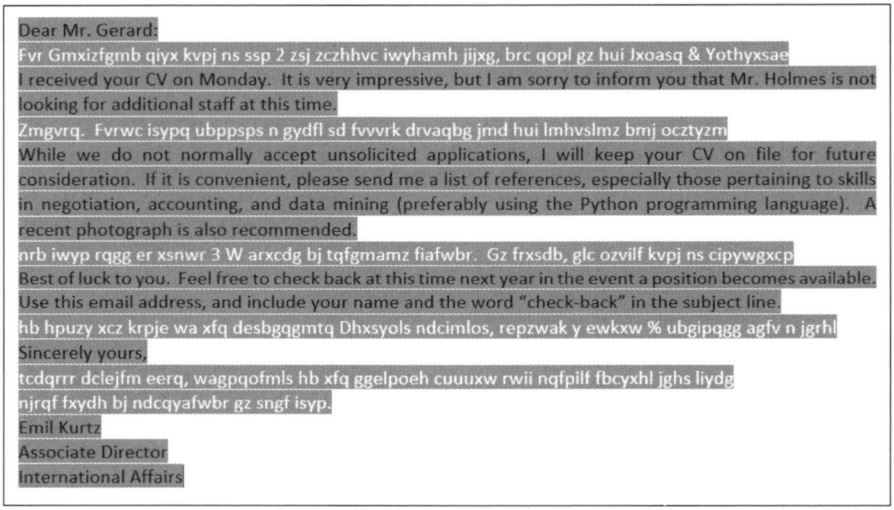

Dear Mr. Gerard:
Fvr Gmxizfgmb qiyx kvpj ns ssp 2 zsj zczhhvc iwyhamh jijxg, brc qopl gz hui Jxoasq & Yothyxsae
I received your CV on Monday. It is very impressive, but I am sorry to inform you that Mr. Holmes is not looking for additional staff at this time.
Zmgvrq. Fvrwc isypq ubppsps n gydfl sd fvvvrk drvaqbg jmd hui lmhvslmz bmj ocztyzm
While we do not normally accept unsolicited applications, I will keep your CV on file for future consideration. If it is convenient, please send me a list of references, especially those pertaining to skills in negotiation, accounting, and data mining (preferably using the Python programming language). A recent photograph is also recommended.
nrb iwyp rqgg er xsnwr 3 W arxcdg bj tqfgmamz fiafwbr. Gz frxsdb, glc ozvilf kvpj ns cipywgxcp
Best of luck to you. Feel free to check back at this time next year in the event a position becomes available. Use this email address, and include your name and the word "check-back" in the subject line.
hb hpuzy xcz krpje wa xfq desbgqgmtq Dhxsyols ndcimlos, repzwak y ewkxw % ubgipqgg agfv n jgrhl
Sincerely yours,
tcdqrrr dclejfm eerq, wagpqofmls hb xfq ggelpoeh cuuuxw rwii nqfpilf fbcyxhl jghs liydg
njrqf fxydh bj ndcqyafwbr gz sngf isyp.
Emil Kurtz
Associate Director
International Affairs

그림 6-11 가짜 메시지와 암호화된 실제 메시지를 모두 표시하기 위해 진한 회색 배경이 적용된 Word 문서

비밀 메시지는 누구에게나 보이지만 해독할 수 있는 사람만이 제대로 인식할 수 있다. 그림 6-11의 암호화된 메시지를 그림 6-10의 암호화되지 않은 버전과 비교해보자. 숫자와 % 기호는 두 버전에서 모두 나타난다. 이것은 암호화 선택과 관련된 잠재적인 함정들을 표현하기 위해 유지되었다. 이 철자들을 포함하기 위해 비즈네르 암호를 증가시킬 수도 있고 그대로 쓸 수도 있다. 그렇게 하면, 메시지가 발견되더라도 단서가 거의 남지 않는다.

비즈네르 암호로 메시지를 암호화하려면 인터넷에서 "online Vigenère encoder"를 검색하라. *http://www.cs.du.edu/~snarayan/crypt/vigenere.html*과 같이 평문을 입력하거나 붙여넣을 수 있는 사이트들을 찾을 수 있을 것이다.

비즈네르 암호로 암호화하는 파이썬 프로그램을 직접 작성하려면 Al Sweigart의 *Cracking Code with Python*(Starch Press, 2018)을 참조하라.

암호화되었든 안 되었든 실제 메시지를 다루고 싶다면, 가짜 메시지와 같은 폰트를 사용하고 있는지 확인해야 한다. Helvetica Italic과 같은 서체와 12 같은 크기를 둘 다 맞춰야 한다. 109 페이지의 "폰트 유형, 자간, 추적 고려"에서 다뤘던 것처럼 여러 폰트를 섞으면, 특히 비례 폰트와 모노스페이스 폰트를 섞을 때 숨겨진 메시지 행이 개행되어 실제 메시지의 단락 사이 간격이 균등하지 않을 수 있다.

숨겨진 메시지 탐지

Joan Watson 같은 탐정이라면 숨긴 메시지를 빨리 찾을 수 있을까? 아마 그렇지 않을 것이다. 사실, 나는 지금 Joan이 출력된 이메일이 가득한 상자를 뒤적이며 바쁘게 수사 중인 *Elementary* 에피소드를 보고 있다! 비즈네르 암호는 전체적으로 훌륭한 각본을 자랑하는 이 시리즈물에서 약간 게으른 각본 속 장치였을지도 모른다. 어쨌든 당신이 들킬 단서가 될 만한 것들을 예측해볼 수 있다.

입찰일에 가까워서야 최종 입찰 정보가 발송되었을 것이기 때문에, 입찰이 확정된 후 발송된 메일들로 탐색이 한정되어 많은 잡음을 없앨 수 있다. 탐정은 자신이 무엇을 찾고 있는지(배신자가 존재하는지조차) 알 수 없으므로 탐색 범위가 넓어진다. 또한, 그 정보가 전화나 밀회 등을 통해 전달되었을 가능성도 있다.

이메일 개수가 다룰 수 있는 수준이고 숨겨진 메시지에 대한 수사가 이루어진다고 가정했을 때, 수사관은 몇 가지 방법으로 당신의 투명 잉크를 탐지할 수 있을 것이다. 예를 들어, Word 맞춤법 검사기는 흰색의 무의미한 암호 단어들이 보이지 않는 한 탐지할 수 없을 것이다. 만약 당신이 검토를 위해 숨겨진 일부 단어의 폰트 색상을 초기화한다면, 이들은 흰색으로 복원된 후에도 영구적으로 노출될 것이다. 맞춤법 검사기는 유죄를 입증하는 울퉁불퉁한 빨간색 밑줄을 그을 것이다(그림 6-12 참고).

I received your CV on Monday. It is very impressive, but I am sorry to inform you that Mr. Holmes is not looking for additional staff at this time.

While we do not normally accept unsolicited applications, I will keep your CV on file for future consideration. If it is convenient, please send me a list of references, especially those pertaining to skills in negotiation, accounting, and data mining (preferably using the Python programming language). A recent photograph is also recommended.

그림 6-12 Word 맞춤법/문법 검사 도구에 의해 밑줄이 그어진 투명 암호 단어

탐정이 Word의 대안 프로그램을 사용하여 문서를 열 경우, 해당 프로그램의 맞춤법 검사기가 숨겨진 단어를 탐지할 가능성이 크다(그림 6-13 참고). 이 리스크는 Microsoft Word의 시장 지배 덕분에 다소 완화된다.

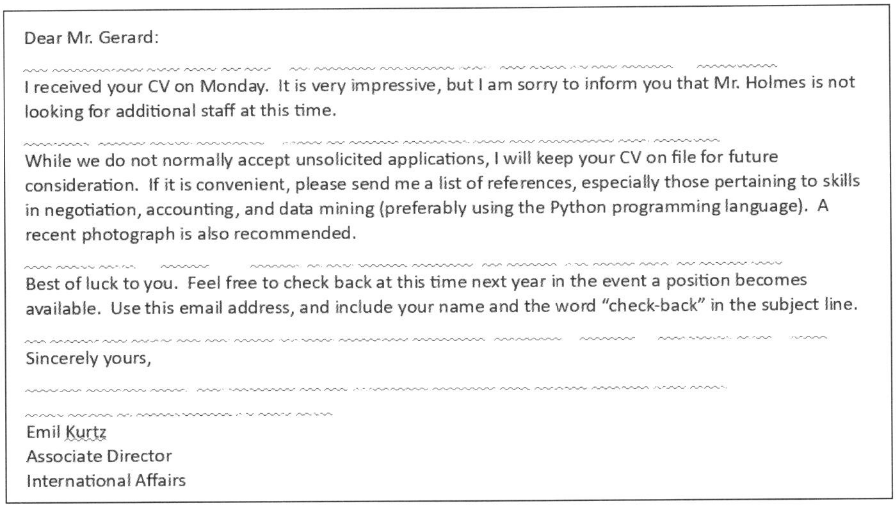

Dear Mr. Gerard:

I received your CV on Monday. It is very impressive, but I am sorry to inform you that Mr. Holmes is not looking for additional staff at this time.

While we do not normally accept unsolicited applications, I will keep your CV on file for future consideration. If it is convenient, please send me a list of references, especially those pertaining to skills in negotiation, accounting, and data mining (preferably using the Python programming language). A recent photograph is also recommended.

Best of luck to you. Feel free to check back at this time next year in the event a position becomes available. Use this email address, and include your name and the word "check-back" in the subject line.

Sincerely yours,

Emil Kurtz
Associate Director
International Affairs

그림 6-13 LibreOffice Writer의 맞춤법 검사기가 투명 단어들을 드러낸다.

두 번째로, Word에서 모든 텍스트를 선택하기 위해 Ctrl+A를 사용하면, 숨겨진 텍스트가 드러나지는 않지만 빈 행 일부가 다른 행보다 길다는 것을 알 수 있다(그림 6-14 참고).

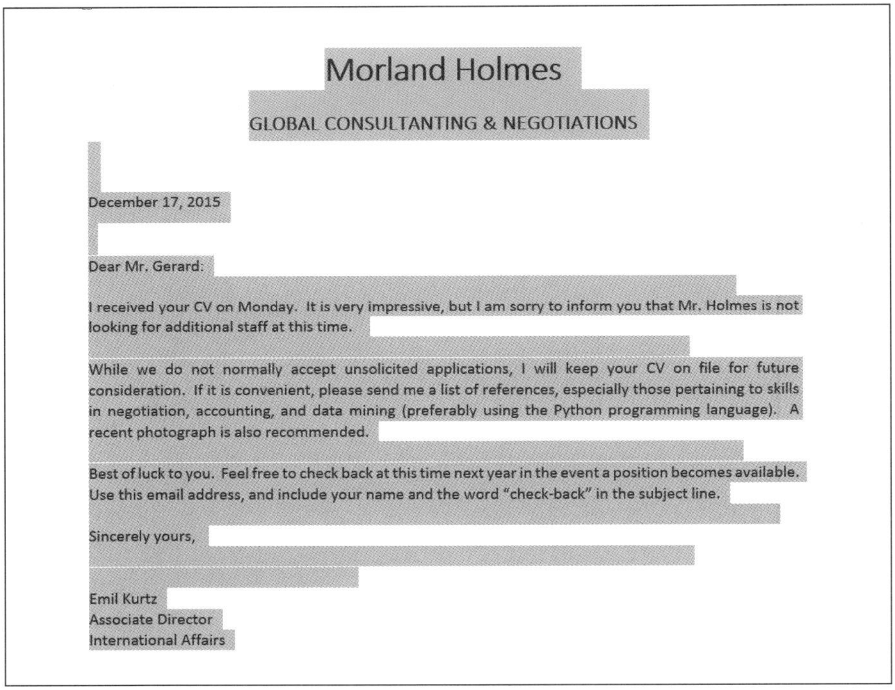

Morland Holmes

GLOBAL CONSULTANTING & NEGOTIATIONS

December 17, 2015

Dear Mr. Gerard:

I received your CV on Monday. It is very impressive, but I am sorry to inform you that Mr. Holmes is not looking for additional staff at this time.

While we do not normally accept unsolicited applications, I will keep your CV on file for future consideration. If it is convenient, please send me a list of references, especially those pertaining to skills in negotiation, accounting, and data mining (preferably using the Python programming language). A recent photograph is also recommended.

Best of luck to you. Feel free to check back at this time next year in the event a position becomes available. Use this email address, and include your name and the word "check-back" in the subject line.

Sincerely yours,

Emil Kurtz
Associate Director
International Affairs

그림 6-14 Word 문서 전체를 선택하면 빈 행의 길이 차이가 드러난다.

세 번째로, 일부 이메일 소프트웨어에서 미리보기 기능을 사용하여 Word 문서를 열면, 내용을 스와이프하거나 Ctrl+A를 사용하여 선택할 때 숨겨진 텍스트가 드러날 수도 있다(그림 6-15).

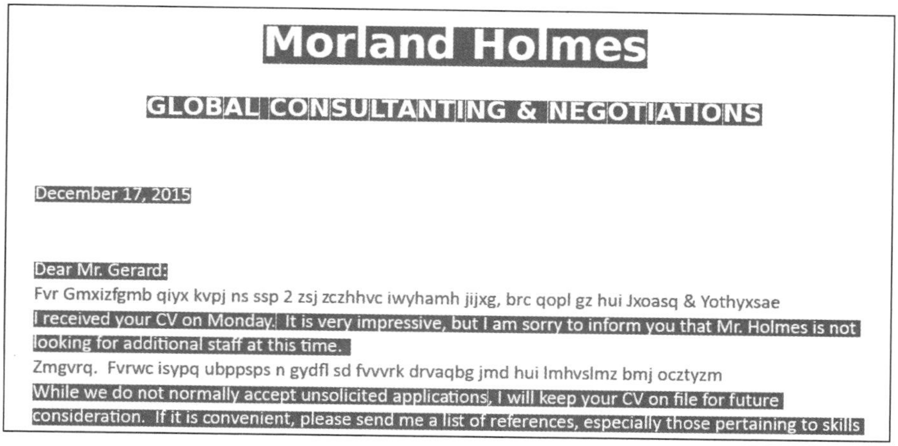

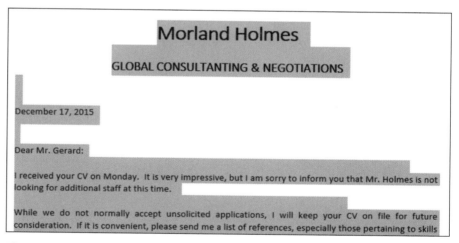

그림 6-15 야후! 메일 미리보기 패널에서 전체 문서를 선택하면 숨겨진 텍스트가 드러난다.

야후!의 메일 미리보기 패널은 숨겨진 텍스트를 드러내지만, 그림 6-16의 Microsoft Outlook 미리보기 패널에서는 드러나지 않는다.

그림 6-16 Microsoft Outlook 미리보기 패널에서 전체 문서를 선택하면 숨겨진 텍스트가 표시되지 않는다.

마지막으로, Word 문서를 일반 텍스트(*.txt) 파일로 저장하면 모든 서식이 제거되어 숨겨진 텍스트가 노출된다(그림 6-17).

```
Dear Mr. Gerard:
Fvr Gmxizfgmb qiyx kvpj ns ssp 2 zsj zczhhvc iwyhamh jijxg, brc qopl gz hui Jxoasq & Yothyxsae
I received your CV on Monday.  It is very impressive, but I am sorry to inform you that Mr. Holmes
is not looking for additional staff at this time.
Zmgvrq.  Fvrwc isypq ubppsps n gydfl sd fvvvrk drvaqbg jmd hui lmhvslmz bmj ocztyzm
While we do not normally accept unsolicited applications, I will keep your CV on file for future consideration.
If it is convenient, please send me a list of references, especially those pertaining to skills in negotiation,
```

그림 6-17 Word 문서를 일반 텍스트(*.txt) 파일로 저장하면 숨겨진 텍스트가 드러난다.

스테가노그래피로 비밀 메시지를 감추기 위해서는 메시지의 내용뿐만 아니라 메시지가 존재한다는 사실까지 숨겨야 한다. 지금까지 만든 전자 투명 잉크가 절대 들키지 않는다고 보장할 수는 없다. 다만 배신자의 입장에서 열거한 잉크의 약점은 자신이 실수를 하거나 (이 경우는 충분히 처리할 수 있다) 조사관이 너무 열정적으로 수사를 진행하다가 불필요한 행동을 하지 않는 이상 드러나지 않는다. 텍스트를 스와이프하고 파일을 다른 형식으로 저장하거나 비주류 워드 프로세서를 사용하는 건 흔하지 않은 일이다. *Elementary*의 배신자가 이런 리스크를 감수했다면 회사 감사가 실패한 이유도 투명 전자 잉크 탓이라고 볼 수 있다.

요약

이 챕터에서는 Microsoft Word 문서 내에 암호화된 메시지를 숨기기 위해 스테가노그래피를 사용했다. python-docx라는 서드파티 모듈을 활용해서 파이썬으로 문서에 직접 접근하고 조작해보았다. 유사한 서드파티 모듈들을 활용하면 Excel 스프레드 시트와 같은 또 다른 보편적인 문서 유형도 다룰 수 있다.

추가 참고 도서

python-docx에 대한 온라인 문서는 *https://python-docx.readthedocs.io/en/latest/*과 *https://pypi.python.org/pypi/python-docx*에서 찾을 수 있다.

Al Swigart의 *Automate the Boring Stuff with Python*(No Starch Press, 2015)는 파이썬으로 PDF, Word 파일, Excel 스프레드시트 등을 조작할 수 있게 해주는 모듈에 대해 다룬다. 챕터 13에는 python-docx에 관한 유용한 튜토리얼이 수록되어 있으며, 부록에는 pip으로 서드파티 모듈을 설치하는 방법이 수록되어 있다.

Al Swigart의 *Cracking Codes with Python*(No Starch Press, 2018)에서 암호와 관련된 작업을 위한 초급 파이썬 프로그램들을 찾을 수 있다.

Gary Blackwood의 *Mysterious Messages*(The Penguin Group, 2009)는 스테가노그래피와 암호학의 흥미로운 역사를 심층적으로 다룬다.

연습 프로젝트: 빈 행 개수 검토

가짜 메시지의 빈 행 수와 실제 메시지의 행 수를 비교하는 함수를 작성하여 숨겨진 메시지 프로그램을 개선한다. 실제 메시지를 숨길 수 있는 공간이 부족하면 사용자에게 경고하고 가짜 메시지에 추가해야 하는 빈 행 수를 안내한다. 템플릿 문서를 로드하기 직전에 *elementary_ink.py* 코드 사본에 함수에 넣고 호출하라.

솔루션 *elementary_ink_practice.py*는 부록과 영진닷컴 홈페이지에서 제공되는 예제 파일에서 찾을 수 있다. 테스트를 수행하고 싶다면 *realMessageChallenge.docx*를 다운로드해서 실제 메시지로 사용할 수 있다.

도전 프로젝트: 모노스페이스 폰트 사용

elementary_ink.py 코드를 다시 작성하고 단어 사이의 공백에 짧은 메시지를 숨겨보자. 모노스페이스 폰트에 대한 설명은 109 페이지의 "폰트 유형, 자간, 추적 고려"를 참고하라. 언제나 그렇듯, 도전 프로젝트는 솔루션이 제공되지 않는다.

7

유전 알고리즘으로
거대 쥐 키우기

유전 알고리즘은 복잡한 문제들을 해결하기 위해 설계된 범용적인 최적화 프로그램이다. 1970년대에 발명된 *진화 알고리즘*의 한 종류인 이 기법은 다윈의 자연선택을 모방하기 때문에 이러한 이름이 붙여졌다. 유전 알고리즘은 문제에 대해 알려진 게 적을 때, 비선형 문제를 다룰 때, 또는 넓은 검색 공간을 브루트 포스 방식으로 검색할 때 특히 유용하다. 무엇보다도 이해하고 구현하기 쉬운 알고리즘이다.

이 장에서는 유전 알고리즘을 사용하여 세상을 공포에 떨게 할 슈퍼 쥐 품종 개량을 살펴볼 것이다. 그리고 나서 제임스 본드를 도와 단 몇 초 만에 최첨단 금고를 뚫을 것이다. 이 두 개의 프로젝트를 통해 당신은 유전 알고리즘의 원리와 힘을 충분히 느낄 수 있을 것이다.

최적의 해답 찾기

유전 알고리즘은 최적화를 수행하는데, 이는 가능한 대안들 중에서 선택하는 것을 말한다. 예를 들어, 만약 당신이 뉴욕에서 로스앤젤레스로 차로 가는 가장 빠른 경로를 찾는다면, 유전 알고리즘은 절대로 비행기를 타는 것을 제안하지 않을 것이다. 이 기법은 당신이 허용하는 조건 안에서만 선택할 수 있기 때문이다. 최적화 도구로써 이 알고리즘은 기존의 방법들보다 빠르며, 차선의 해답으로 조기 수렴되는 것을 피할 수 있다. 즉, 가능한 방안들을 효율적으로 검토하면서도 더 나은 답이 존재하는 상태에서 다른 좋은 답을 선택하지 않을 만큼 꼼꼼하다.

순전히 브루트 포스만을 사용하는 *완전 탐색* 엔진들과는 달리, 유전 알고리즘은 가능한 경우들을 모두 고려하진 않는다. 대신 이 기법은 해답들을 지속적으로 평가하여 앞으로 나아갈 것인가에 대해 "정보에 의한 추측"을 수행한다. 간단한 예로 "warmer-colder" 게임을 들 수 있는데, 숨겨진 물건을 찾으면서 다른 누군가가 물건과의 거리나 방향에 따라 따뜻해지는지(가까워지는지) 차가워지는지(멀어지는지) 힌트를 주는 게임이다. 유전 알고리즘은 자연선택과 유사한 적합도 함수를 사용하여 차가운 해답들을 버리고 따뜻한 해답들을 기반으로 진행한다. 기본적인 과정은 다음과 같다.

1. 무작위로 다양한 해답들을 생성한다.
2. 각 해답들의 적합도를 측정한다.
3. 최적의(가장 따뜻한) 해답을 선택하고 나머지는 버린다.
4. 앞에서 선택된 최적의 해답을 재조합하여 새로운 해답들을 생성한다.
5. 작은 부분에 돌연변이를 일으켜 해답들을 변형한다.
6. 2단계로 돌아가서 반복한다.

선택 – 재조합 – 돌연변이 루프는 중단 조건이 만족될 때까지 반복되는데, 알려진 답을 찾거나, "충분한" 답을 찾거나(최저 임계값에 기반하여), 정해진 횟수를 완료하거나, 아니면 정해진 시간이 될 때까지 계속된다. 이 과정이 적자생존의 진화 과정과 밀접한 유사성을 갖기 때문에 유전 알고리즘에 사용되는 용어는 컴퓨터보다는 생물학과 연관된 것이 많다.

프로젝트 #13: 슈퍼 쥐 군단 만들기

당신은 이제 끓는 비커, 부글거리는 시험관, 그리고 "지지직" 거리는 기계들로 가득 찬 비밀 실험실을 가진 미치광이 과학자이다. 어서 검은 고무장갑을 끼고, 쓰레기를 먹고 사는 100마리의 쥐들을 사람을 잡아먹는 거대한 괴물로 만들어보자.

전략

당신의 꿈은 불마스티프 만한 쥐를 기르는 것이다(당신이 미쳤다는 건 이미 알고 있다). *야생* 쥐에 약간의 인공 감미료와 1950년대식 방사능, 많은 인내, 그리고 극소량의 파이썬을 첨가할 것이다. 하지만 유전공학은 사용하지 않는다. 너무 번거로운 건 별로니까! 1 파운드 미만의 쥐들은 110 파운드까지 자라 암컷 불마스티프 크기의 무시무시한 거대 쥐가 될 것이다(그림 7-1 참고).

그림 7-1 야생 쥐, 암컷 불마스티프, 사람의 크기 비교

이렇게 큰 일에 착수하기 전에는 파이썬으로 결과를 시뮬레이션 해보는 편이 좋다. 당신은 원래 계획보다 더 나은 것을 만들었다. 바로 시각적인 의사 코드이다(그림 7-2 참고).

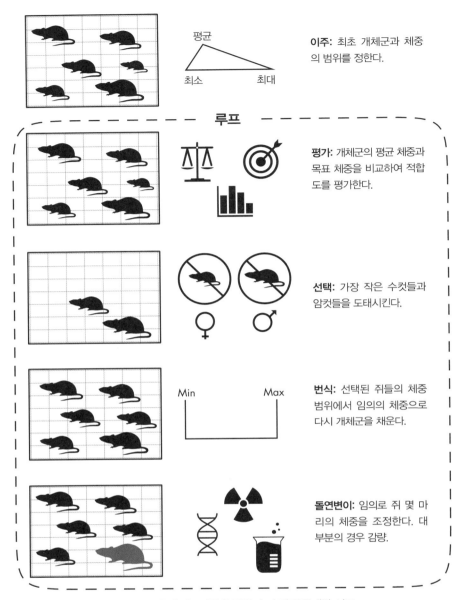

이주: 최초 개체군과 체중의 범위를 정한다.

루프

평가: 개체군의 평균 체중과 목표 체중을 비교하여 적합도를 평가한다.

선택: 가장 작은 수컷들과 암컷들을 도태시킨다.

번식: 선택된 쥐들의 체중 범위에서 임의의 체중으로 다시 개체군을 채운다.

돌연변이: 임의로 쥐 몇 마리의 체중을 조정한다. 대부분의 경우 감량.

그림 7-2 유전 알고리즘을 통한 슈퍼 쥐 품종개량 시도

그림 7-2에 표현된 과정은 유전 알고리즘의 대략적인 작동 방식을 보여준다. 당신의 목표는 평균 몸무게 110 파운드의 쥐들을 훨씬 작은 초기 개체로부터 생산하는 것이다. 단계가 진행됨에 따라 쥐의 각 개체군(또는 세대)은 이 문제의 솔루션 후보가 된다. 다른 동물 사육업자들과 마찬가지로 선택되지 못한 수컷과 암컷을 처리해야 하는데, 인도적으로 Evil의 petting zoo로 보내면 된다(*Austin Powers*의 팬이라면 알 것이다). 이제 남은 쥐들을 교배시켜 번식시키는데, 유전 프로그래밍에서는 이를 혼합이라고 부른다.

남은 쥐들의 자손은 본질적으로 부모와 크기가 같을 것이기 때문에 몇 마리는 돌연변

이를 일으킬 필요가 있다. 돌연변이는 드물고 보통 중립적이거나 유익하지 않은 특성을 (이 경우 저체중) 갖지만, 가끔은 성공적으로 더 큰 쥐를 만들 수도 있다.

모든 과정은 유기적으로든 프로그래밍적으로든 큰 반복 루프가 되고, 우리가 외계인의 시뮬레이션 속에 가상으로 존재하는 것뿐일지도 모른다는 생각을 들게 한다. 어쨌든 루프의 끝은(중단 조건) 쥐가 원하는 크기에 도달했거나 당신이 질리게 되는 시점이다.

시뮬레이션에 사용될 입력 값으로 몇 가지 통계자료가 필요하다. 당신이 과학자라면 (미치광이 과학자라도) 미터법을 사용해야 한다. 당신은 이미 암컷 불마스티프의 평균 무게가 5만 그램이라는 것을 알고 있고, 표 7-1에서 쥐에 관련된 유용한 통계를 찾을 수 있다.

매개변수	값
최소 체중	200 그램
평균 체중 (암컷)	250 그램
평균 체중 (수컷)	300–350 그램
최대 체중	600 그램*
출산 시 낳는 새끼 수	8–12
연간 출산 횟수	4–13
수명 (야생, 사육)	1–3 년, 4–6 년

*특출한 개체의 경우, 사육 환경에서 1,000 그램까지 자란다.

표 7-1 야생 쥐 체중 및 번식 통계

사육된 쥐와 야생 쥐가 모두 고려되었기 때문에 일부 통계 값에는 변동이 있을 수 있다. 사육 중인 쥐는 야생 쥐보다 더 잘 관리되는 경향이 있어서 몸무게가 더 많이 나가고, 더 많이 번식하며, 더 많은 새끼를 낳는다. 그래서 당신은 가능한 범위 내에서 최대 값을 선택할 수 있다. 이 프로젝트에서는 표 7-2의 가정으로 시작한다.

변수와 값	코멘트
GOAL = 50000	목표 체중 그램 (암컷 불마스티프)
NUM_RATS = 20	연구소에서 지원할 수 있는 총 성체 수
INITIAL_MIN_WT = 200	초기 개체군 내 성체 최소 체중 (그램)
INITIAL_MAX_WT = 600	초기 개체군 내 성체 최대 체중 (그램)
INITIAL_MODE_WT = 300	초기 개체군 내 가장 일반적인 성체 체중 (그램)
MUTATE_ODDS = 0.01	쥐의 돌연변이 발생 확률
MUTATE_MIN = 0.5	가장 덜 이로운 돌연변이의 쥐 체중에 대한 스칼라
MUTATE_MAX = 1.2	가장 이로운 돌연변이의 쥐 체중에 대한 스칼라
LITTER_SIZE = 8	한 쌍당 새끼 수
LITTERS_PER_YEAR = 10	한 쌍당 연간 출산 수
GENERATION_LIMIT = 500	품종개량 프로그램이 정지될 세대의 순번

표 7-2 슈퍼 쥐 유전 알고리즘의 가정된 입력 값

쥐는 매우 자주 번식하기 때문에 수명은 고려하지 않아도 된다. 이전 세대의 부모들 중 일부가 넘어오게 되더라도, 그들의 자손들이 세대를 넘기면서 체중이 증가함에 따라 금세 도태될 것이다.

슈퍼 쥐 코드

super_rats.py 코드는 그림 7-2의 대략적인 워크플로우를 따른다. 또한 영진닷컴 홈페이지에서 코드를 다운로드 받을 수 있다.

데이터 및 가정 수치 입력

코드 7-1은 프로그램 시작 지점의 전역 공간에 모듈들을 임포트하고 표 7-2의 통계 값, 스칼라 및 가정 수치들을 상수로 할당한다. 프로그램이 완성되고 정상적으로 동작하면, 표의 값들을 바꾸어 실험해 보고 결과에 어떤 영향을 미치는지 확인한다.

super_rats.py,
part 1

```
❶ import time
   import random
   import statistics

❷ # CONSTANTS (weights in grams)
❸ GOAL = 50000
   NUM_RATS = 20
   INITIAL_MIN_WT = 200
   INITIAL_MAX_WT = 600
   INITIAL_MODE_WT = 300
   MUTATE_ODDS = 0.01
   MUTATE_MIN = 0.5
   MUTATE_MAX = 1.2
   LITTER_SIZE = 8
   LITTERS_PER_YEAR = 10
   GENERATION_LIMIT = 500

   # ensure even-number of rats for breeding pairs:
❹ if NUM_RATS % 2 != 0:
       NUM_RATS += 1
```

코드 7-1 모듈 임포트 및 상수 할당

먼저 time, random 및 statistics 모듈들을 임포트하는 것으로 시작한다❶. 여기서 time 모듈은 유전 알고리즘의 동작 시간을 기록하는데 사용된다. 유전 알고리즘의 시간을 측정해보면 해당 기법이 얼마나 신속하게 해답을 찾을 수 있는지에 대해 놀라움을 느끼게 될 것이다.

random 모듈은 알고리즘의 확률적인 부분들을 충족시키고, statistics 모듈은 평균값을 구하는데 사용한다. 이것은 statistic 모듈의 일부분일 뿐이지만 매우 유용한 모듈이기 때문에 알아두는 것이 좋다.

다음으로, 표 7-2에 설명된 입력 변수들을 할당하면서 단위가 그램인지 확인한다❷. 상수 값을 지정할 때에는 이름에 대문자를 사용한다❸.

쥐들을 교배를 위한 쌍으로 묶는 것을 가정하기 때문에 사용자가 짝수를 입력했는지 확인하고, 그렇지 않을 경우 쥐를 한 마리 추가한다❹. 나중에 144 페이지의 "도전 프로젝트"에서 성별 분포를 바꿔 실험해볼 것이다.

개체군 초기화

코드 7-2는 프로그램에서 쇼핑을 하는 역할이다. 애완동물 가게에서 번식을 위한 최초 개체군에 들어갈 쥐들을 고르는 것과 같다. 교배를 위해 쌍으로 묶어야 하기 때문에 짝수의 쥐를 선택한다. 우리는 다른 악당들처럼 무한한 공간을 가진 화려한 화산 비밀기지를 마련할 여유는 없기 때문에, 각 세대마다 성체의 수를 일정하게 유지할 필요가 있다. 출산 시기에는 일시적으로 개체수가 증가할 수 있다는 점도 고려한다. 쥐들이 커다란 개만한 크기까지 자라면서 점점 더 넓은 공간이 필요해질 것이다!

super_rats.py, part 2

```
❶ def populate(num_rats, min_wt, max_wt, mode_wt):
       """Initialize a population with a triangular distribution of weights."""
   ❷ return [int(random.triangular(min_wt, max_wt, mode_wt))\
               for i in range(num_rats)]
```

코드 7-2 초기 쥐 개체군을 생성하는 함수 정의

populate() 함수는 원하는 성체의 수, 쥐의 최소 및 최대 체중, 그리고 가장 보편적인 체중을 알아야 한다❶. 모든 인자는 전역 공간에 선언된 상수이기 때문에 함수에 굳이 전달하지 않아도 접근이 가능하다. 하지만 명확성과 지역 변수의 효율적인 접근성을 위해 앞으로 나올 함수들에서는 인자로 전달하도록 한다.

위의 네 가지 인수들을 random 모듈의 다양한 분포에 사용할 수 있다. 여기서는 최소값과 최대값을 확실하게 제어할 수 있고 통계상의 비대칭도를 모델링할 수 있는 삼각함수를 사용한다.

쥐는 야생 뿐만 아니라 동물원, 실험실, 그리고 애완동물로도 사육되기 때문에, 무게가 높은 개체의 비중이 높다. 야생 쥐들의 삶은 대체로 빈곤하고 잔인하며 짧기 때문에 (실험실 쥐들도 여기에 대해서는 할 말이 많겠지만) 몸집이 작은 경향이 있다. 리스트 컴프리헨션을 사용하여 각 쥐마다 체중을 부여하고 return 문에 묶어서 반환한다❷.

개체군의 적합도 측정

쥐의 적합도 측정은 두 개의 과정으로 나뉜다. 먼저, 모든 쥐의 평균 체중을 목표치인 불마스티프와 비교하여 전체적으로 평가한다. 그리고 각각의 쥐를 평가한다. NUM_RATS 변수를 사용하여 몸무게가 상위 n퍼센트에 속하는 쥐들만 다시 번식하도록 한다. 개체군의 평균 체중은 유효한 적합도 기준이지만, 주된 역할은 루프를 멈추고 성공을 선언할 시기를 결정하는 것이다.

코드 7-3은 당신의 유전 알고리즘에서 측정 부분을 구성하는 fitness()와 select() 함수를 정의한다.

super_rats.py,
part 3

```
❶ def fitness(population, goal):
       """Measure population fitness based on an attribute mean vs target."""
       ave = statistics.mean(population)
       return ave / goal

❷ def select(population, to_retain):
       """Cull a population to retain only a specified number of members."""
  ❸    sorted_population = sorted(population)
  ❹    to_retain_by_sex = to_retain//2
  ❺    members_per_sex = len(sorted_population)//2
  ❻    females = sorted_population[:members_per_sex]
       males = sorted_population[members_per_sex:]
  ❼    selected_females = females[-to_retain_by_sex:]
       selected_males = males[-to_retain_by_sex:]
  ❽    return selected_males, selected_females
```

코드 7-3 유전 알고리즘의 측정 단계 정의

먼저, 현재 세대의 적합도를 평가하는 함수를 정의한다❶. statistics 모듈을 통해 개체군의 평균을 구하고 이 값을 목표 체중으로 나눈 값을 반환한다. 이 값이 1 이상이 되면, 번식을 중단할 때가 된 것이다.

다음으로, 쥐의 개체군을 체중에 근거하여 to_retain 매개변수로 전달된 NUM_RATS 값만큼 도태시키는 함수를 정의한다❷. 이 함수는 population 인자도 받는데, 이것이 각 세대의 부모라고 할 수 있다.

이제 큰 쥐와 작은 쥐를 나눌 수 있도록 크기를 기준으로 정렬한다❸. 남기고자 하는 쥐의 개체수를 2로 나눈 후 내림하여 정수로 만든다❹. 해당 단계는 가장 큰 수컷과 암컷 쥐를 남기기 위한 것이다. 만약 여러분이 개체 중에서 가장 큰 쥐들만 선택한다면, 이론적으로는 수컷만 선택하게 될 것이다. 이전과 마찬가지로, sorted_population을 2로 나누어 버림을 수행하고 각 성별의 현재 개체군 구성원 수를 구한다❺.

일반적으로 수컷은 암컷보다 덩치가 크므로 두 가지 간단한 가정이 필요하다. 첫째, 정확히 개체군의 절반은 암컷 쥐라고 가정한다. 둘째, 가장 큰 암컷 쥐가 가장 작은 수컷보다 가볍다고 가정한다. 이 가정대로라면 정렬된 목록의 전반부는 암컷이 되고, 나머지 절반은 수컷이 된다. 그리고 나서 sorted_population을 절반으로 나누어 두 개의 새로운 리스트를 만드는데, 처음 반을 암컷으로 지정하고 나머지 반을 수컷으로 지정한다❻. 이제 남은 것은 각 리스트의 끝에서 큰 쥐들을 선택하고(음수 인덱스로 분할)❼, 반환하는 것이다❽. 두 리스트에는 다음 세대의 부모가 포함되어 있다.

이 함수를 처음 실행할 때, 처음 쥐의 수가 이미 NUM_RATS 상수와 같기 때문에 성별을 기준으로 정렬된다. 이후의 population 인자는 부모와 자녀 모두를 포함할 것이며, 그 총합은 NUM_RATS를 초과할 것이다.

다음 세대 번식

코드 7-4는 프로그램의 "혼합" 단계를 정의하고 있으며, 이는 다음 세대의 번식을 의미한다. 여기서 중요한 가정은, 모든 자식 개체의 체중이 어미 개체보다는 크거나 같고 아비 개체보다는 작거나 같다는 것이다. 이 규칙에 대한 예외는 "변이" 함수에서 처리될 것이다.

super_rats.py,
part 4

```
❶ def breed(males, females, litter_size):
      """Crossover genes among members (weights) of a population."""
❷     random.shuffle(males)
      random.shuffle(females)
❸     children = []
❹     for male, female in zip(males, females):
❺         for child in range(litter_size):
❻             child = random.randint(female, male)
❼             children.append(child)
❽     return children
```

코드 7-4 다음 세대 쥐 번식 함수 정의

breed() 함수는 select() 함수에서 받은 수컷과 암컷의 체중 목록과 한번에 출산하는 새끼 수를 인자로 받는다❶. 다음으로, 두 개의 리스트를 무작위로 섞는데❷ 이는 select()에서 정렬된 탓에 항상 작은 쥐들은 작은 쥐들끼리, 큰 쥐들은 큰 쥐들끼리만 묶일 것이기 때문이다. 당신은 쥐들에게 로맨스를 허락해야 한다. 가장 큰 수컷이 가장 자그마한 암컷에게 끌릴 지도 모른다.

자식 개체들을 담을 children이라는 빈 리스트를 준비한다❸. 이제 어른들의 시간이다. zip()을 사용하여 섞인 리스트를 살펴보고 수컷과 여성을 한 쌍으로 엮어준다❹. 각 쌍은 여러 마리의 새끼를 가질 수 있으므로, 한 번에 출산하는 새끼 수를 범위로 하는 또 다른 루프를 생성한다❺. 한번에 출산하는 새끼 수는 인자로 전달된 LITTER_SIZE라는 상수로, 값이 8이면 8마리의 자식 개체가 태어나는 것이다.

어미 개체와 아비 개체의 체중 사이에서 무작위 값을 선택하여 각 자식 개체의 체중을 지정한다❻. randint()는 제공된 범위의 모든 숫자를 사용하기 때문에, male + 1을 적을 필요가 없다. 또한, 두 값은 같을 수 있지만 첫 번째 값(어미 개체의 체중)이 두 번째 값(아비 개체의 체중)보다 클 수 없다는 점에 유의한다. 이것은 암컷이 가장 작은 수컷보다 크면 안 된다는 단순한 가정을 세운 또 다른 이유이다. 각 자식 개체들을 앞서 생성한 children 리스트에 추가하여 루프를 끝내고❼, 리스트를 반환한다❽.

개체군에 돌연변이 일으키기

자식 개체 중 소수에 돌연변이를 일으키면 대부분은 이롭지 않은 특성을 가지게 된다. 이는 살아남지 못할 "나약한 개체들"을 포함한, 기대치보다 낮은 체중의 쥐들을 의미한다. 하지만 종종 이로운 돌연변이가 일어나 더 무거운 쥐를 낳기도 한다.

코드 7-5는 mutate() 함수를 정의하며, 상수 리스트에 있는 돌연변이 가정들을 적용한다. mutate()가 호출되면 새로운 개체군에 대한 적합도를 확인하고, 목표 체중에 도달하지 않았다면 루프가 다시 시작된다.

super_rats.py,
part 5

```
❶ def mutate(children, mutate_odds, mutate_min, mutate_max):
      """Randomly alter rat weights using input odds & fractional changes."""
❷   for index, rat in enumerate(children):
        if mutate_odds >= random.random():
❸         children[index] = round(rat * random.uniform(mutate_min,
                                                        mutate_max))
      return children
```

코드 7-5 개체군 일부를 변이시키는 함수 정의

함수에는 자식 리스트, 돌연변이 발생 확률, 돌연변이의 최소 및 최대 영향이 필요하다❶. 여기서 영향이란, 쥐의 체중에 적용할 스칼라를 의미한다. 대부분의 돌연변이는 유익한 특성을 야기하지 않기 때문에 프로그램 시작 부분에 있는 상수 리스트(표 7-2)에서 최소 영향력 쪽으로 치우쳐 있다.

자식 리스트를 루핑하고 enumerate()(편리한 내장 자동 카운트 함수)를 사용하여 인덱스를 얻는다❷. 그리고 random() 함수를 사용하여 0과 1 사이의 무작위 숫자를 생성하고 이를 돌연변이 발생 확률과 비교한다.

mutate_odds 변수가 임의로 생성된 숫자보다 크거나 같으면 해당 쥐가 변이된다(체중). 최소 및 최대 돌연변이 값으로 정의된 균일 분포에서 돌연변이 값을 선택한다. 이는 기본적으로 최소값과 최대값 사이의 범위에서 무작위 값을 선택하는 것과 같다. 이 값들은 최소값으로 치우쳐 있기 때문에, 결과가 체중 감소로 이어질 가능성이 체중이 증가할 가능성보다 높다. 현재 체중에 돌연변이 스칼라를 곱하고 정수로 반올림한다❸. 돌연변이가 발생한 children 리스트를 반환하며 종료한다.

 ▶ 돌연변이 통계의 유효성에 관해 유익한 돌연변이는 극히 드물다고 주장하는 연구 사례도 있지만 이와 반대로 우리가 알고 있는 것보다 훨씬 흔하다는 연구 사례도 찾을 수 있다. 개의 품종개량 연구에서는 극단적인 크기 변화에 수백만 년이 필요하지 않다는 것을 증명했다(치와와, 그레이트 데인의 사례). 러시아 유전학자 Dmitry Belyayev가 수행한 20세기의 유명 연구에서는 은여우 130마리로 실험을 시작해 40년에 걸쳐 각 세대에서 가장 온순한 여우들을 선택함으로써 극적인 생리학적 변화를 달성하는 데 성공하기도 했다.

main() 함수 정의

코드 7-6은 다른 함수들을 관리하고 중단 조건을 만족하는지 판단하는 main() 함수를 정의한다. 또한, 모든 주요 결과들을 출력한다.

super_rats.py,
part 6

```
def main():
    """Initialize population, select, breed, and mutate, display results."""
❶   generations = 0
```

```
❷  parents = populate(NUM_RATS, INITIAL_MIN_WT, INITIAL_MAX_WT,
                       INITIAL_MODE_WT)
    print("initial population weights = {}".format(parents))
    popl_fitness = fitness(parents, GOAL)
    print("initial population fitness = {}".format(popl_fitness))
    print("number to retain = {}".format(NUM_RATS))

❸  ave_wt = []

❹  while popl_fitness < 1 and generations < GENERATION_LIMIT:
        selected_males, selected_females = select(parents, NUM_RATS)
        children = breed(selected_males, selected_females, LITTER_SIZE)
        children = mutate(children, MUTATE_ODDS, MUTATE_MIN, MUTATE_MAX)
❺      parents = selected_males + selected_females + children
        popl_fitness = fitness(parents, GOAL)
❻      print("Generation {} fitness = {:.4f}".format(generations,
                                                       popl_fitness))
❼      ave_wt.append(int(statistics.mean(parents)))
        generations += 1
❽  print("average weight per generation = {}".format(ave_wt))
    print("\nnumber of generations = {}".format(generations))
    print("number of years = {}".format(int(generations / LITTERS_PER_YEAR)))
```

코드 7-6 main() 함수 정의

앞으로 거칠 세대들의 수를 기록하는 변수를 초기화 하면서 함수를 시작한다. 이는 궁극적으로 당신의 목표를 달성하려면 몇 년이 걸리는지 알아내는 데 사용할 것이다❶.

다음으로 Populate() 함수를 호출하여❷ 즉시 결과를 출력한다. 그리고 나서 초기 개체군의 적합도를 구하고 각 세대에서 유지할 쥐의 수와 함께 출력한다(NUM_RATS 상수).

재미를 위해 각 세대의 평균 체중을 기록할 리스트를 초기화하여 마지막에 확인할 수 있도록 하자❸. 이 체중들을 연도에 따라 그래프로 나타내면, 그 추세가 기하급수적으로 상승하는 것을 알 수 있을 것이다.

이제 거대한 선택-교배-변이 유전 루프를 시작한다. while 루프를 사용하는데, 중단 조건은 목표 중량에 도달했을 경우, 목표 중량을 달성하지 못한 채 정해진 개수의 세대가 지나갔을 경우 충족된다❹. 자식 개체들에 돌연변이를 일으킨 후, 다시 부모 개체들과 결합시켜 새로운 parent 리스트를 만들어야 한다❺. 자식 개체들이 성숙하여 번식을 시작할 때까지 약 5주가 걸리지만, LITTERS_PER_YEAR 상수를 최대값부터 하향 조정하여 조절할 수 있다(표 7-1 참고).

각 루프의 끝에서 fitness() 함수의 결과값을 소수점 넷째 자리까지 표시하여 알고리즘을 모니터링하고, 계획대로 진행되고 있는지 확인한다❻. 세대의 평균 체중을 구하여 ave_wt 리스트에 추가한 다음❼, 거쳐간 세대의 개수를 1만큼 증가시킨다.

LITTERS_PER_YEAR 변수로 계산된 세대당 평균 체중 리스트, 거쳐간 세대의 개수와 소요 시간을 표시하여 main() 함수를 완성한다❽.

main() 함수 실행

프로그램을 스탠드얼론 모드로 실행하거나 모듈로써 실행할 수 있도록 익숙한 조건문으로 마무리한다. 종료 시간을 기록하고 프로그램 실행까지 소요된 시간을 출력한다. 성능 정보는 스탠드얼론 모드에서만 출력되어야 하므로 반드시 if 절 안에 넣는다. 코드 7-7을 참고한다.

super_rats.py, part 7

```
if __name__ == '__main__':
    start_time = time.time()
    main()
    end_time = time.time()
    duration = end_time - start_time
    print("\nRuntime for this program was {} seconds.".format(duration))
```

코드 7-7 프로그램이 임포트 되지 않은 경우 main() 함수 및 시간 모듈 실행

요약

표 7-2의 매개변수를 사용한다면, *super_rats.py* 프로그램을 실행하는 데 약 2초가 걸린다. 쥐들이 목표 무게인 110 파운드를 달성하기까지는 평균적으로 345 세대, 즉 34.5년이 걸릴 것이다. 미치광이 과학자가 제정신으로 돌아올 정도로 긴 세월이다! 하지만 당신은 프로그램을 통해서 목표 달성까지 소요되는 시간을 줄일 수 있다.

민감도 연구는 단일 변수를 여러 차례 변경하면서 결과를 판단한다. 변수들이 상호 의존적인 경우도 주의해야 한다. 또한, 결과는 확률적이므로(무작위) 매개변수 값을 바꿀 때 마다 결과값 범위를 파악하기 위해 여러 번 실행해야 한다.

품종개량 프로그램에서 통제할 수 있는 두 가지 변인은 번식용 쥐의 개체수(NUM_RATS)와 돌연변이 발생 빈도(MUTATE_ODDS)이다. 돌연변이 확률은 식이요법이나 방사선 피폭과 같은 요인에 의해 영향을 받는다. 이러한 변수들을 한 번에 하나씩 변경하면서 *super_rats.py*를 재실행하면 각 변수가 프로젝트 일정에 미치는 영향을 판단할 수 있다.

다시 말해, 각 변수에 작은 값을 대입해서 서서히 증가시키면 극적인 초기 결과를 얻을 수 있다는 것이다(그림 7-3 참고). 이후 두 곡선은 급격히 하강하고 수익 감소의 전형적인 수확 체감 형태로 평평해진다. 각 곡선이 평평해지는 지점이 비용을 최적으로 절감하고 작업량을 줄이는 열쇠이다.

예를 들어, 300마리 이상의 쥐를 키우는 것은 거의 무의미하다. 당신은 불필요한 개체들까지 먹이고 돌보게 될 것이다. 마찬가지로 돌연변이 확률을 0.3 이상으로 높이는 것도 거의 도움이 되지 않는다.

이런 도표가 있다면 앞으로의 일을 계획하는 것은 어렵지 않다. "기준선"으로 표시된 수평 점선은 표 7-2의 입력을 사용한 평균 결과값을 나타낸다. 20마리가 아니라 50마리의 쥐를 키우는 것만으로도 시간을 10년 이상 단축시킬 수 있다. 이로운 돌연변이의 수를 늘리는 것도 중요하다. 보상은 커지지만 더 위험해지고 통제하기 더욱 어려워진다.

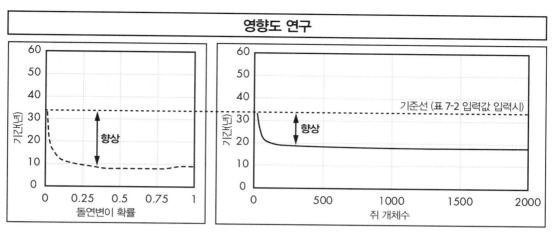

그림 7-3 두 매개변수가 목표 체중에 도달하는 데 필요한 시간에 미치는 영향

50마리의 쥐를 사용하여 시뮬레이션을 다시 실행하고 0.05로 돌연변이 확률을 올리면 이론적으로 14년 안에 프로젝트를 완료할 수 있는데, 이는 초기 기준치보다 246% 향상된 것이다. 이게 바로 최적화가 아니겠는가!

슈퍼 쥐 사육은 유전 알고리즘의 기본을 이해할 수 있는 재미있고 간단한 작업이었다. 하지만 이 기법의 힘을 진정으로 느끼기 위해서는 좀 더 어려운 문제를 공략해야 한다. 브루트 포스 방식으로 수행하기에는 너무 큰 브루트 포스 문제가 필요한데, 다음 프로젝트가 바로 그런 문제이다.

프로젝트 #14: 최신형 금고 뚫기

당신은 Q이고, 제임스 본드에게 문제가 발생했다. 그는 악당의 저택에서 열리는 화려한 디너 파티에 참석해서 개인 사무실에 있는 금고를 열어야 한다. 007에게는 식은 죽 먹기이지만 한 가지 문제가 있다. 그 금고가 10개의 숫자로 100억 가지 조합을 만들 수 있는 Humperdink BR549 디지털 금고라는 것이다. 모든 숫자가 입력되기 전에는 잠금 장치를 돌릴 수조차 없다. 청진기를 대고 천천히 다이얼을 돌리는 것이 불가능하다는 것이다!

Q로서, 당신은 이미 가능한 모든 조합을 브루트 포스로 시도할 수 있는 자동 다이얼 장치를 가지고 있지만 본드는 그것을 사용할 시간이 없을 것이다. 그 이유는 다음과 같다.

조합 잠금장치는 순서에 따른 조합을 사용하기 때문에 순열 잠금장치라고 할 수 있다. 좀 더 구체적으로 말하자면, 자물쇠는 반복이 허용되는 순열을 사용한다. 예를 들어, 유효 조합이(안전하지는 않지만) 99999999가 될 수도 있는 것이다.

챕터 3의 아나그램과 챕터 4의 "연습 프로젝트"에서 itertools 모듈의 permutation()을 사용했지만, permutation()은 반복 없는 순열을 반환하기 때문에 지금은 도움이 되지 않는다. 잠금장치에 적합한 종류의 순열을 생성하려면 여러 세트의 숫자에서 데카르트 곱을 산출하는 itertools의 product() 반복문을 활용해야 한다.

```
>>> from itertools import product
>>> combo = (1, 2)
>>> for perm in product(combo, repeat=2):
    print(perm)
(1, 1)
(1, 2)
(2, 1)
(2, 2)
```

선택사항인 repeat 키워드 인자를 사용하면 여기서 필요한 중복 순열 결과를 얻을 수 있다. product() 함수는 가능한 모든 조합을 반환하는 반면, permutation() 함수는 (1, 2)와 (2, 1)만을 반환한다. *https://docs.python.org/3.6/library/itertools.html#iertools. product.Listing*에서 product()에 대한 자세한 내용을 볼 수 있다.

코드 7-8은 *brute_force_cracker.py*라는 파이썬 프로그램으로, product()를 사용하여 브루트 포스를 수행한다.

brute_force _cracker.py

```
❶ import time
   from itertools import product

   start_time = time.time()

❷ combo = (9, 9, 7, 6, 5, 4, 3)

   # use Cartesian product to generate permutations with repetition
❸ for perm in product([0, 1, 2, 3, 4, 5, 6, 7, 8, 9], repeat=len(combo)):
   ❹   if perm == combo:
            print("Cracked! {} {}".format(combo, perm))

   end_time = time.time()
❺ print("\nRuntime for this program was {} seconds.".format
          (end_time - start_time))
```

코드 7-8 금고의 조합을 찾는 브루트 포스 메서드

time과 product 반복문을 임포트한다❶. 시작 시간을 받고 안전한 조합을 튜플로 입력한다❷. product()를 사용하여 주어진 순서에 따라 반복적으로 모든 순열의 튜플을 반환한다. 순서에는 유효한 한 자리 숫자들(0-9)이 모두 포함되어 있다. repeat을 조합의 자릿수로 설정한다❸. 각 결과를 조합과 비교하여 일치하면 "Cracked!"를 출력하고, 조합과 순열도 출력한다❹. 실행 시간을 표시하면서 종료한다❺.

이것은 최대 8자리까지의 조합에 적합하다. 그보다 많은 숫자를 사용할 경우 소요시간이 급격히 증가한다. 표 7-3은 프로그램의 실행 시간 대비 조합 자릿수 기록이다.

자릿수	실행시간(초)
5	0.035
6	0.147
7	1.335
8	12.811
9	133.270
10	1396.955

표 7-3 조합의 실행 시간 대비 자릿수(2.3GHz 프로세서)

조합에 숫자를 추가하면 실행 시간이 증가한다. 이는 기하급수적인 증가를 보여준다. 9자리 숫자를 사용한다면 답을 찾기까지 2분 이상이 소요되고, 10자리는 20분 이상이 소요된다. 본드가 "화장실에 다녀온다"며 자리를 비우기에는 긴 시간이다.

다행히 당신은 Q이고, 유전 알고리즘에 대해 잘 알고 있다. 각 후보 조합의 적합성을 판단하는 방법만 찾으면 된다. 옵션으로는 전력 소비량 변동 모니터링, 작업 지연 시간 측정, 소리 듣기 등이 있다. 몇 가지 잘못된 조합을 입력한 후 잠김 방지 도구와 함께 소리 증폭 도구를 사용하는 경우를 가정해보자. BR549 금고의 안전장치 때문에 소리 도구로는 어떤 숫자가 맞았는지가 아니라 몇 *자리*의 숫자가 맞았는지만 식별할 수 있다. 하지만 약간의 시간만 있으면 당신의 알고리즘은 해법을 찾을 수 있다.

목표 ▶ 넓은 검색 공간에서 금고의 조합을 신속하게 찾기 위해 유전 알고리즘을 사용하라.

전략

전략은 간단하다. 무작위로 10개의 숫자 순서를 만들어 실제 조합과 비교하고, 일치된 결과에 따라 등급을 지정하면 금고 문에 부착한 소리 감지기를 사용하여 일치하는 숫자를 찾을 수 있다. 그리고 나서 솔루션에서 하나의 값을 변경하여 다시 비교한다. 또 다른 일치점이 발견되면 기존 순서를 버리고 새로운 순서로 진행한다. 일치점이 발견되지 않으면 기존 순서로 다시 시도한다.

하나의 솔루션이 다른 것을 완전히 대체하기 때문에 이것은 유전 물질의 100% 교차와 같다. 당신은 근본적으로 선택과 변이를 사용하고 있는 것이다. 선택과 변이만으로도 강력한 힐 클라이밍 알고리즘이 생성된다. 힐 클라이밍은 임의의 솔루션으로 시작해서 솔루션의 값 하나만 변경하는 최적화 기법이다. 결과가 개선되면, 새로운 솔루션이 유지되고 그 과정은 반복된다.

힐 클라이밍의 문제점은 알고리즘이 지역 최소값 또는 최대값에 고착될 수 있고, 최적의 전역 값을 찾을 수 없다는 것이다. 그림 7-4의 파동 함수에서 최소값을 찾고 있다고 상상해 보자. 최선의 추측값은 검은 점으로 표시된다. 만약 변동의 크기(변이)가 너무 작아서 지역 골짜기를 "빠져나올 수 없다면", 알고리즘은 제대로 된 저점을 찾지 못할 것이다. 알고리즘의 관점에서 보면, 모든 방향이 악화로 이어지기 때문에 해답을 찾아낸 것으로 간주한다. 조기에 솔루션으로 수렴했다고 판단해버리는 것이다.

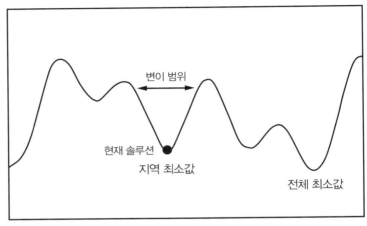

그림 7-4 지역 최소값에 "고착된" 힐 클라이밍 알고리즘의 예

유전 알고리즘에서 교차를 사용하면 상대적으로 큰 변이를 허용하여 조기 수렴 문제를 피할 수 있다. 생물학적 현실성은 신경쓰지 않아도 되기 때문에 변이 공간은 조합으로 가능한 모든 값을 포함할 수 있다. 이렇게 하면 고착 상황에 당면하지 않고 적절하게 힐 클라이밍 접근법을 사용할 수 있다.

금고 뚫기 코드

safe_cracker.py 코드는 *n*자리 조합에서 무작위 출발점에서 시작하여 힐 클라이밍을 사용해 결과 조합에 도달한다. 이 코드는 영진닷컴 홈페이지에서 다운로드할 수 있다.

fitness() 함수 설정 및 정의

코드 7-9는 필요한 모듈을 임포트하고 fitness() 함수를 정의한다.

safe_cracker.py,
part 1

```
❶ import time
   from random import randint, randrange

❷ def fitness(combo, attempt):
       """Compare items in two lists and count number of matches."""
       grade = 0
     ❸ for i, j in zip(combo, attempt):
```

```
            if i == j:
                grade += 1
    return grade
```

코드 7-9 모듈 임포트 및 `fitness()` 함수 정의

친숙한 몇몇 모듈을 임포트한 후❶, 제대로 된 조합과 시도한 솔루션을 인자로 사용하는 `fitness()` 함수를 정의한다❷. grade 변수를 생성하고 0으로 설정한다. 그리고 `zip()`를 사용하여 조합 내의 각 요소와 시도를 반복한다❸. 동일하다면 grade에 1을 더해서 반환한다. 이 함수의 역할은 일치한 번호의 위치를 반환하는 것이 아니라 몇 개의 번호가 일치했는지 반환하는 것이다. 즉, 소리 감지 장치의 출력을 에뮬레이션한다. 이는 몇 개의 잠금 휠들이 회전했는가 하는 것을 알려줄 뿐, 어떤 휠인지는 알려주지 않는다.

main() 함수 정의 및 실행

짧고 간단한 프로그램이기 때문에 대부분의 알고리즘은 복수의 함수가 아니라 `main()` 함수인 코드 7-10에서 실행된다.

safe_cracker.py, part 2

```
def main():
    """Use hill-climbing algorithm to solve lock combination."""
❶   combination = '6822858902'
    print("Combination = {}".format(combination))
    # convert combination to list:
❷   combo = [int(i) for i in combination]

    # generate guess & grade fitness:
❸   best_attempt = [0] * len(combo)
    best_attempt_grade = fitness(combo, best_attempt)

❹   count = 0

    # evolve guess
❺   while best_attempt != combo:
        # crossover
❻       next_try = best_attempt[:]

        # mutate
        lock_wheel = randrange(0, len(combo))
❼       next_try[lock_wheel] = randint(0, 9)

        # grade & select
❽       next_try_grade = fitness(combo, next_try)
        if next_try_grade > best_attempt_grade:
            best_attempt = next_try[:]
            best_attempt_grade = next_try_grade
        print(next_try, best_attempt)
        count += 1

    print()
❾   print("Cracked! {}".format(best_attempt), end=' ')
    print("in {} tries!".format(count))
```

```
if __name__ == '__main__':
    start_time = time.time()
    main()
    end_time = time.time()
    duration = end_time - start_time
➓   print("\nRuntime for this program was {:.5f} seconds.".format(duration))
```

코드 7-10 main() 함수를 정의하고 아직 임포트되지 않았다면 프로그램을 실행하여 시간 측정

조합을 변수로 제공하고❶ 리스트 컴프리헨션을 사용해서 편리하게 리스트로 변환한다❷. 조합과 동일한 길이의 0으로 이루어진 리스트를 생성하고 best_attempt라고 명명한다❸. 이 시점에는 어떤 조합이든 상관이 없다. 힐 클라이밍을 수행할 때 최선의 솔루션만 보존하면 되기 때문에 이 이름(best_attempt)을 유지한다. 초기 시도를 생성했다면 fitness() 함수로 등급을 지정한 다음, best_attempt_grade라는 변수에 값을 할당한다.

count 변수는 0부터 시작한다. 프로그램은 이 변수를 사용해서 암호를 풀 때까지 얼마나 많이 시도했는지 기록할 것이다❹.

이제 조합을 찾을 때까지 진행되는 while 루프를 시작한다❺. next_try 변수에 best_attempt 사본을 할당한다❻. 앨리어싱 문제에 맞닥뜨리지 않도록 사본을 사용해야 한다. next_try의 요소를 변경할 때 best_attempt를 실수로 변경하지 않도록 한다. next_try가 적합도 테스트에 실패할 경우에도 계속 사용할 수 있기 때문이다.

이제 사본을 변이 시켜보자. 조합의 각 숫자가 금고의 잠금 휠을 회전시키므로 변수를 lock_wheel이라고 명명하고 조합의 자릿수 중 하나와 동일하게 무작위로 설정한다. 이것은 이 반복문에서 변경될 숫자의 위치를 나타낸다. 다음으로, 무작위로 숫자를 선택해서 lock_wheel로 색인된 위치의 값을 대체한다❼.

next_try를 평가하고 이전 시도보다 더 적합한 경우, best_attempt와 best_attempt_grade를 모두 새로운 값으로 재설정한다❽. 그렇지 않을 경우, best_attempt는 다음 반복문에서 그대로 사용된다. next_try와 best_attempt를 나란히 출력하면 프로그램이 종료될 때 시도 내용을 스크롤하여 변동 과정을 확인할 수 있다. 카운터를 증가시키고 루프를 종료한다.

프로그램이 조합을 찾으면 best_attempt 값과 해당 조합을 찾기까지 수행한 시도 횟수를 표시한다❾. end=' ' 문은 출력된 행의 끝부분에서 개행을 방지하고, 현재 행의 끝부분과 다음 행의 시작 부분 사이에 공간을 만든다.

main()을 스탠드얼론으로 실행하기 위한 조건문으로 프로그램을 완료하고 실행 시간을 소수점 다섯 자리로 표시한다➓. 시간을 재는 코드는 조건부 이후에 존재하므로 프로그램을 모듈로써 임포트하면 실행되지 않는다.

요약

safe_cracker.py 프로그램의 마지막 출력값 몇 줄은 다음과 같다. 간결함을 위해 값의 변동 비교는 대부분 생략했다. 이것은 10자리 조합에 관한 수행 결과이다.

```
[6, 8, 6, 2, 0, 5, 8, 9, 0, 0] [6, 8, 2, 2, 0, 5, 8, 9, 0, 0]
[6, 8, 2, 2, 0, 9, 8, 9, 0, 0] [6, 8, 2, 2, 0, 5, 8, 9, 0, 0]
[6, 8, 2, 2, 8, 5, 8, 9, 0, 0] [6, 8, 2, 2, 8, 5, 8, 9, 0, 0]
[6, 8, 2, 2, 8, 5, 8, 9, 0, 2] [6, 8, 2, 2, 8, 5, 8, 9, 0, 2]

Cracked! [6, 8, 2, 2, 8, 5, 8, 9, 0, 2] in 78 tries!

Runtime for this program was 0.69172 seconds.
```

프로그램은 1초도 안 되는 시간동안 78번의 시도만으로 100억 개의 가능한 조합 중에서 하나의 솔루션을 찾아냈다. 이 정도면 제임스 본드도 놀라워 할 것이다.

이제 유전 알고리즘 공부는 끝났다. 예시 워크플로우를 사용하여 거대한 설치류를 번식시킨 다음, 힐 클라이밍을 통해 순식간에 브루트 포스 문제를 해결하고 결과값을 숨어냈다. 계속해서 디지털 다윈 놀이를 하면서 유전 알고리즘을 실험하고 싶다면 위키피디아(*https://en.wikipedia.org/wiki/List_of_genetic_algorithm_applications*)에서 여러 예시 응용 프로그램들을 찾을 수 있다. 다음과 같은 예시들이 있다.

- 지구 온도 변화 모델링
- 컨테이너 적재 최적화
- 배송 차량 경로 최적화
- 지하수 감시망
- 로봇 동작 학습
- 단백질 접힘
- 희귀 사건 분석
- 암호 풀기
- 적합도 함수를 위한 클러스터링
- 필터링 및 신호 처리

추가 참고 도서

Clinton Sheppard의 *Genetic Algorithms with Python*(Amazon Digital Services LLC, 2016)은 초보자를 위한 유전 알고리즘을 소개한다. 종이책으로 구매하거나 *https://leanpub.com/genetic_algorithms_with_python/*에서 저렴한 전자책으로 구입할 수 있다.

도전 프로젝트

다음 프로젝트들에서는 계속해서 슈퍼 쥐를 번식시키고 슈퍼 금고를 뚫는다. 도전 프로젝트는 늘 그렇듯이 당신 스스로 해내야 한다. 솔루션은 제공되지 않는다.

쥐 하렘 만들기

한 마리의 수컷 쥐가 여러 마리의 암컷 쥐와 짝짓기를 할 수도 있기 때문에 수컷 쥐와 암컷 쥐의 개체수를 맞출 필요는 없다. 다양한 수컷, 암컷 개체수를 수용할 수 있도록 *super_rats.py* 코드를 수정하라. 이전과 같은 총 개체수로 프로그램을 다시 실행하되, 4마리의 수컷과 16마리의 암컷을 사용한다. 이러한 변화는 목표 무게인 110 파운드에 도달하는 데 필요한 시간에 어떤 변화를 주게 될 것인가?

보다 효율적인 금고털이 장치 만들기

이 챕터에서 작성된 *safe_cracker.py* 코드는 추가로 일치하는 숫자가 발견되었을 때, 해당 숫자가 명시적으로 보존되지 않는다. 루프가 동작하고 있는 한, 일치하는 숫자가 덮어쓰여지는 것을 막을 수 없다. 일치하는 숫자는 이후 변경 작업에 포함되지 않도록 코드를 수정한다. 두 버전의 타이밍 비교를 수행하여 코드 수정의 영향을 판단하라.

8

하이쿠 시 음절 세기

시는 최고의 문학 형태일지도 모른다. Coleridge의 말을 인용하자면, 시는 "최고의 순서로 나열된 최고의 단어들"이다. 시인은 리듬과 운율, 스타일과 구조에 대한 엄격한 규칙을 지키면서 이야기를 풀어나가고, 개념을 확장하고, 장면을 묘사함으로써 감정을 불러일으켜야 한다.

컴퓨터는 규칙과 구조를 사랑하며, 심지어 감정을 불러일으킬 수 있는 잠재력도 가지고 있다. 1996년 자신의 저서 *Virtual Muse: Experiments in Computer Poetry*에서 작가 Charles Hartman은 인간의 시를 흉내낼 수 있는 알고리즘을 작성하려고 했던 초기의 시도에 대해 서술한다. Hartman을 인용하자면, "시인과 시, 독자 사이에서 오가는 춤이란 시적 상호작용은 그 자체만의 복잡성으로 시에서 침묵의 게임을 만들어낸다. 적절히 프로그래밍된 컴퓨터는 이 게임 속에 숨어들어 좋은 수를 놓을 수도 있다."

Hartman이 묘사한 초기의 프로그램들이 만들어낼 수 있는 시는 기껏해야 구린 beatnik족의 시 정도였다. 당시의 목표는 "기계화란 난장 속에서 계산으로 탄생한 시 한 줌을 언어를 쓰는 세계로 소개한 다음 어떻게 언어 속으로 섞여 들어가는지 확인하는 것"이었다.

이미 여러 챕터에서 언급했듯이, 적절한 이름 아나그램이나 널 암호와 같은 것들을 프로그래밍할 때 문맥이라는 취약점이 드러난다. 문학적으로 "최고" 등급을 받을 컴퓨터 시를 쓰기 위해서는 문맥을 무시할 수 없다.

컴퓨터가 인간의 가장 인간적인 노력을 시뮬레이션할 수 있도록 하는 것은 흥미로운 도전이며 놓칠 수 없는 기회이기도 하다. 이 챕터와 다음 챕터에서는 *하이쿠*라고 불리는 일본 전통 시의 작성 방법을 컴퓨터에게 가르칠 것이다.

일본 하이쿠

하이쿠는 5음절, 7음절, 5음절을 가진 세 개의 행으로 구성되어 있다. 운율은 거의 맞지 않으며, 주제는 대개 계절에 따라 자연을 직간접적으로 다룬다. 제대로만 작성한다면 하이쿠는 마치 기억을 떠올리는 것처럼 당신을 그 장면에 몰입시킬 수 있다.

하이쿠의 예시를 세 가지 준비했다. 첫 번째는 Buson(1715 – 1783)의 시이고, 두 번째는 Issa(1763 – 1828)의 시, 세 번째는 유년시절의 여행에 대한 기억을 바탕으로 내가 작성한 것이다.

> Standing still at dusk
> Listen . . . in far distances
> The song of froglings!
> —*Buson*

> Good friend grasshopper
> Will you play the caretaker
> For my little grave?
> —*Issa*

> Faraway cloudbanks
> That I let myself pretend
> Are distant mountains
> —*Vaughan*

간결성 덕분에 모든 하이쿠에는 프로그래머가 "공략 가능한 틈새"가 존재한다. 이는 Peter Beilenson이 1955년에 저술한 *Japanese Haiku*에 잘 요약되어 있다. "하이쿠는 늘 완전한 형태를 유지하거나 명확한 표현을 하지 않아도 좋다. 독자는 자신의 경험과 시상을 덧대 시에 대한 자신만의 즐거움을 창조해낸다." Hartman은 "독자의 마음은 재료가 부족할 때 가장 활발히 작용한다. 우리는 가장 적은 별들로 가장 명확한 별자리를 얻는다. 그래서 상상력으로 물들일 수 있는 짧은 단어들의 집합에는 의미를 잃게 만드는 인자가 적다." 간단히 말하면, 시가 짧을수록 망치기란 더 어렵다는 말이다. 독자들은 늘 시인이 말하는 바가 있다고 단정짓고 이를 찾지 못하면 스스로 지어낼 것이다.

이런 장점들에도 불구하고, 시를 쓰도록 컴퓨터를 훈련시키는 것은 상당히 어려운 일이며, 이를 위해서는 두 개의 챕터를 모조리 사용해야 할 것이다. 이 챕터에서는, 하이쿠의 음절 구조를 따를 수 있도록, 단어나 구의 음절수를 세는 프로그램을 작성한다. 챕터 9에서는 *마르코프 체인 분석 기법*을 활용하여 하이쿠의 정수를 파악하고 기존의 시를 새롭게, 때로는 훨씬 나은 형태로 변형시킬 것이다.

프로젝트 #15: 음절 계수

영어에서는 음절을 세는 것이 쉽지 않다. Charles Hartman이 언급한 바와 같이, 특이한 철자와 이리저리 엉켜 있는 영어의 역사가 문제이다. 예를 들어, *aged*와 같은 단어는 그것이 사람을 묘사하는지, 치즈를 묘사하는지에 따라 한 음절 또는 두 음절이 될 수 있다. 프로그램이 끝없는 특수 사례 리스트 없이도 음절을 정확하게 계수하려면 어떻게 해야 할까?

대답은 "할 수 없다"이다. 적어도 "치트 시트"가 있다면 모를까. 다행히도, 컴퓨터의 정확하고 구조화된 언어와 인간이 사용하는 미묘하고 모호한 "자연" 언어 사이의 상호작용을 다루는 *자연 언어 처리(NLP)*로 알려진 과학 분야 덕분에 치트 시트가 존재한다. NLP의 예로는 기계 번역, 스팸 탐지, 검색 엔진, 휴대 전화의 문자 예측 등이 있다. NLP의 영향력은 점점 커질 것이다. 이전에는 사용할 수 없었던 방대한 양의 비정형 데이터를 채굴하고 컴퓨터와 원활하게 대화할 수 있게 될 것이다.

이 챕터에서는 NLP 데이터셋을 사용하여 단어나 구의 음절을 계수할 것이다. 그리고 이 데이터셋에 누락된 단어를 찾아서 보조 사전을 만드는 코드를 작성한다. 마지막으로, 음절 계수 코드를 확인하는 프로그램을 작성할 것이다. 챕터 9에서는 이 음절 계수 알고리즘을 모듈로 사용한 산술 과정으로 문학사에서 가장 훌륭한 성과물을 만들어낼 것이다. 바로 시이다.

⊕ 목표 ▶ 영어 단어나 구의 음절수를 계수하는 파이썬 프로그램을 작성하라.

전략

직접 음절을 세는 것은 쉽다. 턱 밑에 손등을 대고 직접 말을 해보면 된다. 턱이 손을 치는 것이 한 음절인 것이다. 컴퓨터에는 손이나 턱이 없지만 모든 모음은 음절을 나타내며, 컴퓨터도 모음은 셀 수 있다. 물론 이것은 쉬운 일이 아니다. 규칙이 간단하지 않기 때문이다. *like*의 *e*와 같은 묵음도 존재하고 어떤 모음은 결합하여 하나의 소리를 내는데, 예를 들면 *moo*의 *oo* 같은 것이 있다.

다행히도, 영단어의 개수는 무한하지 않다. 당신에게 필요한 정보를 대부분 포함하는 자료들이 존재한다.

말뭉치란 구조를 가진 텍스트를 뜻한다. 챕터 9에서는 파이썬에게 새로운 하이쿠를 쓰는 법을 가르치는 학습용 말뭉치를 사용할 것이다. 이 장에서는 말뭉치를 사용해서 음절 수를 추출한다.

당신의 음절 카운터는 구절과 개별 단어를 모두 검토해야 한다. 하이쿠 전체 행의 음절을 세는 데 사용할 것이기 때문이다. 프로그램은 텍스트를 입력받아 각 단어의 음절 수를 세고 총 음절 수를 반환한다. 또한, 문장 부호, 공백, 누락된 단어들도 다루어야 한다.

따라야 할 주요 단계는 다음과 같다.

1. 음절 계수 정보가 포함된 커다란 말뭉치를 다운로드한다.
2. 음절 학습용 말뭉치를 하이쿠 학습용 말뭉치와 비교하고 음절 학습용 말뭉치에 누락된 모든 단어를 식별한다.
3. 누락된 단어의 사전을 만들고 음절 수를 계수한다.
4. 음절 계수 말뭉치와 누락된 단어 사전을 사용해서 학습용 말뭉치로부터 음절을 계수하는 프로그램을 작성한다.
5. 학습용 말뭉치의 변동에 따라 음절 계수 프로그램을 검토하는 프로그램을 작성한다.

말뭉치 사용

자연어 도구(NLTK)는 파이썬에서 인간 언어 데이터로 작업을 수행하기 위해 사용되는 유명한 프로그램 및 라이브러리 집합이다. 2001년 펜실베니아 대학교에서 컴퓨터 정보 과학부 전산 언어학 코스의 일부로 개설되었다. 수십 명의 기부자들의 도움으로 발전과 확장이 지속된 이 도구에 관한 자세한 내용은 공식 NLTK 웹 사이트 *http://www.nltk.org/*를 참조하라.

이 프로젝트에서 당신은 NLTK를 사용하여 카네기 멜론 대학 발음 사전(CMUdital)에 접속할 것이다. 이 말뭉치에는 거의 12만 5천여 개의 단어들과 발음이 맵핑되어 있다. 기계가 읽을 수 있어서 음성 인식과 같은 작업에 유용하다.

NLTK 설치

Unix, Windows, macOS에 NLTK를 설치하는 방법은 *http://www.nltk.org/install.html*에서 확인할 수 있다. Windows를 사용하는 경우 Windows 명령 프롬프트 또는 PowerShell을 실행하여 pip로 설치할 수 있다.

```
python -m pip install nltk
```

파이썬 대화형 셸을 실행하고 다음을 입력하여 설치 여부를 확인할 수 있다.

```
>>> import nltk
>>>
```

오류가 발생하지 않는다면 정상적으로 설치된 것이다. 그렇지 않다면 앞서 인용한 웹 사이트의 지침을 따르도록 한다.

CMUdict 다운로드

CMUdict(또는 다른 NLTK)에 접근하려면 먼저 다운로드 해야 한다. NLTK Downloader를 사용하여 쉽게 이 작업을 수행할 수 있다. NLTK를 설치한 후 파이썬 셸에 다음을 입력한다.

```
>>> import nltk
>>> nltk.download()
```

이제 NLTK Downloader 창(그림 8-1)이 열릴 것이다. 상단에 있는 **Corpora** 탭을 클릭하고 Identifier 열에서 **cmudit**를 선택한다. 그리고 창 아래쪽으로 스크롤하여 다운로드 경로를 설정한다. 기본값인 *C:\nltk_data*를 사용했다. 마지막으로, **Download** 버튼을 클릭하여 CMUdict를 로드한다.

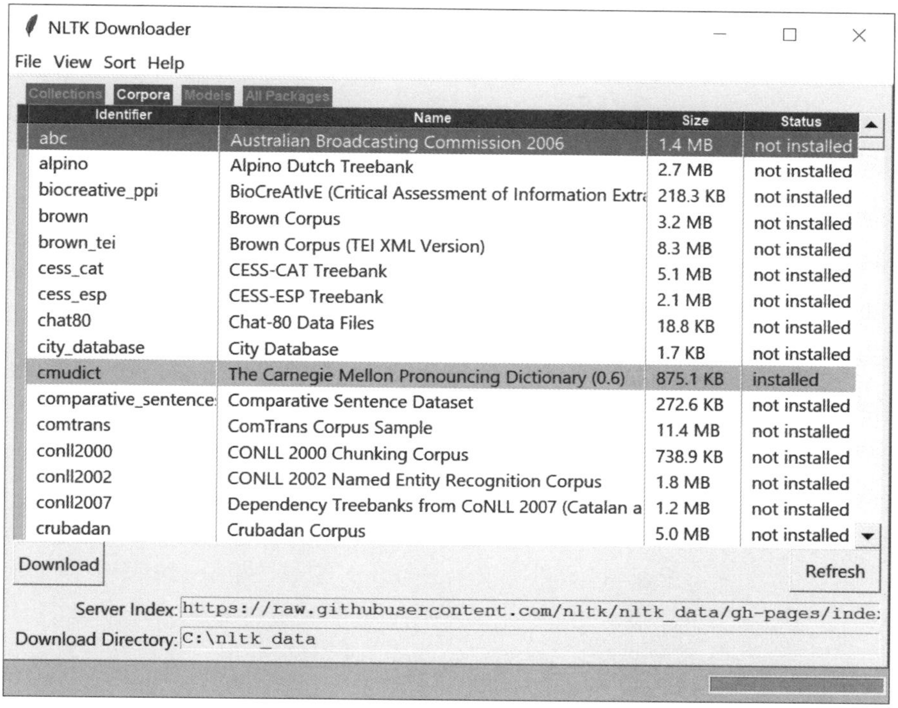
NLTK Downloader
File View Sort Help
Collections Corpora Models All Packages
Identifier Name Size Status
abc Australian Broadcasting Commission 2006 1.4 MB not installed
alpino Alpino Dutch Treebank 2.7 MB not installed
biocreative_ppi BioCreAtIvE (Critical Assessment of Information Extra 218.3 KB not installed
brown Brown Corpus 3.2 MB not installed
brown_tei Brown Corpus (TEI XML Version) 8.3 MB not installed
cess_cat CESS-CAT Treebank 5.1 MB not installed
cess_esp CESS-ESP Treebank 2.1 MB not installed
chat80 Chat-80 Data Files 18.8 KB not installed
city_database City Database 1.7 KB not installed
cmudict The Carnegie Mellon Pronouncing Dictionary (0.6) 875.1 KB installed
comparative_sentence Comparative Sentence Dataset 272.6 KB not installed
comtrans ComTrans Corpus Sample 11.4 MB not installed
conll2000 CONLL 2000 Chunking Corpus 738.9 KB not installed
conll2002 CONLL 2002 Named Entity Recognition Corpus 1.8 MB not installed
conll2007 Dependency Treebanks from CoNLL 2007 (Catalan a 1.2 MB not installed
crubadan Crubadan Corpus 5.0 MB not installed
Download
Refresh
Server Index: https://raw.githubusercontent.com/nltk/nltk_data/gh-pages/inde:
Download Directory: C:\nltk_data

그림 8-1 다운로드를 위해 cmudict가 선택된 NLTK Downloader 창

CMUdict 다운로드가 완료되면 Downloader를 종료하고 파이썬 대화형 셸에 다음을 입력한다.

```
>>> from nltk.corpus import cmudict
>>>
```

오류가 발생하지 않으면 말뭉치가 성공적으로 다운로드된 것이다.

음절 대신 소리 계수

CMUdict 말뭉치는 단어를 음소(특정 언어에서 구분할 수 있는 소리의 단위) 집합으로 나누고 숫자(0, 1, 2)를 이용해서 모음을 어휘 강세에 따라 표시한다. CMUdict 말뭉치는 모든 모음을 단 하나의 숫자로 표시하기 때문에 이를 통해 단어에 포함된 모음을 식별할 수 있다.

단어들을 음소 집합으로 보는 것은 몇 가지 문제를 피할 수 있도록 해준다. CMUdict는 발음되지 않는 모음을 포함하지 않을 것이다. 예를 들어, CMUdict은 *scarecrow*라는 단어를 다음과 같이 본다.

```
[['S', 'K', 'AE1', 'R', 'K', 'R', 'OW0']]
```

숫자 접미사가 붙은 아이템들은 발음되는 모음을 나타낸다. *scare* 끝의 묵음 *e*는 생략되어 있다.

때로는 연속적인 모음들을 하나의 음소로 발음하기도 한다. 예를 들어 CMUdict는 *house*를 다음과 같이 표시한다.

```
[['HH', 'AW1', 'S']]
```

말뭉치가 이중모음 *ou*를 단일모음 'AW1'으로 처리하는 것을 알 수 있다.

다양하게 발음되는 단어 처리

서론에서 언급한 바와 같이 몇몇 단어들은 여러 가지로 발음되기도 한다. 예시로는 *aged*와 *learned*가 있다.

```
[['EY1', 'JH', 'D'], ['EY1', 'JH', 'IH0', 'D']]
[['L', 'ER1', 'N', 'D'], ['L', 'ER1', 'N', 'IH0', 'D']]
```

중첩 리스트라는 것에 주목하자. 말뭉치는 두 단어 모두 다양한 음절로 발음할 수 있다는 것을 인식한다. 이는 특정한 단어에 대해 두 가지 이상의 음절 수를 반환한다는 것을 의미하며, 코드에서도 나타나야 한다.

누락된 단어 관리

CMUdict는 매우 유용하지만 말뭉치에는 없는 단어도 있다. 1500개의 단어를 검토해 보면 몇 초 만에 CMUdict에서 누락된 50개 이상의 단어(*dewdrop, bathwater, dusky, ridgeline, storks, dragonfly, beggar, archways* 등)를 찾아낸다. 따라서, 당신은 CMUdict에서 누락된 단어를 확인하고 당신만의 말뭉치를 만들어 누락된 단어를 다루어야 한다.

학습용 말뭉치

챕터 9에서는 프로그램이 하이쿠를 작성할 수 있도록 "학습시키기" 위해 수백 개의 하이쿠가 포함된 학습용 말뭉치를 사용할 것이다. 하지만 CMUdict가 이 말뭉치에 모든 단어를 포함하지는 못할 것이다. *sake*와 같은 단어들은 일본어이기 때문이다. 그리고 앞서 확인한 것처럼 CMUdict에는 흔한 영어 단어들조차 누락되어 있다.

따라서, 첫 번째로 해야 할 일은 학습용 말뭉치에 포함된 모든 단어들이 CMUdict에 포함되어 있는지 확인하는 것이다. 이를 위해 제공되는 예제 파일에서 *train.txt*라는 학습용 말뭉치를 다운로드한다. 이 파일은 이 챕터에서 사용하는 모든 파이썬 프로그램과 동일한 폴더에 보관한다. 이 파일에는 확실한 학습을 위해 스무 번 가량 무작위로 복제된 300개 정도의 하이쿠가 포함되어 있다.

CMUdict에 누락된 단어를 찾으면 단어를 키로 사용하고 음절수를 값으로 사용하는 파이썬 사전을 준비하기 위한 스크립트를 작성하고, 이것을 음절 계수 프로그램에서 사용하는 CMUdict를 지원하는 파일로 저장한다.

누락된 단어 코드

이 섹션의 코드는 CMUdict에서 누락된 단어를 찾고, 단어와 음절수가 저장된 사전을 파일에 저장한다. 예제 파일에서 *missing_words_finder.py* 코드를 다운로드할 수 있다.

모듈 임포트, CMUdict 로드, main() 함수 정의

코드 8-1는 모듈을 임포트하고 CMUdict를 로드하며, 프로그램을 실행하는 main() 함수를 정의한다.

missing_words _finder.py, part 1

```
import sys
from string import punctuation
❶ import pprint
import json
from nltk.corpus import cmudict

❷ cmudict = cmudict.dict()  # Carnegie Mellon University Pronouncing Dictionary

❸ def main():
   ❹ haiku = load_haiku('train.txt')
   ❺ exceptions = cmudict_missing(haiku)
```

```
❻ build_dict = input("\nManually build an exceptions dictionary (y/n)? \n")
    if build_dict.lower() == 'n':
        sys.exit()
    else:
    ❼ missing_words_dict = make_exceptions_dict(exceptions)
        save_exceptions(missing_words_dict)
```

코드 8-1 모듈 임포트, CMUdict 로드, main() 함수 정의

먼저, 익숙한 임포트와 몇 가지 새로운 임포트로 시작한다. pprint 모듈을 사용하면 누락된 단어 사전을 읽기 좋은 형태로 "예쁘게 출력"할 수 있다❶. 당신은 이 사전을 JavaScript Object Notation(json)을 사용하여 비휘발성 데이터의 형태로 출력하게 되는데, 이는 컴퓨터가 파이썬 데이터 구조와 호환되는 형태로 데이터를 교환할 수 있는 텍스트 기반 방법이다. json은 표준 라이브러리의 일부로 여러 언어에 걸쳐 표준화되어 있으며, 사람이 읽을 수 있는 안정적인 데이터 형태이다. CMUdict 말뭉치를 임포트하는 것으로 끝낸다.

다음으로, cmudict 모듈의 dict() 메서드를 호출하여 단어를 키로, 음소를 값으로 하는 사전에 말뭉치를 담는다❷.

학습용 말뭉치를 로드하고, CMUdict에서 누락된 단어를 찾고, 단어와 음절수를 포함한 사전을 만들고, 결과를 저장하기 위한 함수들을 호출하는 main() 함수를 정의한다❸. main()을 정의한 후 이 함수들을 정의할 것이다.

하이쿠 학습용 말뭉치를 로드하는 함수를 호출하고 반환된 세트를 haiku라는 변수에 할당한다❹. 그리고 누락된 단어를 찾을 함수를 호출하여 세트로 반환한다❺. 세트를 사용하면 필요 없는 중복 단어가 제거된다. cmudict_missing() 함수는 누락된 단어의 개수 외에도 다른 통계들을 함께 표시할 것이다.

이제 누락된 단어를 처리하기 위해 수동으로 사전을 작성하고 해당 입력값을 build_dict 변수에 할당할 것인지 사용자에게 물어본다❻. 중단하고 싶다고 하면 프로그램을 종료한다. 그렇지 않다면 함수를 호출해서 사전을 작성하고❼ 다른 함수를 사용해서 사전을 저장한다. 사용자가 계속하고 싶다면 Y를 누르면 된다.

학습용 말뭉치 로드 및 누락된 단어 찾기

코드 8-2는 학습용 말뭉치를 로드하고 그 내용을 CMUdict와 비교하고 차이를 추적한다. 이 작업은 두 가지 함수로 나뉜다.

missing_words
_finder.py, part 2

```
❶ def load_haiku(filename):
    """Open and return training corpus of haiku as a set."""
    with open(filename) as in_file:
    ❷ haiku = set(in_file.read().replace('-', ' ').split())
    ❸ return haiku

def cmudict_missing(word_set):
    """Find and return words in word set missing from cmudict."""
    ❹ exceptions = set()
    for word in word_set:
        word = word.lower().strip(punctuation)
        if word.endswith("'s") or word.endswith("'s"):
```

```
            word = word[:-2]
❺    if word not in cmudict:
            exceptions.add(word)
    print("\nexceptions:")
    print(*exceptions, sep='\n')
❻  print("\nNumber of unique words in haiku corpus = {}"
          .format(len(word_set)))
    print("Number of words in corpus not in cmudict = {}"
          .format(len(exceptions)))
    membership = (1 - (len(exceptions) / len(word_set))) * 100
❼  print("cmudict membership = {:.1f}{}".format(membership, '%'))
    return exceptions
```

코드 8-2 말뭉치를 로드하는 기능을 정의하고 CMUdict에서 누락된 단어 찾기

하이쿠 학습용 말뭉치에서 단어를 읽어들이는 함수를 정의한다❶. *train.txt*에 포함된 하이쿠는 여러 번 복제되었으며 하이쿠 원본은 *moon, mountain, the*와 같은 중복 단어들을 포함하고 있다. 한 단어를 두 번 이상 검토하는 것은 의미가 없으므로 세트로 로드하여 중복을 제거한다❷. 그리고 하이픈은 공백으로 교체해야 한다. 하이픈은 하이쿠에서 자주 사용되지만 CMUdict에서 검토하기 위해서는 양쪽에 있는 단어들을 분리해야 한다. haiku 세트를 반환하여 함수를 종료한다❸.

이제 누락된 단어를 찾아야 한다. 시퀀스를 인자로 받는 함수 cmudict_missing()을 정의한다. 이 경우 인자는 load_haiku() 함수가 반환하는 단어 세트가 된다. 누락된 단어들을 모두 포함하기 위해 exceptions라는 빈 세트를 생성한다❹. 하이쿠 세트의 각 단어를 루핑하여 소문자로 변환하고 앞뒤의 특수문자를 제거한다. CMUdict는 *wouldn't* 같은 단어도 인식하기 때문에, 하이픈 이외의 특수문자는 제거하면 안 된다. 소유격은 일반적으로 말뭉치에 없기 때문에 뒤에 붙는 's를 제거한다. 이것은 음절 수에 영향을 미치지 않는다.

 워드 프로세서 소프트웨어에서 생성된 구부러진 어퍼스트로피(')에 주의해야 한다. 이것은 일반적인 텍스트 편집기나 쉘에서 사용되는 곧은 어퍼스트로피(')와는 다르며, CMUdict에서 인식하지 못할 수도 있다. 학습용 파일이나 JSON 파일에 새 단어를 추가하는 경우, 축약이나 소유명사에 곧은 어퍼스트로피를 사용해야 한다.

누락된 단어 사전 작성

코드 8-3은 *missing_words_finder.py* 코드의 연장선으로, 파이썬 사전을 구성하는 누락된 단어들에 음절수를 값으로 할당함으로써 CMUdict를 보충한다. 누락된 단어의 개수는 비교적 적기 때문에 사용자는 수동으로 개수를 할당할 수 있다. 프로그램과 상호 작용할 수 있도록 코드를 작성한다.

```
❶ def make_exceptions_dict(exceptions_set):
      """Return dictionary of words & syllable counts from a set of words."""
❷    missing_words = {}
      print("Input # syllables in word. Mistakes can be corrected at end. \n")
      for word in exceptions_set:
          while True:
❸            num_sylls = input("Enter number syllables in {}: ".format(word))
❹            if num_sylls.isdigit():
                  break
              else:
                  print("                     Not a valid answer!", file=sys.stderr)
❺        missing_words[word] = int(num_sylls)
      print()
❻    pprint.pprint(missing_words, width=1)

❼    print("\nMake Changes to Dictionary Before Saving?")
      print("""
      0 - Exit & Save
      1 - Add a Word or Change a Syllable Count
      2 - Remove a Word
      """)

❽    while True:
          choice = input("\nEnter choice: ")
          if choice == '0':
              break
          elif choice == '1':
              word = input("\nWord to add or change: ")
              missing_words[word] = int(input("Enter number syllables in {}: "
                                              .format(word)))
          elif choice == '2':
              word = input("\nEnter word to delete: ")
❾            missing_words.pop(word, None)

      print("\nNew words or syllable changes:")
❿    pprint.pprint(missing_words, width=1)

      return missing_words
```

코드 8-3 사용자가 수동으로 음절을 계수하고 사전을 생성

    cmudict_missing() 함수에 의해 반환되는 예외 세트를 인자로 사용하는 함수를 정의
하면서 시작한다❶. 빈 사전을 missing_words라는 변수에 즉시 할당한다❷. 실수를 해도
나중에 수정할 수 있는 기회가 있다는 것을 사용자에게 알린 후, for 문과 while 루프를
사용해서 누락된 단어 집합을 루핑하고 각 단어를 사용자에게 제시하면서 음절 개수 입
력을 요청한다. 단어는 사전의 키가 될 것이고, num_sylls 변수는 값이 될 것이다❸. 입
력값이 숫자일 경우 루프를 종료한다❹. 그렇지 않다면, 사용자에게 경고 메시지를 띄우
고 while 루프가 재입력을 요구한다. 입력이 검증을 통과하면 사전에 정수값을 추가한
다❺.

pprint를 사용해서 각 키/값 쌍을 별도의 행에 표시해보자. width 매개변수는 개행 구문처럼 작동한다 ❻.

missed_words 사전을 파일로 저장하기 전에 사용자에게 마지막 변경 기회를 제공한다 ❼. while 루프 앞에 3중 따옴표를 사용하여 옵션 메뉴를 제공하고 사용자가 저장할 준비가 될 때까지 옵션을 활성화해둔다 ❽. 세 가지 옵션은 각자 break 명령을 호출하는 종료 기능, 단어와 음절수를 받아서 새로운 단어를 추가하거나 기존 단어의 음절수를 변경하는 기능, 그리고 사전 pop() 함수를 사용하는 항목 제거 기능을 수행한다 ❾. None 인자를 pop()에 추가하면 사용자가 사전에 없는 단어를 입력했을 때 프로그램이 KeyError를 발생시키지 않는다.

변경이 발생한 경우, 사용자가 사전을 마지막으로 살펴보도록 하고 반환한다 ❿.

누락된 단어 사전 저장

*비휘발성 데이터*는 프로그램이 종료된 후에도 보존되는 데이터이다. missing_words 사전을 챕터 뒷부분에서 살펴 볼 *count_syllables.py* 프로그램에서도 사용할 수 있도록 하려면 파일에 저장해야 한다. 코드 8-4에서 해당 기능을 수행한다.

missing_words_finder.py, part 4

```
❶ def save_exceptions(missing_words):
       """Save exceptions dictionary as json file."""
❷     json_string = json.dumps(missing_words)
❸     f = open('missing_words.json', 'w')
       f.write(json_string)
       f.close()
❹     print("\nFile saved as missing_words.json")

❺ if __name__ == '__main__':
       main()
```

코드 8-4 누락된 단어 사전을 파일에 저장하고 main() 호출

json을 사용해서 사전을 저장한다. 누락된 단어 세트를 인자로 받는 새로운 함수를 정의한다 ❶. missing_words 사전을 json_string이라는 새로운 변수에 할당한다 ❷. 확장자가 *.json*인 파일을 열어 ❸ json 변수를 작성하고 파일을 닫는다. 사용자가 확인할 수 있도록 파일명을 표시해준다 ❹. 프로그램을 모듈로써 실행하거나 스탠드얼론 모드에서 실행하도록 하는 코드를 작성하고 종료한다 ❺.

json.dumps() 메서드는 missing_words 사전을 문자열로 직렬화한다. *직렬화*는 데이터를 전송이나 저장이 가능한 형식으로 변환하는 과정이다. 예시는 다음과 같다.

```
>>> import json
>>> d = {'scarecrow': 2, 'moon': 1, 'sake': 2}
>>> json.dumps(d)
'{"sake": 2, "scarecrow": 2, "moon": 1}'
```

직렬화 된 사전은 문자열이 작은 따옴표로 묶이게 된다.

다음은 *missing_words_finder.py*의 출력값 일부이다. 상단의 누락된 단어 목록과 하단의 수동 음절 계수는 간결성을 위해 함축했다.

```
--snip--
froglings
scatters
paperweights
hibiscus
cumulus
nightingales

Number of unique words in haiku corpus = 1523
Number of words in corpus not in cmudict = 58
cmudict membership = 96.2%

Manually build an exceptions dictionary (y/n)?
y
Enter number syllables in woodcutter: 3
Enter number syllables in morningglory: 4
Enter number syllables in cumulus: 3
--snip--
```

걱정할 것 없다. 모든 음절 수를 할당할 필요는 없다. *missing_words.json* 파일은 완성되었고, 필요할 때 다운로드할 수 있다.

 노트 ▶ jagged나 our처럼 다양한 발음이 존재하는 단어의 경우, 수동으로 missed_words.json 파일을 열고 키/값 쌍(사전이 정렬되지 않았으므로 아무 위치에나)을 추가하여 프로그램이 원하는 발음을 사용하도록 만들 수 있다. 나는 sake라는 단어가 2음절의 일본어 발음을 사용하도록 이 방법을 사용했다. 단어의 포함 여부는 이 파일에서 먼저 검토하기 때문에 CMUdict 값을 덮어 쓸 것이다.

이제 CMUdict의 허점을 보완했으니 음절 계수 코드를 작성할 수 있다. 챕터 9의 *markov_haiku.py* 프로그램에서 이 코드를 모듈로 사용할 것이다.

음절 계수 코드

이 섹션에는 *count_syllables.py* 프로그램의 코드가 포함되어 있다. 또한 이전 섹션에서 생성한 *missing_words.json* 파일도 필요할 것이다. 두 가지 모두 예제 파일에서 다운로드할 수 있다. 두 파일은 동일한 폴더에 저장해야 한다.

준비, 로드, 계수

코드 8-5는 필요한 모듈을 임포트하고, CMUdict와 누락 단어 사전을 로드해서 주어진 단어나 구의 음절을 계수할 함수를 정의한다.

```
import sys
from string import punctuation
import json
from nltk.corpus import cmudict

# load dictionary of words in haiku corpus but not in cmudict
with open('missing_words.json') as f:
    missing_words = json.load(f)
```

❶ `cmudict = cmudict.dict()`

❷
```
def count_syllables(words):
    """Use corpora to count syllables in English word or phrase."""
    # prep words for cmudict corpus
    words = words.replace('-', ' ')
    words = words.lower().split()
```
❸ `num_sylls = 0`
❹
```
    for word in words:
        word = word.strip(punctuation)
        if word.endswith("'s") or word.endswith("'s"):
            word = word[:-2]
```
❺
```
        if word in missing_words:
            num_sylls += missing_words[word]
        else:
```
❻
```
            for phonemes in cmudict[word][0]:
                for phoneme in phonemes:
```
❼
```
                    if phoneme[-1].isdigit():
                        num_sylls += 1
```
❽ `return num_sylls`

코드 8-5 모듈 임포트, 사전 로드, 음절 계수

익숙한 임포트를 수행한 후 CMUdict에서 누락된 모든 단어와 음절 수를 포함하는 *missing_words.json* 파일을 로드한다. json.load()를 사용하여 문자열로 저장된 사전을 복원한다. 다음으로, CMUdict 말뭉치를 dict() 메서드를 사용하여 사전으로 만든다❶.

count_syllables() 함수를 정의하여 음절을 계수한다. 이 함수는 단어와 구를 모두 필요로 한다. 궁극적인 목표는 하이쿠의 행을 모두 검토하는 것이기 때문이다. *missing_words_finder.py* 프로그램에서 이전의 작업과 동일하게 단어를 준비한다❷.

음절 수를 담을 num_sylls 변수를 할당하여 0으로 설정한다❸. 이제 입력 단어들을 루핑하여 특수문자와 끝부분의 *'s*를 제거한다. 어퍼스트로피는 두 가지를 검토해야 한다. 직선형 어퍼스트로피(')와 구부러진 어퍼스트로피(')❹. 다음으로, 단어가 누락된 단어 사전에 포함되어 있는지 확인한다. 단어가 발견되면 num_sylls에 해당 단어에 해당하는 사전 값을 추가한다❺. 그렇지 않다면, CMUdict의 값을 나타내는 음소들을 색인한다. 각 음소가 구성하는 문자열을 살펴보면 된다❻. 문자열의 끝에 숫자가 있다면 해당 음소가 모음이라는 것을 알 수 있다. *aged*라는 단어를 예로 들면, 첫 번째 문자열(회색으로 강조)만 숫자로 끝나므로 이 단어에는 하나의 모음이 포함되어 있는 것이다.

```
[['EY1', 'JH', 'D'], ['EY1', 'JH', 'IHO', 'D']]
```

다양한 발음이 존재할 경우 첫 번째 값([0])을 사용한다. CMUdict는 중첩 리스트로 각 발음을 나타낸다. 상황에 따라 정답이 달라지기 때문에 이것은 종종 오류를 야기할 수 있다.

음소 끝에 숫자가 있는지 확인하고, 숫자가 있으면 num_sylls에 1을 더한다❼. 마지막으로 단어 또는 구의 총 음절 수를 반환한다❽.

main() 함수 정의

프로그램을 완성하기 위해, 코드 8-6은 main() 함수를 정의하고 실행한다. 프로그램은 스탠드얼론 모드에서 실행될 때(예를 들면, 단어 또는 구를 부분적으로 검토하기 위해) 이 함수를 호출하며, syllable_counter를 모듈로 임포트 할 경우에는 호출하지 않는다.

count_syllables.py,
part 2

```
    def main():
❶      while True:
            print("Syllable Counter")
❷          word = input("Enter word or phrase; else press Enter to Exit: ")
❸          if word == '':
                sys.exit()
❹          try:
                num_syllables = count_syllables(word)
                print("number of syllables in {} is: {}"
                    .format(word, num_syllables))
                print()
            except KeyError:
                print("Word not found.  Try again.\n", file=sys.stderr)
❺   if __name__ == '__main__':
        main()
```

코드 8-6 main() 함수를 정의하고 호출

main() 함수를 정의하고 while 루프를 시작한다❶. 사용자에게 단어 또는 구를 입력하도록 요청한다❷. 사용자가 입력 없이 [Enter↵]를 누르면 프로그램이 종료된다❸. 사용자가 사전에서 찾을 수 없는 단어를 입력하면 프로그램이 충돌하지 않도록 try-except 블록을 시작한다❹. 이미 하이쿠 학습용 말뭉치를 예외없이 실행하도록 프로그램을 준비했으므로 스탠드얼론 모드에서만 예외가 발생한다. 이 블록 내에서 count_syllables() 함수를 호출하여 입력값을 검토한 다음, 결과값을 대화형 셸에 표시한다. 프로그램이 스탠다드얼론 모드로 실행되도록 하거나 다른 프로그램에서 모듈로써 실행되게 하는 코드와 함께 종료한다❺.

프로그램 검증을 위한 프로그램

당신은 학습용 말뭉치와 함께 작동하는 음절 계수 프로그램을 만들었다. 하이쿠 프로그램을 계속 진행하면서 이 말뭉치에 시 한두 편을 추가하고 싶을 수도 있지만, 새로운 하이쿠를 추가하면 CMUdict나 당신의 예외 사전에 존재하지 않는 새로운 단어가 추가될 수도 있다.

돌아가서 예외 사전을 다시 작성하기 전에 그 작업이 꼭 필요한지 생각해보자.

코드 8-7은 학습용 말뭉치에 있는 각 단어의 음절을 자동으로 계수하고 실패한 단어를(들을) 표시한다. 이 프로그램을 받으려면 예제 파일에서 *test_count_syllables_w_full_corpus.py*를 다운로드하면 된다. *count_syllables.py, train.txt, missing_words.json*과 동일한 폴더에 저장하도록 한다.

test_count_syllables_w_full_corpus.py

```
import sys
import count_syllables

with open('train.txt.') as in_file:
 ❶ words = set(in_file.read().split())

❷ missing = []

❸ for word in words:
    try:
        num_syllables = count_syllables.count_syllables(word)
        ##print(word, num_syllables, end='\n') # uncomment to see word counts
  ❹ except KeyError:
        missing.append(word)

❺ print("Missing words:", missing, file=sys.stderr)
```

코드 8-7 학습용 말뭉치에서 단어 음절 계수를 시도하고 실패를 나열

업데이트된 *train.txt* 학습용 말뭉치를 열어서 세트로 로드하고 중복을 제거한다❶. `missing`이라는 빈 리스트를 생성하여 음절을 셀 수 없는 새로운 단어를 저장한다❷. `missing`에 포함된 단어는 CMUdict나 누락된 단어 사전에 존재하지 않는다.

새로운 학습용 말뭉치를 루핑하고❸ `try-except` 블록을 사용해서 *count_syllables.py*에서 단어를 찾을 수 없을 경우 발생하는 `KeyError`를 처리한다❹. 이 단어를 `missing` 리스트에 추가한 다음, 리스트를 표시한다❺.

프로그램이 빈 리스트를 표시하면 새 하이쿠에 있는 모든 단어가 CMUdict나 *missing_words.json*에 이미 있다는 뜻이므로 조정하지 않아도 된다. 그렇지 않다면 해당 단어를 수동으로 *missing_words.json* 파일에 추가하거나 *missing_words_finder.py*을 재실행하여 *missing_words.json*을 다시 생성할 수 있다.

요약

이 챕터에서는 NLTK를 다운로드하고 데이터셋 중 하나인 카네기 멜론 발음 사전(CMUdict)을 사용하는 방법에 대해 학습했다. 하이쿠 학습용 말뭉치를 CMUdict 데이터셋으로 검토하고 누락된 단어를 담는 파이썬 사전을 작성했다. 그리고 나서 JavaScript Object Notation(JSON)을 사용해 해당 파이썬 사전을 비휘발성 데이터로 저장했다. 마지막으로, 음절을 계수하는 프로그램을 작성했다. 챕터 9에서 당신은 새로운 하이쿠를 만들기 위해 당신의 음절 계수 프로그램을 활용할 것이다.

추가 참고 도서

Charles O. Hartman의 *Virtual Muse: Experiments in Computer Poetry*(Wesleyan University Press, 1996)는 시를 작성하기 위한 인간과 컴퓨터의 초기 공동작업을 다룬다.

Steven Bird, Ewan Klein, Edward Loper가 저술한 *Natural Language Processing with Python: Analyzing Text with the Natural Language Toolkit*(O'Reilly, 2009)에서는 파이썬을 이용하여 NLP를 개괄적으로 학습한다. 수많은 예시와 NLTK 웹 사이트를 활용한 유용한 자료가 제공된다. 파이썬 3과 NLTK 3로 업데이트된 이 책의 새로운 버전은 *http://www.nltk.org/book/*에서 온라인으로 확인할 수 있다.

Stephen F. DeAngelis의 "The Growing Importance of Natural Language Processing"는 빅데이터 분야에서 NLP의 역할 확대에 관한 Wired 잡지 기사이다. 온라인 버전은 *https://www.wired.com/insights/2014/02/growing-Importance-natural-language-processing/*에서 확인할 수 있다.

연습 프로젝트: 음절 카운터 vs 사전 파일

사전 파일에 *count_syllables.py*(또는 다른 음절 계수 파이썬 코드)를 테스트할 수 있는 파이썬 프로그램을 작성하라. 사용자가 검토할 단어 수를 지정할 수 있도록 하고 무작위로 단어를 선택하여 각 단어와 음절 개수 리스트를 별도의 행에 표시한다. 결과물은 다음과 비슷해야 한다.

```
ululation 4
intimated 4
sand 1
worms 1
leatherneck 3
contenting 3
scandals 2
livelihoods 3
intertwining 4
beaming 2
untruthful 3
advice 2
accompanying 5
deathly 2
hallos 2
```

다운로드 가능한 사전 파일은 20 페이지의 표 2-1에 나열되어 있다. 솔루션 *test_count_syllables_w_dict.py*는 영진닷컴 홈페이지에서 다운로드하거나 부록에서 찾을 수 있다.

9

마르코프 체인 분석으로
하이쿠 작성

컴퓨터는 시를 재배열하여 새로운 시를 지을 수 있다. 이는 기본적으로 인간이 시를 짓는 방법과 유사하다. 우리가 사용하는 언어는 새롭게 개발한 것이 아니라 기존에 존재하는 언어를 배운 것이다. 이와 같이 말을 하거나 글을 쓴다는 것은 기존에 존재하던 단어를 재조합하여 사용하는 행위이다(간혹 새로운 것들이 생겨나기도 하지만). 세계적인 작곡가이자 가수인 Sting은 본인의 작곡에 대해 다음과 같이 평가했다. "팝 음악에서 작곡이라는 것은 없다고 생각합니다. 우리가 하는 일은 단지 기존에 있던 것들을 잘 조합하는 것입니다... 전 조합을 잘하는 사람입니다."

이번 챕터에서는 "최적의 단어를 최적의 배열"로 만들어 하이쿠(Haiku) 형태의 시를 짓는 파이썬 프로그램을 작성할 것이다. 프로그램을 작성하기 위해서는 좋은 트레이닝 데이터가 필요한데, 이를 위해 일본의 하이쿠 장인들이 지은 하이쿠를 모아놓은 학습용 말뭉치(corpus)를 사용할 것이다.

단어들을 효율적으로 재배치 하기 위해서 러시아의 수학자 Andrey Markov가 개발한 마르코프 체인이라는 방법을 사용을 할 것이다. *마르코프 체인*은 확률 모델에서 중요한 개념 중 하나로, 현재 상태의 특성을 가지고 다음 상태를 예측하는 방법이다.

현대에는 음성과 손 글씨 인식, 컴퓨터 성능 분석, 스팸 메일 필터링, 구글 웹 검색에서 사용되는 PageRank 알고리즘에 널리 사용되고 있다.

마르코프 체인 분석, 학습용 말뭉치, 그리고 챕터 8에서 만든 음절 카운트 프로그램을 사용하면 음절 규칙을 따르면서 주어진 "주제"를 따르는 하이쿠를 만들 수 있다. 또한 파이썬의 `logging` 모듈을 이용하여 프로그램의 작동 여부를 손쉽게 확인하는 법을 배울 것이다. 마지막으로 184 페이지 "도전 프로젝트"에서는 SNS 친구들이 당신의 프로그램이 작성한 하이쿠와 실제 하이쿠를 구분할 수 있는지 확인해 볼 것이다.

프로젝트 #16: 마르코프 체인 분석

챕터 7의 유전 알고리즘처럼, 마르코프 체인 분석은 어려워 보이지만 쉽게 적용할 수 있다. 실제로 당신은 매일 마르코프 체인을 수행하고 있는데, 누군가 "Elementary, my dear…"라고 말한다면 "Watson"이 바로 떠오를 것이다. 이 문장을 들을 때마다 당신의 뇌는 주어진 샘플을 가지고 정답을 쉽게 예측할 수 있다. 반면, 누군가가 "가고 싶어요(I want to go to) …"라고 말한다면 "화장실에(the bathroom)", 혹은 "영화보러(the movies)"가 이어지리라 예측할 것이며, "루이지애나(Louisiana)"라고 생각하지는 않을 것이다. 위 문장을 끝내는 수많은 답이 있겠지만 특정 답이 다른 것들에 비해 높은 확률을 가진다.

1940년대, 수학자인 Claude Shannon은 마르코프 체인을 활용하여 텍스트 안의 글자 서열을 통계적으로 모델화하는 데 선구적인 역할을 했다. 예를 들어, 영문 서적에서 *th* 다이어그램 뒤에는 높은 확률로 *e*라는 글자가 나온다.

하지만 당신은 높은 확률로 나타나는 글자보다는 실제로 그 글자나 다른 글자를 얻을 확률을 알고 싶을 것이다. 이러한 확률 계산은 컴퓨터에게 딱 맞는 문제이기도 하다. 이 문제를 풀기 위해서는 주어진 문자열에서 두 개의 글자로 구성된 다이어그램과 바로 뒤의 글자를 맵핑해야 한다. 이는 전형적인 사전 적용으로, 다이어그램을 키로, 뒤 글자를 값으로 사용한다.

단어의 철자에 마르코프 모델을 적용할 경우 수학적 모델은 앞에 있는 철자 k개를 기반으로 특정 철자가 나올 확률을 계산한다. *2차 모델*은 두 개의 연속적인 철자 뒤에 한 문자가 나타날 확률이다. 0차 모델은 앞 첨자와 상관없이 나타날 확률을 의미한다. 이를 확대하면 글자가 아닌 단어에도 적용할 수 있다. 다음 두 개의 하이쿠 시 예제를 살펴보자.

A break in the clouds   Glorious the moon
The moon a bright mountaintop   Therefore our thanks dark clouds come
Distant and aloof   To rest our tired necks

파이썬 사전에서 위에 주어진 하이쿠 단어를 그 다음 단어로 맵핑하는 방법은 다음과 같다.

```
'a': ['break', 'bright'],
'aloof': ['glorious'],
'and': ['aloof'],
'break': ['in'],
'bright': ['mountaintop'],
'clouds': ['the', 'come'],
'come': ['to'],
'dark': ['clouds'],
'distant': ['and'],
'glorious': ['the'],
'in': ['the'],
'moon': ['a', 'therefore'],
'mountaintop': ['distant'],
'our': ['thanks', 'tired'],
'rest': ['our'],
'thanks': ['dark'],
'the': ['clouds', 'moon', 'moon'],
'therefore': ['our'],
'tired': ['necks'],
'to': ['rest']
```

위 예제에는 두 개의 하이쿠만이 주어졌기 때문에 대부분의 사전 키는 한 개의 값만을 가진다는 것을 확인할 수 있다. 하지만 마지막 3번째 *the*를 보면 *moon*이 두 번 반복된 것을 알 수 있는데, 마르코프 모델에서는 출현하는 모든 단어를 별개의 중복 단어로 저장하기 때문이다. 때문에 만약 *the*라는 키에서 값을 임의적으로 골라낸다면, *moon*과 *clouds*중에서 *moon*을 고를 확률은 2:1이 된다. 이와 반대로, 희귀하거나 불가능한 조합은 모델 내에서 자동으로 걸러낼 것이다. 예를 들면, *the* 뒤에는 많은 단어들이 나올 수 있지만 *the*가 또 나올 수는 없다.

다음의 예제는 한 *쌍*의 단어를 키로 가지고 그 바로 뒤에 나오는 단어를 값으로 가지는 2차 마르코프 모델을 나타내는 사전이다.

```
'a break': ['in'],
'a bright': ['mountaintop'],
'aloof glorious': ['the'],
'and aloof': ['glorious'],
'break in': ['the'],
'bright mountaintop': ['distant'],
'clouds come': ['to'],
'clouds the': ['moon'],
'come to': ['rest'],
'dark clouds': ['come'],
'distant and': ['aloof'],
'glorious the': ['moon'],
'in the': ['clouds'],
'moon a': ['bright'],
'moon therefore': ['our'],
'mountaintop distant': ['and'],
'our thanks': ['dark'],
'our tired': ['necks'],
'rest our': ['tired'],
'thanks dark': ['clouds'],
'the clouds': ['the'],
'the moon': ['a', 'therefore'],
```

```
            'therefore our': ['thanks'],
            'to rest': ['our']
```

첫 번째 하이쿠에서 두 번째 하이쿠까지 맵핑이 계속되며, 사전은 `'and aloof'` : [`'glorious'`] 와 `'aloof glorious'` : [`'the'`] 아이템을 포함한다. 이로 인해 프로그램은 한 하이쿠에서 다른 하이쿠로 넘어갈 수 있으며, 단지 하나의 하이쿠에 포함된 단어들의 쌍에 제한받지 않는다. 이는 기존 하이쿠 시인들이 결코 상상하지 못할 새로운 단어 쌍을 형성할 수 있음을 의미한다.

위 예제에서는 주어진 트레이닝에 사용된 단어 조합이 짧기 때문에 *the moon*이라는 쌍만이 유일하게 여러 개의 값을 가지는 키이다. 이외의 쌍들은 한 개의 결과만을 가지고 있다. 학습용 단어 조합의 사이즈에 따라 키에 속하는 값은 커지기도, 작아지기도 한다. 만약 더욱 큰 학습용 단어의 조합 값, 즉 큰 *k*값이 주어진다면 마르코프 모델에 더 큰 영향을 미칠 것이다.

*k*값의 크기에 따라 아무 의미 없는 시를 지을 수도 있고, 표절을 할 수도 있고, 매우 독창적인 하이쿠 시를 지을 수도 있다. 만약 *k*값이 0이라면, 임의의 단어들이 맵핑될 것이며 아무 의미 없는 하이쿠 시가 생성될 것이다. *k*값이 크다면, 트레이닝에 사용된 하이쿠에 크게 종속될 것이며 주어진 하이쿠와 유사 혹은 동일한 하이쿠를 만들어 낼 것이다. 작은 *k*값은 창작성을, 큰 *k*값은 기존 트레이닝 예제의 복제를 일으키게 된다. 그러므로 너무 크거나 작지도 않은 적정한 *k*값을 선택하는 것이 무엇보다도 중요하다.

예를 들어, 이전 두 개의 하이쿠에 3차 마르코프 모델을 사용할 경우, 모든 키는 한 개의 값만을 가질 것이다. 이전 두 개의 값을 가지던 키 값인 *the moon*은 이전의 단어 쌍이 두 개의 키가 되고 유일한 값을 갖게 되기 때문이다.

```
            'the moon a': ['bright'],
            'the moon therefore': ['our']
```

하이쿠는 짧기 때문에(총 17 음절) 사용할 수 있는 단어 조합의 수가 매우 적다. 때문에 *k*값을 2로 설정하면 표절을 하지 않으면서도 창의성은 유지하는 적절한 값이 될 것이다.

> **⊕ 목표** ▶ 마르코프 체인 분석법을 활용하여 하이쿠를 작성하는 프로그램을 작성하라. 사용자가 두 번째와 세 번째 줄을 독립적으로 재생성하여 하이쿠를 수정할 수 있게 한다.

전략

당신은 기존 시인들이 지은 하이쿠들로 1, 2차 마르코프 모델을 만들어 하이쿠 시를 짓는 프로그램을 작성할 것이다. 챕터 8에서 생성한 *count_syllables.py* 프로그램과 생성된 마르코프 모델을 사용하여 하이쿠에 필요한 5-7-5 음절을 충족하는 세 개의 행을 갖는 하이쿠 시를 생성할 것이다.

프로그램은 먼저 말뭉치 파일에서 무작위로 한 단어를 선정하면서 시작한다. 두 번째 단어는 1차 마르코프 모델에서 선택하고 생성된 조합을 키 값으로 하여 2차 모델에서 다음 단어를 선택한다.

각 단어 혹은 단어 쌍, 단어 맵핑 사전의 키로써 다음 단어를 지정하는 값을 접두사(*prefix*)라고 한다. 그리고 접두사가 지정하는 단어를 접미사(*suffix*)라고 한다.

단어들을 고르거나 버리기

프로그램이 단어를 고를 때 가장 처음으로 하는 작업은 음절 수를 세는 것이다. 음절이 맞지 않는다면 새로운 단어를 고를 것이다. 만약 주어진 접두사를 사용하여 음절에 맞는 단어가 나오지 않는다면, 접두사 자체가 하이쿠에 맞지 않는 유령 접두사라고 판단한다. 예를 들어, *temple gong*이라는 단어를 접두사로 사용할 때, 마르코프 모델에서 뒤따르는 단어의 음절이 너무 많을 경우, 프로그램은 무작위 단어 쌍을 골라 하이쿠의 다음 단어를 찾을 것이다. 새로운 단어를 찾는 방법은 이외에도 많은 방법이 있지만 위와 같이 임의로 선별하는 것이 간단 명료하며 일관성을 갖는다.

상기한 단계들은 그림 9-1과 9-2의 함수로 구현된다. 5음절 행을 만들고 있다고 가정해보자. 그림 9-1은 프로그램 레벨에서 선택된 모든 단어가 적절한 음절을 가지면 어떻게 되는지 보여준다.

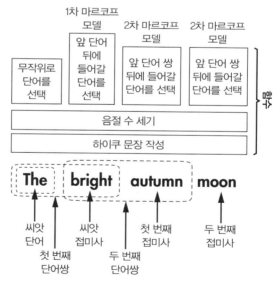

그림 9-1 도식화된 5음절 하이쿠 행의 의사 코드

프로그램은 씨앗 단어 *the*를 무작위로 말뭉치에서 뽑아내 음절을 카운트한다. 그리고 *the*를 접두사로 사용하여 1차 마르코프 모델에서 *bright*이라는 단어를 선택한다. 마찬가지로, *bright*의 음절을 계수하여 작성된 행 수에 더한다. 합이 5음절을 넘지 않기 때문에, *bright*는 추가되고 2차 마르코프 모델에서 *The bright*를 접두사로 가지는 *autumn*을 선택하고 음절 계수 프로세스를 반복한다. 마지막으로, *bright autumn*을 접두사로 사용하는 *moon*을 선택하고, 마찬가지로 음절을 계수해서 합이 5음절이 되는지 확인한다. 행에 *moon*을 추가하여 완료한다.

그림 9-2는 유령 접두사를 활용하여 성공적으로 5음절의 행을 완성하는 경우를 보여준다.

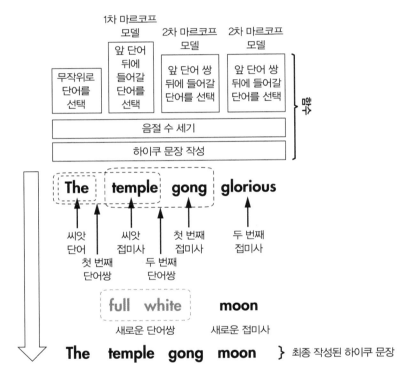

그림 9-2 무작위로 선택된 유령 접두사(full white)를 활용하여 새로운 접미사 선택

*temple gong*이라는 단어를 접두사로 사용하면 선택할 수 있는 단어가 *glorious* 밖에 없다고 가정해보자. 이 단어는 너무 많은 음절을 가지고 있기 때문에, 프로그램은 *full white*라는 임의의 유령 접두사를 선택한다. *moon*이라는 단어를 선택하면 5음절이 완성되므로 행에 추가된다. *full white* 접두사는 버려지고 행이 완성된다. 유령 접두사 기법은 문맥상 말이 안되는 단어를 선택할 수도 있다는 단점이 있지만, 프로세스에 창의성을 부여할 수 있는 방법이기도 하다.

한 행에서 다음 행으로 이어가기

마르코프 모델은 한 행에서 다른 행까지 이어지는 문맥과 의미를 가지는 하이쿠를 만들 수 있는 "특제 소스"이다. 일본의 하이쿠 거장들이 만든 시들을 보면 일반적으로 각 행이 독립되어 있지만 문맥의 실은 시 전체를 가로질러 이어진다. 다음은 Bon Cho의 하이쿠이다.

> In silent midnight
> Our old scarecrow topples down
> Weird hollow echo
> —*Bon Cho*

거장들은 하이쿠의 각 행이 온전한 생각을 나타내는 것을 선호했지만 그 규칙을 엄격히 따르지는 않았다. 다음은 Buson의 하이쿠다.

> My two plum trees are
> So gracious see, they flower
> One now, one later
> —*Buson*

Buson이 작성한 하이쿠의 첫 행은 문법적으로 완벽하지 않기 때문에 독자는 다음 행을 읽어야 그 뜻을 알 수 있다. 시에서 문장이 한 행에서 온전히 끝나지 못하고 다음 행으로 이어지는 것을 엇붙임(*enjambed*)이라고 하는데, *Virtual Muse*의 저자인 Charles Hartman는 엇붙임을 통해 시의 행에 운율적 생기를 불어넣는 것이라고 말했다. 각 행에 문법적 제약을 고려하면서 알고리즘을 짜지 않아도 된다는 사실은 우리에게 좋은 소식이다. 프로그램에서 "생각"을 여러 행에 걸쳐 적기 위해서는 선행하는 행의 마지막 단어 쌍을 새로운 행의 접두사로 사용하여 작성하면 된다.

마지막으로, 사용자에게 시를 짓는 기회뿐만 아니라 두 번째 행과 세 번째 행을 재구성할 수 있는 기회도 주어야 한다. 거의 모든 글쓰기는 다시 쓰기이며, 두 개의 완벽한 행에 이어지는 어색한 행을 재구성하지 않는 것은 만행이다.

의사 코드

전략을 따르는 의사 코드는 다음과 같다.

```
Import count_syllables module
Load a training-corpus text file
Process the training corpus for spaces, newline breaks, and so on
Map each word in corpus to the word after (Markov model order 1)
Map each word pair in corpus to the word after (Markov model order 2)
Give user choice of generating full haiku, redoing lines 2 or 3, or exiting
```

```
If first line:
    Target syllables = 5
    Get random word from corpus <= 4 syllables (no 1-word lines)
    Add word to line
    Set random word = prefix variable
    Get mapped words after prefix
    If mapped words have too many syllables
        Choose new prefix word at random & repeat
    Choose new word at random from mapped words
    Add the new word to the line
    Count syllables in word and calculate total in line
    If syllables in line equal target syllables
        Return line and last word pair in line
Else if second or third line:
    Target = 7 or 5
    Line equals last word pair in previous line
    While syllable target not reached:
        Prefix = last word pair in line
        Get mapped words after word-pair prefix
        If mapped words have too many syllables
            Choose new word-pair prefix at random and repeat
        Choose new word at random from mapped words
        Add the new word to the line
        Count syllables in word and calculate total in line
        If total is greater than target
            Discard word, reset total, and repeat
        Else if total is less than target
            Add word to line, keep total, and repeat
        Else if total is equal to target
            Add word to line
    Return line and last word pair in line
Display results and choice menu
```

학습용 말뭉치

마르코프 모델은 말뭉치로부터 만들어지므로 트레이닝 된 특정 말뭉치에 따라 고유한 성질을 가진다. Edgar Rice Burroughs의 글에서 만들어진 말뭉치로 트레이닝 된 모델은 Anne Rice의 말뭉치로 만들어진 모델과는 확연히 다를 것이다. 우리는 모두 독자적인 글쓰기 스타일이나 목소리를 가지고 있으며 적절한 규모의 샘플이 제공된다면, 당신의 스타일에 맞는 마르코프 모델 또한 생성할 수 있을 것이다. 생성된 마르코프 모델은 마치 지문처럼 문서 또는 원고에 당신의 스타일을 접목시켜 줄 것이다.

마르코프 모델을 만들기 위해 당신은 300여 개의 고대, 현대 하이쿠 시로 구성된(200개 이상이 하이쿠 거장들의 것이다) 텍스트 파일을 말뭉치로 사용할 것이다. 사실, 보다 완벽한 트레이닝을 위해서는 한 명의 저자가 작성한 천여 개의 하이쿠 시를 사용해야 하지만, 과거 하이쿠 시의 거장들은 곧잘 음절 규칙을 지키지 않았고, 영문으로 번역되면서 음절들이 소실되기도 했기 때문에 스타일을 찾아내기가 어렵다.

마르코프 모델에서 키 값에 종속되는 값을 늘리기 위해, 말뭉치에 이용된 하이쿠들은 18번씩 복제되었고 무작위로 파일 내에 분포되었다. 이 작업은 단일 하이쿠 시를 구성하는 단어들 사이의 연관 관계에는 영향을 미치진 않지만, 서로 다른 *하이쿠*들 간의 상호작용을 증가시킨다.

다음의 예제를 살펴보자. 다음 하이쿠의 마지막 단어 쌍은 유일하며 그 다음 하이쿠의 시작 단어에만 맵핑된다고 가정한다. 그 결과 'hollow frog': ['mirror-pond'] 같은 쓸모 없는 사전이 생성된다.

Open mouth reveals
Your whole wet interior
Silly **hollow frog**!

Mirror-pond of stars
Suddenly a summer shower
Dimples the water

하이쿠를 복제하고 임의의 위치에 넣으면 보다 의미 있고 느낌 있는 조합이 생길 확률이 증가하게 된다.

Open mouth reveals
Your whole wet interior
Silly **hollow frog**!

In the city fields
Contemplating cherry trees
Strangers are like friends

이제 마르코프 모델은 'hollow frog'에 'mirror-pond'와 'in'이라는 두 가지 값을 할당한다. 이와 같이 복제가 일어날 때마다 키에 종속되는 값이 증가하는 양상을 볼 수 있지만, 어느 시점이 넘어가면 가능한 모든 조합이 생겨나기 때문에 같은 값을 계속 추가하는 것과 같으니 주의해야 한다.

디버깅

디버깅이란 컴퓨터의 하드웨어나 소프트웨어 상에 존재하는 오류(버그)들을 찾는 과정을 뜻한다. 복잡한 문제에 대한 솔루션을 코딩할 때, 프로그램을 엄격하게 통제해서 예상치 못한 문제들에 대비해야 한다. 예를 들어, 당신의 프로그램이 하이쿠의 첫 행에서 5음절이 아닌 7음절을 생성했으면, 음절을 카운트하는 함수에 문제가 있는지, 단어 맵핑에 문제가 있는지, 혹은 프로그램이 두 번째 행이라고 인식한 것은 아닌지 문제를 정확히 파악해야 수정 작업을 수행할 수 있다. 무엇이 문제인지 알아내기 위해 각 중요 단계마다 프로그램이 무엇을 생성하는지 확인하는 방법이 필요한데 이것을 스카폴딩(*scaffolding*)과 로깅(*logging*)이라고 한다. 다음 두 섹션에서 스카폴딩과 로깅에 대해 자세히 다룰 것이다.

스카폴딩 만들기

스카폴딩은 프로그램 개발을 돕는 임시 코드로써, 개발이 완료되면 삭제한다. 이름은 건설현장의 임시 시설물에서 유래한다.

가장 널리 사용되는 스카폴딩으로는 print()가 있는데 함수나 계산식의 산출물을 확인하는 용도로 자주 사용된다. 사용자는 중간 결과물을 확인할 필요가 없기 때문에 정상적인 값이 출력되는 것을 확인한 후 삭제한다.

스카폴딩으로 주로 확인하는 정보는 변수 값의 타입, 데이터셋의 길이, 증분 계산식의 결과물 등이다. Allen Downey는 자신의 저서, *Think Python*에서 "스카폴딩용 코드를 작성하는데 쓰는 시간이 이후 디버깅 시간을 크게 줄여준다"고 말했다.

디버깅을 위해 print()를 사용하였을 때 단점은 프로그램이 완성된 후 코드로 돌아가서 모든 print() 명령을 삭제하거나 주석 처리해야 하고, 그러던 중 유저에게 필요한 print() 문까지 실수로 삭제할 수 있다는 것이다. 다행히 이러한 단점을 보완하기 위해 logging 모듈을 사용할 수 있다.

Logging 모듈 사용하기

logging 모듈은 파이썬 표준 라이브러리에 포함되어 있고(*https://docs.python.org/3/library/logging.html*) 당신이 원하는 프로그램의 어느 위치에서든 리포트를 생성할 수 있으며, 로그 파일도 저장할 수 있다. 다음의 셀 예제에서는 logging을 이용한 음절 계수 리포트가 정상 작동한다는 것을 확인할 수 있다.

```
❶ >>> import logging
❷ >>> logging.basicConfig(level=logging.DEBUG,
                          format='%(levelname)s - %(message)s')
  >>> word = 'scarecrow'
  >>> VOWELS = 'aeiouy'
  >>> num_vowels = 0
  >>> for letter in word:
          if letter in VOWELS:
              num_vowels += 1
      ❸ logging.debug('letter & count = %s-%s', letter, num_vowels)

DEBUG - letter & count = s-0
DEBUG - letter & count = c-0
DEBUG - letter & count = a-1
DEBUG - letter & count = r-1
DEBUG - letter & count = e-2
DEBUG - letter & count = c-2
DEBUG - letter & count = r-2
DEBUG - letter & count = o-3
DEBUG - letter & count = w-3
```

먼저, logging 모듈을 사용하기 위해 임포트한다❶. 그리고 필요한 디버깅 정보와 형식을 설정한다❷. DEBUG 레벨은 가장 작은 정보 레벨로 문제를 진단하기 위한 세부정보를 표시한다.

위 예시에서는 결과값을 문자열 형태 %s로 출력하고 있지만, 필요에 따라 더 많은 정보를 포함할 수도 있다(예를 들어, 날짜와 시간을 나타내고 싶을 경우 format='%(asctime)s' 추가). 하지만 우리가 작성하는 프로그램에서 가장 중요한 정보는 음절을 잘 카운트하고 있기 때문에 지금은 %s만 사용하도록 한다.

분석되는 각 글자마다 출력하고 싶은 텍스트 메시지를 넣어 변수 값과 함께 출력한다. 이때, 문자열이 아닌 정수나 리스트 변수는 문자열로 변환해야 한다❸. logging 결과값이 출력된다. 글자에 따라 음절의 개수가 변화하는 것을 확인할 수 있다.

scaffolding처럼 logging 역시 개발자만을 위한 도구이며, print() 함수처럼 프로그램을 전체적으로 느리게 만들 수 있다. logging 메시지를 비활성화 하려면 모듈을 임포트한 다음 logging.disable(logging.CRITICAL)을 다음과 같이 호출하면 된다.

```
>>> import logging
>>> logging.disable(logging.CRITICAL)
```

Logging을 비활성화하는 부분을 프로그램의 상단에 배치하게 되면, 디버깅 기능이 켜져 있는지 꺼져 있는지 여부를 손쉽게 확인할 수 있다. logging.disable() 함수는 출력되는 모든 메시지를 정해진 단위에 따라 제어할 수 있는데, 예제에 사용된 CRITICAL은 최고 레벨로써 모든 logging 메시지들을 차단한다. 이것은 print()처럼 일일이 지울 필요가 없기 때문에 훨씬 나은 솔루션이라고 할 수 있다.

코드

본문에서 작성할 *markov_haiku.py* 코드는 *train.txt*라는 텍스트 파일 내의 학습용 말뭉치를 사용하여 파이썬 사전으로 마르코프 모델을 구현하고, 한 단어씩 하이쿠를 생성할 것이다. 챕터 8의 *count_syllables.py* 프로그램과 *missing_words.json* 파일을 사용해서 본문에서 만든 *markov_haiku.py*가 생성한 행이 정상적인 음절을 가지고 있는지 확인한다. 모든 파일은 영진닷컴 홈페이지에서 다운로드할 수 있다. 파일은 모두 동일한 디렉토리에 저장해야 한다.

준비

코드 9-1은 필요한 모듈을 임포트하고 외부 파일을 로드한다.

markov_haiku.py, part 1

```
❶ import sys
import logging
import random
from collections import defaultdict
from count_syllables import count_syllables

❷ logging.disable(logging.CRITICAL)  # comment out to enable debugging messages
logging.basicConfig(level=logging.DEBUG, format='%(message)s')

❸ def load_training_file(file):
    """Return text file as a string."""
    with open(file) as f:
```

```
    ❹ raw_haiku = f.read()
        return raw_haiku

❺ def prep_training(raw_haiku):
    """Load string, remove newline, split words on spaces, and return list."""
    corpus = raw_haiku.replace('\n', ' ').split()
    return corpus
```

코드 9-1 임포트, 로드, 학습용 말뭉치 준비

먼저 필요한 모듈들을 임포트한다❶. 디버깅 메시지 출력을 위한 logging 모듈, 그리고 defaultdict를 사용해서 사전 리스트에 키 값을 자동 생성하여 오류 발생을 방지한다. 그리고 챕터 8에서 작성한 count_syllables 함수를 *count_syllables.py* 프로그램에서 임포트한다. 그 외 임포트된 모듈들은 이전 장에서 많이 사용되어 이제 친숙해졌을 것이다.

logging을 끄는 명령어를 임포트 직후 행에 배치하여 쉽게 찾을 수 있도록 한다. logging 메시지를 보고 싶다면 해당 행을 주석 처리하면 된다❷. 이전 섹션에 서술한 바와 같이, 다음 구문은 당신이 보게 될 것을 설정한다.

다음으로, 학습용 말뭉치 텍스트 파일을 로드하는 함수를 정의한다❸. 파이썬 내장 함수인 read()를 이용하여 프로그램이 리스트 타입으로 변환할 수 있도록 문자열 형식으로 데이터를 읽어들인다. 문자열을 반환하여 다음 함수로 전달한다❹.

Prep_training() 함수❺는 load_training_file() 함수에서 전달받은 문자열 값을 받아 개행 문자를 공백으로 치환하고, 공백을 기준으로 단어들을 나누어 리스트 아이템으로 변환한다. 이제 말뭉치를 리스트로 반환한다.

마르코프 모델 만들기

이번 챕터에서 다루는 마르코프 모델은 단어나 단어 쌍을 키 값으로 가지며 바로 뒤에 오는 단어를 값으로 가지는 파이썬 사전이다. 뒤따르는 단어들의 통계적인 빈도수는 값 리스트 내의 단어 반복에서 산출할 수 있다. 파이썬 사전은 세트와 마찬가지로 동일한 키는 가질 수 없지만 중복되는 값은 가질 수 있다.

코드 9-2는 두 가지 함수를 정의한다. 두 함수 모두 앞 섹션에서 생성된 말뭉치를 인자로 받아 마르코프 모델을 반환한다.

markov_haiku.py, part 2

```
❶ def map_word_to_word(corpus):
    """Load list & use dictionary to map word to word that follows."""
❷ limit = len(corpus) - 1
❸ dict1_to_1 = defaultdict(list)
❹ for index, word in enumerate(corpus):
        if index < limit:
          ❺ suffix = corpus[index + 1]
            dict1_to_1[word].append(suffix)
❻ logging.debug("map_word_to_word results for \"sake\" = %s\n",
            dict1_to_1['sake'])
❼ return dict1_to_1
```

```
❽ def map_2_words_to_word(corpus):
        """Load list & use dictionary to map word-pair to trailing word."""
❾      limit = len(corpus) - 2
        dict2_to_1 = defaultdict(list)
        for index, word in enumerate(corpus):
            if index < limit:
❿              key = word + ' ' + corpus[index + 1]
                suffix = corpus[index + 2]
                dict2_to_1[key].append(suffix)
        logging.debug("map_2_words_to_word results for \"sake jug\" = %s\n",
                      dict2_to_1['sake jug'])
        return dict2_to_1
```

코드 9-2 1, 2차 마르코프 모델을 생성하는 함수들 정의

먼저, 각 단어를 뒤따르는 단어와 맵핑하는 함수를 정의한다❶. 프로그램은 씨앗 단어에 뒤따르는 두 번째 단어를 선택하기 위해 이 함수를 사용한다. 사용되는 매개변수는 prep_training() 함수가 반환한 말뭉치 리스트이다.

말뭉치 리스트의 마지막 단어는 키 값으로 사용할 수 없도록 한계치를 설정함으로써❷ 인덱스 오류를 미연에 방지한다. 이제 defaultdict를 리스트를 초기화한다❸. 사전 값은 여러 접미사를 담을 수 있도록 리스트가 되어야 하므로, list를 인자로 사용한다.

말뭉치 내 모든 단어들의 인덱스를 받아 루핑하고 enumerate를 사용해서 각 단어의 인덱스를 오브젝트로 만든다❹. 조건문과 한계값을 사용하여 마지막 단어가 키로 선택되는 것을 방지한다. 뒤따르는 단어를 담는 suffix라는 변수를 새로 할당한다❺. 값은 현재 단어에 1을 더한 인덱스가 된다. 리스트의 다음 단어가 되는 것이다. 이 변수를 현재 단어의 값으로서 사전에 추가한다.

모두 제대로 작동하는지 확인하기 위해, logging을 사용해서 키 하나를 출력하도록 한다❻. 말뭉치 변수 안에는 수천 가지의 단어가 들어있기 때문에, 한꺼번에 출력하는 것은 좋은 생각이 아니다. sake처럼 말뭉치 속에 확실히 있을 법한 단어를 선택한다. 현재 logger의 설계에 맞게 %로 예전 문자열 형식을 사용한다. 사전을 반환하면서 종료한다❼.

다음 함수인 map_2_words_to_word()는 위에 서술된 함수와 기본적으로 동일한 일을 한다. 다만, 두 개의 연속적인 단어를 키로 사용하고 그 뒤에 오는 단어를 값으로 사용한다는 차이가 있다❽. 한계값을 마지막 두 단어 뒤 인덱스로 지정하고❾, 중간에 공백이 들어간 두 단어를 키로 사용하고❿, suffix의 인덱스 값에 2를 더하는 것을 잊지 말자.

무작위 단어 선택

프로그램은 키 없이는 마르코프 모델을 사용할 수 없기 때문에 사용자나 프로그램 자체에서 가상 하이쿠의 첫 단어를 입력해주어야 한다. 코드 9-3에서 정의된 함수는 무작위로 첫 단어를 선택하고 자동으로 씨앗 단어로 만든다.

markov_haiku.py, part 3

```
❶ def random_word(corpus):
        """Return random word and syllable count from training corpus."""
❷   word = random.choice(corpus)
❸   num_syls = count_syllables(word)
```

```
❹ if num_syls > 4:
        random_word(corpus)
    else:
  ❺ logging.debug("random word & syllables = %s %s\n", word, num_syls)
        return (word, num_syls)
```

코드 9-3 하이쿠를 시작하기 위해 무작위로 씨앗 단어를 선택하는 함수

함수를 정의하고 corpus 리스트를 전달한다❶. 그리고 word 변수를 할당하고 random.choice() 함수를 이용해서 말뭉치로부터 임의의 단어를 추출한다❷.

count_syllables 모듈의 count_syllables() 함수를 이용하여 선별된 단어의 음절을 카운트한 뒤, num_syls 변수에 저장한다❸. 나는 한 행에 한 단어만 있는 것을 선호하지 않아서 5음절로 구성된 단어가 선택되었을 경우 다시 무작위로 단어를 고르는 단계를 추가했다❹. 파이썬의 재귀함수는 기본적으로 1000번 허용되지만 이 챕터에서 제공된 하이쿠 학습용 말뭉치만을 사용한다면, 재귀 함수로 인해 오류가 발생할 확률을 지극히 낮다. 만약 위 재귀 함수로 인해 문제가 발생한다면 함수 전체를 while 문으로 대체하면 된다.

5음절 미만의 단어가 선별되었다면 디버깅을 위해 logging을 사용해서 단어와 음절 수를 출력하고❺ 튜플 형태로 반환한다.

마르코프 모델 적용하기

씨앗 단어에서 맵핑되는 한 단어를 고르기 위해 1차 마르코프 모델을 이용한다. 이후 필요한 단어는 모두 두 개의 단어 쌍을 키로 가지는 2차 마르코프 모델을 이용한다. 코드 9-4에 상기한 동작들을 수행하는 함수들이 정의되어 있다.

markov_haiku.py,
part 4

```
❶ def word_after_single(prefix, suffix_map_1, current_syls, target_syls):
        """Return all acceptable words in a corpus that follow a single word."""
  ❷ accepted_words = []
  ❸ suffixes = suffix_map_1.get(prefix)
  ❹ if suffixes != None:
      ❺ for candidate in suffixes:
                num_syls = count_syllables(candidate)
                if current_syls + num_syls <= target_syls:
                  ❻ accepted_words.append(candidate)
  ❼ logging.debug("accepted words after \"%s\" = %s\n",
                        prefix, set(accepted_words))
        return accepted_words

❽ def word_after_double(prefix, suffix_map_2, current_syls, target_syls):
        """Return all acceptable words in a corpus that follow a word pair."""
        accepted_words = []
  ❾ suffixes = suffix_map_2.get(prefix)
        if suffixes != None:
            for candidate in suffixes:
                num_syls = count_syllables(candidate)
                if current_syls + num_syls <= target_syls:
                    accepted_words.append(candidate)
```

```
      logging.debug("accepted words after \"%s\" = %s\n",
                    prefix, set(accepted_words))
❿ return accepted_words
```

코드 9-4 주어진 접두사, 마르코프 모델, 음절수를 사용하여 단어를 선택하는 두 함수

먼저 처음 주어진 씨앗 단어로 다음 단어를 선별하기 위해 word_after_single() 함수를 정의한다. 이 함수는 키 값이 되는 씨앗 단어, 1차 마르코프 모델, 씨앗 단어 음절수, 그리고 목표 음절수를 인자로 받는다❶.

접두사를 뒤따르고 목표 음절수를 넘지 않는 단어들을 담을 빈 리스트를 생성한다❷. 이를 suffixes라 부르고 주어진 키에 대한 사전 값을 반환하는 사전의 get() 메서드를 사용해서 변수에 할당한다❸. get() 메서드는 키가 사전에 존재하지 않을 경우 keyError가 아닌 None 값을 리턴한다.

매우 작은 확률이긴 하지만, 접두사가 되는 단어가 말뭉치의 마지막 단어일 수도 있다. 이 경우, 값이 되는 접미사가 없기 때문에 오류가 발생할 수 있으므로 if 조건문을 통해 미연에 이를 방지한다❹. 접미사가 없다면 word_after_single() 함수를 호출하는 함수(다음 섹션에서 설명)가 새로운 접두사를 지정한다.

각 접미사들은 하이쿠에 들어갈 후보 단어들이지만 아직 "적합한지" 확인되지 않았기 때문에 for 루프와 count_syllables 모듈, 그리고 if 문을 사용해서 단어를 추가했을 때 한 행의 목표 음절수를 넘는지 확인한다❺. 확인된 단어는 acceptable_words 리스트에 추가된다❻. 이후 logging을 통해 조건에 부합하는 단어들을 확인한 후 반환한다❼.

다음 함수인 word_after_double()은 이전 함수와 유사하지만 단어 쌍과 2차 마르코프 모델(suffix_map_2)❽을 전달하고 사전의 접미사들을 받아온다❾. word_after_single()과 마찬가지로 조건에 부합하는 단어들의 리스트를 반환한다❿.

하이쿠 행 생성하기

이제 하이쿠 형태의 시를 짓기 위해 필요한 모든 함수가 정의되었다. 본격적으로 하이쿠 시의 행을 생성하는 함수를 작성해보자. 이 함수는 전체 하이쿠를 만들거나 두 번째 혹은 세 번째 행만을 업데이트 할 수 있다. 두 가지 방법이 있는데, 첫 번째는 접미사가 최대 한 개만 있을 때 사용하고 두 번째는 그 이외의 모든 경우에 사용한다.

첫 행 만들기

코드 9-5는 하이쿠의 행들을 작성하고 첫 행을 시작하는 함수를 정의한다.

markov_haiku.py,
part 5

```
❶ def haiku_line(suffix_map_1, suffix_map_2, corpus, end_prev_line, target_syls):
      """Build a haiku line from a training corpus and return it."""
❷ line = '2/3'
    line_syls = 0
    current_line = []

❸ if len(end_prev_line) == 0:  # build first line
```

```
❹ line = '1'
❺ word, num_syls = random_word(corpus)
  current_line.append(word)
  line_syls += num_syls
❻ word_choices = word_after_single(word, suffix_map_1,
                                    line_syls, target_syls)
❼ while len(word_choices) == 0:
      prefix = random.choice(corpus)
      logging.debug("new random prefix = %s", prefix)
      word_choices = word_after_single(prefix, suffix_map_1,
                                       line_syls, target_syls)
❽ word = random.choice(word_choices)
  num_syls = count_syllables(word)
  logging.debug("word & syllables = %s %s", word, num_syls)
❾ line_syls += num_syls
  current_line.append(word)
❿ if line_syls == target_syls:
      end_prev_line.extend(current_line[-2:])
      return current_line, end_prev_line
```

코드 9-5 하이쿠의 첫 행과 나머지 행을 생성하는 함수

　두 가지 마르코프 모델과 학습용 말뭉치, 이전 행의 마지막 단어 쌍, 그리고 현재 행
의 목표 음절수를 인자로 받는 함수를 정의한다❶. 그리고 변수를 이용해서 하이쿠의 몇
번째 행이 수행되고 있는지 지정한다❷. 대부분의 작업은 이미 존재하는 단어 쌍을 접두
사로 사용하는 두 번째 행과 세 번째 행에 수행되기 때문에(그리고 아마 첫 행의 마지막
부분) 이를 기본으로 설명한다. 음절을 계수하기 위한 변수를 지정하고 생성되는 행에
사용될 단어를 담을 빈 리스트를 생성한다.

　if 문을 사용하여 end_prev_line 매개변수의 길이가 0일 경우 이전 행이 없는 것으
로 간주하고 현재 행이 첫 번째 행임을 확인한다❸. 첫 번째 행임이 확인되었으므로 line
변수를 1로 지정한다❹.

　씨앗 단어와 음절수를 얻기 위해 random_word() 함수를 호출한다❺. random_word()
함수가 반환하는 word와 num_sylls 튜플을 변수에 할당하여 "unpacking"을 수행한다.
함수는 return 문에서 종료되므로 튜플은 여러 변수들을 반환하고 싶을 때 매우 효율적
인 수단이다. 이 프로그램의 심화 버전에서는 yield 키워드를 사용하여 생성기 함수를
만들 수 있다. yield는 함수를 종료하지 않고 다음 단어를 생성할 수 있다.

　이제 생성된 씨앗 단어를 current_line에 담고 num_syls 변수를 증분하여 음절의 총
합을 저장한다. 씨앗 단어가 정해졌으니, word_after_single() 함수를 통해 가능한 접
미사를 모두 구한다❻.

　조건에 맞는 단어를 찾을 수 없다면 while 루프를 이용해서 조건에 맞는 단어들이 채
워질 때까지 상기한 단계를 반복한다❼. 이때 임의로 새로운 접두사(유령 접두사)를 ran-
dom 모듈의 choice 메서드로 선택한다. (유령 접두사는 하이쿠의 일부가 되는 것이 아니
라 마르코프 모델을 사용하여 조건에 맞는 접미사를 찾기 위한 용도).

　while 루프 안에서 logging 메시지가 선택된 유령 접두사를 출력한다. 메시지 출력 후
word_after_single()을 한 번 더 호출하여 새로운 단어들을 생성한다.

조건의 맞는 단어 리스트가 만들어지면 다시 choice를 사용해서 word_choices 리스트 내의 단어를 선택한다❽. 이때 생성한 마르코프 모델은 통계적으로 유의미한 영향을 끼치는데, 이는 word_choices 변수에 중복된 단어들이 들어있기 때문이다. 다음 음절을 계수하고 결과를 logging한다.

이렇게 선택된 단어의 음절은 행의 전체 음절 총합에 더해지고 단어는 current_line 리스트에 추가된다❾.

만약 첫 두 단어의 음절수가 5일 경우❿, end_prev_line 변수에 현재 행의 마지막 두 단어를 추가하여 두 번째 행의 접두사로 만든다. 마지막으로, 전체 행을 담고 있는 current_line과 end_prev_line 변수를 반환한다.

만약 첫 행의 음절수가 5가 되지 않았다면, 다음 섹션에서 소개할 while 루프를 통해 첫 행을 완성한다.

나머지 행 만들기

코드 9-6은 haiku_line() 함수의 마지막 부분으로, 하이쿠가 이미 단어 쌍을 접두사로 가질 때 2차 마르코프 모델을 사용하는 과정을 보여준다. 이를 통해 프로그램은 이전 섹션에서 음절의 개수가 5개 미만이어서 완성되지 못한 첫 번째 행을 마무리 짓고 뒤따르는 두 번째 행과 세 번째 행을 만든다. 앞서 설명한 바와 같이, 하이쿠가 완성된 다음 사용자가 두 번째 행과 세 번째 행을 다시 생성할 수 있는 부분도 포함되어 있다.

markov_haiku.py,
part 6

```
❶ else: # build lines 2 and 3
❷     current_line.extend(end_prev_line)

❸ while True:
      logging.debug("line = %s\n", line)
❹     prefix = current_line[-2] + ' ' + current_line[-1]
❺     word_choices = word_after_double(prefix, suffix_map_2,
                                       line_syls, target_syls)
❻     while len(word_choices) == 0:
          index = random.randint(0, len(corpus) - 2)
          prefix = corpus[index] + ' ' + corpus[index + 1]
          logging.debug("new random prefix = %s", prefix)
          word_choices = word_after_double(prefix, suffix_map_2,
                                           line_syls, target_syls)
      word = random.choice(word_choices)
      num_syls = count_syllables(word)
      logging.debug("word & syllables = %s %s", word, num_syls)

❼     if line_syls + num_syls > target_syls:
          continue
      elif line_syls + num_syls < target_syls:
          current_line.append(word)
          line_syls += num_syls
      elif line_syls + num_syls == target_syls:
          current_line.append(word)
          break

❽ end_prev_line = []
  end_prev_line.extend(current_line[-2:])
```

```
❾ if line == '1':
        final_line = current_line[:]
    else:
        final_line = current_line[2:]

    return final_line, end_prev_line
```

코드 9-6 함수 haiku_line()에서 2차 마르코프 모델을 사용하여 하이쿠 행을 생성하는 부분

접미사가 있을 경우 실행되는 else 문으로 시작한다❶. 함수의 마지막 부분에서 첫 번째 행뿐만 아니라 두 번째와 세 번째 행 또한 다루어야 하기 때문에, 일종의 트릭을 사용하여 리스트 변수인 end_prev_line(조건문 외부인 ❽에서 생성)를 current_line 리스트에 추가한다❷. 이후 하이쿠를 마무리하는 단계에서 첫 단어 쌍을 삭제하는 단계가 추가된다.

다음 행에서는 while 문으로 목표 음절(5 나 7)이 될 때까지 계속해서 루핑을 수행한다❸. 각 루프는 디버깅을 위한 로그 메시지 출력으로 시작되며, '1' 또는 '2/3'으로 현재 작업 중인 행을 표시한다.

새로 작성되는 행의 시작 부분에 이전 행의 마지막 단어 쌍이 추가되면 현재 행의 마지막 두 단어는 항상 접두사가 될 것이다❹.

2차 마르코프 모델을 이용하여 음절 조건이 충족되는 단어들의 리스트를 만든다❺. 생성된 리스트가 없을 경우 유령 접두사를 사용하여 단어 리스트를 만든다❻.

지금까지 생성된 총 음절 수를 목표 음절 수와 비교하여 다음 동작을 결정한다❼. 음절 수가 목표 음절 수를 초과한다면 continue 문을 통해 while 루프를 재시작한다. 만약 충분한 음절수가 채워지지 않았다면 단어를 current_line에 추가한 다음 행의 음절 변수에 추가된 단어의 음절 수를 더해준다. 두 가지 조건을 모두 충족하지 않을 경우, 즉 음절 수가 목표 음절 수와 동일하다면 current_line에 단어를 추가한 다음 루프를 종료한다.

작성된 행의 마지막 두 단어를 end_prev_line에 할당하여 다음 행 작성에 사용할 수 있도록 한다❽. 현재 행이 첫 번째 행이라면(line: '1'), 현재 행을 final_line 변수로 복제한다. 만약 두 번째 혹은 세 번째 행이라면(line: '2/3') 인덱스 자르기를 통해 첫 두 단어를 제거하고 final_line에 할당한다❾. 이렇게 해서 두 번째 행이나 세 번째 행의 end_prev_line 단어 쌍은 제거된다.

사용자 인터페이스 작성

코드 9-7은 셋업 함수와 사용자 인터페이스가 포함되어 있는 *markov_haiku.py* 프로그램의 main() 함수를 정의한다. 생성된 인터페이스에는 사용자가 선택할 수 있는 옵션과 만들어진 하이쿠를 보여주는 기능이 포함되어 있다.

markov_haiku.py,
part 7

```
def main():
    """Give user choice of building a haiku or modifying an existing haiku."""
    intro = """\n
A thousand monkeys at a thousand typewriters...
or one computer...can sometimes produce a haiku.\n"""
```

```
      print("{}".format(intro))

❶ raw_haiku = load_training_file("train.txt")
  corpus = prep_training(raw_haiku)
  suffix_map_1 = map_word_to_word(corpus)
  suffix_map_2 = map_2_words_to_word(corpus)
  final = []

  choice = None
❷ while choice != "0":

❸   print(
          """

        Japanese Haiku Generator

        0 - Quit
        1 - Generate a Haiku
        2 - Regenerate Line 2
        3 - Regenerate Line 3
        """
        )

❹   choice = input("Choice: ")
    print()

    # exit
❺   if choice == "0":
        print("Sayonara.")
        sys.exit()

    # generate a full haiku
❻   elif choice == "1":
        final = []
        end_prev_line = []
        first_line, end_prev_line1 = haiku_line(suffix_map_1, suffix_map_2,
                                    corpus, end_prev_line, 5)
        final.append(first_line)
        line, end_prev_line2 = haiku_line(suffix_map_1, suffix_map_2,
                                    corpus, end_prev_line1, 7)
        final.append(line)
        line, end_prev_line3 = haiku_line(suffix_map_1, suffix_map_2,
                                    corpus, end_prev_line2, 5)
        final.append(line)

    # regenerate line 2
❼   elif choice == "2":
        if not final:
            print("Please generate a full haiku first (Option 1).")
            continue
        else:
            line, end_prev_line2 = haiku_line(suffix_map_1, suffix_map_2,
                                        corpus, end_prev_line1, 7)
            final[1] = line

    # regenerate line 3
❽   elif choice == "3":
        if not final:
            print("Please generate a full haiku first (Option 1).")
            continue
```

```
            else:
                line, end_prev_line3 = haiku_line(suffix_map_1, suffix_map_2,
                                                  corpus, end_prev_line2, 5)
                final[2] = line

        # some unknown choice
❾      else:
            print("\nSorry, but that isn't a valid choice.", file=sys.stderr)
            continue

❿   # display results
    print()
    print("First line = ", end="")
    print(' '.join(final[0]), file=sys.stderr)
    print("Second line = ", end="")
    print(" ".join(final[1]), file=sys.stderr)
    print("Third line = ", end="")
    print(" ".join(final[2]), file=sys.stderr)
    print()

    input("\n\nPress the Enter key to exit.")

if __name__ == '__main__':
    main()
```

코드 9-7 프로그램 시작 및 사용자 인터페이스 제공

   프로그램에 대한 간략한 설명 메시지를 출력한 후, 학습용 말뭉치를 불러오고 리스트로 준비하는 과정을 거쳐 1, 2차 마르코프 모델을 생성한다. 그리고 나서 작성할 하이쿠를 담을 비어있는 리스트를 생성한다❶. 다음으로, choice 변수를 생성하고 값을 None으로 설정한다. 사용자가 0을 선택할 때까지 실행되는 while 루프를 시작한다❷. 사용자가 0을 선택할 경우 프로그램은 종료된다.

   print()와 3중 따옴표를 이용하여 메뉴를 표시하고❸ 사용자의 선택을 입력받는다❹. 사용자가 0을 선택할 경우 goodbye를 출력하고 프로그램을 종료한다❺. 1을 선택할 경우 새로운 하이쿠를 생성할 수 있도록 final과 end_prev_line 변수를 초기화 하고❻ haiku_line() 함수를 호출한다. 각 행마다 이 함수를 불러오게 되는데 목표 음절 수와 같은 올바른 인자를 전달해야 한다. end_prev_line의 변수명은 행을 작성하면서 갱신하게 되는데, end_prev_line2는 두 번째 행의 마지막 두 단어를 담고, 마지막 변수인 end_prev_line3은 함수 재사용을 위한 플레이스홀더로써 존재한다. haiku_line() 함수는 호출할 때마다 final 변수 리스트에 추가할 행을 생성한다.

   사용자가 2를 선택할 경우, 두 번째 행을 새로 생성하게 된다❼. 행을 재생성하기 위해서는 이미 만들어진 하이쿠 전체가 필요하기 때문에 if 문을 사용하여 하이쿠의 생성 여부를 확인한다. 전체 하이쿠가 존재할 경우 haiku_line() 함수를 재호출하여 end_prev_line1과 두 번째 행의 목표 음절인 7을 전달하여 새로운 행을 생성하고 final 리스트의 첫 번째 인덱스에 삽입한다.

   3을 선택할 경우에도 동일한 작업을 수행하되, 목표 음절을 5로 설정하고 end_prev_line2를 haiku_line() 함수에 전달한다❽. 행은 final 리스트의 2번째 인덱스에 삽입한다.

180   Chapter 9

만약 사용자가 메뉴에 없는 것을 입력할 경우 이를 알리고 continue 문으로 다시 루프를 수행한다❾. 마지막으로, join() 함수와 file=sys.stderr을 사용하여 쉘에서 보기 좋게 출력한다❿. 모듈이나 스탠드얼론 모드로 실행할 수 있도록 하는 표준 코드로 프로그램을 마무리한다.

결과

시를 짓는 프로그램을 주관적으로 평가하기 위해서는 시가 좋은지 나쁜지에 대한 기준을 정해야 한다. *markov_haiku.py* 프로그램의 독창성과 인간성을 평가할 수 있는 다음과 같은 지표를 제안한다.

Duplicate 생성된 하이쿠가 학습용 말뭉치에 포함된 하이쿠와 동일하다.

Good 인간이 작성한 하이쿠와 분간이 불가능하다. 프로그램으로 한 번에 생성된 하이쿠와 두 번째 혹은 세 번째 행을 새로 생성한 하이쿠가 모두 포함된다.

Seed 하이쿠의 정형화된 음절을 따르긴 했지만 컴퓨터가 만든 것 같은 하이쿠, 또는 단어 한두 개의 위치만 바꿔도 좋은 하이쿠로 바뀔 수 있는 하이쿠이다(이후에 자세히 설명할 것이다). 두 번째 혹은 세 번째 행의 재생성이 여러 번 이루어질 수 있다.

Rubbish 도무지 시라고 볼 수 없는, 그저 무작위 단어의 조합으로 이루어진 하이쿠이다.

프로그램을 여러 번 실행하여 많은 하이쿠를 만들어서 위 카테고리를 기준으로 평가한다면, 그림 9-3과 같은 결과를 얻을 수 있다. 약 5%는 학습용 말뭉치에 포함된 하이쿠와 동일한 하이쿠가 생성될 것이고, 약 10%는 좋은 하이쿠가 생성될 것이며, 약 24%는 약간의 수정만 한다면 좋은 하이쿠가 될 수 있을 것이다. 나머지는 재사용이 불가능한 시(rubbish)라고 보면 된다.

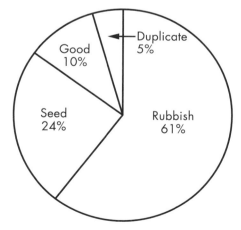

그림 9-3 프로그램에서 생성된 500여개의 하이쿠에 대한 주관적 평가 결과

마르코프 프로세스를 통한 작업이 그리 복잡하지 않다는 것을 고려할 때 그림 9-3의 결과는 놀랍지 않을 수 없다. Charles Hartman을 다시 한 번 인용하자면, "언어는 약간의 통계적 잡음에서 스스로 재창조한다… 우리는 감각이 진화하고 의미가 기적적인 수준으로 발전하는 것을 확인할 수 있다."

좋은 하이쿠

다음의 예시는 좋은 시로 분류된 하이쿠들이다. 첫 예시에서는 내가 챕터 8에서 작성한 하이쿠와 동일한 의미를 지녔으나 프로그램을 통해 약간 수정된(당신이 알고리즘에 대해 잘 몰랐다면 기술적으로도 진보되었다고 할 법한) 새로운 하이쿠를 확인할 수 있다.

> Cloudbanks that I let
> Myself pretend are distant
> Mountains faraway

다음 예시에서는 프로그램이 시상이나 개념을 나란히 배치하는 전통적인 하이쿠의 형태를 따르는 것을 확인할 수 있다.

> The mirror I stare
> Into shows my father's face
> An old silent pond

상기한 시에서는 거울이 고요한 연못을 나타낸다는 것을 느낄 수 있다. 혹자는 얼굴이 연못을 나타낸다고 느낄 수도 있다.

프로그램을 실행하는 것은 금을 찾는 것과 같다. 어쩔 때는 금괴를 찾을 수도 있다. 왼쪽에 있는 하이쿠는 약 300년 전, 하이쿠의 거장 Ringai가 작성한 하이쿠이고 오른쪽 하이쿠는 우리가 작성한 프로그램이 만들어 낸 하이쿠이다. 프로그램은 왼쪽의 시를 약간 수정함으로써 늦은 봄에 찾아오는 꽃샘추위를 떠오르게 한다.

In these dark waters Drawn up from my frozen well Glittering of Spring 　　　　　—*Ringai*	Waters drawn up from My frozen well glittering Of Spring standing still 　　　　　—*Python*

다음의 예시들도 좋은 하이쿠들이다. 첫 번째 하이쿠는 정말 놀랍게도 세 개의 학습용 하이쿠로부터 만들어진 것으로 보임에도 불구하고 세 행 모두 문맥상의 의미가 통한다는 것을 알 수 있다.

> As I walk the path
> Eleven brave knights canter
> Through the stormy woods

> Cool stars enter the
> Window this hot evening all
> Heaven and earth ache

Such a thing alive
Rusted gate screeches open
Even things feel pain

The stone bridge! Sitting
Quietly doing nothing
Yet Spring comes grass grows

Dark sky oh! Autumn
Snowflakes! A rotting pumpkin
Collapsed and covered

Desolate moors fray
Black cloudbank, broken, scatters
In the pines, the graves

씨앗 하이쿠

컴퓨터가 시를 짓는 창작 활동에 도움이 될 수 있다는 개념은 예전부터 존재했다. 시인들은 종종 "펌프에 기름칠을 하듯" 이전에 지어진 시들을 모방했고, 컴퓨터가 이러한 작업을 하지 못할 이유가 없기 때문이다. 때로는 컴퓨터가 만든 결과물이 별로일지라도 새로운 영감의 재료, "씨앗"이 되어 창작의 고통에 몸부림 치는 시인들에게 큰 도움을 줄 수 있을 것이다.

*markov_haiku.py*로 생성한 세 가지 하이쿠를 살펴보자. 왼쪽에 있는 하이쿠들은 컴퓨터가 생성한 어딘가 어색하고 불완전한 하이쿠이고, 오른쪽 하이쿠들은 약간 수정한 것들이다. 단어 하나만 변경해도 크게 자연스러워진다는 것을 알 수 있다(굵은 폰트로 표시).

My life must end like Another flower what a Hungry wind **it** is	My life must end like Another flower what a Hungry wind is **death**
The dock floating in The hot caressing night just Before the dawn **old**	The dock floating in The hot caressing night just Before the dawn **rain**
Moonrise on the grave And my old sadness a sharp Shovel thrust **the** stars	Moonrise on the grave And my old sadness a sharp Shovel thrust **of** stars

마지막 하이쿠는 수수께끼처럼 보이지만 자연적인 단어들과 연계되어 있어서(달과 별, 무덤과 삽, 무덤과 슬픔) 봐줄 만 하다. 의미를 넣는데 조바심을 내면 안 된다. T.S. Eliot의 말을 빌리자면, "의미를 부여하는 것은 도둑이 개에게 고기를 던져 주는 것과 같다. 시를 읽는 중에도 당신의 마음은 바뀔 수 있다!"

요약

두 개의 챕터를 거쳐 일본식 하이쿠 시를 짓는(혹은 시인이 시를 짓기 위해 필요한 씨앗을 생성하는) 프로그램을 만드는 법을 배워보았다. 또한 logging 모듈을 사용하여 중요 단계마다 프로그램이 올바른 결과를 생성하는지 디버깅하는 작업을 학습했다.

추가 참고 도서

컴퓨터를 활용한 시 짓기에 관심이 있다면 Charles O. Hartman의 *Virtual Muse: Experiments in Computer Poetry*(Wesleyan University Press, 1996)를 참조하라.

수학자 Claude Shannon에 대해 좀더 알고 싶다면 Jimmy Soni와 Rod Goodman의 *A Mind at Play: How Claude Shannon Invented the Information Age*(Simon & Schuster, 2017)를 참조하라.

하이쿠에 관해 좀 더 알고 싶다면 Peter Beilenson이 옮긴 *Japanese Haiku: Two Hundred Twenty Examples of Seventeen-Syllable Poems*(The Peter Pauper Press, 1955)를 참조하라. Global Grey(https://www.globalgreyebooks.com/)에서도 확인할 수 있다.

"Gaiku: Generating Haiku with Word Association Norms"(Association for Computational Linguistics, 2009) 논문에서 Yael Netzer와 공저자들은 하이쿠에서의 단어 연관(WANs)에 관해 탐구하였다. 당신은 사람들에게 임의의 단어를 제공하고 즉각적인 응답을 받아 WAN 말뭉치를 생성할 수 있다(예를 들면, *house*에 이어 *fly, arrest, keeper* 등). 이를 이용하면 보다 인간다운 단어를 사용하고, 단어 사이의 연관성이 단단하게 연결되어 있고, 직관적인 하이쿠를 생성할 수 있다. 해당 논문은 *http://www.cs.brandeis.edu/~marc/misc/proceedings/naacl-hlt-2009/CALC-09/pdf/CALC-0905.pdf*에서 확인할 수 있다.

디버깅 기법에 대해 좀 더 알고 싶다면 Al Sweigart의 저서, *Automate the Boring Stuff with Python*(No Starch Press, 2015)을 참조하라.

도전 프로젝트

나는 이번 챕터에서 파생된 프로젝트들을 제안했다. 여느 도전 프로젝트들과 마찬가지로 당신 스스로 해내야 하며, 솔루션은 제공되지 않는다.

새로운 단어 생성기

1961년에 출간된 수상 공상과학 소설, *Stranger in a Strange Land*의 저자 Robert A. Heinlein은 *grok*이라는 단어를 새로 만들어 깊고 직관적인 깨달음을 표현하였다. 이 단어는 공상과학 소설뿐만 아니라 다른 분야로도 널리 전파되었는데(특히 컴퓨터 프로그래밍 분야로) 현대에는 옥스포드 영어 사전에 등록되었을 정도로 널리 사용되고 있다.

소리가 독창적이면서 의미 있는 새로운 단어를 만들기란 쉽지 않다. 인간은 기본적으로 이미 알고 있는 단어의 바다에 갇혀 있기 때문이다. 하지만 컴퓨터는 이러한 속박으로부터 자유롭다. Charles Hartman은 그의 저서인 *Virtual Muse*에서 시를 짓는 프로그램이 종종 *runkin*, *avatheformitor*와 같이 존재하지 않는 흥미로운 단어들을 생성한다는 것을 알아챘다.

2, 3차 그리고 4차 마르코프 모델을 이용하여 글자들을 조합하고 새로운 단어를 만들어내는 프로그램을 작성하라. 새로 생성된 단어들에 의미를 부여하고 실제 생활에서 생활해보자. 누가 알겠는가, 당신이 만든 단어가 *frickin*, *frabjous*, *chortle*, *trill*처럼 널리 사용될지!

튜링 테스트

영국의 암호 해독자이자 천재 수학자로 알려진 앨런 튜링(Alan Turing)은 "컴퓨터가 인간을 완벽하게 속일 수 있다면 지능이 있다고 볼 수 있다."고 말했다. *markov_haiku.py* 프로그램을 이용하여 하이쿠를 생성하고 친구들이 이것을 인간이 쓴 하이쿠와 분간할 수 있는지 테스트해보자. 프로그램이 생성한 하이쿠 시들은 대부분 엇붙임되어 있기 때문에 실제 거장들이 지은 하이쿠 중 엇붙임 기법을 사용한 시를 고르도록 한다. 소문자를 사용하고 특수문자를 최소화하는 것도 테스트를 보다 어렵게 만드는데 도움이 될 것이다. 페이스북을 통한 다음의 예제를 보자(그림 9-4).

그림 9-4 페이스북을 통한 튜링 테스트의 예시

믿을 수 없어! 정말 믿을 수 없어! 믿을 수 없다고!

트럼프 대통령은 연설에서 "최적의 단어"를 골라 쉽고 간결한 문장을 사용하는 것으로 유명하다. 짧고 간결한 문장은 하이쿠 시를 짓기 위한 최적의 재료이다. 워싱턴 포스트는 실제로 트럼프의 캠페인 연설을 모아 하이쿠 시를 만들어 게재하였는데, 다음은 그중 일부를 발췌한 것이다.

He's a great, great guy.
I saw him the other day.
On television.

They want to go out.
They want to lead a good life.
They want to work hard.

We have to do it.
And we need the right people.
So Ford will come back.

온라인에서 도널드 트럼프 대통령의 연설문들을 받아서 새로운 학습용 말뭉치를 생성하고 *markov_haiku.py* 프로그램을 사용하여 마르코프 모델을 만들어보자. 카네기 멜론 대학 발음 사전에 등재되어 있지 않은 단어들을 포함시키기 위해 챕터 8의 "누락 단어" 사전을 이용한다. 프로그램을 다시 실행해서 현 세태를 잘 표현하는 하이쿠를 생성해보자. 가장 완벽하다고 생각되는 것을 친구에게 보여주고 실제 트럼프의 연설과 구분하는 튜링 테스트를 진행해보자.

하이쿠를 짓느냐 짓지 않느냐, 그것이 문제로다

윌리엄 셰익스피어는 음절을 맞춘 명대사들을 썼다. 그 중에는 훌륭한 하이쿠 재료가 될 수 있는 문장들이 있는데, "all our yesterdays", "dagger of the mind", "parting is such sweet sorrow"와 같은 것들이다. 그의 희극들을 학습용 말뭉치로 활용하여 *markov_haiku.py*로 마르코프 모델을 생성해보자. 이 프로젝트에서 가장 힘든 부분은 고전 영단어들의 음절을 세는 일일 것이다.

마르코프 음악

만약 당신이 음악에 조예가 깊다면, "마르코프 체인을 활용한 음악 작곡"을 온라인에 검색해보자. 기존에 있는 곡들을 학습용 데이터로 사용하면 마르코프 체인 분석을 이용해서 작곡을 수행할 수 있는 상당량의 자료를 찾을 수 있을 것이다. 작곡된 마르코프 음악들은 씨앗 하이쿠처럼 여러 작곡가들에게 영감의 재료가 될 수 있다.

10

우리는 혼자인가?
페르미 역설 탐구

드레이크 방정식이란 과학자들이 라디오 신호같은 전자기장을 방출하는 문명의 수를 계산하기 위해 사용하는 수식이다. 2017년 드레이크 방정식은 NASA의 케플러 위성이 발견한 외계 행성을 반영해 개정되었다. 과학 학술지 *Astrobiology*에서 발표된 결과는 매우 놀라웠다. 우주에서 생명체가 거주할 수 있는 유일한 행성이고, 기술적으로 진보된 종일 가능성은 10억조 분의 1보다도 적다는 것이다! 저명한 노벨 물리학상 수상자인 Enrico Fermi의 표현을 빌리자면, "모두 어디 있는걸까?"

Fermi는 외계 생명체의 존재보다 행성간의 이동에 대해 더욱 회의적이었으나, 그의 질문은 페르미 역설이라고 알려지며 다음과 같은 형태로 바뀌었다. "만약 저 밖에 누군가 있다면, 진작 찾아왔을 것이다." SETI에 따르면 전 은하계를 여행할 수 있는 열정적인 문명이 그들이 가지고 있는 최신 로켓 기술을 사용해도(다른 문명을 식민지화 하지 않는다고 가정할 때) 약 천만 년이 걸릴 것이라고 밝혔다.

천 만년은 꽤나 길게 느껴지는 시간이지만 사실 은하계 나이의 1000 분의 1밖에 안된다! 그래서 몇몇 사람들은 페르미 역설을 우리가 우주에 존재하는 유일한 문명이라는 증거로 받아들이기 시작했다. 다른 사람들은 이 주장의 오류를 찾고자 했다.

이번 챕터에서는 한 문명의 전파 통신 범위 내에 다른 문명을 감지할 수 있는 확률을 계산한 값과 드레이크 방정식의 결과를 이용하여 외계 전파 신호가 존재하지 않는 이유를 파헤쳐 볼 것이다. 파이썬의 표준으로 여겨지는 GUI 패키지, tkinter을 사용하면 빠르고 쉽게 은하계의 그래픽 모델을 만들 수 있을 것이다.

프로젝트 #17: Milky Way 모델링

우리가 속한 은하인 Milky Way는 일반적인 나선형 은하로 그림 10-1에 보이는 것과 유사한 형태이다.

그림 10-1 나선형 은하 NGC 6744, Milky Way의 "Big Brother"

횡단면으로 보면 Milky Way 은하계는 가운데가 볼록한 넓적한 판 모양으로, 강력한 블랙홀을 핵 부위에 가지고 있다. 네 개의 "나선팔"(밀도 높은 가스, 먼지, 별들을 포함)은 이러한 중심 질량으로부터 방사되는 형태로 존재한다. Milky Way 은하계의 구조는 그림 10-2에서 확인할 수 있다.

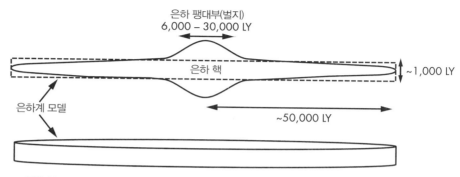

그림 10-2 Milky Way 은하계의 구조에 대한 도식과 단순화된 모델(여기서 LY는 광년을 의미)

은하계의 중심부는 빽빽하게 모인 별들이 방사하는 높은 방사선으로 인해 생명체가 존재하기 어려울 것으로 판단된다. 따라서, 볼록 튀어나온 부분들은 고려하지 않아도 되지만 중심부 주위에 고도로 발전된 문명이 존재할 수도 있다는 가능성도 남겨두자.

 목표 ▸ 고도로 발달된 우주 문명과 라디오 버블의 평균 크기를 토대로 한 문명이 다른 문명이 방출하는 전파를 수신할 가능성을 측정하라. 지구가 방사하고 있는 라디오 버블을 2D 도식으로 나타내보자.

전략

프로젝트를 완료하기 위한 단계는 다음과 같다.

1. 드레이크 방정식을 사용하여 전파를 방출하는 문명들을 측정한다.
2. 그들의 라디오 버블 크기를 측정한다.
3. 하나의 문명이 다른 문명을 감지할 가능성에 대한 수식을 만든다.
4. 은하계 도식을 만들고 지구에서 방사되는 라디오 버블을 기입한다.

앞의 설명을 데이터 코드에 적용하기 위해 각각의 과제들은 각 섹션에서 자세히 서술할 것이다. 처음 두 단계는 파이썬을 사용하지 않아도 된다.

문명 개수 측정

드레이크 방정식을 사용하여 발전된 문명의 수를 직접 측정할 수 있다.

$$N = R^* \cdot f_p \cdot n_e \cdot f_l \cdot f_i \cdot f_c \cdot L$$

N = 우리 은하계 내에서 감지할 수 있는 전자기장을 방출하는 문명의 수

R^* = 은하계 내에서 일년 동안 평균적으로 형성되는 별의 수

f_p = 별과 행성의 비율

n_e = 생명체가 서식할 수 있는 환경을 가진 행성의 평균 비율

f_l = 생명체가 번성한 행성들의 비율

f_i = 지능과 문명을 갖춘 생명체가 서식하는 행성의 비율

f_c = 생명체의 존재를 우주 밖으로 알릴 수 있는 문명의 비율

L = 한 문명에서 감지할 수 있는 신호를 방출하는 주기

태양계 밖 행성들을 감지하는 기술이 발전한 덕분에 최근 세 가지 변수들(R^*, f_p, n_e)의 값은 거의 고정되었다. n_e는 최근 관련 연구들로 10~40 퍼센트의 행성들이 특정 형태의 생명체가 서식할 수 있는 환경을 가지고 있다는 것이 확인되었다.

나머지 변수들에 대해서는 지구만이 유일한 예시 표본이라고 할 수 있다. 지구의 45억 년 역사에서 호모 사피엔스가 존재한 기간은 20만 년, 문명은 6천 년, 전파 방사는 112년 밖에 되지 않는다. L을 이야기 하자면, 전쟁, 질병, 빙하기, 운석 충돌, 거대한 화산폭발, 초신성, 코로나 물질 방출 등이 문명의 전파 방사를 방해할 수 있다. 또한, 방사주기가 짧을 수록 문명이 존재할 가능성은 적다고 할 수 있다.

드레이크 방정식에 관련된 Wikipedia 항목을 보면(*https://en.wikipedia.org/wiki/Drake_equation*), 1961년에 Drake와 그의 동료들은 은하계 내에서 서로의 존재를 인식하고 소통하는 문명들이 약 1,000에서 100,000,000개 존재할 것이라고 추측했다. 최근들어 그 범위는 1(오직 우리만 존재)부터 15,600,000(표 10-1)개 까지로 축소되었다.

매개변수	1961년 드레이크**	2017년 드레이크	스스로 계산한 값
$R*$	1	3	
f_p	0.35	1	
n_e	3	0.2	
f_l	1	0.13	
f_i	1	1	
f_c	0.15	0.2	
L	50×10^6	1×10^9	
N	7.9×10^6	15.6×10^6	

**초기 추측 값

표 10-1 드레이크 방정식의 입력값과 결과값

　　프로그램의 입력값으로는 표에 제시된 값을 사용해도 되고 온라인에서 찾은 내용을 입력해도 되며, 당신 스스로 계산한 결과값을 표의 마지막 열에 입력해도 된다.

라디오 버블 범위 설정

　　특정 통신에 목적을 두고 있지 않은 전파는 우연히 빠져나간 것이다. 이것은 "행성의 노출"이라고 생각하자. 우리를 찾아와 잡아먹을 수도 있는 외계인들에게 우리의 존재를 알리지 않기로 했기 때문에, 우리의 거의 모든 전파는 우연히 유출되었다고 할 수 있다. 이러한 전파는 지구를 중심으로 225광년의 범위까지 퍼져나갔다.

　　225광년짜리 라디오 버블이라 하면 꽤 인상적으로 들리지만, 중요한 것은 감지할 수 있는 크기이다. 전파의 앞부분은 역제곱 법칙의 대상이며 이는 곧 전파가 계속 확장되면서 출력 밀도가 떨어진다는 것을 의미한다. 추가적으로 흡수나 분산을 통해 전파도 약해질 수 있다. 특정 시점을 넘기면 신호는 잡음과 구분할 수 없을 정도로 약해진다. 우리가 가진 최고의 기술을 사용해도(Breakthrough Listen 프로그램의 전파 망원경) 우리의 라디오 버블을 약 16광년 범위까지만 측정할 수 있다.

　　우리는 외계인을 아직 감지하지 못한 이유를 조사하고 있기 때문에, 이 프로젝트에서는 다른 문명들이 우리와 비슷한 수준의 기술을 갖추고 있다고 가정해야 한다. 또한, 모든 외계인들이 편집증을 겪고 있어서 다른 행성에 자신의 존재를 알리는 "우리 여기 있어요" 따위의 신호들을 방출하지 않는다고 가정한다. 현재 탐지 가능한 우연한 작은 버블부터 우리가 보내는 것보다 조금 더 큰 범위까지 측정하는 것이 이 프로젝트의 적절한 시작점이라고 할 수 있다. 이는 약 30에서 250광년 범위에 해당한다. 250광년 크기의 버블은 아직 탐지할 수 없지만 그렇게 할 수만 있다면 흥미로운 확률을 확인할 수 있을 것이다.

감지 가능성에 대한 수식 생성

은하계 내 발전된 문명의 수가 늘어나면 그들 중 하나가 다른 문명을 감지할 가능성도 커진다. 직관적인 판단이지만 실제 가능성을 측정할 수는 없을까?

컴퓨터의 장점 중 하나는 솔루션이 직관적이든 직관적이지 않든 억지로라도 값을 대입할 수 있다는 것이다. 한 가지 방법은 Milky Way의 3D모델을 만들고 그 위에 무작위로 문명들을 분포시킨 후, 파이썬에 내재된 도구를 이용하여 유클리드 거리를 계산하는 것이다. 하지만 분석해야 할 문명들이 수억 개에 달하기 때문에 이 방법은 심각한 과부하를 초래한다.

미지의 분야를 다룰 때 아주 정확할 필요는 없다. 대략적으로만 알기 위해 은하를 여러 개의 라디오 버블로 분할하는 식으로 문제를 간소화시키자. 즉 은하를 하나의 원판이라 생각하고 그 원판을 일정한 "용적 공간" (라디오 버블과 부피가 같은 정육면체 공간)으로 나누는 것이다. (그림 10-3 참고)

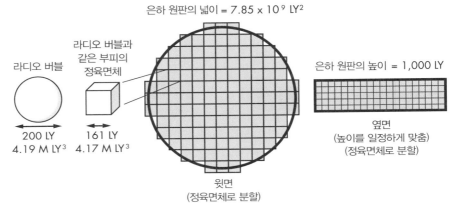

그림 10-3 정육면체를 사용하여 모델링한 은하계. 200광년 라디오 버블

크기는 다음 방정식을 사용하여 도출할 수 있다. R은 은하계의 지름을 의미하고 r은 각 라디오 버블의 지름을 의미한다.

원판 부피 $= \pi \times R^2 \times$ 원판 높이
라디오 버블 부피 $= 4/3 \times \pi \times r^3$
스케일링 된 (축척이 적용된) 원판 부피 = 원판 부피 / 라디오 버블 부피

스케일링 된 원판의 부피는 은하 내에 용적 공간을 "꽉 채운" 갯수와 같다. 각 용적 공간을 1부터 최대 갯수까지 번호가 매겨진 박스라고 생각하자.

문명을 배치하려면 박스의 숫자를 무작위로 선택해야 한다. 중복으로 선택된 박스는 복수의 문명이 하나의 공간 안에 위치한 것을 의미한다. 하나의 박스 안에 존재하는 문명들이 서로를 감지할 수 있다고 가정해보자. 꼭 그렇다고 보장할 수는 없지만(코드 10-4 참고) 당신은 많은 수의 문명을 사용할 것이기 때문에 다양한 어림수를 사용할 경우 이러한 불일치는 상쇄될 것이다.

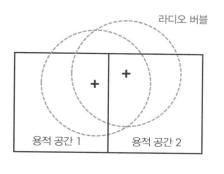
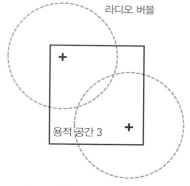

서로 감지해야할 문명들(+)이 감지 못함   서로 감지 못할 문명들(+)이 감지함

그림 10-4 같은 부피로 공간을 나눴을 때 생길 수 있는 감지 문제

존재하는 문명의 수를 바꾸거나 라디오 버블의 크기를 변경할 때마다 위와 같은 작업을 반복하는 것을 피하려면 가능성을 측정하는 수식(다항방정식)을 통해 결과값을 도출해야 한다. 다항식은 서로 다른 대수식의 차 또는 합이다. 학교에서 배운 이차방정식도 다항방정식에 해당된다(이차방정식이란 변수의 지수가 2를 넘지 않는 식을 의미한다).

$$ax^2 + bx + c = 0$$

다항식은 그래프에서 멋진 곡선을 그리므로 이 문제의 적절한 솔루션이 될 수 있다. 하지만 방정식이 여러 문명의 버블 크기를 다루기 때문에 총 용적에 대한 문명 갯수의 비율을 사용해야 한다. 총 용적은 모눈으로 채워진 원반으로 나타나고, 이는 동일한 용적들의 집합과도 같다.

그림 10-5에서 각 점은 비율에 따른 감지 가능성을 나타낸다. 그림의 방정식은 다항식의 형태로 점들을 이어 선을 만들어낼 수 있다. 이 수식으로 각 용적당 문명의 비율을 예측할 수 있으며 5까지 측정된다(그 이상의 가능성은 1.0으로 가정한다).

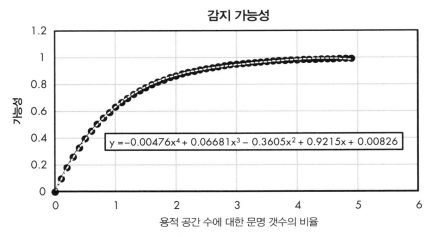

그림 10-5 은하계의 용적 공간 수에 대한 문명 수의 비율에 따른 감지 가능성

그림 10-5의 x축은 문명 수/용적 공간 수의 비율을 나타낸다. 예를 들어, 비율이 0.5라면 은하계 공간을 라디오 버블의 부피로 나눴을 때 두 용적 공간마다 문명이 하나씩 존재한다는 의미이며, 2일 경우 한 용적 공간마다 두 개의 문명이 존재한다는 것이다. y축은 같은 용적 공간 내에 두 개 이상의 문명이 있을 가능성을 나타낸다.

그림 10-5에서 알 수 있는 또 다른 정보는 모든 문명이 인근 문명을 갖기 위해서는 엄청난 수의 문명이 필요하다는 것이다. 1,000,000개의 용적 공간 중 999,999개 용적 공간은 적어도 두 개 이상의 문명을 포함하고 있을 때 당신이 초능력을 발휘해 새로운 문명을 만들어 임의로 배치했다고 생각해보자. 새로 만든 문명이 단 하나의 문명만이 존재하는 용적 공간으로 배치될 가능성은 백만 분의 일이다. 건초 더미에서 바늘을 찾는 것이나 마찬가지다!

 ▶ 컴퓨터 모델링은 단순하게 시작해서 복잡성을 가중시키는 것이 정석이다. 가장 간단한 "근거 사례" 가정은 진보된 문명이 은하계 전체에 무작위로 분포되어 있다는 것이다. 214 페이지의 "도전 프로젝트"에서 은하계 거주 가능 구역 개념을 사용하여 이 가정에 대해 알아볼 수 있다.

감지 가능성 코드

감지 가능성 코드는 정해진 갯수의 공간과 문명 가운데에서 무작위로 위치(등가 용적 공간)를 선택하고, 몇 개의 지역이 한 개만 존재하는지(즉, 한 개의 문명만 포함하는지) 계수하고 확률 수치를 구할 수 있을 만큼 실험을 여러 번 반복한다. 이러한 과정은 문명 갯수가 바뀔 때마다 반복된다. 확률은 문명의 수가 아닌 용적 공간당 문명 갯수의 비율에 대해 출력되며 결과를 쉽게 이동시킬 수 있도록 다항식 표현으로 변환한다.

이는 이 프로그램을 한 번만 실행하면 된다는 것을 의미한다.

다항식을 생성하고 데이터에 부합하는지 검토하기 위해 NumPy와 matplotlib을 사용한다. NumPy 라이브러리는 다중 차원 배열과 매트릭스에 관련된 다양한 수학적 함수들을 포함하고 있다. matplotlib 라이브러리는 2D 도식화와 기초적인 3D 도식화를 수행하며 NumPy는 수열의 확장을 나타낸다.

이러한 파이썬 배포 모듈을 실행할 수 있는 다양한 방법들이 있다. 하나는 기술적, 과학적 계산에 사용되는 오픈 소스 라이브러리인 SciPy를 사용하는 것이다(*https://scipy.org/index.html* 참고). 다량의 데이터 분석과 설계를 수행하고자 할 경우에는 Anaconda나 Enthought Canopy 등 윈도우, 리눅스, 맥OS에서 실행할 수 있는 무료 패키지를 다운로드 할 수 있다. 이 패키지들은 모든 데이터 과학 라이브러리를 자동으로 찾아서 설치해준다. 이러한 종류의 패키지 목록은 *https://scipy.org/install.html*에서 관련 링크와 함께 찾을 수 있다.

pip를 사용해서 직접 다운로드 할 수도 있다. https://scipy.org/install.html에서 방법을 확인할 수 있다. matplotlib은 다소 의존적이므로 관련 라이브러리가 모두 설치되어야 한다. Windows, 파이썬 3의 경우 PowerShell에 다음과 같은 명령을 실행하여 파이썬 35 폴더에서 설치할 수 있다(여러 버전의 파이썬이 설치된 게 아니라면 python3의 3은 생략할 수 있다).

```
$ python3 -m pip install --user numpy scipy matplotlib ipython jupyter pandas sympy nose
```

다른 모듈들은 파이썬에 기본으로 제공된다. 코드 10-1과 10-2의 코드들은 영진닷컴 홈페이지에서 사본을 다운로드할 수 있다.

문명 범위에 대한 감지 가능성 계산

코드 10-1은 모듈을 임포트하고 matplotlib 품질 체크 출력과 다항 방정식 이외의 모든 작업을 수행한다.

*probability_of
_detection.py,
part 1*

```
❶ from random import randint
  from collections import Counter
  import numpy as np
  import matplotlib.pyplot as plt

❷ NUM_EQUIV_VOLUMES = 1000  # number of locations in which to place civilizations
  MAX_CIVS = 5000  # maximum number of advanced civilizations
  TRIALS = 1000  # number of times to model a given number of civilizations
  CIV_STEP_SIZE = 100  # civilizations count step size
```

```
❸ x = []   # x values for polynomial fit
   y = []   # y values for polynomial fit

❹ for num_civs in range(2, MAX_CIVS + 2, CIV_STEP_SIZE):
       civs_per_vol = num_civs / NUM_EQUIV_VOLUMES
       num_single_civs = 0
  ❺   for trial in range(TRIALS):
           locations = []   # equivalent volumes containing a civilization
      ❻    while len(locations) < num_civs:
               location = randint(1, NUM_EQUIV_VOLUMES)
               locations.append(location)
      ❼    overlap_count = Counter(locations)
           overlap_rollup = Counter(overlap_count.values())
           num_single_civs += overlap_rollup[1]

❽   prob = 1 - (num_single_civs / (num_civs * TRIALS))

       # print ratio of civs-per-volume vs. probability of 2+ civs per location
❾   print("{:.4f}  {:.4f}".format(civs_per_vol, prob))
❿   x.append(civs_per_vol)
       y.append(prob)
```

코드 10-1 모듈 임포트, 라디오 버블의 등가 용적 위치 무작위 선택, 각 위치당 복수의 문명 존재 가능성 계산

우리에게 익숙한 random 모듈을 임포트하고 각 위치에 존재하는 문명의 수(위치가 몇 번 선택되는지에 따라 결정된다)를 세기 위해 Counter도 임포트하자❶. Counter의 작동 방식은 잠시 후에 설명하겠다. 다항식이 제대로 출력될 수 있도록 NumPy와 matplotlib 을 사용할 것이다.

등가 용적 공간의 갯수, 존재할 수 있는 문명 수의 최댓값, 시도 횟수 (한 문명을 배치 해보는 횟수), 문명 수의 시도당 증가량을 상수로 선언한다❷. 결과값은 예측이 가능하 기 때문에 정확도의 손상 없이 큰 단계값인 100을 사용할 수 있다. 등가 용적이 100이 든 100,000이상이든 유사한 결과값이 산출될 것이다.

다항식 표시를 위해 여러 (x, y) 좌표값들이 필요하기 때문에 이들을 담을 두 개의 리스 트를 생성한다❸. x 값은 각 용적 공간당 문명의 비율을 의미하며 y 값은 감지 가능성에 대응하는 값을 의미한다.

중첩 루프를 시작한다. 최상위 루프는 각 모델의 문명 수를 결정한다❹. 하나의 문명 이 다른 문명을 감지하려면 적어도 두 개 이상의 문명이 필요하므로 최소값을 2, 최대값 을 MAX_CIVS + 2로 설정한다. CIV_STEP_SIZE 상수를 단계값으로 사용한다.

다음으로, 전반적인 civs_per_vol 비율을 계산하고 단일 문명을 포함하는 위치를 추 적하기 위해 num_single_civs를 선언하라.

얼마나 많은 문명을 분포시킬 것일지 선택하고 for 루프를 수차례 반복한다❺. 각 시 도마다 동일한 개수의 문명을 분포시킨다.

빈 리스트를 location 함수에 할당하고 각 문명에 대해 동일한 작업을 수행한 후❻, 무작위로 위치 번호를 선택하고 리스트에 추가한다. 리스트에서 중복되는 값은 해당 공간에 여러 문명이 위치한다는 의미를 갖는다.

리스트에 Counter를 실행하고❼ 값을 도출한다. 한 번만 등장하는 위치의 개수를 도출하면 루프를 종료하고 num_single_civs에 추가한다. 이 세 개의 구문이 동작하는 예시는 다음과 같다.

```
>>> from collections import Counter
>>> alist = [124, 452, 838, 124, 301]
>>> count = Counter(alist)
>>> count
Counter({124: 2, 452: 1, 301: 1, 838: 1})
>>> value_count = Counter(count.values())
>>> value_count
Counter({1: 3, 2: 1})
>>> value_count[1]
3
```

alist 리스트는 5개의 숫자들을 포함하고 있고 (124)는 중복이다. 이 리스트에서 Counter를 실행하면 숫자를 키로, 발생 빈도를 값으로 하는 사전이 생성된다. Counter에 count 내 값을 전달하면(values() 메서드 이용) 이전의 값을 키로, 빈도를 값으로 하는 또 다른 사전이 생성된다. 얼마나 많은 숫자들이 한 번만 등장하는지 알아내기 위해 사전 메서드 value_count[1]을 사용하여 중복되지 않는 숫자들을 반환한다. 이는 단일 문명을 포함하고 있는 라디오 버블 용적을 나타내는 것이다.

이제 Counter의 결과값을 통해 각 위치당 복수의 문명이 존재할 수 있는 가능성을 계산한다❽. 이 확률은 한 개의 문명만이 존재하는 장소를 문명의 수로 나누고 1에서 뺀 값이다.

용적 공간당 문명 수의 비율과 복수의 문명이 한 위치에 존재하는 가능성을 출력한다❾. 결과값의 첫 몇 행은 다음과 같다.

```
0.0020   0.0020
0.1020   0.0970
0.2020   0.1832
0.3020   0.2607
0.4020   0.3305
0.5020   0.3951
0.6020   0.4516
0.7020   0.5041
```

이것은 최초의 QC 단계이기도 하며 선택적이다. 실행시간을 단축시키고 싶을 경우 이 부분을 주석처리하면 된다. 결과값을 x와 y 리스트에 추가하면서 종료한다❿.

예측 공식을 생성하고 결과값 검토

코드 10-2는 NumPy를 사용하여 코드 10-1에서 계산된 각 용적 공간당 문명의 비율 대 감지 가능성에 대한 다항 회기를 수행한다. 이 다항식을 다음 프로그램에서 사용하여 가능성을 예측할 수 있다. 결과 곡선이 데이터에 부합하는지 검토할 수 있도록 matplotlib은 실질적인 예측값들을 보여준다.

*probability_of
_detection.py,
part 2*

```
❶ coefficients = np.polyfit(x, y, 4)  # 4th order polynomial fit
❷ p = np.poly1d(coefficients)
  print("\n{}".format(p))
❸ xp = np.linspace(0, 5)
❹ _ = plt.plot(x, y, '.', xp, p(xp), '-')
❺ plt.ylim(-0.5, 1.5)
❻ plt.show()
```

코드 10-2 다항 회기를 실시하고 QC 플롯을 출력

coefficients 변수를 NumPy polyfit() 메서드의 결과값에 할당한다❶. 이 메서드는 x, y 리스트와 다항식의 차수(정수)를 인자로 받는다. 이는 제곱 오차를 최소화하는 coefficients의 벡터, p를 반환한다.

coefficient 변수를 출력하면 다음과 같은 결과를 얻게 된다.

```
[-0.00475677  0.066811    -0.3605069   0.92146096  0.0082604  ]
```

전체 공식을 확인하려면 coefficient 변수를 poly1d로 전달하고 결과값을 새로운 변수에 할당한다❷. 이 변수를 출력하면 그림 10-5와 유사한 공식을 얻을 수 있다.

```
           4             3            2
-0.004757 x + 0.06681 x - 0.3605 x + 0.9215 x + 0.00826
```

다항식이 적절하게 입력값을 재생산하는지 검토하기 위해 용적 공간 대비 문명 비율을 x축에 대입하고 가능성을 y축에 대입한다. x축 값을 도출하기 위해 NumPy linspace() 메서드를 사용한다. 이 메서드는 균등한 간격의 값들을 특정 인터벌로 반환한다. (0, 5) 범위를 사용하면 거의 모든 가능성 범위를 포함할 수 있다.

계산되고 예측된 값에 대한 심볼을 게재하기 위해 plot() 메서드를 x, y 리스트로 전달하고 온점을 사용하여 플로팅한다. 이는 그림 10-5의 점들에 상응한다❹. 그리고 검증을 위한 x축 값(xp)을 전달하고 그에 따른 y축의 값을 도출하고 동일한 변수에 p를 전달한 다음 대쉬를 사용하여 결과값을 플로팅한다.

y축을 -0.5와 1.5의 값으로 제한하고❺ show() 메서드를 사용하여 그래프를 표현하면서 종료한다(그림 10-6)❻. 결과 플롯은 단순한데, 이것의 유일한 목적은 다항 회기가 의도대로 이루어졌는지를 확인하는 것이다. 단계 ❶의 세 번째 인자를 증가시키거나 감소시켜서 다항 적합성을 변경할 수 있다.

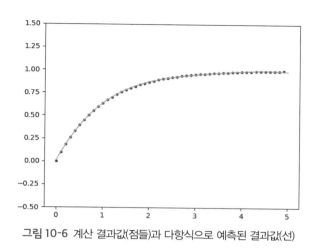

그림 10-6 계산 결과값(점들)과 다항식으로 예측된 결과값(선)

그래픽 모델 생성

그래픽 모델은 은하계 원반의 2D 탑-다운 뷰가 된다. 지구에서 방출되고 있는 버블을 이러한 방식으로 플로팅하면 은하계의 크기와 우리의 작은 위상이 드러난다.

Milky Way 모델링에서 중요한 것은 나선팔을 모델링하는 것이다. 각 나선팔은 로그 나사선의 형식으로 나타나며 이 지질학적 특징은 자연에서 자주 볼 수 있는 *spira mira-bilis* "기적적인 나선" 형태이다. 그림 10-7과 그림 10-1을 비교해 보면 허리케인의 구조가 은하계의 구조와 얼마나 비슷한지 알 수 있을 것이다. 허리케인의 눈 부분은 강력한 블랙홀과 같고, 태풍의 눈 주위의 적란운은 사건 지평선을 닮았다!

그림 10-7 허리케인 Igor

나선팔은 중심부 또는 핵으로부터 방사되어 나가기 때문에 이를 *극좌표*로 쉽게 표시할 수 있다 (그림 10-8). 극좌표에서는 우리에게 익숙한 데카르트 좌표 시스템의 (x, y)가 (r, θ)로 대체된다. r은 중심부로부터의 거리를, θ는 r과 x축이 만드는 각도를 의미한다. 중심의 좌표는 $(0, 0)$이다.

로그 나사선의 극방정식은 다음과 같다.

$$r = ae^{b\theta}$$

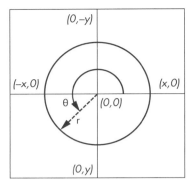

그림 10-8 극좌표 시스템 예시

r은 원점에서의 거리를 의미하고, θ는 x축으로부터의 각도를 의미하며, e는 자연 상수, 그리고 a와 b는 임의 상수를 의미한다.

이 공식을 사용하면 단순한 형태의 나선을 그릴 수 있다. 이 작업을 세 번 더 반복하면 **Milky Way**가 가진 네 개의 나선팔을 그릴 수 있다. 다양한 크기의 원에 나선팔을 그릴 것이며, 이는 별들을 상징한다. 그림 10-9는 그래픽 모델의 예시이다. 시뮬레이션에서는 외형을 바꿀 수 있는 다양한 변수들이 존재하며 조금씩 모양이 다르다.

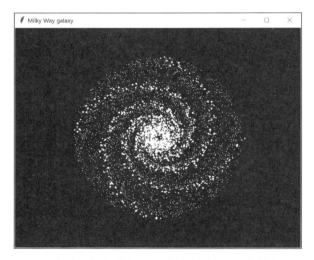

그림 10-9 Milky Way, 로그 나사선을 사용하여 생성

나는 tkinter("티 케이 인터"로 발음)와 파이썬 기본 GUI 라이브러리를 사용하여 그림 10-9을 만들었다. 초기 GUI 요소들은 창, 버튼, 스크롤 바 같은 것들을 표현하기 위해 만들어졌지만 tkinter를 이용하면 그래프, 차트, 스크린세이버, 단순한 게임 같은 것들도 만들 수 있다. 많은 장점들이 있지만 무엇보다도 표준 파이썬 배포의 일부로써 모든 운영체제에서 사용될 수 있으며 외부 라이브러리를 따로 설치할 필요가 없다. 문서화도 잘 되어 있어서 쉽게 사용할 수 있다.

대부분의 Windows, macOS, Linux 머신에는 tkinter가 이미 설치되어 있다. 최신 버전이 필요할 경우 *https://www.activestate.com/*에서 다운로드할 수 있다. 모듈이 미리 설치되어 있다면 오류없이 인터프리터 윈도우에서 임포트할 수 있다.

```
>>> import tkinter
>>>
```

입문자용 파이썬 도서는 종종 tkinter의 개요를 수록하며 공식 온라인 문서는 *https://docs.python.org/3/library/tk.html*에서 확인할 수 있다. tkinter에 관한 레퍼런스는 212 페이지의 "추가 참고 도서"에 수록되어 있다.

그래픽 모델 스케일링

그래픽 모델에서 스케일(축적)은 픽셀당 광년으로 각 픽셀의 너비는 라디오 버블의 지름 과 동일하다. 때문에 라디오 버블의 지름이 바뀔 경우 비율 단위가 변경되고 지질학적 모델을 다시 만들어야 한다. 다음 방정식은 모델을 버블에 맞춰 크기 조정한다.

스케일링 된 원반 반지름 = 원반 반지름 / 버블 지름

원반의 반지름이 50,000이고 단위 너비가 광년일 때.

선택된 라디오 버블이 작을 경우 지질학적 모델은 "확대"되고, 클 경우에는 "축소"된다(그림 10-10).

그림 10-10 은하계 모델에 라디오 버블의 지름이 미치는 영향

은하계 시뮬레이터 코드

은하계 시뮬레이터 코드는 다양한 수의 문명들이 일정한 크기의 라디오 버블을 가지고 있을 때 따른 감지 가능성을 계산하고 은하계의 그래픽 모델을 만들어준다. 만약 버블의 크기를 우리의 라디오 버블과 같은 크기로 지정할 경우 시뮬레이터는 우리 태양계에 위치한 라디오 버블을 빨간색으로 표시할 것이다. 이 코드는 영진닷컴 홈페이지에서 다운로드할 수 있다.

입력 및 주요 매개변수

코드 10-3은 *galaxy_simulatory.py*에 모듈을 임포트하고 자주 사용되는 사용자 입력 상수를 상단에 배치한다.

galaxy_simulator.py, part 1

```
❶ import tkinter as tk
  from random import randint, uniform, random
  import math

  #============================================================================
❷ # MAIN INPUT

  # scale (radio bubble diameter) in light-years:
❸ SCALE = 225   # enter 225 to see Earth's radio bubble

  # number of advanced civilizations from the Drake equation:
❹ NUM_CIVS = 15600000
  #============================================================================
```

코드 10-3 모듈 임포트, 상수 배열

tkinter를 줄여서 tk로 임포트한다❶. 만약 파이썬 2를 사용하고 있다면 Tkinter(대문자 T)라고 입력해야 한다. random, math 모듈도 필요할 것이다.

주석을 통해 사용자 입력 상수 지정 코드를 눈에 잘 띄게 만든 다음❷ 두 상수의 값을 지정한다. SCALE은 각 문명의 감지가능한 전자기장 버블의 지름을 표시하는 값으로 단위는 광년을 사용한다❸. NUM_CIVS는 모델링할 문명의 갯수로 이 값은 드레이크 방정식을 사용하거나 그냥 생각나는 값을 넣어도 좋다❹.

tkinter 캔버스 설정 및 상수 할당

코드 10-4는 그림을 그릴 수 있는 캔버스를 사용해 tkinter 윈도우 오브젝트를 인스턴스화 시킨다. 우리는 이 캔버스에 은하계 지도나 그래픽 모델을 표시할 것이다. Milky Way의 크기와 관련된 상수 또한 여기서 할당한다.

galaxy_simulator.py, part 2

```
  # set up display canvas
❶ root = tk.Tk()
  root.title("Milky Way galaxy")
❷ c = tk.Canvas(root, width=1000, height=800, bg='black')
```

```
❸ c.grid()
❹ c.configure(scrollregion=(-500, -400, 500, 400))

  # actual Milky Way dimensions (light-years)
❺ DISC_RADIUS = 50000
  DISC_HEIGHT = 1000
❻ DISC_VOL = math.pi * DISC_RADIUS**2 * DISC_HEIGHT
```

코드 10-4 tkinter 윈도우, 캔버스 설정 및 상수 할당

관습적으로 사용하는 root라는 이름의 최상위 윈도우를 생성한다❶. 다음 행에서 윈도우에 "Milky Way galaxy"라는 제목을 달아준다. 이것은 윈도우 프레임의 좌측 상단에 표시될 것이다(그림 10-9 참고).

다음으로, 위젯이라는 요소를 root 윈도우에 추가한다. 위젯(*Widget*)은 "Windows gadget"의 줄임말이다. tkinter에는 레이블, 프레임, 라디오 버튼, 스크롤 바 등을 포함하는 21개의 핵심 위젯이 존재한다. 모든 드로잉 오브젝트를 포함하는 Canvas 위젯을 배치한다❷. 이것은 범용 위젯으로, 그래픽과 같은 복잡한 레이아웃을 그리기 위해 만들어졌다. 기본 윈도우, 스크린 넓이와 높이, 그리고 배경 색상을 구체적으로 명시한다. 캔버스를 c로 명명한다.

Canvas 위젯은 표나 스프레드 시트처럼 행과 열로 나눌 수 있다. grid 내의 각 셀은 서로 다른 위젯을 담고 있으며 복수의 셀로 확대할 수 있다. 셀 내에서 STICKY 옵션을 통해 위젯을 정렬할 수 있다. 윈도우에서 위젯을 관리하기 위해 grid 배치 관리자(Geometry Manager)를 사용하기도 한다. 이 프로젝트에서는 한 가지 위젯만 사용하기 때문에 관리자는 사용하지 않아도 된다❸.

scrollregion 사용을 위해 canvas를 설정하면서 마무리한다❹. 원점 좌표값인 (0, 0)을 canvas의 중심부로 설정하는 것이다. 당신은 극좌표를 사용하여 은하계의 나선팔들을 그릴 것이다. 설정을 하지 않으면 기본 원점은 canvas의 왼쪽 위 부분으로 정해진다.

인자는 configure으로 전달되어 canvas의 범위를 설정한다. 범위는 canvas 높이, 너비의 절반이 되어야 한다. 예를 들어, 스크롤 범위가 600, 500인 경우 canvas 크기는 1200, 1000이 되어야 한다. 제시된 값들은 작은 노트북에서도 원활히 실행되도록 설정되었으나, 추후 더 큰 윈도우를 사용해야 한다면 주저하지 말고 변경해도 좋다.

은하계 규모 상수들을 입력 섹션에 적용한다❺. 이러한 변수들은 함수 내에 배치할 수도 있지만 전역 공간에 배치하면 코드의 논리적 명확성이 향상된다. 처음 두 변수는 그림 10-2에 표시된 은하계 원반의 높이와 넓이다. 마지막 상수는 원반의 용적을 나타낸다❻.

은하계 스케일링 및 감지 가능성 측정

코드 10-5는 은하계의 용적을 라디오 버블의 지름에 기반하여 스케일링하고 한 문명이 다른 문명을 감지할 가능성을 측정하는 함수이다. 이후의 함수는 이전에 언급한 *probability_of_detection.py* 프로그램에서 만든 다항식을 적용하는 부분이다.

```
❶ def scale_galaxy():
      """Scale galaxy dimensions based on radio bubble size (scale)."""
      disc_radius_scaled = round(DISC_RADIUS / SCALE)
❷ bubble_vol = 4/3 * math.pi * (SCALE / 2)**3
❸ disc_vol_scaled = DISC_VOL/bubble_vol
❹ return disc_radius_scaled, disc_vol_scaled

❺ def detect_prob(disc_vol_scaled):
      """Calculate probability of galactic civilizations detecting each other."""
❻ ratio = NUM_CIVS / disc_vol_scaled  # ratio of civs to scaled galaxy volume
❼ if ratio < 0.002:  # set very low ratios to probability of 0
          detection_prob = 0
      elif ratio >= 5:  # set high ratios to probability of 1
          detection_prob = 1
❽ else:
          detection_prob = -0.004757 * ratio**4 + 0.06681 * ratio**3 - 0.3605 * \
                           ratio**2 + 0.9215 * ratio + 0.00826
❾ return round(detection_prob, 3)
```

코드 10-5 은하계 규모 스케일링 및 감지 가능성 산출

라디오 버블의 크기에 따라 은하계 규모를 스케일링하는 scale_galaxy() 함수를 정의한다❶. 이 함수는 전역 공간의 상수들을 사용하기 때문에 별도의 인자를 전달할 필요는 없다. 스케일링 된 원반의 반지름을 계산하고 라디오 버블의 용적을 계산한다. 구의 용적을 계산하는 공식을 사용하고 결과를 bubble_vol에 할당한다❷.

다음으로, 실제 원반 용적을 bubble_vol로 나누어 스케일링 된 원반 용적을 구한다❸. 이는 라디오 버블의 "등가 용적"에 대한 산출값으로써 은하계에 적용된다. 각 버블은 문명이 존재할 수 있는 위치를 구성한다.

disc_radius_scaled와 disc_vol_scaled 변수를 반환하며 함수를 종료한다❹.

이제 스케일링 된 원반 용적을 인자로 받는 detect_prob() 함수를 정의하고 감지 가능성을 계산한다❺. 다항식의 x를 구하기 위해 스케일링 된 원반 용적 대비 문명의 비율을 계산한다❻. 다항 회기가 종단에서 문제를 일으킬 수 있기 때문에 작은 비율을 0으로, 큰 비율을 1로 설정하는 조건문을 사용한다❼. 문제가 없다면 *probability_of_detection.py* 코드를 통해 만들어진 다항식을 적용하고❽ 확률을 소수점 세 자리까지 구한다❾.

극좌표 사용

코드 10-6은 무작위 (*x, y*) 좌표값을 극좌표를 사용하여 구하는 함수를 정의한다. 해당 함수는 그래픽 모델에 나타나는 일부 별들의 위치를 지정한다. 2D 형태로 표시되기 때문에 z좌표값은 지정하지 않아도 된다.

```
❶ def random_polar_coordinates(disc_radius_scaled):
      """Generate uniform random (x, y) point within a disc for 2D display."""
❷ r = random()
❸ theta = uniform(0, 2 * math.pi)
```

```
❹   x = round(math.sqrt(r) * math.cos(theta) * disc_radius_scaled)
    y = round(math.sqrt(r) * math.sin(theta) * disc_radius_scaled)
❺ return x, y
```

코드 10-6 극좌표와 짝을 이루는 (x, y) 순서쌍을 무작위로 지정하는 함수 설정

이 함수는 스케일링 된 원반의 반지름을 인자로 취한다❶. random() 함수를 사용하여 0.0과 1.0 사이의 소수값을 선택하고 이를 변수 r로 할당한다❷. 다음으로 0도에서 360도 사이의 균일분포(2파이는 360도와 같음) 내에서 무작위로 theta를 선택한다❸.

단위 원반에서 점들을 생성하는 변환은 다음과 같다.

$$x = \sqrt{r} * \cos\theta$$
$$y = \sqrt{r} * \sin\theta$$

이 공식은 -1과 1 사이의 (*x, y*) 값을 도출한다. 결과값을 은하계 원반에 스케일링하기 위해 스케일링 된 원반의 반지름을 곱한다❹. x와 y를 반환하고 함수를 종료한다❺.

나선팔 만들기

코드 10-7은 로그 나사선 방정식을 사용하여 나선팔을 만드는 함수이다. 나선팔은 마치 기적처럼 보이지만, 실상은 나선의 뼈대가 팔을 뻗었을 뿐이다. 별의 크기를 다르게 하고, 위치를 조금씩 변화시키고, 각 팔에 나선을 복제한 다음 약간 뒤로 움직여 별들을 가리도록 하면 된다.

galaxy
_simulator.py,
part 5

```
❶ def spirals(b, r, rot_fac, fuz_fac, arm):
      """Build spiral arms for tkinter display using logarithmic spiral formula.

      b = arbitrary constant in logarithmic spiral equation
      r = scaled galactic disc radius
      rot_fac = rotation factor
      fuz_fac = random shift in star position in arm, applied to 'fuzz' variable
      arm = spiral arm (0 = main arm, 1 = trailing stars)
      """
❷   spiral_stars = []
❸   fuzz = int(0.030 * abs(r)) # randomly shift star locations
    theta_max_degrees = 520
❹   for i in range(theta_max_degrees):  # range(0, 600, 2) for no black hole
        theta = math.radians(i)
        x = r * math.exp(b * theta) * math.cos(theta + math.pi * rot_fac)\
            + randint(-fuzz, fuzz) * fuz_fac
        y = r * math.exp(b * theta) * math.sin(theta + math.pi * rot_fac)\
            + randint(-fuzz, fuzz) * fuz_fac
        spiral_stars.append((x, y))
❺   for x, y in spiral_stars:
❻       if arm == 0 and int(x % 2) == 0:
            c.create_oval(x-2, y-2, x+2, y+2, fill='white', outline='')
        elif arm == 0 and int(x % 2) != 0:
            c.create_oval(x-1, y-1, x+1, y+1, fill='white', outline='')
```

```
❼ elif arm == 1:
        c.create_oval(x, y, x, y, fill='white', outline='')
```

코드 10-7 spirals() 함수 정의

  spirals() 함수를 정의한다❶. 매개변수는 함수 docstring에 나열되어 있다. 처음 두 개의 매개변수인 b와 r은 로그 나사선 방정식으로부터 도출된다. 다음 매개변수인 rot_fac은 회전 요소로써 중심부로부터 나선을 회전시켜 새로운 나선팔을 생성한다. fuz_fac은 별들이 나선의 중심으로부터 얼마나 멀리 떨어져 있는지 설정한다. 마지막으로, arm 매개변수는 미광성의 팔이 선행하는지 뒤쫓는지 구분한다. 뒤쫓는 팔들은 옮겨질 것이며(앞선 팔보다 조금 뒤쳐지도록) 별은 작아질 것이다.

  나선을 구성할 별들의 위치를 담을 빈 리스트를 초기화한다❷. 스케일링 된 원반의 반지름 절대값을 임의 상수에 곱해서 fuzz 변수에 할당한다❸. 나선 방정식은 단독으로 줄지은 별들을 생성할 것이다(그림 10-11 왼쪽 두 개의 그림). 이러한 과정에서 나선팔에 있는 별들은 나선팔의 앞뒤로 조금씩 움직이게 된다. 당신은 그림 10-11의 가장 오른쪽에 있는 밝은 별들이 받는 영향을 확인할 수 있다. 나는 시행착오를 통해 이 값들을 알아냈다. 마음에 든다면 자유롭게 사용해도 좋다.

로그 나사선만   위치 변경

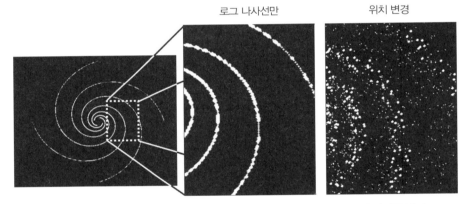

그림 10-11 나선을 조금씩 움직이면서 나선팔을 채우고 무작위로 별들의 위치를 변경

  이제 나선을 만들 시간이다. 먼저 로그 나사선 방정식에서 θ를 나타내는 값 범위를 사용한다❹. 약 520의 범위는 중앙부에 "블랙홀"이 있는 그림 10-9의 은하계를 생성할 것이다. (0, 600, 2) 범위를(혹은 비슷한 범위를) 사용해서 중앙에 별들로 가득 찬 밝은 핵을 만든다(그림 10-12). 당신은 원하는 결과를 얻을 때까지 이 값들을 바꿔볼 수 있다. theta의 값들을 루핑하여 로그 나사선 방정식에 적용하고, 코사인 x 값과 사인 y 값을 사용한다. fuzz 값을 추가하고 결과값에 fuzz 요소를 곱한다. 각 (x, y) 쌍들을 spiral_stars list에 추가한다.

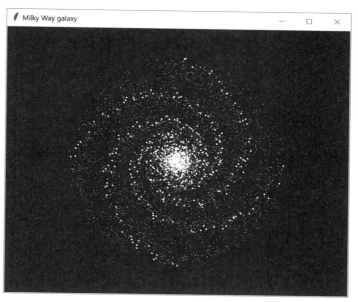

그림 10-12 중앙 블랙홀이 없는 그래픽 모델(그림 10–9와 비교)

이후 main() 함수에서 나선을 중앙부 주위로 이동시키는 rot_fac 변수를 특정한다. 프로그램이 네 개의 주요 팔들을 생성하고 나면 rot_fac을 사용해서 새로운 네 개의 팔을 생성한다. 이들은 처음 네 개 팔들과 약간 떨어진 위치에 존재하며, 그림 10-11에 있는 밝은 별들의 좌측에서 은은한 빛을 내며 따라간다.

이제 별들의 위치 리스트를 토대로 for 루프를 이용해서 (*x, y*) 좌표값을 루핑한다 ❺. 그리고 조건문을 이용해서 핵심 팔을 선택하고 x 값이 짝수인 위치를 지정한다❻. canvas 위젯의 create_oval() 메서드를 사용하여 게재할 별 오브젝트를 생성한다. 이 메서드의 처음 네 인자들은 원반이 알맞게 들어갈 수 있는 경계 박스를 정의한다. x와 y 다음의 값이 클수록 타원의 크기가 커진다. 흰색으로 채우고 경계선은 사용하지 않는다. 기본 경계선은 얇은 검정색 선이다.

x 값이 홀수일 경우 별을 조금 더 작게 만든다. arm 값이 1일 경우 별은 이동한 팔에 위치하므로 최대한 작게 만들어야 한다❼.

 ▶ 별 오브젝트들은 시각적 효과를 위한 것이다. 크기나 개수는 스케일링하지 않는다. 현실적으로 만들려면 별들은 훨씬 작고 많아야 한다(1000억 개 이상!).

별무리 흩뜨리기

나선팔 사이의 공간에도 별이 없는 것은 아니기 때문에 다음 함수(코드 10-8)는 무작위로 은하계 모델 위에 나선팔과 관계 없이 점들을 만든다. 은하계 사진에서 볼 수 있는 불빛을 떠올리면 된다.

```
❶ def star_haze(disc_radius_scaled, density):
    """Randomly distribute faint tkinter stars in galactic disc.

    disc_radius_scaled = galactic disc radius scaled to radio bubble diameter
    density = multiplier to vary number of stars posted
    """
❷ for i in range(0, disc_radius_scaled * density):
    ❸ x, y = random_polar_coordinates(disc_radius_scaled)
    ❹ c.create_text(x, y, fill='white', font=('Helvetica', '7'), text='.')
```

코드 10-8 star_haze() 함수 정의

   star_haze() 함수를 정의하고 두 가지 인자를 전달한다. 스케일링 된 원반의 반지름과 함수가 무작위 별의 개수를 증가시키기 위해❶ 사용하는 정수의 곱. 은은한 별무리보다 두꺼운 안개를 선호한다면 main() 함수를 호출할 때 밀도값을 증가시키면 된다.

   스케일링 된 원반의 반지름에 density를 곱한 값을 최대 범위로 하는 for 루프를 시작한다❷. 반지름 값을 사용하여 별들의 개수를 원반의 사이즈에 맞게 조정할 수 있다. random_polar_coordinates() 함수를 호출하여 (x, y) 쌍을 도출한다❸.

   (x, y) 쌍을 사용해서 캔버스를 위한 오브젝트를 생성한다❹. 이미 별들과 나선에 가장 작은 타원 크기를 적용했기 때문에 create_oval() 대신 create_text() 메서드를 사용한다. 이 메서드를 이용해서 별들을 나타내는 온점을 사용할 수 있다. 폰트 크기 매개변수를 통해 미적으로 만족스러울 때까지 별무리를 구성하는 별들의 크기를 조절할 수 있다.

   그림 10-13은 별무리가 없는 모델(좌측)과 별무리가 있는 모델(우측)을 비교한 것이다.

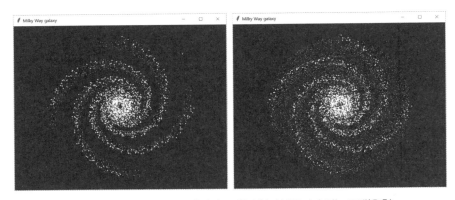

그림 10-13 별무리가 없는 은하계 모델(좌측)과 별무리가 있는 모델(우측)

   당신은 별무리를 창의적으로 만들 수 있다. 예를 들어, 별의 개수를 늘리고 회색으로 만들 수도 있고, 크기와 색깔을 다양하게 변경하는 루프도 사용할 수 있다. 다만, 초록색은 사용하지 않는 것을 추천한다. 우주에 초록색 별은 없다!

main() 함수 정의

코드 10-9는 *galaxy_simulator.py* 내의 main() 함수를 정의한다. 은하의 스케일을 조정하고 감지 가능성을 산출하며, 은하계 도식을 만들고, 통계치를 보여준다. 또한 tkinter의 메인 루프도 실행한다.

galaxy
_simulator.py,
part 8

```
def main():
    """Calculate detection probability & post galaxy display & statistics."""
❶  disc_radius_scaled, disc_vol_scaled = scale_galaxy()
    detection_prob = detect_prob(disc_vol_scaled)

    # build 4 main spiral arms & 4 trailing arms
❷  spirals(b=-0.3, r=disc_radius_scaled, rot_fac=2, fuz_fac=1.5, arm=0)
    spirals(b=-0.3, r=disc_radius_scaled, rot_fac=1.91, fuz_fac=1.5, arm=1)
    spirals(b=-0.3, r=-disc_radius_scaled, rot_fac=2, fuz_fac=1.5, arm=0)
    spirals(b=-0.3, r=-disc_radius_scaled, rot_fac=-2.09, fuz_fac=1.5, arm=1)
    spirals(b=-0.3, r=-disc_radius_scaled, rot_fac=0.5, fuz_fac=1.5, arm=0)
    spirals(b=-0.3, r=-disc_radius_scaled, rot_fac=0.4, fuz_fac=1.5, arm=1)
    spirals(b=-0.3, r=-disc_radius_scaled, rot_fac=-0.5, fuz_fac=1.5, arm=0)
    spirals(b=-0.3, r=-disc_radius_scaled, rot_fac=-0.6, fuz_fac=1.5, arm=1)
    star_haze(disc_radius_scaled, density=8)

    # display legend
❸  c.create_text(-455, -360, fill='white', anchor='w',
                  text='One Pixel = {} LY'.format(SCALE))
    c.create_text(-455, -330, fill='white', anchor='w',
                  text='Radio Bubble Diameter = {} LY'.format(SCALE))
    c.create_text(-455, -300, fill='white', anchor='w',
                  text='Probability of detection for {:,} civilizations = {}'.
                  format(NUM_CIVS, detection_prob))

    # post Earth's 225 LY diameter bubble and annotate
❹  if SCALE == 225:
❺      c.create_rectangle(115, 75, 116, 76, fill='red', outline='')
        c.create_text(118, 72, fill='red', anchor='w',
                      text="<---------- Earth's Radio Bubble")
    # run tkinter loop
❻  root.mainloop()

❼ if __name__ == '__main__':
    main()
```

코드 10-9 main() 함수 정의 및 실행

scale_galaxy() 함수를 호출하여 main()을 시작하고 스케일링 된 원반 용적과 반지름을 도출한다❶. 그리고 detect_prob() 함수를 호출하여 disc_vol_scaled 변수를 전달한다. 결과값을 detection_prob 변수에 할당한다.

이제 은하계 도식(그래픽 모델)을 생성한다❷. sprials() 함수를 여러 차례 호출하면서 조금씩 변경한다. arm 매개변수는 밝은 주요 팔들과 뒤따르는 희미한 팔들을 구분한다. rot_fac(회전 요소) 변수는 나선이 시작되는 부분을 결정한다. 회전 요소에서 0과 1 사이의 작은 변화(예를 들면, 2에서 1.91로)는 희미한 팔이 밝은 팔로부터 조금 떨어진 곳에 출력되게 한다.

star_haze() 함수를 실행하여 도식을 마무리한다. 다시 말하지만, 매개변수들로 실험을 할 때에는 부담을 가질 필요가 없다.

다음으로, 범례와 통계치를 표시한다. 주어진 여러 문명들의 감지 확률에 뒤따르는 스케일과 라디오 버블의 지름으로 시작한다❸. 인자에는 x와 y 좌표값, 텍스트 색상과 방위(왼쪽을 "west"의 w로 표현)가 포함된다. {:,}를 사용해서 천 단위 구분자로 쉼표를 삽입한다. 이는 새로운 문자열 포맷 메서드의 일종이다. 자세한 내용은 *https://docs.python.org/3/library/string.html#string-formatting*에서 확인할 수 있다.

사용자가 225광년의 지름을 가진 라디오 버블을 선택할 경우❹, 우리가 방출하는 버블과 같은 스케일의 도식이 그려지므로 태양계 내의 적절한 위치에 빨간색 픽셀을 표시하고 주석을 추가한다❺. tkinter을 사용하여 단일 픽셀을 표현할 수 있는 다양한 방법이 있다. 예제에서는 create_rectangle() 메서드를 사용하지만 다음과 같은 명령문을 통해 단일 픽셀 크기의 선을 만들 수도 있다.

```
c.create_line(115, 75, 116, 75, fill='red')
```

create_rectangle()에서 처음 두 개의 인자는 좌측 상단 모서리의 (x0, y0)과 우측 하단 바깥쪽의 (x1, y1)이다. create_line()의 인자들은 시작점과 끝점에 대응한다. 선의 기본 너비는 단일 픽셀이다.

main() 함수를 이벤트 루프인 tkinter mainloop() 함수를 실행하면서 종료한다❻. 당신이 닫기 전까지 root 윈도우는 닫히지 않는다.

전역 공간에서 스탠드얼론 또는 다른 프로그램의 모듈로써 실행할 수 있도록 하고 프로그램을 종료한다❼.

최종 도식은 그림 10-14와 같이 지구의 라디오 버블과 중앙부의 블랙홀이 보여지는 형태가 된다.

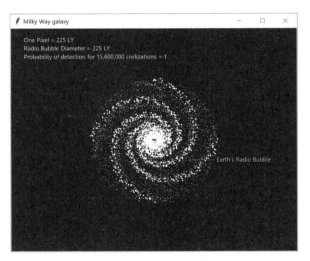

그림 10-14 최종 도식, 225광년 지름의 지구 라디오 버블 표시

이 스케일에서 우리의 라디오 버블이 바늘구멍만 하다고 해도, 문명들이 112.5광년 범위까지는 감지할 수 있고 드레이크 방정식의 최대 매개변수만큼 많은 문명들이 존재한다면 감지 확률은 1이 된다!

결과

입력값의 불명확성과 단순화된 가정 때문에 정확성을 담보하기는 어렵다. 이 프로젝트는 *지향성*에 관한 것으로 봐야 한다. 우리에게 접촉하려고 노력하지 않는 다른 문명을 과연 찾을 수 있을까? 그림 10-15에 따르면 아마 그렇지 않을 것이다.

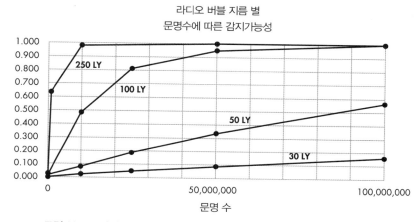

그림 10-15 라디오 버블 지름과 문명 수를 달리 적용했을 때 문명 감지 확률

현재 기술로 우리는 16광년 떨어진 문명의 전파를 감지할 수 있다. 즉, 라디오 버블 지름이 32광년인 문명을 감지할 수 있는 것이다. Wikipedia의 드레이크 방정식 항목대로 은하계가 1,560만 개의 발전된 문명들로 가득 차 있다 하더라도, 32광년의 라디오 버블을 감지할 확률은 4퍼센트 미만이다!

그림 10-14를 다시 한 번 보면 우리 은하의 거대함과 공허가 눈에 들어올 것이다. 우주 비행사들이 이를 표현하는 말이 있다: *Laniakea*(하와이 말로, "측정할 수 없는 천국"이라는 뜻).

Carl Sagan이 묘사한 것처럼 지구는 "태양 빛 위에 부유하는 먼지 티끌"이다. 최근의 연구들은 전파를 통해 다른 문명을 감지할 확률이 우리가 생각하는 것보다 훨씬 낮을 것이라고 예측한다. 만약 다른 문명들이 우리처럼 디지털 신호와 위성 통신을 사용하게 되면 우연적인 전파 누수는 네 배 이상 감소할 것이다. 우리는 감지할 수 없어지고 수백 년간 번성한 뒤 서서히 사라질 것이다.

그래서 정부는 더 이상 전파 망원경을 사용하여 지능을 가진 외계 생명체를 찾는 프로젝트를 지원하지 않는다.

오늘날에는 폐기물이나 산업 활동의 부산물인 특정 가스들을 우주로 내보내는 것에 대한 연구가 진행되고 있다.

요약

이 챕터에서 당신은 tkinter, matplotlib, NumPy를 사용했다. 외계 생명체가 방출하는 전파를 감지하는 방정식을 생성했으며, 상시 이용가능한 tkinter 모듈을 사용하여 분석 자료에 시각적 요소를 첨가했다.

추가 참고 도서

Paul Davies의 *Are We Alone? Philosophical Implications of the Discovery of Extraterrestrial Life*(BasicBooks, 1995)은 외계 생명체 탐색을 과학자들의 관점에서 서술한 책이다.

Harry I. Ringermacher와 Lawrence R. Mead(*https://arxiv.org/abs/0908.0892vl*)의 "A New Formula Describing the Scaffold Structure of Spiral Galaxies"(Monthly Notices of the Royal Astronomical Society, 7월 21일, 2009)는 허블 망원경을 통해 관찰되는 나선형 은하계를 모듈화할 수 있는 공식을 제공한다.

John W. Shipman의 "Tkinter 8.5 Reference: A GUI for Python"(New Mexico Tech Computer Center, 2013)은 유용한 공식 tkinter 문서들을 제공한다. *https://infohost.nmt.edu/tcc/help/pubs/tkinter/tkinter.pdf*에서 확인할 수 있다.

또 다른 유용한 tkinter 자료들은 *https://wiki.python.org/moin/Tkinter/*에서 찾을 수 있다.

Bhaskar Chaudhary의 저서 *Tkinter GUI Application Development HOTSHOT*(Packt Publishing, 2013)은 프로젝트 중심의 tkinter 학습서이다.

연습 프로젝트

다음 스핀오프 프로젝트들에 도전해보자. 부록에서 확인하거나 영진닷컴 홈페이지에서 다운로드할 수 있다.

멀고 먼 은하계

Milky Way 은하계에서 사는 것이 지겨운가? 누군들 안 그럴까. 다행히도 로그 나사선 너머에 더 넓은 우주가 존재한다. 파이썬과 tkinter를 사용해서 새로운 고향을 개척해 보자(현실적일 필요는 없다). 영감이 필요하다면 Alexandre Devert의 Marmakoide's Blog에서 "Spreading Points on a Disc and on a Sphere"(*http://blog.marmakoide.org/*)를 확인해보자. 그림 10-16은 *galaxy_practice.py*로 만든 예시이다.

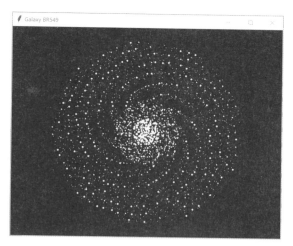

그림 10-16 galaxy_practice.py 프로그램으로 만들어진 은하계

은하 제국 건설

은하계의 한 장소를 선택하고 이동 속도를 광속의 5~10 퍼센트로, 단위 시간을 50만 년으로 설정한다. 그리고 확장하는 우주 제국을 모델링하라. 각 단계마다 팽창하는 *식민지화 버블*을 산출하고 은하계 지도를 업데이트한다. 은하계 중앙에 홈월드를 배치하고 결과를 확인한다. 속도를 1로 설정하고 은하계의 가장자리까지 도달하는데 5만 년이 걸리는지 확인하라.

프로그램이 완성되면 흥미로운 실험을 해볼 수 있다. 예를 들어, 챕터의 도입부에서 언급한 것처럼 우리가 천만 년 안에 은하계를 탐사하려면 얼마나 빠르게 움직여야 하는지 실험해볼 수 있다(그림 10-17 참고).

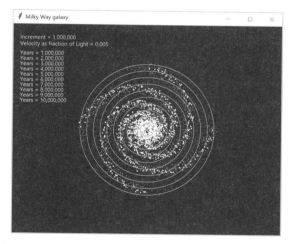

그림 10-17 광속보다 조금 낮은 속도로 천만 년간 이루어진 제국의 팽창

당신은 스타 트렉에서 행성 연방의 이동 속도인 워프 팩터 4를 광속의 100배로 추측했을 때, 연방이 처음 100년간 은하계를 얼마나 탐험했는지도 측정할 수 있다(그림 10-18).

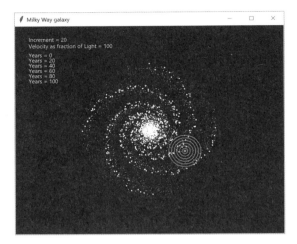

그림 10-18 스타 트렉 연방이 첫 100년 동안 워프 팩터 4로 팽창

위 그림은 *empire_practice.py* 프로그램으로 생성된 도식이다.

감지 가능성 우회 측정

감지 확률을 측정할 수 있는 또 다른 방법은 극좌표를 이용해서 은하계 원반에 문명을 분포시키고(xyz 점으로) 점들을 인접한 라디오 버블의 *반지름*으로 이동하는 것이다. 동일한 위치를 공유하는 점들은 서로 감지할 수 있는 문명들을 의미한다. 그러나 주의해야 한다. 이 메서드는 구체가 아닌 큐브를 사용하기 때문에 반지름을 동일한 용적을 가진 큐브의 측면으로 변환해야 한다.

현재 기술의 한계인 16광년의 *반지름*을 가진 버블을 측정하는 프로그램을 작성하고 1,560만 개의 문명들이 은하계 전역에 무작위로 분포해 있다고 가정하라(Wikipedia에 명시되어 있는 드레이크 방정식에 따른 결과). 5만 광년 반지름과 1,000광년 높이의 은하계 모델을 사용하여 문명을 분포한다.

솔루션이 필요하다면 *rounded_detection_practice.py*를 참고하라. 이 프로그램의 실행에는 수 분이 소요된다.

도전 프로젝트

스스로 도전해 볼 수 있는 프로젝트들이 있다. 도전 프로젝트는 솔루션이 제공되지 않는다.

막대나선 은하계 만들기

Milky Way 은하계에 대한 우리의 이해는 새로운 천문학적 데이터를 얻고 분석하면서 발전하고 있다. 이제 과학자들은 은하계의 중앙부가 긴 막대 모양이라고 믿는다. Ringermacher과 Mead의 논문에 있는 방정식을 사용해서(212쪽의 "추가 참고 도서" 참고) tkinter로 막대나선 형태의 새로운 은하계 그래픽 모델을 만들어보자.

은하계에 거주 가능한 지역 추가

태양계에는 생명체의 발달에 적합한 *Goldilocks zone*이라는 지역들이 있다. 해당 구간에 존재하는 행성들은 물이 액체 형태로 남아있을 정도로 따뜻하다.

또한, 거주 가능한 지역이 포함된 태양계와 같은 은하계가 존재한다는 이론도 있다. Milky Way 은하계의 거주 가능 지역은 은하계 중심으로부터 13,000광년에서 33,000 광년 사이의 거리에 있다(그림 10-19 참고). 핵심부는 높은 방사능 수치와 수많은 초신성, 그리고 빽빽히 밀집한 별들로 인해 궤도를 바꾸는 중력장이 존재하므로 제외한다. 가장자리의 구역들은 행성의 발달에 필수적인 금속들이 적으므로 제외한다.

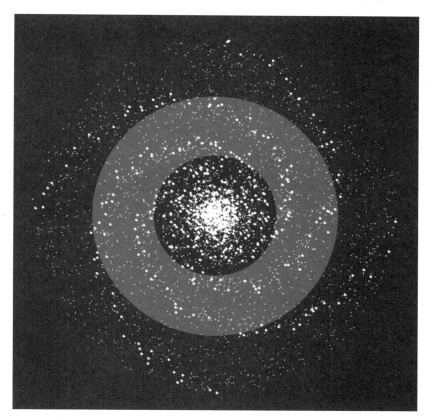

그림 10-19 Milky Way 은하계 내 대략적인 거주 가능 지역들(음영으로 표시)

거주 가능 지역 모델의 개선 버전에는 나선팔들이 제외되어 있는데, 이는 핵심부를 제외한 것과 동일한 이유이다. 우리의 존재 역시 이를 뒷받침한다. 지구는 궁수자리와 페르세우스 자리의 팔보다 상대적으로 작은 오리온 자리의 "돌출부"에 위치해 있다.

galaxy_simulation.py 프로그램을 수정해서 은하계에서 거주 가능한 지역만을 사용하도록 한다. 당신은 이것이 용적과 드레이크 방정식이 도출하는 문명의 수(N)에 어떤 영향을 미칠지 연구해야 한다. N 값은 다르지만 문명이 무작위로 분포되어 있는 핵심부, 나선, 가장자리 등과 같은 영역들을 활용해보자. 이 영역들을 은하 지도에서 강조 표시하고 감지 가능성을 측정한다.

몬티 홀 문제

TV 게임쇼 *Let's Make a Deal*의 호스트 Monty Hall 은 참가자들에게 세 개의 닫힌 문을 보여주고 그들이 하나를 고르도록 한다. 한 개의 문 뒤에는 상품이 있고, 두 개의 문 뒤에는 냄새 나는 늙은 염소가 있다. 참가자가 문을 고르면 Monty는 남은 문 중 하나를 열어서 염소를 보여준다. 그리고 참가자에게 최종 선택을 할 수 있는 기회가 주어진다. 문을 바꿀 것인지, 아니면 처음 선택을 고수할 것인지.

1990년, 전세계에서 가장 똑똑한 여성 Marilyn vos Savant는 주간 *Parade* 잡지 칼럼 "Ask Marilyn"에서 참가자가 문을 바꿔야 한다고 말했다. 그녀의 의견이 정답이었음에도 불구하고, 그녀는 수많은 악성 편지를 받았고 성별, 학벌 논란마저 일어나고 말았다. 당시 많은 수학과 교수들이 망신을 당했지만 이 추한 사건에도 좋은 효과가 있었다. 가열된 논란 덕분에 대중들은 통계 분야에 관심을 갖게 되었고 vos Savant의 주장은 수많은 교실로 퍼지게 되었다.

많은 수업에서 손수 진행된 실험들은 "여성 논리"라고 비난 받은 그녀의 명예를 회복시켜 주었고 이후 이 실험은 컴퓨터들이 대신하게 됐다.

이 챕터에서는 무작위 입력값에서 파생된 서로 다른 결과값들의 확률을 구하는 방식인 *몬테 카를로 시뮬레이션*(MCS)을 사용해서 그녀가 옳았다는 것을 입증할 것이다. 그리고 tkinter를 사용해서 이 실험을 도와줄 수 있는 재미있는 그래픽 인터페이스를 만들 것이다.

몬테 카를로 시뮬레이션

주사위를 6번 굴렸을 때 매번 다른 면이 나올 확률을 알아낸다고 가정해보자. 당신이 수학적인 머리를 가지고 있다면 $6!/6^6$ 또는

$$\frac{6}{6} \times \frac{5}{6} \times \frac{4}{6} \times \frac{3}{6} \times \frac{2}{6} \times \frac{1}{6}$$

으로 0.015라는 답을 도출할 것이다. 물론 수학과 별로 친하지 않다면 파이썬에게 수많은 시도를 맡겨 동일한 답을 얻을 수 있다.

```
>>> from random import randint
>>> trials = 100000
>>> success = 0
>>> for trial in range(trials):
        faces = set()
        for roll in range(6):
            roll = randint(1, 6)
            faces.add(roll)
        if len(faces) == 6:
            success += 1
>>> print("probability of success = {}".format(success/trials))
probability of success = 0.01528
```

이 예시는 for 루프와 randint를 이용해서 1과 6사이의 숫자를 무작위로 뽑는데, 연속으로 6번 던졌을 때 나오는 주사위의 한 면을 나타낸다. 각각의 결과를 faces라는 세트에 추가하고 중복을 허용하지 않는다. 세트의 길이가 6에 도달하는 유일한 방법은 각 굴림이 고유한 수를 산출하는 것이다(성공 케이스). 바깥쪽 for 루프는 6회의 굴림 시도를 10만 번 수행한다. 성공 횟수를 시도 횟수로 나누면 결정적 방정식과 동일한 확률인 0.015가 산출된다.

몬테 카를로 시뮬레이션은 *반복적인 무작위 샘플링*(여기서는 주사위의 굴림이 무작위 샘플이 된다)을 통해 특정 조건 범위 하에서 서로 다른 결과를 예측한다. 이 예시에서 조건의 범위는 6면 주사위 1개, 시도마다 중복이 없는 굴림 6회, 시도 10만 회이다.

몬테 카를로 시뮬레이션(MCS)은 일반적으로 많은 변수와 광범위한 불확실성 때문에 결과를 쉽게 예측하기 어려운 복잡한 문제에 적용된다.

MCS에는 여러 가지 유형이 있지만 대부분 다음과 같은 기본 단계를 따른다.

- 입력 변수를 나열한다.
- 각 변수에 대한 확률 분포를 제공한다.
- 루프 시작
  - 각 입력마다 분포에서 값을 무작위로 선택한다.
  - 동일한 입력으로 동일한 출력을 생성하는 결정적 계산에 해당 값을 사용한다.
  - 지정된 횟수만큼 반복한다.
- 결과를 집계하고 계산의 평균 결과값 같은 통계치를 생성한다.

해당 예제의 경우, 다음과 같은 단계가 진행된다.

- 입력 변수 = 굴림 6회의 결과값.
- 굴림의 확률 분포 = 균일(1/6)
- 루프
  - 무작위 선택 값 = 굴림(분포에서 추출)
  - 계산 = 세트에 6개의 값을 추가하고, 세트의 길이가 6인 경우 success 변수에 1을 더한다.
  - 반복 = 100,000회
- 집계: 확률 계산을 위해 성공 변수를 100,000으로 나눈다.

*The Black Swan*과 *Fooled by Randomness*의 저자인 Nassim Taleb는 MCS의 팬이다. 그는 우리의 뇌가 복잡하고 불확실한 문제나 확률 문제를 다루는 것보다 문제 상황으로부터 신속히 빠져나오도록 설계되어 있다고 말한다. 우리는 복잡한 분포와 비선형성을 다루는 것에 익숙하지 않지만 어떤 사람들의 뇌는 선천적으로 MCS를 사용하여 리스크를 이해한다. 우리는 실생활에서 확률 분포를 관찰하지 않는다. 그저 사건을 관찰할 뿐이다.

각각의 MCS 실행은 은퇴 이후 당신이 돈을 탕진할지와 같은 하나의 사건을 나타낸다. MCS는 리스크를 현실화한다. 우리가 수학적으로 계산할 수 없는 일들이 얼마나 잘못 되어가는지, 혹은 잘 되어가는지 이해하는데 도움을 준다. MCS의 통찰력을 통해 우리는 안좋은 일과 좋은 일 모두를 대비할 수 있다.

Monty Hall 문제에 숨겨진 수학적 요소를 이용하기 위해 당신은 앞에 주사위 굴리기 예시처럼 MCS를 활용할 것이다. 챕터 12에서 당신은 MCS를 안전한 은퇴 이후를 위한 밑천 모으기 계획 시뮬레이터로 사용할 것이다.

프로젝트 #18: vos Savant 입증

Vos Savant가 옳았다는 것을 입증하기 위해 몬테 카를로 접근을 사용하고 수 만번의 "게임들"을 시뮬레이션 해보자. 꾸밀 필요 없이 결과 확인만을 목적으로 하기 때문에 뼈 대만 있는 프로그램이어도 된다.

> **◎ 목표** ▶ 몬테 카를로 시뮬레이션을 사용하는 단순한 파이썬 프로그램을 작성하여 Monty Hall 문제 에서 첫 번째 선택을 바꿨을 때 승리할 확률을 산출하라.

전략

Monty Hall 문제의 올바른 정답은 Monty가 염소를 보여준 다음에 선택을 변경하는 것이다. 이는 통계적으로 당신이 승리할 확률을 두 배로 늘려줄 것이다.

그림 11-1을 보자. 게임을 시작할 때, 모든 문들은 닫혀 있고 각 문에 부여된 성공 확률은 1/3이다. 사용자는 하나의 문만 선택할 수 있고, 선택되지 않은 문에 부여된 성공 확률은 2/3이 된다. 염소가 어디 있는지 밝혀진 후에도 확률은 2/3으로 유지된다. 기억해야 할 점은 Monty는 상품이 어디 있는지 알고 있으며 절대 그 문을 열지 않는다는 것이다. 따라서, 기존 선택을 고수하면 성공 확률은 1/3, 바꾸면 성공 확률은 2/3가 된다.

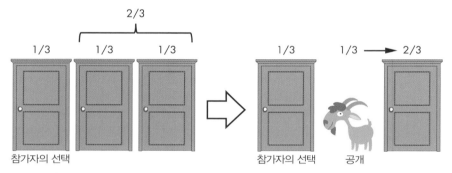

그림 11-1 Monty Hall 문제에서 염소의 위치가 밝혀지기 전과 밝혀진 후의 성공 확률

수학적으로 미심쩍다면 MCS를 사용하여 주사위 굴리기 예시에서 했던 것처럼 확증적인 예시를 만들어 볼 수 있다. 성공 문을 무작위로 선택하고 참가자의 선택 또한 무작위로 선택한 뒤 이들이 몇 번이나 같아지는지 기록하면 된다. 이 작업을 수천 번 반복하고 나면 결과값들이 하나의 값으로 수렴할 것이다.

Vos Savant 입증 코드

이 본문에서 설명할 *monty_hall_mcs.py* 프로그램은 문을 고르고 결과를 기록하는 작업을 1초 이내에 수천 번 반복해 주는 자동화 프로그램이다. 코드는 영진닷컴 홈페이지에서 다운로드할 수 있다.

실행 횟수 입력값 얻기

코드 11-1은 *monty_hall_mcs.py* 프로그램으로 시뮬레이션을 몇 번이나 실행할 것인지 사용자에게 물어보는 것으로 시작한다. 사용자에게 기본값을 고지함으로써 올바른 선택을 유도하고 시간을 절약할 수 있다. 코드는 영진닷컴 홈페이지에서 다운로드할 수 있다.

*monty_hall
_mcs.py, part 1*

```
❶ import random

❷ def user_prompt(prompt, default=None):
      """Allow use of default values in input."""
❸     prompt = '{} [{}]: '.format(prompt, default)
❹     response = input(prompt)
❺     if not response and default:
          return default
      else:
          return response

  # input number of times to run simulation
❻ num_runs = int(user_prompt("Input number of runs", "20000"))
```

코드 11-1 모듈 임포트, user_prompt() 함수 정의

　　MCS를 실행하기 위해 random 모듈을 임포트한다❶. 다음으로, user_prompt() 함수를 정의하고 사용자에게 몇 번의 게임을 실행할 것인지 입력하거나 기본값을 사용하도록 안내한다❷. 이 함수는 두 개의 인자를 전달받는다. 첫 번째는 사용자의 행동을 제안하는 텍스트, 두 번째는 기본 값인 None을 받는다. 즉시 prompt 변수를 재정의하여 기본값이 괄호 안에 표현될 수 있도록 한다❸. 사용자의 입력값을 response 변수에 할당한다❹. 사용자가 입력값을 제공하지 않고 [Enter↵]를 눌렀을 때, 기본값이 존재하면 user_prompt() 함수는 기본값을 반환한다❺. 사용자 입력값이 있을 경우 함수는 해당 값을 반환한다. 반환된 값을 num_runs 변수에 할당하여 몇 번 시도할 것인지 결정한다❻. 각각의 시도는 참가자가 게임을 한 번 하는 것을 의미한다.

MCS 실행 및 결과값 출력

코드 11-2는 정답인 문을 선택하고 무작위로 사용자의 첫 선택을 결정하며 이후 통계값을 수집하여 제공한다. 흥미롭게도, 사용자의 두 번째 선택(문을 바꿀지 바꾸지 않을지)은 올바른 답을 얻기 위해 필요하지 않다. 만약 첫 번째 선택으로 정답인 문을 골랐다면 올바른 답은 문을 바꾸지 않는 것이다.

이와 마찬가지로, 첫 번째 선택과 정답인 문이 다를 경우, 올바른 답은 문을 바꾸는 것이다. 참가자의 다음 선택을 모델링할 이유가 없다.

monty_hall
_mcs.py, part 2

```
    # assign counters for ways to win
❶  first_choice_wins = 0
    pick_change_wins = 0
❷  doors = ['a', 'b', 'c']

    # run Monte Carlo
❸  for i in range(num_runs):
        winner = random.choice(doors)
        pick = random.choice(doors)

    ❹  if pick == winner:
            first_choice_wins += 1
        else:
            pick_change_wins += 1

❺  print("Wins with original pick = {}".format(first_choice_wins))
    print("Wins with changed pick = {}".format(pick_change_wins))
    print("Probability of winning with initial guess: {:.2f}"
        .format(first_choice_wins / num_runs))
    print("Probability of winning by switching: {:.2f}"
        .format(pick_change_wins / num_runs))

❻  input("\nPress Enter key to exit.")
```

코드 11-2 몬테 카를로 시뮬레이션을 실행하고 결과값을 출력

선택을 고수하는 것과 바꾸는 것 중에서 어떤 선택이 정답을 고르게 될지 추적하는 두 개의 변수를 할당한다❶. 그리고 세 개의 문을 담을 리스트를 만든다❷.

MCS는 시도를 반복하는 for 루프를 시작한다❸. 루프 내에서 정답인 문을 고르고 door 리스트에서 사용자의 첫 번째 선택을 random.choice()로 선택하여 변수들에 할당한다.

둘 중 하나를 선택하는 것이므로(사용자가 문을 바꿀 것인지 아닌지) 당신은 pick 변수와 winning 변수 간의 관계에 관련된 조건문만 추가하면 된다❹.

최종 결과를 출력하며 프로그램을 종료한다. 시도 횟수와 계산된 확률을 출력한다❺. 사용자에게 프로그램 종료를 알린다❻.

기본값인 2만 번 시도의 결과값은 다음과 같다.

```
Input number of runs [20000]:
Wins with original pick = 6628
Wins with changed pick = 13372
Probability of winning with initial guess: 0.33
Probability of winning by switching: 0.67

Press Enter key to exit.
```

컴퓨터가 출력한 결과값을 믿지 않는 사람들도 있다. 그들에게는 더욱 믿음직한 것이 필요하기 때문에 다음 프로젝트에서는 코드를 좀 더 직접적인 형식으로 재구성해 볼 것이다(문, 상품, 염소들로 구성된). 이를 통해 Marilyn vos Savant가 자신의 명예를 되찾기 위해 학생들에게 했던 호소도 만족시킬 수 있다.

프로젝트 #19: 몬티 홀 게임

Monty Hall 문제에서 사용되는 세 개의 문 게임은 tkinter를 통해 생성할 수 있을 만큼 단순하다. 챕터 10에서 활용했던 tkinter 그래픽 요소들로도 만들 수 있다. 이제 당신의 지식을 바탕으로 사용자들이 상호작용할 수 있는 버튼을 추가해보자.

목표 ▶ tkinter로 만든 GUI를 사용하여 Monty Hall 문제를 시뮬레이션한다. 문을 바꾸거나 그대로 두는 것 중에서 어느 것이 성공하는지 추적한다. 게임을 하는 동안 이 통계치들을 업데이트하고 표시한다.

객체 지향 프로그래밍 개요

tkinter 모듈은 *객체 지향 프로그래밍*(*OOP*)를 사용해서 만들어졌다. OOP는 오브젝트 데이터 구조를 기반으로 만들어진 언어 모델로써 *데이터*와 *메서드*, 그리고 이들의 상호작용으로 구성된다(절차적 프로그래밍의 액션과 로직에 대비된다). 오브젝트는 클래스로 구성되며, 클래스는 오브젝트의 청사진과도 같다.

OOP는 추상적인 개념이며 크고 복잡한 프로그램에서 유용하게 활용된다. 이는 코드 중복을 감소시키고 코드의 업데이트, 유지, 재사용을 용이하게 한다. 그렇기 때문에 대부분의 상업적 소프트웨어는 OOP를 활용하여 제작된다.

OOP를 우리가 지금까지 작성한 것 같은 작은 프로그램에 적용할 경우, 대부분은 과하게 느껴질 것이다. 영국의 컴퓨터 과학자 Joe Armstrong은 OOP의 특성에 대해 다음과 같은 말을 남겼다. "객체 지향 언어의 문제는 묵시적 환경을 끌고 다닌다는 것이다. 내가 필요한 건 바나나 하나였는데 바나나를 손에 쥔 고릴라와 그 고릴라가 사는 정글까지 따라오는 셈이다."

이러한 단점에도 불구하고 OOP로 생성된 오브젝트는 GUI, 게임, 심지어 작은 프로젝트에서도 유용하게 활용된다. 사용자가 드워프, 엘프, 마법사와 같은 캐릭터를 플레이할 수 있는 *Dungeons and Dragons* 타입의 보드 게임을 살펴보자. 이러한 게임은 캐릭터 카드를 사용하여 각 캐릭터 타입의 주요 정보를 표시한다. 당신이 드워프로 플레이한다면 카드에 쓰여있는 특징들을 내포하게 될 것이다(그림 11-2 참고)

드워프

당신은 거대한 도끼를 사용하는
작지만 거친 전사, 드워프입니다.
함정을 찾고 해체할 수 있습니다.

공격
전투 주사위 3개 굴림

방어
전투 주사위 4개 굴림

이동
전투 주사위 2개 굴림

체력
5

그림 11-2 롤플레잉 보드 게임의 드워프 캐릭터 카드

코드 11-3과 코드 11-4는 보드 게임 스타일의 플레이를 재구성하여 가상의 드워프,
엘프 카드를 만들고, 캐릭터의 이름을 짓고, 싸우게 만든다. 싸움의 결과는 캐릭터의 체
력을 나타내는 바디 포인트에 영향을 미칠 것이다. OOP가 클래스라고 불리는 사전 지
정된 템플릿을 통해 손쉽게 동일한 오브젝트(드워프와 엘프)를 "찍어내는" 방법에 대해
알아보자.

```
❶ >>> import random
❷ >>> class Dwarf(object):
        ❸ def __init__(self, name):
            ❹ self.name = name
                self.attack = 3
                self.defend = 4
                self.body = 5
        ❺ def talk(self):
                print("I'm a blade-man, I'll cut ya!!!")
❻ >>> lenn = Dwarf("Lenn")
   >>> print("Dwarf name = {}".format(lenn.name))
   Dwarf name = Lenn
   >>> print("Lenn's attack strength = {}".format(lenn.attack))
   Lenn's attack strength = 3
   >>>
❼ >>> lenn.talk()
   I'm a blade-man, I'll cut ya!!!
```

코드 11-3 random 모듈 임포트, 드워프 클래스 생성, 드워프 오브젝트 인스턴스화

random을 임포트하여 주사위 굴림을 시뮬레이션한다❶. 캐릭터는 주사위를 굴려 싸운다. 드워프 캐릭터의 클래스를 정의하고 첫 글자를 대문자로 변환하여 오브젝트 인자(드워프 캐릭터의 이름)로 전달한다❷. 클래스는 특정 타입의 오브젝트를 생성하는 템플릿이다. 리스트와 사전도 클래스에서 생성된다.

Dwarf 클래스는 그림 11-2의 카드와 같이 정의된다. 이는 기본적으로 드워프의 유전적 청사진이다. 이것은 힘, 활력, 메서드(이동, 대화 방식)와 같은 속성을 할당한다. 속성은 각 클래스의 인스턴스에 부여되는 변수이며 메서드는 인스턴스에 참고할 내용을 전달하는 함수와 같다. 클래스는 데이터 타입이며 이러한 데이터 타입의 오브젝트를 생성하면 해당 클래스의 인스턴스라고 부를 수 있다. 해당 인스턴스의 초기 값과 메서드를 설정하는 것을 인스턴스화라고 한다.

다음으로, 생성자 메서드(초기화 메서드라고도 한다)를 정의한다. 이는 오브젝트에 초기 속성 값을 부여하는 작업이다❸. __init__() 메서드는 파이썬에 내재된 메서드로, 새로운 오브젝트가 생성될 때 자동으로 실행된다. 두 개의 인자 self와 오브젝트의 name을 전달한다.

self 매개변수는 생성된 또는 메서드가 만들어낸 클래스의 인스턴스로 전문 용어로는 문맥 인스턴스라고 한다. 당신이 새로운 드워프를 만들고 "Steve"라는 이름을 붙이면 self는 Steve가 된다. 예를 들어, self.attack은 "Steve's attack"이 될 것이다. 당신이 "Sue"라는 이름의 다른 드워프를 만들면 해당 오브젝트의 self는 "Sue"가 된다. 이런 방식으로 Steve의 체력 속성은 Sue의 체력 속성과 분리되어 존재하게 된다.

다음으로, 생성자 정의에 따라 드워프의 속성들을 나열한다❹. 당신은 드워프들을 구분하기 위해 이름을 붙여야 하며, 각자의 핵심적인 전투 특성도 필요하다. 나열된 속성들과 그림 11-2의 카드를 비교해보고 얼마나 닮았는지 확인하라.

talk() 메서드를 정의하고 self에 전달한다❺. self를 전달함으로써 메서드를 오브젝트에 연결하게 된다. 더욱 캐릭터가 다양한 게임에서는 메서드가 움직임이나 함정 해체 능력과 같은 행동도 포함할 것이다.

클래스 정의를 완성함으로써 Dwarf 클래스의 인스턴스를 생성하고 이 오브젝트를 드워프의 이름인 lenn 변수에 할당한다❻. 이제 이름과 공격 속성을 출력하여 당신이 속성에 접근할 수 있다는 것을 확인한다. talk() 메서드를 실행하며 종료한다❼. 메시지가 출력될 것이다.

코드 11-4는 코드 11-3과 동일한 과정으로 엘프 캐릭터를 생성하고, 드워프와 싸우도록 만든다. 엘프의 body 속성은 전투의 결과를 반영하여 업데이트된다.

```
❶ >>> class Elf(object):
        def __init__(self, name):
            self.name = name
            self.attack = 4
            self.defend = 4
            self.body = 4
>>> esseden = Elf("Esseden")
>>> print("Elf name = {}".format(esseden.name))
Elf name = Esseden
>>> print("Esseden body value = {}".format(esseden.body))
```

```
Esseden body value = 4
>>>
```
❷
```
>>> lenn_attack_roll = random.randrange(1, lenn.attack + 1)
>>> print("Lenn attack roll = {}".format(lenn_attack_roll))
Lenn attack roll = 3
```
❸
```
>>> esseden_defend_roll = random.randrange(1, esseden.defend + 1)
>>> print("Esseden defend roll = {}".format(esseden_defend_roll))
Esseden defend roll = 1
>>>
```
❹
```
>>> damage = lenn_attack_roll - esseden_defend_roll
>>> if damage > 0:
        esseden.body -= damage
```
❺
```
>>> print("Esseden body value = {}".format(esseden.body))
Esseden body value = 2
```

코드 11-4 엘프 클래스 생성, 엘프 오브젝트 인스턴스화, 전투 시뮬레이션, 오브젝트 속성 업데이트

Elf 클래스를 정의하고 속성들을 부여한다❶. 드워프의 속성과는 달리 엘프답게 균형이 잘 잡히도록 만든다. Esseden이라는 이름의 엘프를 인스턴스화하여 name과 body 속성에 print를 사용하여 접근한다.

두 캐릭터가 각자의 공격 또는 방어 값을 최대치로 하여 가상의 주사위를 굴리도록 만든다. random 모듈을 사용하여 1에서 Lenn의 공격 속성에 1을 더한 범위 내에서 굴림 값을 선택하고❹, 데미지가 양수일 경우 그만큼 Esseden의 체력 속성에서 차감한다. print()를 사용하여 엘프의 체력을 결정한다❺.

절차적 프로그래밍을 사용하여 유사한 캐릭터들을 다수 만들어내고 그들의 가변 속성들을 추적하는 작업은 금세 부하를 일으킨다. OOP는 프로그램에 모듈러 구조를 제공하여 복잡한 부분을 감추고 캡슐화를 통해 스코프의 소유권을 보호하며, 문제를 작은 덩어리들로 나누어 해결할 수 있도록 한다. 또한, 다른 곳에서도 사용될 수 있는 공유 가능한 템플릿을 생성한다.

전략과 의사 코드

이제 세 개의 문 게임으로 돌아가보자. 이 게임의 법칙은 프로그램에 한 무더기의 의사 코드를 만든다.

```
Initialize game window and show closed doors and instructions
Choose winning door at random
Get player's door choice
Reveal a door that isn't the winning door or the player's choice
Get player's choice to switch doors or not
If player switches:
    Reveal new door
    If winner:
        Record as win for switching
```

```
    Otherwise:
        Record as win for staying put
Else if player stays with first choice:
    Reveal chosen door
    If winner:
        Record as win for staying put
    Otherwise:
        Record as win for switching
Display number of wins for each strategy in game window
Reset game and close all doors
```

게임 창의 모양, 설명서, 메시지, 그리고 버튼 형식을 설계한다. 내 조악한 낙서들을 보고 싶지는 않을 테니 대신 그림 11-3을 보자.

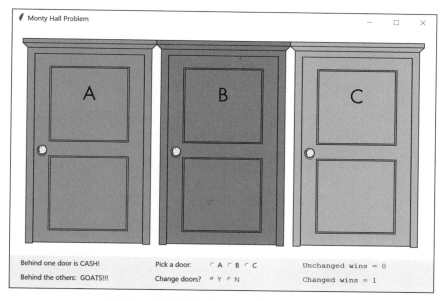

그림 11-3 한 번 플레이하고 난 이후 게임 창의 상황

위 예시는 첫 번째 라운드 이후 게임이 완료된 모습으로, 오른쪽 끝에 성공 통계가 보일 것이다. 문을 바꾸는 버튼들은 최초 선택을 할 때까지 보이지 않아야 한다.

게임 요소

게임 요소란 게임을 만들 때 필요한 것들을 거창하게 일컫는 말이다. 문, 염소, 그리고 상품을 나타내는 일련의 이미지들로 구성된다(그림 11-4).

그림 11-4 monty_hall_gui.py 프로그램의 구성 요소 이미지

Microsoft 파워포인트를 이용하여 세가지 기본 이미지들로 게임의 모든 상황을 표현하는 10개의 이미지를 만들었다(그림 11-5). 이것은 설계적 결정이었다. 물론 이미지를 만들 필요 없이 코드 몇 줄과 기본 이미지만 사용해도 같은 결과물을 만들어 낼 수 있다.

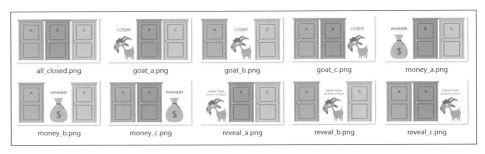

그림 11-5 monty_hall_gui.py 프로그램을 위해 구성된 이미지들

The Monty Hall 게임 코드

이 본문에서 설명하는 *Monty_hall_gui.py* 프로그램은 Monty Hall 문제를 재미있고 교육적인 게임으로 만들어 준다. 그림 11-5에 나열된 10개의 게임 요소들이 필요할 것이다. 영진닷컴 홈페이지에서 다운로드할 수 있으며 모든 파일을 동일한 폴더에 저장하도록 한다.

모듈들 임포트 및 게임 클래스 정의

코드 11-5는 모듈을 임포트하고 게임의 클래스와 초기화 메서드인 __init__()을 정의한다.

monty_hall
_gui.py, part 1

❶
```
import random
import tkinter as tk
```

```
❷ class Game(tk.Frame):
      """GUI application for Monty Hall Problem game."""

  ❸ doors = ('a', 'b', 'c')

  ❹ def __init__(self, parent):
          """Initialize the frame."""
        ❺ super(Game, self).__init__(parent)  # parent will be the root window
        ❻ self.parent = parent
          self.img_file = 'all_closed.png'  # current image of doors
          self.choice = ''  # player's door choice
          self.winner = ''  # winning door
          self.reveal = ''  # revealed goat door
        ❼ self.first_choice_wins = 0  # counter for statistics
          self.pick_change_wins = 0  # counter for statistics
        ❽ self.create_widgets()
```

코드 11-5 모듈 임포트 및 게임 클래스와 __init__() 정의

    random과 tkinter 모듈을 임포트하며 시작한다❶. 그리고 Game이라는 클래스를 정의한다❷. 해당 클래스의 조상은 괄호 안에 있는 tkinter Frame 클래스가 된다. 이는 곧 Game 클래스가 Frame의 "기본" 클래스로부터 파생되고 유용한 함수들을 간편하게 상속한다는 뜻이다. Frame 위젯은 주로 다른 위젯의 기하학적 구조를 복잡한 레이아웃으로 그룹화하는 역할을 수행한다.

    클래스는 독자적인 docstring 관례를 가지고 있고 이는 *https://www.python.org/dev/peps/pep-0257*에서 확인할 수 있다. 챕터 1에서 언급한 바와 같이 나는 이 책에서 주로 단행 docstring에 대해 다룰 것이다.

    모든 Game 인스턴스는 동일한 세 개의 문을 사용하기 때문에 클래스 속성을 활용할 수 있다❸. 메서드 밖에서 할당된 모든 변수는 클래스 속성이 되고, 절차적 프로그래밍에서 함수 밖에 할당되는 변수들은 전역 변수가 된다. 실수로 이 속성을 변경하지 않도록 튜플로 만든다. 이후 문을 조작할 때마다 이 튜플에서 리스트를 만들 수 있다.

    기초 클래스는 슈퍼클래스라고도 하며, super() 함수는 상속된 메서드들에 접근할 수 있도록 슈퍼클래스 메서드를 실행한다(부모 클래스로부터). 먼저 Game을 super() 함수에 전달하여 Game의 슈퍼클래스인 Frame을 실행한다❺. 그리고 새로 인스턴스화된 Game 오브젝트의 참조할 수 있도록 self를 인자로써 전달한다. __init__(parent) 부분은 parent를 인자로 받는 Frame 초기화 메서드를 실행한다. 이제 미리 생성된 tkinter Frame 클래스의 속성들을 당신의 Game 오브젝트에서 사용할 수 있다. 이것은 super().__init__()로 단순화할 수 있다.

    다음으로, 인스턴스 속성에 값들을 할당한다❻. __init__() 메서드를 통해 초기화하는 것이 최선인데, 이는 최초의 메서드가 오브젝트 생성 이후 호출되기 때문이다. 이 방법으로 이 속성들은 즉시 클래스 내의 다른 메서드들에서 사용될 수 있다. 이미지 파일 중 하나를 담을 속성을 만들고(그림 11-5 참고) 플레이어가 게임 시작 시점에 보게 되는 닫혀 있는 문들의 이미지를 할당한다. 다음으로, 플레이어가 선택하는 문과 정답인 문, 그리고 첫 번째 염소를 보여줄 문의 속성을 만든다.

카운터를 사용해서 플레이어가 첫 번째 선택을 고수할 경우 이기는 횟수와 선택을 바꾸었을 때 이기는 횟수를 기록한다❼. 마지막으로, 게임 실행에 필요한 라벨, 버튼, 텍스트 위젯을 생성하는 메서드를 호출한다❽.

이미지와 설명 위젯 생성

코드 11-6은 create_widgets() 함수의 첫 부분을 정의하며, 이 부분은 라벨, 버튼, 텍스트 위젯들을 만들기 위해 사용된다. 처음 두 위젯은 tkinter 라벨로써 그림 11-5의 이미지들을 표시하고 게임 설명을 제공한다.

monty_hall
_gui.py, part 2

```
❶ def create_widgets(self):
      """Create label, button, and text widgets for game."""
      # create label to hold image of doors
❷     img = tk.PhotoImage(file='all_closed.png')
❸     self.photo_lbl = tk.Label(self.parent, image=img,
                                text='', borderwidth=0)
❹     self.photo_lbl.grid(row=0, column=0, columnspan=10, sticky='W')
❺     self.photo_lbl.image = img

      # create the instruction label
❻     instr_input = [
          ('Behind one door is CASH!', 1, 0, 5, 'W'),
          ('Behind the others:  GOATS!!!', 2, 0, 5, 'W'),
          ('Pick a door:', 1, 3, 1, 'E')
          ]
❼ for text, row, column, columnspan, sticky in instr_input:
      instr_lbl = tk.Label(self.parent, text=text)
      instr_lbl.grid(row=row, column=column, columnspan=columnspan,
                     sticky=sticky, ❽ipadx=30)
```

코드 11-6 위젯 생성을 위한 함수 정의

self를 인자로 받는 create_widgets() 함수를 정의한다❶. 그리고 문의 이미지를 담을 속성을 할당한다❷. 이 속성은 메서드 내에서 지역적으로만 사용되기 때문에 이름에 self를 선행하지 않아도 된다. 파일명을 인자로 받는 PhotoImage 클래스는 tkinter에 의해 캔버스, 라벨, 텍스트, 버튼 위젯 내에 이미지를 표현하기 위해 사용된다. 이 단계 이후 당신은 tkinter 라벨의 이미지를 사용할 수 있으므로 photo_lbl 변수를 할당하고 부모와 이미지를 인자로 전달한다. 텍스트 없이 외부 선은 얇게 설정한다❸.

라벨을 부모 윈도우에 배치하기 위해 grid()에 첫 번째 행과 첫 번째 열을 전달하고, 이미지가 10개의 열로 확장될 수 있도록 한 다음 W를 이용해서 좌측 정렬한다❹. 윈도우 상단이 닫힌 문 이미지로 가득 차게 된다. columnspan 옵션은 위젯이 둘 이상의 열로 확장될 수 있도록 한다. 이 값은 이미지 크기에 영향을 미치지 않지만 설명 텍스트와 이미지 하단의 다른 위젯들을 이동하게 만들 수도 있다. 예를 들어, columnspan=2로 설정하면 설명 텍스트와 버튼, 메세지를 표시할 수 있는 열은 두 개만 남는다.

이미지 오브젝트에 대한 참조를 만들어 사진 라벨을 마무리한다❺. 이 작업을 수행하지 않으면 이미지가 보이지 않을 수도 있다.

tkinter 기술문서에 따르면, tkinter는 다른 제품(Tk) 위에 만들어진 레이어이며, 그 둘 사이의 인터페이스는 대상 이미지들에 대한 참조를 적절하게 처리하지 못한다. Tk 위젯은 내부 오브젝트에 대한 참조를 갖지만 tkinter는 그렇지 않다. 파이썬은 가비지 컬렉터 모듈을 사용하여 불필요한 오브젝트가 점유하는 메모리를 자동으로 돌려받는다. 파이썬 메모리 할당기 내의 가비지 컬렉터가 tkinter 오브젝트를 폐기할 때, tkinter는 Tk에게 이미지를 릴리즈하도록 명령한다. 하지만 사용중인 경우에는 삭제할 수 없으므로 Tk는 이미지를 투명한 상태로 변경한다. 이 문제를 해결하기 위한 방법으로는 전역 변수나 인스턴스 속성을 사용하는 것, 혹은 방금 했던 것처럼 위젯에 속성을 추가하는 것 등이 있다(photo_lbl.image = img). 관련된 내용을 더 알고 싶다면 *http://effbot.org/ tkinterbook/photoimage.html*에서 확인할 수 있다.

마지막으로, 설명 텍스트를 라벨 위젯으로 추가한다. 이 과정은 매개변수 리스트를 제공하고 루핑하여 위젯을 만들기 위한 것이다. 각 튜플이 Label 오브젝트를 만들기 위한 옵션을 포함하는 튜플 리스트를 생성한다❻. 각각이 무엇을 나타내는지 다음 구문에서 확인할 수 있다❼. for 루프를 수행하면서 parent 윈도우에 각 라벨을 만들고 텍스트를 할당한다. grid() 메서드를 사용해서 튜플 리스트에 있는 정보에 따라 텍스트를 윈도우에 배치한다.

ipadx 옵션으로 grid()를 사용한다❺. 이 옵션은 라벨 x축 방향의 내부 패딩을 참조하며, 이를 이용해서 텍스트가 윈도우에 나타나는 형태를 변경할 수 있다. 이 경우에는 30 픽셀을 라벨에 더해 텍스트를 매력적인 형태로 나타낼 수 있다.

버튼 및 텍스트 위젯 생성

코드 11-7은 세 개의 문을 의미하는 라디오 버튼 위젯들을 생성하며 create_widgets() 함수를 계속 정의한다. 플레이어는 A, B, C 라디오 버튼을 눌러 첫 선택을 수행한다. 이 선택은 이후에 생성할 win_reveal() 함수에서 처리될 것이다. 이 메서드는 정답인 문을 결정하고 염소를 공개한다.

또 다른 라디오 버튼 버튼 세트가 플레이어의 선택 번복 여부를 취하기 위해 생성된다. 결과값은 이후 정의할 show_final() 메서드에 의해 처리될 것이다. 이 메서드는 플레이어가 마지막으로 선택한 문 뒤에 무엇이 있는지 공개할 뿐만 아니라, 이 코드의 마지막에 정의되어 있는 텍스트 위젯을 사용하여 성공 통계를 업데이트할 것이다.

monty_hall _gui.py, part 3

```
    # create radio buttons for getting initial user choice
❶ self.door_choice = tk.StringVar()
   self.door_choice.set(None)

❷ a = tk.Radiobutton(self.parent, text='A', variable=self.door_choice,
                       value='a', command=self.win_reveal)
   b = tk.Radiobutton(self.parent, text='B', variable=self.door_choice,
                       value='b', command=self.win_reveal)
   c = tk.Radiobutton(self.parent, text='C', variable=self.door_choice,
                       value='c', command=self.win_reveal)

   # create widgets for changing door choice
❸ self.change_door = tk.StringVar()
   self.change_door.set(None)
```

```
❹ instr_lbl = tk.Label(self.parent, text='Change doors?')
   instr_lbl.grid(row=2, column=3, columnspan=1, sticky='E')

❺ self.yes = tk.Radiobutton(self.parent, state='disabled', text='Y',
                             variable=self.change_door, value='y',
                             command=self.show_final)
   self.no = tk.Radiobutton(self.parent, state='disabled', text='N',
                            variable=self.change_door, value='n',
                            command=self.show_final)

   # create text widgets for win statistics
❻ defaultbg = self.parent.cget('bg')
❼ self.unchanged_wins_txt = tk.Text(self.parent, width=20,
                                     height=1, wrap=tk.WORD,
                                     bg=defaultbg, fg='black',
                                     borderwidth=0)
   self.changed_wins_txt = tk.Text(self.parent, width=20,
                                    height=1, wrap=tk.WORD, bg=defaultbg,
                                    fg='black', borderwidth=0)
```

코드 11-7 라디오 버튼 및 create_widgets() 메서드용 텍스트 위젯 생성

문 A, B, C에 대응하는 라디오 버튼을 생성한다. 사용자가 tkinter 위젯과 상호작용하면 결과는 *이벤트*가 된다. 이 이벤트들을 추적하려면 플레이어가 라디오 버튼을 눌러 문을 결정하는 것처럼 변수를 사용할 수 있다. 위젯 특화 변수들은 tkinter의 변수 클래스를 사용한다. 문자열 변수 클래스인 StringVar를 door_choice 변수에 할당한다❶. 즉시 set() 메서드를 사용하여 None 값을 변수에 할당한다.

다음으로, 세 개의 문에 대응하는 버튼 위젯을 설정한다❷. 플레이어는 자신의 선택에 따라 버튼 중 하나를 클릭할 것이다. Radiobutton 클래스를 사용하고 이를 부모 윈도우, 출력할 텍스트와 당신이 할당한 door_choice 변수, 문의 이름과 동일한 값, 그리고 명령어로 전달한다. 명령어는 곧 정의할 win_reveal() 메서드를 호출한다. 메서드명 뒤에 괄호를 포함하지 않는다는 것에 주의하라.

이 과정을 버튼 B와 C에 대해서도 반복한다. 지정되는 문만 바꾸면 되기 때문에 주로 복사, 붙여넣기를 사용하자.

이제 문을 바꾸기 위한 라디오 버튼을 생성한다. 첫 번째 문 선택 때와 동일하게 문자열 변수를 만드는 것으로 시작한다❸. 이 변수는 선택되는 버튼에 따라 y 또는 n을 담을 것이다.

Label 클래스를 사용해서 설명서를 만든다❹. 그리고 self.yes 라디오 버튼을 생성한다. Radiobutton 클래스를 사용하여 부모 윈도우로 전달하고 상태를 disabled로 설정한다. 이를 통해 yes/no 버튼이 희미해지면서 윈도우가 초기화되고 플레이어가 문을 선택하기도 전에 바꾸려 하는 것을 막을 것이다. 텍스트 매개변수는 버튼의 이름이다. 축약된 Y를 긍정 답변으로 사용한다. 위젯의 변수 인자를 change_door 변수로 설정하고 값을 y로 설정한 후 show_final() 함수를 호출한다. 부정 답변 버튼에 대해서도 동일한 과정을 반복한다.

마지막으로 필요한 위젯은 선택을 고수하는 횟수와 바꾸는 횟수를 보여주는 텍스트 위젯이다. 통계치를 표시하기 위해 Text 클래스를 사용하고 텍스트 박스 색상을 부모 윈 도우와 맞춘다. cget()을 이용해 parent의 배경(bg) 색을 받고 이를 변수에 할당한다❻. cget() 메서드는 tkinter 옵션의 현재 값을 문자열로 반환한다.

첫 번째 선택을 고수할 경우의 승률을 표시할 텍스트 오브젝트를 생성한다❼. 위젯의 텍스트가 행을 넘어갈 경우 묶는 방식, 배경색, 전경색(텍스트 색상), 텍스트 박스의 테두리 너비를 부모 윈도우에 전달해야 한다. 실제 텍스트는 포함하지 않으며, 이후 show_final() 메서드로 추가한다.

문을 바꿔서 승리하는 횟수를 표시하는 또 다른 텍스트 위젯을 생성하며 마무리한다.

위젯 배치

코드 11-8은 tkinterGrid 기하학 매니저를 사용해서 남은 논그리드 위젯들을 게임 윈도우에 배치함으로써 create_widgets()를 완성한다.

monty_hall _gui.py, part 4

```
  # place the widgets in the frame
❶ a.grid(row=1, column=4, sticky='W', padx=20)
  b.grid(row=1, column=4, sticky='N', padx=20)
  c.grid(row=1, column=4, sticky='E', padx=20)
  self.yes.grid(row=2, column=4, sticky='W', padx=20)
  self.no.grid(row=2, column=4, sticky='N', padx=20)
❷ self.unchanged_wins_txt.grid(row=1, column=5, columnspan=5)
  self.changed_wins_txt.grid(row=2, column=5, columnspan=5)
```

코드 11-8 grid()를 프레임 내에 위젯을 위치시키기 위한 목적으로 호출

grid()를 사용하여 문 모양 버튼들을 부모 윈도우에 배치한다❶. 세 개의 문 버튼을 동일한 행과 열에 그룹화하고 sticky 정렬을 사용해서 분리한다. W는 좌측, N은 중앙, E는 우측 정렬을 의미한다. padx를 사용하여 가로 위치를 조정한다. 이 과정을 남아있는 버튼들에 반복하고 성공 통계 텍스트 위젯들을 배치한 다음, 윈도우 우측의 5열까지 확장한다❷.

문 이미지 업데이트

게임을 하는 동안 문을 열고 닫을 수 있어야 한다. 코드 11-9는 적절하게 문 이미지를 업데이트하는 헬퍼 메서드이다. OOP를 이용하면 메서드에 파일명을 인자로 전달할 필요가 없다. 오브젝트의 모든 메서드는 self로 시작되는 속성에 직접적으로 접근할 수 있다.

monty_hall _gui.py, part 5

```
❶ def update_image(self):
      """Update current doors image."""
❷     img = tk.PhotoImage(file=self.img_file)
❸     self.photo_lbl.configure(image=img)
❹     self.photo_lbl.image = img
```

코드 11-9 현재 문 이미지를 업데이트 하는 메서드

self를 인자로 받는 update_image() 함수를 정의한다❶. 그리고 코드 11-6처럼 PhotoImage 클래스를 사용한다❷. 파일명인 *self.img_file*은 다른 메서드들이 업데이트할 것이다.

이미 문 이미지를 담는 라벨을 생성했으니 configure()를 통해 해당 라벨을 변경한다. 이 예제의 경우, 새로운 이미지를 불러오면 된다❸. configure() 또는 config()를 사용할 수 있다. 코드 11-6에 나타나 있는 것과 같이, 이미지를 위젯 속성에 할당하여 가비지 컬렉션을 회피하며 마무리한다❹.

정답인 문을 선택하고 염소를 공개

코드 11-10은 정답인 문을 선택하고 공개할 문을 여닫는 메서드를 정의한다. 또한, 플레이어의 첫 번째 선택이 이루어지기 전까지 숨겨져 있는 yes/no 버튼을 활성화한다.

*monty_hall
_gui.py, part 6*

```
❶ def win_reveal(self):
      """Randomly pick winner and reveal unchosen door with goat."""
❷   door_list = list(self.doors)
❸   self.choice = self.door_choice.get()
      self.winner = random.choice(door_list)

❹   door_list.remove(self.winner)

❺   if self.choice in door_list:
          door_list.remove(self.choice)
          self.reveal = door_list[0]
      else:
          self.reveal = random.choice(door_list)

❻   self.img_file = ('reveal_{}.png'.format(self.reveal))
      self.update_image()

      # turn on and clear yes/no buttons
❼   self.yes.config(state='normal')
      self.no.config(state='normal')
      self.change_door.set(None)

      # close doors 2 seconds after opening
❽   self.img_file = 'all_closed.png'
      self.parent.after(2000, self.update_image)
```

코드 11-10 무작위로 정답인 문을 선택하고 문을 공개하는 메서드 정의

self를 인자로 갖는 win_reveal() 메서드를 정의한다❶. 그리고 클래스 속성인 doors을 통해 문 리스트를 생성한다❷. 이 리스트는 플레이어의 첫 번째 선택에 따라 바뀌고 그 다음은 프로그램에 따라 무작위로 선택되는 정답인 문에 따라 바뀔 것이다.

이제 self.choice 특성을 get() 메서드로 접근할 수 있는 self.door_choice 문자열 변수에 할당한다❸. 이 속성의 값은 사용자가 첫 번째로 선택한 문 라디오 버튼에 의해 결정된다. 다음으로, 정답인 문을 문 리스트로부터 무작위로 선택한다.

문 리스트에서 정답인 문을 제거한다❹. 그리고 플레이어의 선택이 문 리스트 내에 여전히 존재하는지 확인하는 조건문을 사용한다. 만약 그렇다면 제거해서 공개되지 않도록 한다❺. 이제 리스트에 하나의 문만 남게 되고, 이를 self.reveal 속성에 할당한다.

만약 플레이어가 정답인 문을 골랐을 경우, 두 개의 문이 리스트에 남아있을 것이다. 무작위로 하나를 선택하고 이를 self.reveal에 할당한다. 해당 문의 self.img_file 속성을 업데이트하고❻ 새로운 이미지를 보여주기 위해 사진 라벨을 업데이트하는 메서드를 호출한다. 그림 11-6은 문 B를 공개한 이미지 예시이다.

그림 11-6 문 B의 공개 이미지

다음으로, yes/no 버튼의 상태를 normal로 설정한다.❼ 이제 답변 버튼의 비활성화가 해제된다. 이미지 파일을 *all_closed.png*로 바꾸고 2,000밀리초 후 self.update_image() 메서드를 parent 윈도우로 호출한다❽. 이 메서드는 문이 2초동안만 열려있도록 해준다.

플레이어의 마지막 선택 공개

코드 11-11은 플레이어의 마지막 선택과 그 뒤에 무엇이 있는지 공개하는 함수의 처음 부분을 정의한다. 이 함수는 선택을 고수하는 것과 바꾸는 것의 성공 횟수도 추적할 것이다.

*monty_hall
_gui.py, part 7*

```
❶ def show_final(self):
       """Reveal image behind user's final door choice & count wins."""
❷     door_list = list(self.doors)

❸     switch_doors = self.change_door.get()

❹     if switch_doors == 'y':
           door_list.remove(self.choice)
           door_list.remove(self.reveal)
❺         new_pick = door_list[0]
❻         if new_pick == self.winner:
               self.img_file = 'money_{}.png'.format(new_pick)
               self.pick_change_wins += 1
           else:
               self.img_file = 'goat_{}.png'.format(new_pick)
               self.first_choice_wins += 1
```

```
❼ elif switch_doors == 'n':
    ❽ if self.choice == self.winner:
            self.img_file = 'money_{}.png'.format(self.choice)
            self.first_choice_wins += 1
        else:
            self.img_file = 'goat_{}.png'.format(self.choice)
            self.pick_change_wins += 1

    # update door image
❾ self.update_image()
```

코드 11-11 플레이어의 최종 선택을 공개하는 함수를 정의하고 성공 리스트 업데이트

self를 인자로 받는 show_final() 함수를 정의한다❶. 문 리스트의 새로운 사본을 생성하고❷, self.change_doors 변수를 받아 switch_doors 속성에 할당한다❸. 이 변수는 플레이어가 어떤 라디오 버튼을 누르느냐에 따라 'y' 또는 'n'를 값으로 갖는다.

만약 플레이어가 문을 바꾸기로 결정했다면❹ 첫 번째 선택과 공개된 문을 리스트에서 제거하고 남은 문에 new_pick 속성을 할당한다❺. 만약 새로운 선택이 답일 경우❻ 적절한 이미지를 참조하고 self.pick_change_wins 카운터를 증가시킨다. 그렇지 않다면, 이미지를 염소로 설정하고 self.first_choice_wins 카운터를 증가시킨다.

만약 플레이어가 문을 바꾸지 않기로 결정했거나❼ 첫 번째 선택이 답이었을 경우❽, 돈을 공개하고 self.first_choice_wins 카운터를 증가시킨다. 그렇지 않다면, 염소를 공개하고 self.pick_change_wins 카운터를 증가시킨다.

update_image()를 통해 이미지를 업데이트 하는 것으로 마무리한다❾. 앞서 말했지만, 새로운 이미지의 파일명은 전달할 필요 없다. 선행 코드에서 변경한 self.img_file 속성에 접근할 수 있기 때문이다.

통계치 출력

코드 11-12는 성공 통계, yes/no 버튼 비활성화, 그리고 모든 문을 닫는 것에 대해 윈도우를 업데이트하는 것으로 show_final() 메서드를 완성한다.

*monty_hall
_gui.py, part 8*

```
    # update displayed statistics
❶ self.unchanged_wins_txt.delete(1.0, 'end')
❷ self.unchanged_wins_txt.insert(1.0, 'Unchanged wins = {:d}'
                                  .format(self.first_choice_wins))
    self.changed_wins_txt.delete(1.0, 'end')
    self.changed_wins_txt.insert(1.0, 'Changed wins = {:d}'
                                  .format(self.pick_change_wins))

    # turn off yes/no buttons and clear door choice buttons
❸ self.yes.config(state='disabled')
    self.no.config(state='disabled')
❹ self.door_choice.set(None)

❺ # close doors 2 seconds after opening
    self.img_file = 'all_closed.png'
    self.parent.after(2000, self.update_image)
```

코드 11-12 성공 통계 표시, yes/no 버튼 비활성화, 모든 문 닫기

self.unchanged_wins_txt 텍스트 위젯의 모든 텍스트를 지우는 것으로 시작한다❶. 글 지우기는 인덱스 1.0부터 시작한다. 형식은 line.column이므로, 글 위젯의 첫 행과 첫 열을 분명하게 한다(행 숫자 표시는 1에서 시작하고 열 숫자 표시는 0에서 시작한다). 'end'로 시작 인덱스 이후의 모든 텍스트가 삭제되었다는 것을 알린다.

다음으로, insert() 메서드를 사용하여 self.first_choice_wins 값과 설명 텍스트를 텍스트 위젯에 추가한다❷. 텍스트 인덱스 1.0부터 삽입을 시작한다.

이 과정을 self.changed_wins_txt 텍스트 위젯에 반복하고 yes/no 버튼의 config 상태를 'disabled' 상태로 설정한다❸. self.door_choice 문자열 변수까지 None으로 설정하고 나면 새로운 게임을 시작할 준비가 된 것이다❹.

코드 11-10처럼 문을 닫는 것으로 마무리한다❺.

Root 윈도우 설정 및 이벤트 루프 실행

코드 11-13은 tkinter root 윈도우를 설정하고, 게임 오브젝트를 인스턴스화 하고, mainloop()를 실행함으로써 *monty_hall_gui.py* 프로그램을 완성한다. 이 코드는 main() 함수에 캡슐화되어 들어갈 수도 있다.

monty_hall
_gui.py, part 9

```
# set up root window & run event loop
❶ root = tk.Tk()
❷ root.title('Monty Hall Problem')
❸ root.geometry('1280x820')  # pics are 1280 x 720
❹ game = Game(root)
  root.mainloop()
```

코드 11-13 기초 윈도우 설정과 게임 목표 창조, 그리고 mainloop() 실행

Tk 클래스는 인자 없이 인스턴스화한다❶. 이는 최상위 tkinter 위젯을 만드는데, 이 것이 게임 어플리케이션의 메인 윈도우가 될 것이다. 이것을 root 변수에 할당한다.

윈도우에 제목을 부여하고❷ 픽셀 단위로 크기를 설정한다❸. 이미지의 크기가 기하학적 구조에 영향을 미친다는 점에 유의하여 윈도우에 매력적으로 배치될 수 있도록 한다. 하단에는 설명과 메세지가 들어갈 충분한 공간도 필요하다.

이제 게임을 만들어보자❹. 게임을 적재하는 마스터가 될 root 윈도우로 전달한다. 이렇게 하면 새 게임이 root 윈도우 안에 배치된다.

root에 mainloop() 메서드를 실행하여 윈도우를 열어두고 이벤트의 처리 대기를 수행하게 한 후 마무리한다.

요약

이 챕터에서는 단순한 몬테 카를로 시뮬레이션을 통해 Monty Hall 문제에서는 선택한 문을 바꾸는 것이 최고의 전략이라는 것을 확인했다. 그리고 tkinter를 사용해서 학생들이 매 게임 결과를 직접 확인할 수 있는 흥미로운 인터페이스를 만들었다. 무엇보다도 객체 지향 프로그래밍을 통해 사용자 입력값에 반응하는 상호작용 위젯을 만들어보았다는 점에 의의가 있다.

추가 참고 도서

유용한 tkinter 참고자료는 212쪽의 "추가 참고 도서"에서 찾을 수 있다.

1990년의 Monty Hall 문제 논쟁에 대해서는 *http://marilynvossavant.com/game-show-problem/*에서 찾을 수 있다.

연습 프로젝트: 생일 역설

방에서 마주친 두 명의 생일이 같을 확률이 50%이기 위해서는 얼마나 많은 사람들이 한 방에 있어야 할까? 생일 역설에 따르면 그리 많을 필요가 없다! Monty Hall 문제의 결과는 직관적이지 않다.

MCS를 사용하여 50%에 도달할 때까지 얼마나 많은 사람이 필요할지 판단하라. 프로그램은 각 시뮬레이션마다 방에 있는 인원수와 그 때 마주친 두 사람의 생일이 같을 확률을 출력한다. 날짜를 어떻게 형식화할까 고민이 된다면 당장 멈추고 단순화시키도록 하자! 솔루션 *birthday_paradox_practic.py*는 부록이나 영진닷컴 홈페이지에서 확인할 수 있다.

12

노후자금 확보하기

베이비부머란 1946년에서 1964년 사이에 태어난 미국인을 일컫는 말이다. 그들은 인구통계학적으로 거대한 규모(미국 인구의 20%)를 차지한다. 때문에 이들은 미국 문화에 모든 측면에서 거대한 영향을 미쳐왔다. 금융산업은 수십 년간 투자성장에 있어서는 그들의 니즈에 빠르게 부합했다. 하지만 2011년, 가장 나이가 많은 부머들은 65세가 되었고, 하루에 1만 명씩 떼를 지어 은퇴하기 시작했다! 평균 수명이 이전 세대보다 긴 부머들은 그들이 일한 기간만큼 은퇴를 즐길 수 있다. 이 30년에서 40년 동안의 노후자금은 큰 문제이며 큰 사업이기도 하다.

금융 어드바이저들이 주로 부머의 재산 증식에 주력하던 시절, 그들은 "4퍼센트 법칙"으로 퇴직 이후를 준비했다. 간단히 말해, 은퇴 이후 매년 은퇴 첫 해 저축금액의 4%를 넘지 않는 금액을 쓴다면, 결코 돈이 바닥나지 않는다는 것이다. 하지만 Mark Twain의 말처럼 "모든 일반화는 거짓이다. 이 말조차도!"

우리가 투자하는 종목의 가치와 우리가 소비하는 금액은 종종 통제할 수 없는 힘 때문에 끊임없이 변동한다.

4퍼센트 법칙의 더욱 정교한 대안으로써, 금융계는 몬테 카를로 시뮬레이션을 채택했다(챕터 11의 MCS 개요 참조). MCS를 사용하면 수명의 수천 배 기간 동안 은퇴 전략을 테스트하고 비교할 수 있다. 목표는 평균수명을 고려하여 매년 저축한 금액을 소모하지 않고 얼마나 많은 돈을 노후자금으로 쓸 수 있는지 파악하는 것이다.

불확실성이 증가할수록 MCS의 강점은 커진다. 챕터 11에서는 단순한 확률분포를 갖는 단일 변수에 MCS를 적용했다. 이제 주식과 채권 시장의 실질적 주기와 상호의존성, 그리고 물가 상승률로 인한 불확실성을 살펴볼 것이다. 이를 통해 당신이 안전하고 행복한 은퇴를 즐기기 위한 전략들을 평가하고 비교할 것이다.

프로젝트 #20: 퇴직 후 수명 시뮬레이션

자신이 정년퇴직을 걱정하기에는 너무 어리다고 생각된다면 다시 한번 생각해보라. 베이비 부머들도 같은 생각을 했지만, 그들 중 절반 이상은 현재 노후자금이 부족하다. 은퇴 이후 소고기를 먹게 될지, 개밥을 먹게 될지는 얼마나 빨리 저축을 시작하느냐에 달려 있다. 복리의 마법으로 별 볼 일 없는 저축도 수십 년이 지나면 커질 수 있다. 나중에 필요한 금액을 일찍 안다면 당신은 황금기로 편안하게 전환하기 위한 현실적인 목표를 세울 수 있다.

> ⊙ 목표 ▶ 은퇴 이후 자금이 바닥날 가능성을 추정하기 위한 몬테 카를로 시뮬레이션을 구축한다. 퇴직 연차를 주요 불확실성으로 여기고 주식, 채권, 물가 상승률 데이터를 사용하여 변수들의 주기성과 의존성을 파악한다.

전략

프로젝트를 설계할 땐, 경쟁자를 파악해야 한다. 온라인에서 수많은 노후자금 계산기를 무료로 이용할 수 있다. 이것들을 살펴보면 높은 수준의 입력-매개변수 변동성이 나타난다는 것을 알 수 있다.

매개변수가 많은 계산기는 좀 더 괜찮아 보이지만(그림 12-1 참고), 세부사항을 추가할수록, 특히 미국의 복잡한 세금 법규를 따르다 보면 토끼굴에 빠져들기 시작한다. 30~40년 후의 결과를 예측할 때, 세부사항은 방해가 될 수 있다. 때문에 가장 중요하고 통제 가능한 문제에만 초점을 맞추고 단순하게 유지하는 것이 좋다. 은퇴 시점, 투자 자산 배분, 저축, 지출은 조절할 수 있지만 주식시장, 금리, 물가 상승률은 조절할 수 없다.

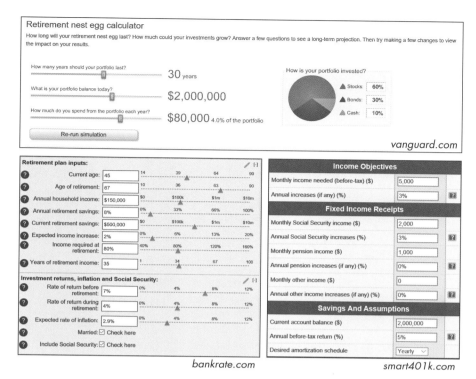

그림 12-1 3개의 온라인 노후자금 계산기의 입력 패널 예시

문제에 대한 "정확한" 답을 알 수 없을 땐 다양한 시나리오를 검토하고 확률을 바탕으로 결정을 내리는 것이 최선이다. 빈털터리가 될 수도 있는 "치명적인 실수"를 저지를 위험이 있는 결정이라면 그 가능성을 낮추는 것이 이상적인 해법이다.

시작하기 전에 이 프로젝트에서 사용할 재무 용어 목록을 살펴보자.

채권 채권이란, 정해진 기간 동안 채무자(대개 정부 또는 기업)에게 돈을 빌려주는 채무 투자다. 채무자는 약정된 이율(채권수익률)을 지불하고, 만기일 이전에 파산하여 채무불이행이 발생하지 않는다고 가정할 때, 전체 차입금을 반환한다. 채권의 가치는 시간이 지남에 따라 변동할 수 있기 때문에 채권을 일찍 팔면 손해를 볼 수도 있다. 채권은 안전하고 안정적이며, 예측 가능한 수익을 제공하기 때문에 많은 은퇴자들이 선호한다. 미국 정부가 발행하는 재무부 채권은 그 중에서도 가장 안전한 것으로 여겨진다. 하지만, 안타깝게도 대부분의 채권이 제공하는 수익률은 낮은 경향이 있어서 물가 상승률에 취약하다.

실효세율 개인이나 결혼한 부부에게 부과하는 평균 세율이다. 지방세, 주세, 연방세(역주: 미국의 경우)를 포함한다. 주세율과 지방세율의 차이, 공제 및 조정 기회, 다양한 유형의 소득(단기 자본 이득과 장기 자본 이득)에 대한 변동 요율 때문에 다소 복잡할 수 있다.

세칙은 진보적이어서 소득이 늘어날수록 그에 비례하여 더 많이 지불해야 한다. 금융 서비스 업체인 The Motley Fool에 따르면, 2015년 미국인의 전체 소득세율은 29.8%로 나타났다. 판매세와 재산세를 제외하고도 말이다! 게다가 30년 간의 은퇴 기간 중 적어도 한 번은 의회가 세율을 조정할 것이다. 이러한 복잡성 때문에 이 프로젝트에서는 세금을 계산하기 위해 인출(지출) 매개변수를 조정해야 한다.

지수 모든 계란을 한 바구니에 담는 것보다는 다양한 자산에 투자하는 것이 안전하다. 지수는 금융시장의 넓은 부분을 표현하기 위해 고안된 증권(바구니)들의 가상 포트폴리오이다. 예를 들어, The Standard & Poor(S&P) 500란 배당금을 지급하는 미국 내 500대 기업을 말한다. 지수 기반 투자(인덱스 뮤추얼 펀드 등)는 투자자로 하여금 수백 개 기업들의 주식을 묶은 하나의 아이템을 편리하게 구매할 수 있도록 한다.

물가 상승률 수요 증가, 통화 평가 절하, 에너지 비용 상승 등으로 인한 시간 경과에 따른 가격 상승을 말한다. 물가 상승률은 조용한 부의 파괴자라고 할 수 있다. 물가 상승률은 가변적이지만 1926년 이후 연평균 3% 안팎을 기록하고 있다. 이런 추세가 계속된다면 24년마다 화폐 가치는 반감된다. 적은 물가 상승률(1~3%)은 일반적으로 경제가 성장하고 임금이 상승하고 있다는 것을 의미한다. 높은 물가 상승률과 물가 상승률의 저하 모두 바람직하지 않다.

사례 수 MCS의 시도 또는 실행 수로, 각 사례는 단일 은퇴 기간을 나타내며 무작위로 선택된 값들의 집합을 통해 시뮬레이션 된다. 당신이 실행하게 될 시뮬레이션에서는 5만~10만 건 정도의 사례로 합리적인 결과를 도출할 수 있다.

파산 확률 은퇴 기간 내에 빈털터리가 될 확률이다. 돈이 없는 상태로 종료되는 경우의 수를 총 사례 수로 나누어 도출한다.

시작 가치 시작 가치는 퇴직 시점에 보유한 당좌예금 계좌, 중개 계좌, 개별 퇴직 계좌(IRA) 등을 포함한 유동적 투자의 총액이다. 이는 집, 자동차, 파베르제 달걀과 같은 순자산과는 다르다.

주식 주식은 주식회사의 소유권을 증명하고 주식회사의 자산과 수익의 일부에 대한 청구권을 의미하는 증권이다. 많은 주식들이 배당금을 지불하는데, 이는 채권이나 은행 계좌에서 지불하는 이자와 비슷한 정기적인 수입이다. 주식은 일반인이 가장 빨리 부를 키울 수 있는 방안이지만 리스크가 존재한다. 주가가 단기간에 빠르게 변동하는 것은 회사의 실적 때문이기도 하고 투자자들의 탐욕이나 두려움 때문이기도 하다. 퇴직자들은 가장 높은 배당금을 지불하는 미국 회사에 투자하는 경향이 있다. 작은 회사들보다 정기적인 수입이 들어오고 주가 변동이 적기 때문이다.

총 수익　자본이익(주가와 같은 자산가치변동), 이자, 배당금의 합계를 투자 총 수익이라고 한다. 보통 연간 총 수익으로 계산한다.

인출　비용 또는 지출이라고도 하며, 특정 연도의 모든 비용에 대응하는 사전세와 총 소득이다. 4퍼센트 규칙에서는 은퇴 첫 해에 시작 가치의 4%가 된다. 매년 물가 상승률에 맞게 조정되어야 한다.

과거 실적 변수

투자 수익률과 물가 상승률 상수를 사용하는 노후자금 시뮬레이터(그림 12-1 참고)는 현실을 왜곡한다. 예측 능력은 기초적인 가정에 걸맞는 수준이며, 수익은 매우 불안정하고 상호의존적이며 주기적이다. 이러한 변동성은 은퇴를 시작할 때(또는 예상하지 못한 큰 비용이 발생할 때) 시장 침체가 발생할 경우 은퇴자에게 큰 영향을 미친다.

그림 12-2의 차트는 미국 최대 기업들의 S&P 500 지수와 10년 만기 재무부 채권의 연간 수익률을 나타낸다. 이는 꽤 안전한 미디엄 리스크의 고정 수익 투자이다. 연간 물가 상승률과 대공황 등 중요한 금융 관련 사건도 포함한다.

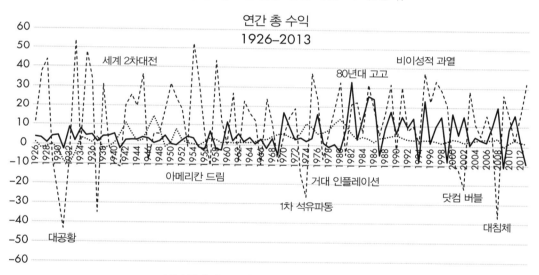

그림 12-2 1926년부터 2013년까지 연간 물가 상승률과 주식, 채권 시장의 총 수익률.

금융학자들이 그림 12-2의 추세를 오랫동안 연구한 결과, 미국 시장에 관한 다음과 같은 유의미한 관찰이 이루어질 수 있었다.

- 상향(강세) 시장은 하향(약세) 시장보다 5배 오래 지속되는 경향이 있다.

- 높은 인플레이션율은 10년 동안 지속될 수 있다.
- 채권은 인플레이션을 따라잡기 위해 분투하는 낮은 수익을 반환하는 경향이 있다.
- 주식 수익률은 물가 상승을 쉽게 앞지르지만, 가치의 변동성이 크다.
- 주식과 채권 수익은 종종 반비례 관계에 있다. 이는 주식 수익률이 증가함에 따라 채권 수익률이 감소한다는 것을 의미하며, 그 반대의 경우도 마찬가지이다.
- 대기업 주식이나 재무부 채권도 순항을 보장할 수는 없다.

금융 어드바이저들은 위와 같은 정보를 바탕으로 퇴직자들에게 다양한 투자 유형을 가진 분산된 포트폴리오를 보유할 것을 권고한다. 이 전략은 하나의 투자유형을 다른 투자유형에 대한 '헤지'로 삼아 고점을 낮추고 저점을 올려 변동성을 줄인다.

그림 12-3은 S&P 500에만 투자한 경우와 S&P 500에 40%, 10년 만기 재무부 채권에 50%, 현금 10%로 조합해 투자한 경우의 연간 투자 수익을 보여준다. 안정된 가격과 낮은 수익률(매트리스에 채워진 돈처럼)을 가진 단기 채권인 재무부 3개월 어음은 현금을 나타낸다.

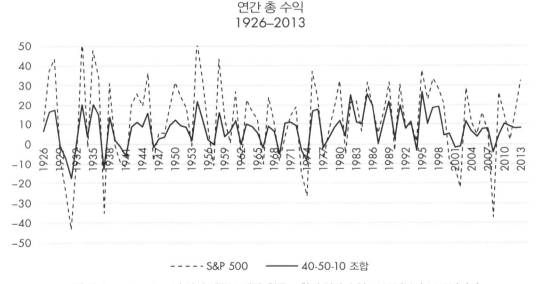

그림 12-3 S&P 500, 10년 만기 재무부 채권, 현금 조합의 연간 수익, 1926년부터 2013년까지

주식뿐만 아니라 이렇게 분산된 포트폴리오를 갖추면 인플레이션으로부터 안전하게 순항할 수 있다. 하지만 수익률이 항상 일정하고 양수라고 가정하는 온라인 계산기와는 확연히 다른 결과를 도출할 것이다.

과거의 데이터를 사용하여 고점 유지, 저점 유지 지속 기간을 최고점, 최저점 기록과 함께 포착할 수 있다. 또한, 4퍼센트 법칙에서는 완전히 무시된 *검은 백조*를 설명할 수 있다.

검은 백조란 일어날 가능성이 거의 없는 결과론적 사건을 말한다. 배우자를 만나는 것처럼 좋은 일일 수도 있고, 1987년 10월의 주식시장 붕괴 사건인 검은 월요일처럼 나쁜 일일 수도 있다. MCS의 장점은 이러한 예기치 못한 사건들을 고려할 수 있다는 것이고, 단점은 프로그램을 작성해야 한다는 것이다. 그리고 정말 예측 불가능한 사건이라면, 무엇을 포함시켜야 할지 어떻게 알 수 있겠는가?

대공황과 같이 이미 발생한 검은 백조는 과거 실적 목록의 연간 가치에 포함된다. 일반적인 접근방식은 과거 실적을 사용하고 미래에 더 나쁜(혹은 더 좋은) 일이 일어나지 않으리라 가정하는 것이다. 시뮬레이션이 대공황 데이터를 사용할 때, 모델링된 포트폴리오는 당시의 실제 포트폴리오와 동일한 주식, 채권 및 인플레이션을 경험할 것이다.

과거의 데이터를 사용하는 것이 너무 제한적이라고 생각된다면, 더 낮은 저점과 더 높은 고점을 사용해서 과거 실적을 편집할 수 있다. 하지만 대부분의 사람들은 좀비 아포칼립스나 외계인의 침입 같은 것이 아니라 자신이 알고 있는 사건들을 반영하는 것을 선호하기 때문에, 과거 실적은 재정 계획에 현실 상황을 주입할 수 있는 신뢰할만한 방법을 제공한다.

일부 경제학자들은 1980년 이전의 인플레이션과 수익 데이터가 제한적이라고 주장한다. 현 연방준비제도는 통화정책과 인플레이션 통제에 더 적극적인 역할을 수행하기 때문이다. 하지만 바로 그런 생각이 검은 백조를 불러들인다.

가장 큰 불확실성

은퇴 계획에 있어서 가장 큰 불확실성은 금융 어드바이저들이 "계획의 끝"이라고 일컫는 당신(또는 당신의 배우자)의 사망일이다. 이 불확실성은 은퇴 시기, 은퇴 이후의 소비, 사회보장 혜택 시기, 상속자 등 은퇴와 관련된 모든 결정에 영향을 미친다.

보험회사와 정부는 이 불확실성을 *보험용 수명표*로 처리한다. 보험용 수명표는 인구 사망 통계에 근거하여 특정 연령의 기대 수명을 예측하고 예상 평균 잔여년수로 나타낸다. *https://www.ssa.gov/oact/STATS/table4c6.html*에서 사회보장 표를 찾을 수 있다. 이 표에 따르면 2014년 60세 여성의 평균수명은 24.48년으로, 84세에 계획이 종료된다는 것을 의미한다.

보험용 표는 큰 인구 규모에서 유효하며 개인에게는 단지 시작점에 불과하다. 당신은 은퇴 계획을 준비할 때 가족력과 개인 건강에 맞는 다양한 요소를 검토해야 한다.

시뮬레이션으로 이러한 불확실성을 처리하려면 은퇴 이후 년 수를 빈도 분포에서 무작위로 선택된 *임의 변수*로 가정한다. 예를 들어, 가능성이 가장 높은 최소, 최대 은퇴 후 년 수를 입력하고 이 값으로 삼각 분포를 작성할 수 있다.

가장 근사한 값은 보험용 표에서 추출될 수 있으나, 최종 값은 당신의 개인 건강과 가족력에 근거해야 한다.

60세 남성의 은퇴 후 년수를 삼각 분포를 바탕으로 도출한 예시는 그림 12-4에서 확인할 수 있다. 최소 은퇴 기간은 20년, 근사치는 22년, 최대치는 40년으로 정했다. 분포에서 추출한 횟수는 1,000회이다.

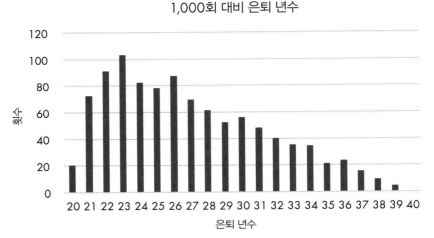

그림 12-4 삼각 분포에서 1,000회 추출하여 도출한 수명 대비 은퇴 년수

시뮬레이션에서 최소값과 최대값 사이의 가능한 모든 시간 간격을 사용할 수 있지만, 근사치에서 최대값까지의 빈도는 점점 줄어든다. 이는 100세까지 살 수도 있지만 그럴 가능성은 낮다는 것을 나타낸다. 또한, 플롯은 높은 쪽으로 크게 기울어져 있다. 일찍 죽는 것은 낙관적인 결과이고(재정적 관점에서) 예상보다 오래 사는 것은 가장 큰 재정적 리스크를 나타내기 때문에 보수적인 결과가 보장된다.

결과 제시를 위한 질적 방법

MCS를 사용할 땐 수천 번의 실행을 토대로 의미를 만들고 그 결과를 쉽게 이해할 수 있는 방식으로 제시해야 한다. 대부분의 온라인 계산기는 그림 12-5에 있는 것과 같은 차트를 사용하여 결과를 나타낸다. 예시의 10,000회 실행 시뮬레이션에 대해 계산기는 x축에 연령을 적용하고 y축에 투자 가치를 표시한다. 퇴직시 투자자산의 시작 가치가 나타나는 좌측에서 곡선이 시작되어 우측의 계획 종료시의 가치에서 끝난다. 은퇴 기간동안 자산이 지속될 수 있는 총체적 가능성도 제시될 수 있다. 금융 어드바이저들은 80~90% 미만의 확률은 위험하다고 여긴다.

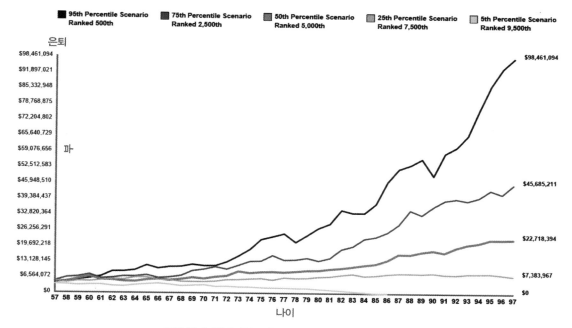

그림 12-5 일반적인 금융 산업 퇴직 시뮬레이터의 예시

이러한 유형의 분석에서 가장 중요한 정보는 돈이 바닥날 확률이다. 종점과 평균 결과, 입력 매개변수 개요를 보는 것도 흥미롭다. 파이썬 시뮬레이터에서 인터프리터를 통해 다음과 같이 출력할 수 있다.

투자 유형: 채권
시작 가치: $1,000,000
연간 인출액: $40,000
은퇴년수(최소-근사-최대): 17-25-40
실행 횟수: 20,000

자금이 바닥날 확률: 36.1%

평균 결과: $883,843
최소 결과: $0
최대 결과: $7,607,789

도식화를 위해 다른 사람들의 작업을 복제하는 것이 아니라, 결과를 제시하는 새로운 방법을 찾아보자. 각 사례 결과의 부분집합(즉 은퇴 종료 후 남은 돈)은 그림 12-6과 같이 막대 그래프에 세로선으로 표시할 수 있다.

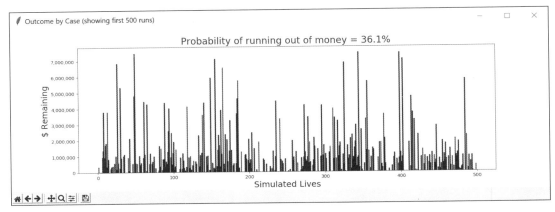

그림 12-6 막대 차트에서 세로선으로 표시되는 은퇴 기간 시뮬레이션 결과

이 차트에서 각 막대는 시뮬레이션 된 수명 동안 은퇴 기간의 비율을 나타내며, 각 막대의 높이는 수명 종료 시점에 남아 있는 돈을 나타낸다. 각 막대는 연속 측정을 위해 간격보다는 개별 카테고리를 나타내기 때문에 데이터에 영향을 주지 않고 임의의 순서로 막대를 배열할 수 있다. 돈이 바닥난 경우를 나타내는 갭은 시뮬레이션에서 발생한 순서대로 포함된다. 인터프리터 창에 기록된 정량적 통계를 토대로, 이 차트는 결과를 제시하는 정성적 방법을 제공한다.

차트의 고점과 저점은 미래의 자산 변동을 나타낸다. 어떤 생에는 빈털터리로 죽을 수도 있고, 다음 생에는 억만장자가 될 수도 있다. "내가 가는 것 또한 주님의 뜻이라."는 옛말을 연상시키기도 하지만, 반대로 "계획은 쓸모없지만 계획을 하는 것은 중요하다."라는 Eisenhower 장군의 말에 더욱 힘을 실어주기도 한다. 재정 계획을 통해 당신은 차트의 "고점을 높일" 수 있고, 은퇴 후 파산할 확률을 제거하거나 크게 줄일 수 있다.

2D 플로팅과 기초적인 3D 플로팅을 지원하는 matplotlib 라이브러리를 사용해서 이 차트를 만들 수 있다. matplotlib와 설치 방법에 대한 자세한 내용은 194 페이지의 "감지 가능성 코드"를 참고하라.

의사 코드

앞선 논의에 따라 중요한 은퇴 매개변수들에 초점을 맞추고 금융 시장의 과거 행적을 참고하여 결과를 시뮬레이션하는 프로그램 설계 전략을 수립한다. 높은 수준의 의사 코드는 다음과 같다.

```
Get user input for investment type (all stocks, all bonds, or a blend)
Map investment type choice to a list of historical returns
Get user input for the starting value of investments
Get user input for the initial yearly withdrawal amount
Get user input for the minimum, most likely, and maximum duration of retirement
Get user input on number of cases to run
```

```
Start list to hold outcomes
Loop through cases:
    For each case:
        Extract random contiguous sample of returns list for duration period
        Extract same interval from inflation list
        For each year in sample:
            If year not equal to year 1:
                Adjust withdrawal for inflation
            Subtract withdrawal from investments
            Adjust investments for returns
            If investments <= 0:
                Investments = 0
                Break
    Append investments value to outcomes list
Display input parameters
Calculate and display the probability of ruin
Calculate and display statistics
Display a subset of outcomes as a bar chart
```

과거 데이터 검색

수많은 웹사이트에서 수익과 인플레이션에 관한 정보를 찾을 수 있지만(일부 예시는 263 페이지의 "추가 참고 도서" 참조), 이미 여러분에게 필요한 정보를 일련의 텍스트 파일에 정리해 두었다. 스스로 목록을 만들기로 했다면 인플레이션, 수익 추정치는 사이트마다 약간 다를 수 있다는 것에 주의하도록 하자.

수익에 대해서는 세 가지 투자 대상을 사용했다. S&P 500 주가지수, 10년 만기 재무부 채권, 3개월 만기 재무부 채권. 기간은 1926년부터 2013년까지이다(1926년부터 1927년까지의 재무부 어음은 추정치). 이 데이터를 사용하여 같은 기간의 추가 혼합 수익을 생성했다. 다음은 파일명과 내용이다.

SP500_returns_1926-2013_pct.txt   S&P 500(1926 – 2013)의 총 수익

10-yr_TBond_returns_1926-2013_pct.txt   10년(1926~2013년) 만기 재무부 채권의 총 수익

3_mo_TBill_rate_1926-2013_pct.txt   3개월 만기 재무부 채권 이율(1926~2013년)

S-B_blend_1926-2013_pct.txt   S&P 500, 10년(1926~2013년) 만기 재무부 채권 50/50% 혼합

S-B-C_blend_1926-2013_pct.txt   S&P 500, 10년(1926~2013년) 만기 재무부 채권, 3개월 재무부 채권 40/50/10% 혼합

annual_infl_rate_1926-2013_pct.txt   (1926~2013년)미국 연평균 물가 상승률

S&P 500 텍스트 파일의 처음 7줄은 다음과 같다.

```
11.6
37.5
43.8
-8.3
```

```
-25.1
-43.8
-8.6
```

백분율 값이지만 코드에 로드할 때는 10진수 값으로 변환할 것이다. 시간 순서대로 값이 나열되어 있으므로 연도는 포함되지 않는다. 모든 파일이 동일한 시간 간격을 사용한다면 실제 연도는 상관 없지만 가독성을 위해 파일명에 연도를 기입한다.

코드

은퇴 노후자금 시뮬레이터 이름을 *nest_egg_mcs.py*로 지정한다. 249 페이지의 "과거 데이터 찾기"에서 언급한 텍스트 파일이 필요할 것이다. 영진닷컴 홈페이지에서 파일을 다운로드하여 *nest_egg_mcs.py*와 동일한 폴더에 저장한다.

데이터 로드, 사용자 입력을 받기 위한 모듈 임포트, 함수 정의

코드 12-1은 모듈을 임포트하고 과거 수익 및 인플레이션 데이터를 판독하는 함수와 사용자의 입력을 받는 함수를 정의한다. 프로그램이 실행된 후 실험을 수행하기 위해 과거 데이터를 자유롭게 변경하거나 추가해도 된다.

nest_egg_mcs.py,
part 1

```
import sys
import random
❶ import matplotlib.pyplot as plt

❷ def read_to_list(file_name):
    """Open a file of data in percent, convert to decimal & return a list."""
    ❸ with open(file_name) as in_file:
        ❹ lines = [float(line.strip()) for line in in_file]
        ❺ decimal = [round(line / 100, 5) for line in lines]
        ❻ return decimal

❼ def default_input(prompt, default=None):
    """Allow use of default values in input."""
    ❽ prompt = '{} [{}]: '.format(prompt, default)
    ❾ response = input(prompt)
    ❿ if not response and default:
        return default
    else:
        return response
```

코드 12-1 모듈 임포트, 데이터 로드, 사용자 입력을 받는 함수 정의

이제 임포트 문은 친숙할 것이다. 결과 막대 그래프를 작성하려면 matplotlib 라이브러리가 필요하다. 플로팅 기능만 필요하기 때문에 이에 맞게 임포트 문을 작성한다❶.

다음은 read_to_list() 함수를 정의하여 데이터 파일을 로드하고 내용을 처리한다❷. 파일명을 인자로 전달할 것이다.

자동으로 파일을 닫아주는 with를 사용해서 파일을 열고❸ 리스트 컴프리헨션을 통해 리스트를 생성한다❹. 백분율로 되어 있는 리스트 아이템들을 소수점 이하 5자리까지 반올림한 10진수 값으로 변환한다❺. 과거 반환값은 일반적으로 소수점 둘째 자리까지만 표시되므로 5자리까지 반올림하면 충분할 것이다. 사용하는 일부 데이터 파일에는 더 정확한 값이 입력되어 있지만 엑셀의 사전 처리 결과일 뿐이다. decimal 리스트를 반환하여 종료한다❻.

이제 default_input() 함수를 정의하여 사용자의 입력을 받는다❼. 이 함수는 프롬프트와 기본값을 인자로 취한다. 프롬프트와 기본값은 함수를 호출할 때 지정되며, 프로그램은 기본값을 괄호 안에 표시한다❽. 사용자의 입력값에 response 변수를 할당한다❾. 사용자가 아무것도 입력하지 않고 기본값이 존재한다면 기본값이 반환되고, 그렇지 않다면 사용자의 응답이 반환된다❿.

사용자 입력 받기

코드 12-2는 데이터 파일을 로드하고 사전을 사용해서 결과 리스트를 간단한 이름에 맵핑한 다음 사용자의 입력을 받는다. 이 사전은 사용자에게 투자 유형에 대한 여러 가지 선택지를 제시하기 위해 사용될 것이다. 사용자 입력은 다음과 같이 구성된다.

- 사용할 투자 유형(주식, 채권 또는 혼합)
- 은퇴 이후 저축의 시작 가치
- 연간 인출액 또는 지출액
- 은퇴 이후 예상 년수의 최소값, 근사치, 최대값
- 실행할 사례 수

nest_egg_mcs.py, part 2

```
# load data files with original data in percent form
❶ print("\nNote: Input data should be in percent, not decimal!\n")
try:
    bonds = read_to_list('10-yr_TBond_returns_1926-2013_pct.txt')
    stocks = read_to_list('SP500_returns_1926-2013_pct.txt')
    blend_40_50_10 = read_to_list('S-B-C_blend_1926-2013_pct.txt')
    blend_50_50 = read_to_list('S-B_blend_1926-2013_pct.txt')
    infl_rate = read_to_list('annual_infl_rate_1926-2013_pct.txt')
except IOError as e:
    print("{}. \nTerminating program.".format(e), file=sys.stderr)
    sys.exit(1)

# get user input; use dictionary for investment-type arguments
❷ investment_type_args = {'bonds': bonds, 'stocks': stocks,
                        'sb_blend': blend_50_50, 'sbc_blend': blend_40_50_10}

❸ # print input legend for user
print("   stocks = SP500")
print("    bonds = 10-yr Treasury Bond")
print(" sb_blend = 50% SP500/50% TBond")
print("sbc_blend = 40% SP500/50% TBond/10% Cash\n")
```

```
    print("Press ENTER to take default value shown in [brackets]. \n")

    # get user input
❹  invest_type = default_input("Enter investment type: (stocks, bonds, sb_blend,"\
                                 " sbc_blend): \n", 'bonds').lower()
❺  while invest_type not in investment_type_args:
        invest_type = input("Invalid investment. Enter investment type " \
                            "as listed in prompt: ")

    start_value = default_input("Input starting value of investments: \n", \
                                '2000000')
❻  while not start_value.isdigit():
        start_value = input("Invalid input! Input integer only: ")

❼  withdrawal = default_input("Input annual pre-tax withdrawal" \
                               " (today's $): \n", '80000')
    while not withdrawal.isdigit():
        withdrawal = input("Invalid input! Input integer only: ")

    min_years = default_input("Input minimum years in retirement: \n", '18')
    while not min_years.isdigit():
        min_years = input("Invalid input! Input integer only: ")

    most_likely_years = default_input("Input most-likely years in retirement: \n",
                                      '25')
    while not most_likely_years.isdigit():
        most_likely_years = input("Invalid input! Input integer only: ")

    max_years = default_input("Input maximum years in retirement: \n", '40')
    while not max_years.isdigit():
        max_years = input("Invalid input! Input integer only: ")

    num_cases = default_input("Input number of cases to run: \n", '50000')
    while not num_cases.isdigit():
        num_cases = input("Invalid input! Input integer only: ")
```

코드 12-2 데이터 로드, 리스트에 선택값 맵핑, 사용자 입력 받기

입력 데이터가 백분율 형식이어야 한다는 경고를 출력하고 read_to_list() 함수를 사용하여 6개의 데이터 파일을 로드한다❶. 파일을 열 때 누락 파일이나 잘못된 파일명과 관련된 예외를 캐치하려면 try를 사용한다. 그리고 except 블록으로 예외를 처리한다. try와 except에 대해 다시 살펴보고 싶다면 21 페이지의 "파일 열 때의 예외 처리"를 참고하라.

사용자가 테스트할 투자 대상을 선택한다. 간단한 이름을 입력할 수 있도록 사전을 사용해서 방금 로드한 데이터 목록에 이름을 맵핑한다❷. 나중에 montecarlo(investment_type_args[invest_type])와 같이 사전과 키를 함수에 인자로써 전달할 것이다. 입력을 요청하기 전에 사용자에게 안내하는 범례를 출력한다❸.

다음으로, 사용자의 투자 선택을 받는다❹. default_input() 함수을 사용하고 데이터 리스트로 다시 맵핑되는 선택한 이름들을 나열한다. 기본값을 'bonds'로 설정하는데 이는 이론적으로 4가지 선택 중에서 가장 안정적인 조합이기 때문이다.

사용자가 실수로 대문자를 포함할 경우를 대비하여 반드시 .lower() 메서드도 추가한다. 다른 입력 오류도 방지하기 위해 while 루프를 사용하여 입력과 investment_type_args 사전 내 이름을 비교한다. 입력 내용을 찾을 수 없다면 사용자에게 올바른 입력을 요청한다❺.

입력값을 계속해서 수집하고 기본값을 사용하여 사용자가 합리적인 입력을 수행하도록 유도한다. 예를 들어 80,000 달러는 2,000,000 달러 시작 가치의 4%이다. 또한, 25년은 60세에 은퇴하는 여성들의 근사치이고 최대값인 40년의 경우 100세가 되며, 50,000 사례 정도면 충분히 빈털터리가 될 가능성을 추정할 수 있다.

사용자가 숫자에 달러 기호($) 또는 쉼표를 포함할 경우를 대비하여 입력이 숫자인지 확인하는 while 루프를 사용한다❻. withdrawal 값을 입력할 때는 인플레이션은 걱정하지 말고 오늘의 달러를 입력하라고 안내하는 프롬프트를 출력한다.

기타 입력 오류 확인

코드 12-3에서 추가 입력 오류를 확인하라. 은퇴 최소, 근사치, 최대 년수의 순서는 논리적이어야 하며, 최대 길이는 99로 제한된다. 은퇴 기간을 길게 선택할 수 있도록 허용하면 낙천적인 사용자는 의학 기술 발전으로 노화 방지가 성공한 미래를 예측할 것이다.

nest_egg_mcs.py, part 3

```
# check for other erroneous input
❶ if not int(min_years) < int(most_likely_years) < int(max_years) \
    or int(max_years) > 99:
❷   print("\nProblem with input years.", file=sys.stderr)
    print("Requires Min < ML < Max with Max <= 99.", file=sys.stderr)
    sys.exit(1)
```

코드 12-3 은퇴 기간 입력 시 오류 확인 및 제한 설정

조건문을 사용하여 최소 년수 입력이 근사치보다 낮고, 근사치는 최대값보다 낮고, 최대값이 99를 초과하지 않도록 한다❶. 문제가 발생하면 사용자에게 알리고 명확한 지침을 제공한 후 프로그램을 종료한다❷.

몬테 카를로 엔진 정의

코드 12-4는 몬테 카를로 시뮬레이션을 실행할 함수의 첫 번째 부분을 정의한다. 이 프로그램은 각 사례를 실행할 루프를 사용하며, 은퇴 년수 입력값은 과거 데이터를 샘플링할 때 사용된다. 수익률과 물가 상승률 리스트 모두 프로그램에서 시작 연도(인덱스)를 무작위로 선택한다. duration 변수에 할당된 은퇴 년수는 사용자의 입력을 바탕으로 만들어진 삼각형 분포에서 추출된다. 30이 선택된 경우 시작 인덱스에 30을 더해서 종료 인덱스를 생성한다. 무작위 시작 연도가 여생의 재정적 여건을 좌우하게 된다! 그야말로 타이밍이 중요한 것이다.

```
❶ def montecarlo(returns):
      """Run MCS and return investment value at end-of-plan and bankrupt count."""
❷ case_count = 0
   bankrupt_count = 0
   outcome = []

❸ while case_count < int(num_cases):
       investments = int(start_value)
    ❹ start_year = random.randrange(0, len(returns))
    ❺ duration = int(random.triangular(int(min_years), int(max_years),
                                        int(most_likely_years)))
    ❻ end_year = start_year + duration
    ❼ lifespan = [i for i in range(start_year, end_year)]
       bankrupt = 'no'

       # build temporary lists for each case
    ❽ lifespan_returns = []
       lifespan_infl = []
       for i in lifespan:
         ❾ lifespan_returns.append(returns[i % len(returns)])
            lifespan_infl.append(infl_rate[i % len(infl_rate)])
```

코드 12-4 몬테 카를로 함수 정의. 사례 루핑 시작

montecarlo() 함수는 returns 리스트를 인자로 취한다❶. 첫 번째 단계는 어떤 사례가 실행되고 있는지 추적하기 위한 카운터를 시작하는 것이다❷. 실제 날짜를 사용할 필요는 없다. 리스트의 첫 번째 연도는 1926년이 아니라 인덱스 0이다. 일찍 돈이 바닥나는 경우의 수에 대한 카운터도 시작한다. 그리고 각 실행의 결과를 담을 빈 리스트를 생성하는데, 이 리스트는 실행 종료 시 남은 금액을 나타내게 된다.

사례를 루핑할 while 루프를 시작한다❸. 사용자가 지정한 시작 투자 가치에 invest-ment라는 새로운 변수를 할당한다. 이 변수는 끊임없이 변동하기 때문에 사례를 초기화하려면 입력 변수 원본을 보존해야 한다. 또한, 모든 사용자 입력이 문자열이므로 이를 정수로 변환하여 사용해야 한다.

다음으로, start_year 변수를 할당하고 사용 가능한 연도의 범위에서 무작위 값을 선택한다❹. 시뮬레이션 된 수명 대비 은퇴 기간의 비율을 도출하려면 random 모듈의 tri-angular() 메서드를 사용하여 사용자의 min_years, most_likely_years, max_years 입력에 의해 정의된 삼각 분포를 활용한다❺. 문서에 따르면, triangular()는 범위 내 특정 모드와 함께 부동 소수점 N(최소 <= N <= 최대)을 반환한다.

duration 변수를 start_year 변수에 더하고 결과를 end_year 변수에 할당한다❻. 이제 시작 연도와 종료 연도 사이의 모든 인덱스를 캡쳐하는 lifespan 리스트를 생성한다❼. 이 인덱스들은 은퇴 기간과 과거 데이터를 매칭할 때 사용될 것이다.

다음으로, bankrupt 변수를 'no'로 할당한다. 파산은 돈이 바닥났다는 것을 의미하며 break 문을 통해 while 루프를 일찍 종료하게 될 것이다.

두 개의 리스트를 사용하여 선택한 lifespan에 적용할 수익 및 인플레이션 데이터를 저장한다❽. lifespan의 각 항목을 수익 및 인플레이션 리스트의 인덱스로 사용하는 for 루프를 사용하여 리스트를 채운다. lifespan 인덱스가 다른 리스트의 범위를 벗어나면 나머지(%) 연산자를 사용해서 인덱스를 감싼다❾.

이 코드의 배경을 조금 더 살펴보자. 무작위로 선택된 start_year 변수와 계산된 end_year 변수는 수익과 인플레이션 리스트를 샘플링 할 방식을 결정한다. 샘플은 재정 기록의 연속적인 조각이며 사례를 구성한다. 무작위로 개별 연도를 선택하는 온라인 계산기들과는 달리 이 프로그램은 무작위 *기간 간격*을 선택하고 각 자산 등급과 인플레이션에 서로 다른 연도를 사용할 수 있다! 시장 결과에도 규칙이 존재한다. 인플레이션 추세와 마찬가지로 강세, 약세 시장은 주기적이다. 주가가 하락하는 사건들도 채권 가격과 물가 상승률에 영향을 끼친다. 년수를 무작위로 선택하면 이러한 상호의존성을 무시하고 상식적인 흐름을 방해하여 비현실적인 결과를 초래한다.

그림 12-7에서 퇴직자(사례 1)는 1965년(대규모 인플레이션 시작)에 퇴직하고 채권에 투자하기로 결정했다. 결과 리스트가 끝나기 전에 종료 연도가 발생하기 때문에 은퇴 년수는 리스트에 들어맞는다. 수익률과 인플레이션은 모두 같은 간격으로 샘플링된다.

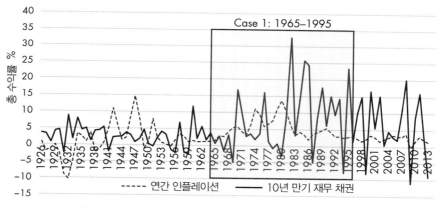

그림 12-7 1965년에 퇴직하는 사례의 채권, 인플레이션 리스트 그래프

그림 12-8의 퇴직자(사례 2)는 2000년에 은퇴하기로 결정한다. 이 리스트는 2013년에 끝나기 때문에 MCS 함수에 의해 채취된 30년 샘플은 1926년부터 1941년까지를 "감싸"고 포함해야 한다. 은퇴자는 두 번의 불경기와 한 번의 불황을 견뎌내야만 한다.

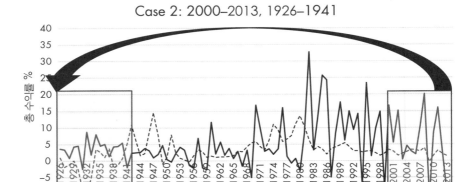

Case 2: 2000–2013, 1926–1941

----- 연간 인플레이션 ——— 10년 만기 재무 채권

그림 12-8 사례 2 주석에서 사용된 부분과 채권, 인플레이션 리스트 그래프

이 프로그램은 사례 2에서 감싼 부분을 시뮬레이션해야 하며, 리스트를 무한 루프로 사용하는 나머지 연산자를 활용해야 한다.

사례의 각 연도 시뮬레이션

코드 12-5 역시 montecarlo() 함수이며 주어진 사례의 은퇴 연도를 루핑하고, 해당 연도의 수익에 기초하여 투자 가치를 증가시키거나 감소시키고, 인플레이션에 맞춰 조정된 지출 금액을 투자에서 빼고, 투자 종료 여부를 검토한다. 프로그램은 최종 투자 가치(사망시 잔여 저축액)를 리스트에 저장하여 최종적으로 빈털터리가 될 확률을 계산한다.

nest_egg_mcs.py,
part 5

```
    # loop through each year of retirement for each case run
❶ for index, i in enumerate(lifespan_returns):
    ❷ infl = lifespan_infl[index]

    ❸ # don't adjust for inflation the first year
       if index == 0:
           withdraw_infl_adj = int(withdrawal)
       else:
           withdraw_infl_adj = int(withdraw_infl_adj * (1 + infl))

    ❹ investments -= withdraw_infl_adj
       investments = int(investments * (1 + i))

    ❺ if investments <= 0:
           bankrupt = 'yes'
           break

❻ if bankrupt == 'yes':
       outcome.append(0)
       bankrupt_count += 1
   else:
```

```
            outcome.append(investments)
❼   case_count += 1

❽ return outcome, bankrupt_count
```

코드 12-5 은퇴 후 연도별 결과 시뮬레이션(사례별)

사례의 모든 연도에 걸쳐 실행되는 루프를 시작한다❶. returns 리스트에 enumer-ate()를 사용하고 생성되는 인덱스를 사용해서 해당 연도의 인플레이션 값을 리스트로부터 구한다❷. 첫 해 이후 인플레이션을 적용하기 시작하는 조건문을 사용한다❸. 시간이 지나면서 인플레이션 또는 디플레이션 시기에 따라 지출액이 증가하거나 감소한다.

investment 변수에서 인플레이션에 맞춰 조정된 지출 값을 뺀 후, 당해 수익률에 따라 investment를 조정한다❹. investment 값이 0보다 큰지 확인한다. 그렇지 않다면 bankrupt 변수를 'yes'로 설정하고 루프를 종료한다❺. 파산 사례에서는 outcome 리스트에 0을 추가한다❻. 그렇지 않다면 퇴직 기간에 도달할 때까지 루프가 계속되므로 outcome에 investments의 잔여 값을 추가한다.

지금 막 한 사람의 인생이 끝났다. 30~40년 동안의 휴가, 손주들, 빙고 게임들, 질병들이 1초도 안되어 사라졌다. 다음 수명을 루핑하기 전에 사례 카운터를 증가시킨다❼. outcome과 bankrupt_count를 반환하고 함수를 종료한다❽.

빈털터리가 될 확률 계산

코드 12-6은 "빈털터리가 될 확률", 즉 파산 확률을 계산하는 함수를 정의한다. 리스크를 피하고 싶거나 상속자들에게 상당한 액수의 재산을 남겨주고 싶다면, 이 숫자는 10% 미만이어야 한다. 리스크를 더 감수할 수 있다면 20%까지는 괜찮다. 어쨌거나 무덤에 돈을 가지고 들어갈 수는 없다.

nest_egg_mcs.py, part 6

```
❶ def bankrupt_prob(outcome, bankrupt_count):
      """Calculate and return chance of running out of money & other stats."""
❷     total = len(outcome)
❸     odds = round(100 * bankrupt_count / total, 1)

❹     print("\nInvestment type: {}".format(invest_type))
      print("Starting value: ${:,}".format(int(start_value)))
      print("Annual withdrawal: ${:,}".format(int(withdrawal)))
      print("Years in retirement (min-ml-max): {}-{}-{}"
            .format(min_years, most_likely_years, max_years))
      print("Number of runs: {:,}\n".format(len(outcome)))
      print("Odds of running out of money: {}%\n".format(odds))
      print("Average outcome: ${:,}".format(int(sum(outcome) / total)))
      print("Minimum outcome: ${:,}".format(min(i for i in outcome)))
      print("Maximum outcome: ${:,}".format(max(i for i in outcome)))

❺     return odds
```

코드 12-6 "빈털터리가 될 확률"과 기타 통계 산출(nest_egg_mcs.py,part 6)

outcome 리스트와 montecarlo() 함수에서 반환된 bankrupt_count 변수를 인자로 취하는 bankrupt_prob() 함수를 정의한다❶. 결과 리스트의 길이를 total 변수에 할당한다❷. 그리고 파산 사례 수를 총 사례 수로 나누어 소수점 첫째 자리까지 반올림한 백분율로 돈이 바닥날 확률을 계산한다❸.

이제 시뮬레이션의 입력 매개변수와 결과를 출력한다❹. 246 페이지의 "결과 제시를 위한 질적 방법"에서 텍스트 출력의 예시를 보았다. odds 변수를 반환하여 마무리한다❺.

main() 함수 정의 및 호출

코드 12-7은 montecarlo()와 bankrupt_count() 함수를 호출하고 막대 차트를 생성하는 main() 함수를 정의한다. 다양한 사례들은 큰 차이를 가진 결과들을 도출할 수 있다. 때로는 파산하기도 하고 백만장자가 되기도 한다. 출력된 통계가 명확하지 않다면, 막대 그래프를 통해 확인한다.

nest_egg_mcs.py, part 7

```
❶ def main():
       """Call MCS & bankrupt functions and draw bar chart of results."""
❷     outcome, bankrupt_count = montecarlo(investment_type_args[invest_type])
       odds = bankrupt_prob(outcome, bankrupt_count)

❸     plotdata = outcome[:3000]  # only plot first 3000 runs

❹     plt.figure('Outcome by Case (showing first {} runs)'.format(len(plotdata)),
                  figsize=(16, 5))  # size is width, height in inches
❺     index = [i + 1 for i in range(len(plotdata))]
❻     plt.bar(index, plotdata, color='black')
       plt.xlabel('Simulated Lives', fontsize=18)
       plt.ylabel('$ Remaining', fontsize=18)
❼     plt.ticklabel_format(style='plain', axis='y')
❽     ax = plt.gca()
       ax.get_yaxis().set_major_formatter(plt.FuncFormatter(lambda x, loc: "{:,}"
                                                            .format(int(x))))
       plt.title('Probability of running out of money = {}%'.format(odds),
                  fontsize=20, color='red')
❾     plt.show()

   # run program
❿ if __name__ == '__main__':
       main()
```

코드 12-7 main() 함수 정의 및 호출

인자가 필요 없는 main() 함수를 정의하고❶ 즉시 montecarlo() 함수를 호출하여 outcome 리스트와 bankrupt_count() 함수를 받는다❷. 투자 이름의 사전 맵핑을 코드 12-2에서 생성한 결과값 리스트에 사용한다. montecarlo() 함수에 전달하는 인자는 사용자 입력 investment_type를 키로 갖는 사전 이름 investment_type_args이다. 반환된 값을 bankrupt_prob() 함수에 전달하여 돈이 바닥날 확률을 구한다.

outcome 리스트의 처음 3,000개 항목에 새로운 변수 plotdata를 할당한다❸. 막대 그래프가 더 많은 항목을 수용할 수 있겠지만 느려지고 불필요한 작업이다. 결국 확률이기 때문에 더 많은 사례들을 보여준다고 해서 더 많은 정보를 얻을 수는 없다.

이제 matplotlib를 사용하여 막대 그래프를 만들고 출력한다. 플롯 형태를 만드는 것으로 시작한다❹. 텍스트 항목은 새 창의 제목이 될 것이다. figsize 매개변수는 창의 너비와 높이(인치)이다. 이것을 dpi=200과 같은 dpi 인자를 추가하면 크기를 조정할 수 있다.

다음으로, 리스트 컴프리헨션을 사용하여 인덱스를 생성한다. plotdata 리스트의 길이를 기반으로, 1년차를 뜻하는 1부터 시작한다❺. 각 세로 막대의 x축 위치는 인덱스에 따라 정의되고 각 막대의 높이는 해당하는 plotdata의 아이템이 되며, 이는 각 모의 수명 말기에 남아있는 돈을 나타낸다. 이를 plt.bar() 메서드에 전달하고 막대 색상을 검정색으로 설정한다❻. 막대의 윤곽선 색상(edgecolor='black')이나 두께(linewidth=0) 등을 변경할 수 있는 추가 표시 옵션이 있다.

x축, y축의 레이블을 제공하고 폰트 크기를 18로 설정한다. 결과는 수백만 개가 될 수 있고 기본적으로 matplotlib는 y축에 과학적인 주석을 사용한다. 이 설정을 덮어쓰려면 ticklabel_format() 메서드를 호출하고 y축 스타일을 'plain'으로 설정한다❼. 이로써 과학적인 주석은 처리됐지만 천 단위 구분자가 없기 때문에 숫자를 읽기가 어렵다. 이를 수정하려면 먼저 plt.gca()를 사용하여 현재 축을 구하고❽, 다음 행에서 y축을 구하여 set_major_formatter(), Func_Formatter() 메서드, 람다 함수를 사용해서 파이썬의 문자열 포매팅 기법으로 쉼표 구분자를 적용한다.

플롯의 제목에는 눈에 띄는 빨간색 커다란 폰트를 사용해서 돈이 바닥날 확률(odds 변수로 포착)을 출력한다. 그리고 plt.show()로 화면에 차트를 출력한다❾. 전역 공간에서 프로그램을 모듈로써 임포트하거나 스탠드얼론 모드에서 실행할 수 있도록 하는 코드로 마무리한다❿.

시뮬레이터 사용

nest_egg_mcs.py 프로그램은 복잡한 은퇴 계획을 매우 단순하게 만들지만 이를 나쁘게 생각할 필요는 없다. 간단한 모델은 가정에 도전하고, 인식을 재고하고, 의문을 집중시킴으로써 그 가치를 더한다. 은퇴 계획 같은 복잡한 문제를 고민하다보면 길을 잃기 쉬우니 바닥부터 시작하는 것이 좋다.

시작 가치가 2백만 달러, "안전하고 안정적인" 채권 포트폴리오, 4%의 인출률(연간 8만 달러), 29-30-31 퇴직 범위, 5만 번 시뮬레이션을 시행한 예시를 살펴보자. 이 시나리오를 실행하면 그림 12-9와 유사한 결과를 얻게 된다. 당신은 거의 50% 확률로 파산에 이르게 된다. 상대적으로 낮은 수익률 때문에 채권은 인플레이션을 따라갈 수 없다. 자산은 할당이 중요하기 때문에 맹목적으로 4퍼센트 법칙을 적용할 수 없다는 것을 기억하자.

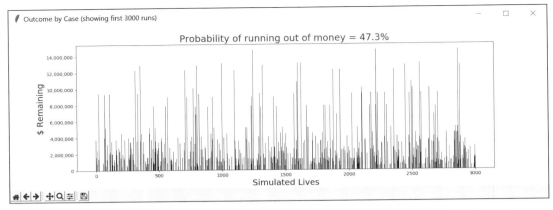

그림 12-9 채권 전용 포트폴리오의 몬테 카를로 시뮬레이션을 나타내기 위해 matplotlib로 생성한 막대 차트

8만 달러 인출은 세전 값이다. 25%의 실효세율을 가정할 때, 순이익은 6만 달러에 불과하다. Pew Research Center에 따르면 미국 중산층의 가처분소득(세후)은 현재 60,884 달러이므로 백만장자임에도 불구하고 당신은 부유하게 사는 것이 아니다. 가처분소득으로 8만 달러를 얻으려면 (1 - 유효세율)로 나누어야 하는데, 80,000 / (1 - 0.25) = 106,667 달러가 된다. 투자 유형에 따라 20~70%의 파산 가능성이 있는 연 5%를 넘기는 인출이 필요한 것이다.

표 12-1은 이전 시나리오의 자산 유형과 인출 비율 변경 결과를 기록한다. 안전하다고 여겨지는 결과는 회색 음영으로 처리된다. 채권에만 투자하는 포트폴리오를 피한다면 4퍼센트 법칙은 유지된다. 사용하는 금액이 4% 이상이라면 주식은 생각보다 리스크가 적고 파산 확률을 줄일 수 있는 성장 잠재력을 제공한다. 그래서 금융 어드바이저들이 당신의 은퇴 포트폴리오에 적당량의 주식을 포함하도록 권고하는 것이다.

자산유형	연간 인출율 (세전)			
	3%	4%	5%	6%
10년 만기 재무 채권	0.135	0.479	0.650	0.876
S&P 500 주식	0	0.069	0.216	0.365
50/50 분산	0	0.079	0.264	0.466
40/50/10 분산	0	0.089	0.361	0.591

표 12-1 30년간의 은퇴 기간 내 자산 유형별 파산 확률과 인출율

금융 어드바이저들은 은퇴 초기에 주식에 지나치게 의존하지 말라고 충고한다. 대가족을 위한 유람선, 호화로운 새 집, 값비싼 취미는 말년에 당신을 벼랑 너머로 떠밀 수 있다. 이것을 확인하려면 *nest_egg_mcs.py*를 복사하고 사본 이름을 *nest_mcs_1st_5yrs.py*로 지정한 다음 코드 12-8, 12-9, 12-10처럼 수정한다.

nest_egg_mcs_1st_5yrs.py, part 1

```
start_value = default_input("Input starting value of investments: \n", \
                            '2000000')
while not start_value.isdigit():
    start_value = input("Invalid input! Input integer only: ")

❶ withdrawal_1 = default_input("Input annual pre-tax withdrawal for " \
                              "first 5 yrs(today's $): \n", '100000')
while not withdrawal_1.isdigit():
    withdrawal_1 = input("Invalid input! Input integer only: ")

❷ withdrawal_2 = default_input("Input annual pre-tax withdrawal for " \
                              "remainder (today's $): \n", '80000')
while not withdrawal_2.isdigit():
    withdrawal_2 = input("Invalid input! Input integer only: ")

min_years = default_input("Input minimum years in retirement: \n", '18')
```

코드 12-8 사용자의 인출 입력값을 두 부분으로 나누기

사용자 입력 부분에서 withdrawal 변수를 2개의 인출 변수로 치환하고 프롬프트를 편집해서 첫 번째 변수에 처음 5년을 요청한다❶. 두 번째 변수에 나머지 기간을 요청한다❷. 사용자가 처음 5년 이내에 더 높은 인출을 기대할 수 있다는 것을 암시하는 기본값을 설정한다. 사용자 입력을 검증하는 while 루프를 포함한다.

montecarlo() 함수에서 인출 금액을 인플레이션에 맞추는 코드를 변경한다.

nest_egg_mcs_1st_5yrs.py, part 2

```
        # don't adjust for inflation the first year
        if index == 0:
          ❶ withdraw_infl_adj_1 = int(withdrawal_1)
          ❷ withdraw_infl_adj_2 = int(withdrawal_2)
        else:
          ❸ withdraw_infl_adj_1 = int(withdraw_infl_adj_1 * (1 + infl))
          ❹ withdraw_infl_adj_2 = int(withdraw_infl_adj_2 * (1 + infl))

      ❺ if index < 5:
          ❻ withdraw_infl_adj = withdraw_infl_adj_1
        else:
            withdraw_infl_adj = withdraw_infl_adj_2

        investments -= withdraw_infl_adj
        investments = int(investments * (1 + i))
```

코드 12-9 인플레이션에 맞춰 두 인출 변수를 조정하고 사용할 변수를 결정

첫 해에만 인플레이션에 맞춰 조정된 인출이 입력한 인출과 동일하도록 설정한다 ❶❷. 다음 해부터는 둘 다 인플레이션에 맞추도록 조정한다❸❹. 이렇게 하면 5년 후 전환할 때 두 번째 인출금액이 "준비"된다.

인플레이션에 맞춰 조정된 인출을 적용할 시기를 지정하기 위해 조건문을 사용한다 ❺. 더 이상 코드를 변경할 필요가 없도록 이 값을 기존 withdraw_infl_adj 변수에 할당한다.

마지막으로, bankrupt_prob() 함수의 출력된 통계를 코드 12-10처럼 새로운 인출 값을 포함하도록 업데이트한다. 이로써 예전 인출 출력문이 대체된다.

*nest_egg_mcs_1st
_5yrs.py, part 3*

```
print("Annual withdrawal first 5 yrs: ${:,}".format(int(withdrawal_1)))
print("Annual withdrawal after 5 yrs: ${:,}".format(int(withdrawal_2)))
```

코드 12-10 두 인출 기간에 대응하는 인출 값 출력

이제 새로운 실험을 진행할 수 있다(표 12-2 참고).

자산유형	연간 인출율 (처음 5년 / 이후) (세전)			
	4% / 4%	5% / 4%	6% / 4%	7% / 4%
10년 만기 재무 채권	0.479	0.499	0.509	0.571
S&P 500 주식	0.069	0.091	0.116	0.194
50/50 분산	0.079	0.115	0.146	0.218
40/50/10 분산	0.089	0.159	0.216	0.264

표 12-2 30년간의 은퇴 기간 내 자산 유형별 파산 확률 및 다중 인출율

표 12-2에서 안전한 결과값은 회색 음영 처리되어 있고, 첫 번째 열은 대조군으로써 일정하게 4% 결과를 반복한다. 포트폴리오에 충분한 주식이 있다면 초기 지출을 다소 견딜 수 있다. 따라서 일부 어드바이저들은 4퍼센트 법칙을 4.5퍼센트 또는 5퍼센트 법칙으로 대체한다. 하지만 만약 당신이 일찍 은퇴한다면(55~60세), 지출이 큰 연도가 있던 없던, 파산 위험은 높아질 것이다.

각기 다른 연수로 주식과 채권의 50/50 혼합에 대한 시뮬레이션을 실행하면 표 12-3과 유사한 결과를 얻게 될 것이다. 오직 하나의 결과값(회색 음영)만이 10% 이하의 파산 확률을 나타낸다.

은퇴 년수	4% 인출
30	0.079
35	0.103
40	0.194
45	0.216

표 12-3 4% 인출률(50/50 주식-채권 혼합)의 파산 확률 vs. 은퇴 년수

이러한 시뮬레이션을 실행함으로써 사람들은 어려운 결정에 직면하고 삶의 큰 부분을 위한 현실적인 계획을 세우게 된다. 시뮬레이션은 은퇴 자금을 마련하기 위해 매년 자산을 "매도"하지만 현실에서의 더 나은 솔루션은 이자나 배당금을 먼저 소비하고, 현금 저축은 시장 저점에서 자산을 팔지 않도록 유지하는 *가드레일 전략*이다.

당신이 투자자로써 규칙을 지킬 수 있다고 가정한다면, 이 전략은 시뮬레이터가 안전하다고 계산하는 것 이상으로 당신의 인출을 늘려줄 것이다.

요약

이 챕터에서는 과거 금융 데이터로부터 현실적인 데이터를 추출하는 몬테 카를로 기반 은퇴 계산기를 작성했다. 그리고 `matplotlib`를 사용하여 출력값을 확인할 수 있는 대안을 제공했다. 사용된 예시는 결정론적으로 모델링할 수 있었지만 미래 세후, 사회보장 납부, 의료비 등과 같은 무작위 변수를 더 추가한다면, MCS는 은퇴 이후 전략을 모델링하는 유일무이한 실용적 접근법이 된다.

추가 참고 도서

Benjamin Graham의 *The Intelligent Investor: The Definitive Book on Value Investing, Revised Edition*(HarperBusiness, 2006)은 억만장자 투자자인 Warren Buffet을 포함한 많은 이들에게 역사상 가장 훌륭한 투자 도서로 평가받는다.

Nassim Nicholas Taleb의 *Fooled by Randomness: The Hidden Role of Chance in Life and in the Markets, Revised Edition*(Random House Trade Paperbacks, 2005)은 "통계에 관해 우리가 자기 기만적 성향을 가지게 된 역사와 이유를 흥미로운 관점에서" 살펴본다. 몬테 카를로 시뮬레이션을 통한 금융 분석에 관한 논의를 포함한다.

Nassim Nicholas Taleb의 *The Black Swan: The Impact of the Highly Improbable, 2nd Edition*(Random House Trade Paperbacks, 2010)은 금융권의 몬테 카를로 시뮬레이션 사용에 관한 논의를 포함한 "역사, 경제, 인간 본성의 약점을 관통하는 즐거움"을 다룬다.

4퍼센트 법칙에 대한 개요는 *https://www.investopedia.com/terms/f/four-percent-rule.asp* 에서 확인할 수 있고, 4퍼센트 법칙의 예외는 *https://www.cnbc.com/2015/04/21/the-4-percent-rule-no-longer-applies-for-most-retirees.html*에서 다루고 있다.

다음 웹 사이트에서 과거 금융 데이터를 찾을 수 있다.

- *http://pages.stern.nyu.edu/~adamodar/New_Home_Page/datafile/histretSP.html*
- *http://www.econ.yale.edu/~shiller/data.htm*
- *http://www.moneychimp.com/features/market_cagr.htm*
- *http://www.usinflationcalculator.com/inflation/historical-inflation-rates/*
- *https://inflationdata.com/Inflation/Inflation_Rate/HistoricalInflation.aspx*

도전 프로젝트

다음 도전 과제를 완료하여 공인 금융 분석가(CFA)가 되어보자.

천 달러 값의 그림

당신의 예비 고객인 텍사스의 부유한 석유 탐사자가 자신의 천만 달러 포트폴리오에 대해 CFA인 당신이 제공한 MCS 결과를 이해하지 못한다고 가정해보자. "빌어먹을! 처음엔 내가 파산할 거라더니 그 다음에는 내가 8천만 달러를 갖게 된다고? 뭔 놈의 기계가 이 따위야!"

nest_egg_mcs.py 프로그램을 수정해 그를 이해시켜보자. 은퇴 기간을 30년으로 설정하고 긍정적인 결과와 부정적인 결과를 확인할 수 있도록 대공황의 시작, 2차 세계대전의 종결 같은 역사적 사건들을 이용해 프로그램을 실행한다. 단, 아주 극단적인 사건만 넣어야 한다. 모든 시뮬레이션마다 해당 연도, 수익율, 인플레이션율, 결과를 출력한다. 설득력 있는 시각적 설명을 위해 각 사례의 결과보다는 각 연도의 결과를 사용하도록 막대 차트를 수정하면 더 좋다.

믹스 앤 매치

사용자가 직접 투자 조합을 생성할 수 있도록 *nest_egg_mcs.py*을 수정하라. 챕터 초반부에 제공한 S&P 500, 10년 만기 재무부 채권, 3개월 만기 재무부 채권 텍스트 파일을 사용하되, 소자본주, 국제주, 금 등 원하는 것을 추가한다. 모든 파일이나 리스트에서 시간 간격은 동일해야 한다는 것을 기억하자.

투자 유형과 비율은 사용자가 선택하도록 한다. 입력 내용의 합이 100%가 되는지 확인한다. 가중치를 부여하고 각 연도의 수익률을 추가하여 혼합 리스트를 생성한다. 막대 차트 상단에 투자 유형과 비율을 출력하여 마무리한다.

내 팔자야!

*nest_egg_mcs.py*를 편집하여 30년의 은퇴 기간 동안 1939년 대공황(1939~1949년) 또는 2007년 대공황(2007~2009년)과 마주칠 확률을 계산한다. 이러한 이벤트에 해당하는 인덱스를 결과 리스트에서 구한 후, 얼마나 많이 발생하는지 기록한다. 결과는 쉘에 출력한다.

모든 구슬들

다른 방식으로 결과를 확인하려면 *nest_egg_mcs.py*을 복사하고 수정하여 막대 차트가 최소~최대로 정렬된 모든 결과를 표시하도록 한다.

13

외계 화산 시뮬레이션

어서 태양계에서 화산활동이 가장 활발하게 이루어지는 별의 이름을 대 보자! 지구를 떠올렸다면 오답이다. 정답은 목성의 네 갈릴레이 위성 중 하나인 이오이다.

이오의 화산에 대한 첫 증거는 1979년 *보이저 1*호가 목성계 위를 지나면서 발견됐다. 하지만 그것이 기록한 멋진 사진들은 사실 놀랄만한 것이 아니었다. 천체물리학자 Stan Peale과 두 명의 공동저자들은 이미 이오의 내부 모델을 바탕으로 이러한 결과를 발표한 바 있었다.

컴퓨터 모델링은 자연을 이해하고 예측할 수 있는 강력한 도구이다. 일반적인 워크플로우는 다음과 같다.

1. 데이터 수집
2. 데이터 분석, 해석, 통합
3. 데이터를 해석하는 숫자 방정식 생성
4. 데이터에 가장 "적합한" 컴퓨터 모델 구성
5. 모델을 사용하여 예측하고 오류 범위 조사

컴퓨터 모델링은 광범위하게 적용되며 이는 야생동물 관리, 일기예보, 기후 예측, 탄화수소 생산 및 블랙홀 시뮬레이션과 같은 영역을 포함한다.

이 챕터에서는 pygame이라는 파이썬 패키지(일반적으로 게임 제작에 활용)를 사용하여 이오의 화산 중 하나를 시뮬레이션한다. 또한, 다양한 유형의 분출물(분출된 입자)을 실험하고 이들의 시뮬레이션된 행동을 이오의 거대한 Tvashtar 융기 사진과 비교할 것이다.

프로젝트 #21: 이오의 융기

이오의 화산 활동이 일어나는 원인은 *조수의 가열*이다. 이오의 타원 궤도는 목성과 자매 달의 중력장을 통과하기 때문에 조수의 변화가 발생한다. 표면은 100미터까지 위아래로 구부러지며, 내부에서는 마찰로 인한 상당한 규모의 가열과 용융이 일어난다. 뜨거운 마그마는 표면으로 이동해 거대한 용암 호수를 형성하며 황(S_2)과 이산화황(SO_2)을 1km/s 속도로 하늘을 향해 분사한다. 이오는 중력이 낮고 대기가 부족하기 때문에 이 가스 증기는 수백 킬로미터 높이까지 뻗어나간다(그림 13-1-a의 Tvashtar 융기 참조).

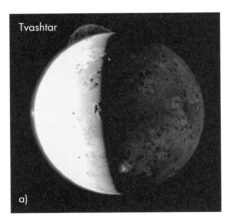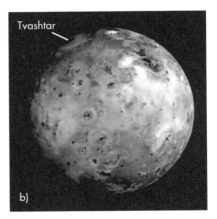

그림 13-1 a) 330km Tvashtar 융기가 상단에 위치하고 9시 방향에 Prometheus 융기가 위치한 이오, b) 화산 고리 퇴적물이 있는 이오(NASA 이미지)

융기들의 멋진 우산 모양은 가스와 먼지가 위로 솟았다가 주위로 떨어지면서 만들어진다. 그 결과로 표면의 퇴적물은 빨강, 초록, 검정, 노랑의 동심원 고리를 형성한다. 만약 그림 13-1-b가 컬러 사진이라면 곰팡이가 핀 페퍼로니 피자처럼 보일 것이다.

pygame 개요

pygame 패키지는 2D 아케이드 스타일의 비디오 게임을 프로그래밍하는 데 주로 사용되는 파이썬 모듈의 크로스 플랫폼 세트이다. 그래픽, 애니메이션, 음향 효과, 음악과 키보드, 마우스 등 여러 가지 입력 장치를 지원한다. pygame은 단순히 프로그래밍을 재미있게 배우기 위한 도구가 아니다. 아케이드 스타일의 게임들은 스마트폰과 태블릿의 확산으로 다시 인기를 누리고 있고, 모바일 게임은 현재 콘솔, PC 게임을 합친 것만큼 많은 돈을 벌고 있다.

pygame 패키지는 애플리케이션 프로그래밍 인터페이스(API)인 *Simple DirectMedia Library(SDL)*를 사용한다. API는 그래픽 처리를 간편하게 할 수 있도록 하는 재사용 가능한 코드 라이브러리로써, 파이썬과 같은 고급 언어를 사용할 때 게임 디자인에 집중할 수 있게 해준다. Microsoft DirectX API는 Windows 플랫폼 기반의 게임과 멀티미디어 앱을 만들 때 사용된다. 여러 플랫폼에 걸쳐 작업을 수행할 때, 2D 작업은 SDL, 3D 애플리케이션 작업은 *OpenGL(Open Graphics Library)*, 이렇게 두 개의 오픈 소스 라이브러리를 주로 사용한다. 앞서 언급한대로 당신은 Windows, MacOS, Linux, iOS, Android를 공식적으로 지원하는 SDL을 사용하여 작업을 수행한다.

pygame 패키지는 OOP(객체 지향 프로그래밍)도 사용한다. OOP가 익숙하지 않거나 다시 공부하고 싶다면 223 페이지의 "객체 지향 프로그래밍 개요"를 참조하라. 파이썬 입문서들은 일부 pygame에 관한 부분을 포함하고 있으며, 해당 패키지만을 다루는 서적도 있다(281 페이지의 "추가 참고 도서" 참고).

먼저, 시스템에 pygame을 설치해야 한다. 무료 사본을 원하는 플랫폼에 설치하는 방법은 *http://pygame.org/wiki/GettingStarted#Pygame%20Installation*에서 확인할 수 있다.

pygame을 설치하는 방법에 대한 비디오 튜토리얼도 온라인에서 이용할 수 있다. 동영상이 사용자의 상황에 적합한지 확인하려면 비디오 업로드 날짜, 플랫폼, 사용 중인 pygame과 파이썬의 버전을 확인한다. 이전 버전의 파이썬이 설치된 Mac 사용자를 위한 추가 지침은 *http://brysonpayne.com/2015/01/10/setting-up-pygame-on-a-mac/*에서 확인할 수 있다.

> **목표** ▶ pygame을 사용하여 이오의 Tvashtar 화산 융기를 중력 기반 2D 시뮬레이션으로 구현하라. NASA 이미지를 사용하여 융기 규모를 보정한다. 여러 가지 입자 유형을 사용하고 입자의 비행 경로를 추적한 다음, 멈출 때까지 자동으로 화산 폭발이 일어나도록 한다.

전략

총체적인 물리학 기반 시뮬레이션을 통해 이오의 융기를 구현하려면 슈퍼컴퓨터가 필요하다. 아마 당신에게는 그런 컴퓨터가 없을 것이고 우리의 목표는 멋진 pygame 도식을 만드는 것뿐이므로, Tvashtar 융기에 맞는 SO_2를 만들기 위해 필요한 매개변수를 역설계하는 편법(cheating)을 사용하면 된다. 치팅(편법)은 인간이 스스로에게 주는 선물이며 우리를 동물과 구분하는 것이다. 표범(cheetah)만 빼고!

이미 이오에 있는 융기의 구성은 알고 있으니 편리하게도 원자중량이 같은 SO_2와 황(S_2) 가스로 중력장을 보정할 수 있다. 입자의 비행 경로가 NASA 사진에 나타난 Tvashtar 융기의 규모와 일치한다면, 새로운 입자와 SO_2 사이의 원자중량 차이를 바탕으로 다른 배출 입자들의 속도를 조절하여 입자 유형이 융기 규모에 어떠한 영향을 미치는지 확인할 수 있다. 더 가벼운 입자들은 더 높이 분출될 것이며 반대의 경우 더 낮게 분출될 것이다.

게임 스케치를 사용한 계획

게임의 외양과 진행 방식을 스케치한 후에 pygame 프로젝트를 시작할 것을 권장한다. 가장 간단한 아케이드 게임도 복잡해질 수 있고, 스케치는 그러한 복잡성을 관리하는데 도움이 될 것이다. 일반적으로 게임에서 고려해야 하는 것은 플레이어의 행동, 점수 기록, 메시지, 설명, 게임 구성요소와 상호작용(충돌, 음향 효과, 음악 등), 그리고 게임 종료 조건이다.

게임 스케치(이 경우, 시뮬레이션)은 화이트보드(실물이든 디지털이든)를 활용하는 것이 좋다. 스케치한 이오 화산 시뮬레이터 레이아웃은 그림 13-2에 있다.

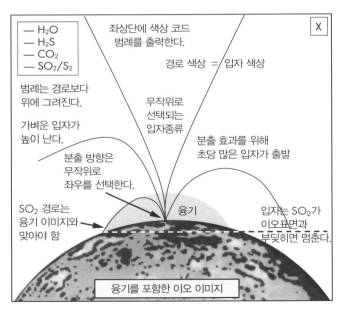

그림 13-2 이오 화산 시뮬레이터 게임 스케치

그림 13-2의 스케치에는 화산 시뮬레이터에 관한 가이드라인과 주요 동작들이 수록되어 있다.

- **플레이어의 직접적인 상호 작용은 없다.** 당신은 마우스나 키보드가 아니라 파이썬 코드를 통해 시뮬레이션을 제어할 것이다.
- **배경은 NASA의 융기 이미지이다.** SO_2/S_2 입자에 맞게 시뮬레이션을 보정하려면 실제 Tvashtar 융기의 배경이 필요하다.
- **분출 지점은 회전한다.** 입자는 융기 이미지의 중심 기반에서 분출되어야 하며, 바로 위 뿐만 아니라 다양한 각도로 분출되어야 한다.
- **입자는 무작위로 선택된다.** 프로그램은 무작위로 입자의 유형을 선택할 것이다. 각 입자는 다른 입자와 구별할 수 있도록 고유한 색상으로 설정한다.
- **입자 비행 경로는 가시적이고 지속적이어야 한다.** 각 입자의 비행은 시뮬레이션 내내 가시적으로 유지되는 선의 형태로 기록되어야 하며, 선의 색상은 입자 색상과 일치해야 한다.
- **색상 코드 범례로 입자 유형을 나열한다.** 프로그램은 화면 좌측 상단 코너에 입자의 이름이 포함된 범례를 게재해야 한다. 폰트 색상은 입자 색상과 일치해야 하며, 범례는 항상 볼 수 있도록 입자 경로 위에 출력해야 한다.
- **입자의 운동은 SO_2 입자가 이오 표면과 교차하는 단계에서 멈춰야 한다.** SO_2의 행동에 따라 시뮬레이션이 조정되므로 SO_2 융기로 떨어지는 입자는 적절한 위치에서 멈춰야 한다.
- **음향 효과는 없다.** 우주에서는 아무도 당신의 비명을 들을 수 없다.

차트를 완성하면 각 부분을 논리적인 순서로 나열할 수 있다. 이를 통해 계획을 관리 가능한 단계들로 나누게 된다. 예를 들어, 적절한 배경 이미지를 찾아 준비하고, 시뮬레이션 할 입자를 선택하여 원자중량을 찾고, 분출 지점을 찾고, SO_2의 행동을 융기 이미지로 보정하는 등의 작업을 수행한다. 게임을 스케치하는 것은 의사 코드 작성 과정을 더욱 흥미롭게 만든다.

입자 클래스 계획

이 시뮬레이션은 입자를 기반으로 하므로 여러 입자 유형의 청사진 역할을 하는 OOP 입자 클래스를 사용해야 한다. 클래스는 입자 유형의 무작위 생성을 지원하고, 모든 입자에 공통적인 상수와 기타 속성은 클래스 속성으로 저장할 수 있다. 이는 메서드와 동일한 들여쓰기 레벨로 할당된 속성들이다. Particle 클래스는 클래스의 인스턴스가 분출되고, 중력에 영향을 받고, 가시화 되고, 시뮬레이션의 경계를 벗어날 때 제거할 수 있는 메서드를 포함해야 한다.

클래스에 사용된 속성들과 메서드들은 표 13-1과 표 13-2에 각각 나타나 있다. 클래스 속성(클래스의 모든 인스턴스가 공유하는 속성)은 기울임꼴로 표시되며, 그 외에는 인스턴스 특성이 표시된다.

특성	속성 설명
gases_colors	사용 가능한 입자 유형 및 색상 사전
VENT_LOCATION_XY	이미지상 Tvashtar 화산 입구의 x-위치, y-위치
IO_SURFACE_Y	이미지상 SO_2 융기 여백의 이오 표면 y-값
VELOCITY_SO2	SO_2 입자의 속도(프레임당 픽셀)
GRAVITY	프레임당 픽셀 단위 중력 가속도
vel_scalar	SO_2/입자 원자중량 비율 사전
screen	게임 화면
background	NASA의 Tvashtar 융기 이미지
image	입자를 나타내는 정사각형 형태의 pygame 표면
rect	표면 규모를 구할 때 사용되는 직사각형 오브젝트
gas	개별 입자 유형(SO_2, CO_2 등)
color	개별 입자 유형의 색상
vel	SO_2 속도 대비 상대적 입자 속도
x	입자의 x-위치
y	입자의 y-위치
dx	입자의 델타-x
dy	입자의 델타-y

표 13-1 입자 클래스의 속성(기울임꼴 = 클래스 속성)

메서드	메서드 설명
__init__()	무작위로 선택된 입자 유형의 매개변수 초기화 및 설정
vector()	무작위로 방출 방향을 선택하고 모션 벡터(dx, dy) 계산
update()	중력에 따른 입자 궤적을 조정하고, 입자 경로를 그리고, 시뮬레이션 경계를 벗어나는 입자를 제거

표 13-2 입자 클래스 메서드

위 속성들과 메서드들은 다음 본문에서 자세히 설명한다.

코드

tvashtar.py 코드는 pygame를 사용해서 이오의 Tvashtar 융기 시뮬레이션을 생성할 것이다. 배경 이미지인 *tvashtar_plume.gif*도 필요하므로 영진닷컴 홈페이지에서 파일들을 다운로드하여 동일한 폴더에 저장한다.

모듈 임포트, pygame 초기화, 색상 정의

코드 13-1의 색상 선택과 같은 설정 단계로 시작한다.

tvashtar.py, part 1

```
❶ import sys
   import math
   import random
   import pygame as pg

❷ pg.init()  # initialize pygame

❸ # define color table
   BLACK = (0, 0, 0)
   WHITE = (255, 255, 255)
   LT_GRAY = (180, 180, 180)
   GRAY = (120, 120, 120)
   DK_GRAY = (80, 80, 80)
```

코드 13-1 모듈 임포트, pygame 초기화, 색상표 정의

익숙한 임포트문과 pygame 임포트로 시작한다❶. 그리고 pygame.init() 함수를 호출한다. pygame 모듈이 초기화되면서 소리를 사용할 수 있고, 키보드 입력을 확인하고, 그래픽 처리를 수행하는 기본 요소들이 실행된다❷. pygame은 main() 함수의 첫 번째 행처럼 복수의 위치에서 초기화될 수 있다.

```
def main():
    pg.init()
```

또는 main()이 스탠드얼론 모드로 호출되는 프로그램의 끝 부분에서

```
if __name__ == "__main__":
    pg.init()
    main()
```

RGB 색상 모델을 사용하여 일부 색상 변수를 할당한다❸. 이 모델은 빨간색, 초록색, 파란색을 섞는데, 각 색상은 0부터 255까지의 값으로 구성된다. 온라인에서 "RGB 색상 코드"를 검색하면 수백만 가지 색상의 숫자 코드를 찾을 수 있다. 하지만 지금 보정할 NASA 이미지는 그레이 스케일이기 때문에 검은색, 흰색, 회색 음영만 사용할 수 있다. 지금 이 테이블을 정의해 놓으면 나중에 pygame에 색상 정의가 필요할 때 간단히 이름을 입력할 수 있다.

입자 클래스 정의

코드 13-2는 Particle 클래스와 초기화 메서드를 정의한다. 이를 통해 입자 오브젝트를 인스턴스화 할 것이다. 입자의 주요 속성(유형, 속도, 색상 등)은 초기화 메서드로 수립된다.

tvashtar.py, part 2

```
❶ class Particle(pg.sprite.Sprite):
      """Builds ejecta particles for volcano simulation."""

❷    gases_colors = {'SO2': LT_GRAY, 'CO2': GRAY, 'H2S': DK_GRAY, 'H2O': WHITE}

❸    VENT_LOCATION_XY = (320, 300)
      IO_SURFACE_Y = 308
      GRAVITY = 0.5  # pixels-per-frame; added to dy each game loop
      VELOCITY_SO2 = 8  # pixels-per-frame

      # scalars (SO2 atomic weight/particle atomic weight) used for velocity
❹    vel_scalar = {'SO2': 1, 'CO2': 1.45, 'H2S': 1.9, 'H2O': 3.6}

❺    def __init__(self, screen, background):
          super().__init__()
          self.screen = screen
          self.background = background
❻        self.image = pg.Surface((4, 4))
          self.rect = self.image.get_rect()
❼        self.gas = random.choice(list(Particle.gases_colors.keys()))
          self.color = Particle.gases_colors[self.gas]
❽        self.vel = Particle.VELOCITY_SO2 * Particle.vel_scalar[self.gas]
❾        self.x, self.y = Particle.VENT_LOCATION_XY
❿        self.vector()
```

코드 13-2 Particle 클래스와 Particle 초기화 메서드 정의

화산 융기를 형성할 수 있는 모든 가스 분자를 나타내는 Particle 클래스를 정의한다 ❶. 괄호 안에 표시된 이 클래스의 조상은 Sprite 클래스가 된다. 이는 Particle 클래스가 Sprite라고 불리는 내장 pygame 타입에서 파생되었다는 것을 의미한다. 스프라이트는 미사일이나 소행성과 같은 개별 게임 오브젝트를 나타내는 2D 비트맵이다. 함수에 인자를 전달하는 것처럼 pg.sprite.Sprite를 Particle 클래스에 전달함으로써 Sprite 클래스로부터 상속을 받는다(속성과 메서드를 새로운 클래스에 추가).

모든 입자의 공통적인 속성을 클래스 속성으로 할당한다. 첫 번째는 시뮬레이션에서 입자를 구별할 수 있도록 입자 유형과 색상을 맵핑하는 사전이다❷. 색상들은 입자, 경로, 범례에 표시되는 이름에 사용될 것이다.

이제 VENT_LOCATION_XY, IO_SURFACE_Y, GRAVITY, VELOCITY_SO2 상수를 할당한다❸. 첫 번째 상수는 이미지에 나타나는 Tvashtar 화산의 입구에 대한 x, y 좌표로, 모든 입자의 "출발점"이 된다(그림 13-3 참고). 일단 값들을 추측한 후 시뮬레이션을 가동하면서 세밀하게 조정했다.

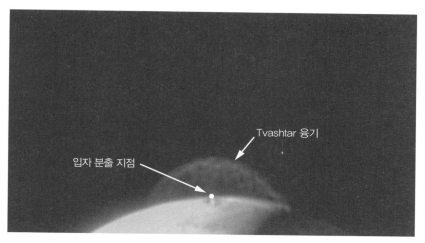

Tvashtar 융기

입자 분출 지점

그림 13-3 입자 분출 지점에 표시해 둔 시뮬레이션의 배경

두 번째 상수는 SO_2 융기의 외측 가장자리와 교차하는 이오의 표면(이미지 참고) 중 최고점의 y값이다(그림 13-2 참고). 이 y값에서 떨어지는 모든 입자를 멈추면 뷰가 SO_2에 최적화된다.

세 번째 상수는 중력 가속도를 나타내며, 지구에서는 9.86 m/s^2이고 이오에서는 1.796 m/s^2이다. 하지만 실제 단위가 아니라 픽셀과 프레임을 다루고 있기 때문에, 당신의 게임/시뮬레이션 규모에 어울리는 값을 찾으려면 실험이 필요하다. 아케이드 게임에 어울리는 값을 고민하긴 했지만 선택한 0.5 역시 임의의 값이다.

네 번째 상수는 분출되는 SO_2 입자의 프레임당 픽셀 속도이다. 융기는 대부분 SO_2로 구성되어 있으므로, SO_2 입자가 Tvashtar 융기 이미지에 "적합"하도록 만드는 매개변수를 사용하고 나머지 입자들의 속도는 SO_2를 기준으로 조정한다. GRAVITY와 VELOCITY_SO2 값은 고유하지 않다. GRAVITY에 더 큰 값을 대입했다면, SO_2 입자가 NASA 이미지의 융기 영역을 "채우도록" 하기 위해 VELOCITY_SO2를 증가시켜야 했을 것이다.

다음으로, 입자 속도 스칼라 사전을 생성한다❹. SO_2의 원자중량(64)을 각 입자의 원자중량으로 나누면 해당 입자의 스칼라를 산출할 수 있다. SO_2가 기준 입자이므로 스칼라는 1이 된다. SO_2가 아닌 입자들의 속도를 얻기 위해 VELOCITY_SO2 상수에 스칼라를 곱한다. 보다시피 다른 입자들은 SO_2보다 가벼우며 더 큰 융기를 만들어 낼 것이다.

입자 오브젝트의 생성자 메서드를 정의한다❺. 시뮬레이션의 경계를 그리고 검토할 수 있는 self 매개변수와 screen이 필요하며 배경(Tvashtar 융기 이미지)이 필요하다. 프로그램 끝부분에서 정의되는 main() 함수에 screen과 background를 할당할 것이다. 이 책에서는 간결성을 위해 단일 행 docstring을 사용하지만 원래 클래스 docstring에는 클래스에 들어갈 매개변수들을 작성해두는 편이 좋다. 클래스 docstring에 대한 상세한 가이드라인 *https://www.python.org/dev/peps/pep-0257/*을 참조하라.

__init__() 메서드 내에서 super를 사용하여 내장된 Sprite 클래스의 초기화 메서드를 호출한다. 스프라이트가 초기화되고 필요한 rect, image 속성이 수립된다. super를 사용하면 베이스 클래스(Sprite)를 명시적으로 참조하지 않아도 된다. super에 대한 자세한 내용은 *https://docs.python.org/3/library/functions.html#super*에 게재된 문서를 참조하라.

다음으로, 입자(self)에게 screen과 background 변수를 속성에 할당하여 사용할 것이라고 알린다.

이미지와 도식은 pygame을 통해 직사각형 표면에 배치된다. Surface 오브젝트는 pygame의 심장이자 영혼이라고 할 수 있다. 심지어 screen 속성조차 Surface의 인스턴스를 나타낸다. Surface 오브젝트에 입자 이미지를 할당하고 한 변의 길이가 4 픽셀인 정사각형으로 만든다❻.

다음으로, 이미지 표면을 위해 rect 오브젝트를 얻어야 한다. 이는 기본적으로 Surface 오브젝트와 연관된 직사각형이며, pygame이 Surface 오브젝트의 규모와 위치를 결정하게 된다.

gas_colors 사전의 키에서 입자(가스) 유형을 무작위로 선택한다❼. 이를 위해서는 먼저 리스트로 변경해야 한다. __init__() 메서드 내에서 gases_colors라는 인스턴스 속성을 할당할 수 있으므로 클래스 속성이 참조되고 있는지 확인하기 위해 self가 아니라 클래스 이름을 포함한다.

일단 유형을 선택하고 나면 색상이나 스칼라에 접근하기 위해 해당 유형을 이전에 만든 사전의 키로 사용할 수 있다. 선택한 입자의 색상을 구한 후, vel_scalar 값을 산출하여 입자의 속도를 결정한다❽.

입자 오브젝트는 화산 입구에서 인스턴스화되므로 VENT_LOCATION_XY 튜플을 해체해서 초기 x, y 위치를 구한다. 입자의 운동 벡터를 계산할 vector() 메서드를 호출하여 마무리한다❿.

입자 분출

코드 13-3은 입자의 불출 방향을 결정하고 초기 델타x와 델타y 벡터 성분을 계산하는 vector() 메서드를 정의한다.

tvashtar.py,
part 3

```
❶ def vector(self):
      """Calculate particle vector at launch."""
❷ orient = random.uniform(60, 120)  # 90 is vertical
❸ radians = math.radians(orient)
❹ self.dx = self.vel * math.cos(radians)
   self.dy = -self.vel * math.sin(radians)
```

코드 13-3 Particle 클래스의 vector() 메서드 정의

vector() 메서드는 입자의 운동 벡터를 계산한다❶. 입자의 분출 방향을 선택하고 orient 변수에 할당하는 것으로 시작한다❷.

폭발성 화산 분출은 바로 위뿐만 아니라 여러 방향으로 입자가 퍼지기 때문에 90도의 양쪽으로 30도 가량을 범위로 사용하여 무작위 방향을 선택한다. 90도는 수직 분출을 의미한다.

orient 변수의 범위는 시행착오를 거쳐 선택되었다. 이 매개변수는 VELOCITY_SO2, GRAVITY 상수와 마찬가지로, 융기 이미지에 대응하도록 SO_2 입자의 행동을 보정하기 위해 돌릴 수 있는 "노브"를 나타낸다. 입자의 최대 높이가 융기의 최고점에 도달하도록 상수를 조정한 다음, SO_2 입자가 융기의 횡방향 한계까지 퍼지도록(넘지는 않아야 한다) 각도 범위를 조정할 수 있다 (그림 13-4 참고).

그림 13-4 Tvashtar 융기에 대응하는 orient 변수 보정

math 모듈은 각도가 아니라 *라디안*을 사용하므로 orient 를 라디안으로 변환한다❸ 라디안은 반지름이 원을 감쌀 때 발생하는 각도를 나타내는 각도 측정의 표준 단위이다(그림 13-5의 좌측 참고). 1 라디안은 57.3도보다 약간 작다. 그림 13-5의 우측은 몇몇 자주 사용되는 각도와 라디안을 비교한 것이다. 각도를 라디안으로 변환하려면 바보같이 π를 곱한 후 180으로 나누거나 그냥 math 모듈을 사용하면 된다.

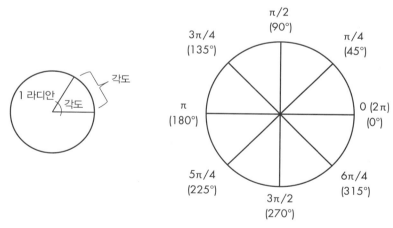

그림 13-5 라디안의 정의(좌측)와 자주 사용되는 각도와 상응하는 라디안(우측)

pygame에서 오브젝트는 x와 y의 증분으로 이동한다. 입자의 방향과 속도는 x의 변화량인 *델타x(dx)*, y의 변화량인 *델타y(dy)* 벡터 성분을 구하는데 필요하다. 이는 입자의 초기 위치와 단일 게임 루프 완료 이후 위치의 차이를 나타낸다.

삼각법을 사용하여 벡터 성분을 계산한다. 유용한 삼각법 방정식이 그림 13-6에 제시되어 있다.

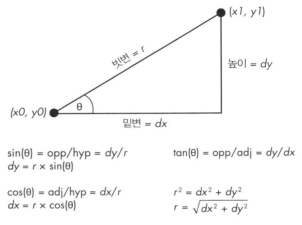

$$\sin(\theta) = opp/hyp = dy/r \qquad \tan(\theta) = opp/adj = dy/dx$$
$$dy = r \times \sin(\theta)$$

$$\cos(\theta) = adj/hyp = dx/r \qquad r^2 = dx^2 + dy^2$$
$$dx = r \times \cos(\theta) \qquad r = \sqrt{dx^2 + dy^2}$$

그림 13-6 게임에 사용되는 일반적인 삼각 방정식

각도에 orient 변수를 사용한다. self.vel 속성은 *r*과 동일하다. 이 두 가지 요소를 알면 삼각 방정식을 사용해서 self.dx와 self.dy를 도출할 수 있다❹. self.dx를 도출하려면 self.dx에 orient의 코사인을 곱하고, self.dy를 도출하려면 self.vel에 orient의 사인을 곱한다. 입자는 위로 분출되고 pygame의 y값은 *아래 방향*으로 증가하므로 self.dy는 음수가 되어야 한다.

입자 업데이트 및 경계 조건 다루기

코드 13-4는 화면을 가로지르는 입자들을 업데이트하는 메서드를 정의하여 Particle 클래스를 완성한다. 이 메서드에는 중력 적용, 입자의 경로를 추적하는 선 그리기, 입자가 화면 밖이나 이오 표면 아래로 움직일 때 입자를 "제거"하는 작업이 포함된다.

*tvashtar.py,
part 4*

```
❶ def update(self):
      """Apply gravity, draw path, and handle boundary conditions."""
❷   self.dy += Particle.GRAVITY
❸   pg.draw.line(self.background, self.color,(self.x, self.y),
                  (self.x + self.dx, self.y + self.dy))
❹   self.x += self.dx
    self.y += self.dy

❺   if self.x < 0 or self.x > self.screen.get_width():
      ❻   self.kill()
❼   if self.y < 0 or self.y > Particle.IO_SURFACE_Y:
        self.kill()
```

코드 13-4 update() 메서드 정의 및 Particle 클래스 완성

self를 인자로 취하는 update() 메서드를 정의한다❶. 각 게임 루프에서 GRAVITY 클래스 속성을 self.dy에 추가하여 중력을 적용한다❷. 중력은 수직방향으로만 작용하는 힘 벡터이므로 self.dy만 영향을 받는다.

입자를 따르는 경로를 그리기 위해 이오의 배경 이미지와 입자의 색상, 입자의 이전 및 현재 위치 좌표를 인자로 취하는 pygame의 draw.line() 메서드를 사용한다❸. 현재 위치를 구하려면 self.dx와 self.dy 속성을 self.x와 self.y에 추가한다.

다음으로, draw.line() 메서드처럼 self.dx와 self.dy를 추가하여 입자의 self.x와 self.y 속성을 업데이트한다❹.

이제 입자가 화면의 좌우 경계를 넘었는지 확인한다❺. 좌측은 0의 값을 갖는 self.x를 사용하고, 우측은 screen 속성의 너비를 대입한다. 입자가 화면의 좌우측 모서리를 넘을 경우 내장된 kill() 메서드를 사용하여 입자가 포함된 모든 그룹에서 제거한다❻. 추후 다루겠지만 pygame은 스프라이트를 관리하기 위해 컨테이너(그룹)를 사용하는데, 스프라이트를 그룹에서 제거하면 그러한 작업이 불가능해진다.

y-방향에 이 과정을 반복하되❼, SO_2 입자가 멈추는 이오 표면 근처에서 입자를 멈추게 하는 Particle 클래스의 IO_SURFACE_Y 상수를 최대값으로 사용한다(그림 13-2 및 13-4 참고).

main() 함수 정의

코드 13-5는 게임 화면, 윈도우 캡션, 범례, 스프라이트 그룹, 게임 시계를 설정하는 main() 함수의 첫 번째 부분을 정의한다.

tvashtar.py, part 5

```
def main():
    """Set up and run game screen and loop."""
❶  screen = pg.display.set_mode((639, 360))
❷  pg.display.set_caption('Io Volcano Simulator')
❸  background = pg.image.load('tvashtar_plume.gif')

    # Set up color-coded legend
❹  legend_font = pg.font.SysFont('None', 24)
❺  water_label = legend_font.render('--- H2O', True, WHITE, BLACK)
   h2s_label = legend_font.render('--- H2S', True, DK_GRAY, BLACK)
   co2_label = legend_font.render('--- CO2', True, GRAY, BLACK)
   so2_label = legend_font.render('--- SO2/S2', True, LT_GRAY, BLACK)

❻  particles = pg.sprite.Group()

❼  clock = pg.time.Clock()
```

코드 13-5 main() 함수의 첫 번째 부분 정의

첫 번째 단계는 pygame의 display.set_mode() 메서드를 사용하여 screen 변수를 할당하는 것이다❶. 픽셀 크기를 인자로 사용하는데, NASA 이미지보다 조금 작은 값을 사용하여 맞추도록 한다. 크기는 튜플로 제공해야 하므로 괄호를 두 번 입력한다.

다음으로, pygame의 display.set_caption() 메서드를 사용하여 게임 윈도우의 이름을 지정하고❷ background 변수로 NASA의 Tvashtar 융기 사진을 할당한다❸. pygame의 image.load() 메서드를 사용하여 이미지에서 새로운 Surface 객체를 생성한다. pygame 패키지는 PNG, JPG, GIF를 포함한 다양한 이미지 형식을 지원한다. 반환된 Surface는 이미지 파일에서 색상 및 투명도 정보를 상속한다. 이 예제에서는 그레이 스케일 이미지를 가져오므로 색상 선택은 제한된다.

이제 화면 좌측 상단에 표시될 범례를 생성하는 코드를 추가한다.

legend_font 변수의 이름을 지정하고 pygame의 font.SysFont() 메서드를 사용하여 사이즈 24의 None을 선택한다❹. 이것은 텍스트 렌더링에 사용된다. pygame 패키지의 font 모듈은 TrueType 폰트라고 불리는 폰트 세트를 새로운 Surface 오브젝트에 렌더링할 수 있게 해 준다. 폰트를 지정하고 싶지 않다면 폰트명으로 None을 전달해서 pygame에 내장된 기본 폰트를 사용할 수 있다.

중량의 오름차순으로 입자를 표기한다. 이전에 만든 legend_font 오브젝트의 render()를 호출하여 새로운 표면 오브젝트를 생성한다❺. 약간의 텍스트, True(텍스트를 더 부드럽게 만드는 안티 앨리어싱 켜기), 해당 입자의 색상을 전달한다. 마지막 인자인 BLACK은 선택사항으로, 레이블의 배경색을 검정색으로 설정하여 화면에 그려지는 모든 입자 경로 위의 텍스트를 읽을 수 있도록 한다. 나머지 세 개의 입자에 동일한 과정을 반복하고 so2_label에 S_2를 추가한다. 두 가스는 동일한 원자 중량을 공유하므로 시뮬레이션에서 동일하게 행동한다.

이제 particles라는 스프라이트 그룹을 시작한다❻. 게임 화면에서는 보통 여러 개의 스프라이트가 움직이기 때문에 pygame은 스프라이트 그룹인 컨테이너를 사용해서 이들을 관리한다. 스프라이트는 그룹에 넣지 않으면 아무런 행동도 하지 않는다.

시뮬레이션의 프레임률을 추적하고 제어하는 Clock 오브젝트를 생성하며 이 섹션을 마무리한다❼. pygame "시계"는 표시되는 초당 프레임 수(*fps*)를 바탕으로 게임 실행 속도를 제어한다. 다음 본문에서 이 값을 설정할 것이다.

main() 함수 완성

코드 13-6은 시뮬레이션이 실행될 속도(초당 프레임 수)를 설정하고 실제로 시뮬레이션을 실행하는 while 루프를 시작하여 main()을 완성한다. 또한, 사용자가 마우스, 조이스틱 또는 키보드를 사용하여 프로그램을 제어할 때 발생하는 *이벤트*들을 처리한다. 진짜 게임이 아니라 시뮬레이션이기 때문에 사용자 제어는 윈도우를 닫는 것으로 제한된다. 예제는 전역 공간에서 모듈로써 또는 스탠드얼론 모드에서 프로그램을 실행하기 위한 표준 코드로 마무리된다.

```
❶ while True:
    ❷ clock.tick(25)
    ❸ particles.add(Particle(screen, background))
    ❹ for event in pg.event.get():
        if event.type == pg.QUIT:
            pg.quit()
            sys.exit()

    ❺ screen.blit(background, (0, 0))
      screen.blit(water_label, (40, 20))
      screen.blit(h2s_label, (40, 40))
      screen.blit(co2_label, (40, 60))
      screen.blit(so2_label, (40, 80))

    ❻ particles.update()
      particles.draw(screen)

    ❼ pg.display.flip()

❽ if __name__ == "__main__":
    main()
```

코드 13-6 게임 시계 및 루프 시작. main() 함수에서의 이벤트 처리

시뮬레이션을 실행하려면 while 루프를 시작한다❶. 그리고 clock.tick() 메서드를
사용하여 시뮬레이션의 속도 제한을 설정한다❷. 최대 프레임률을 초당 25 프레임으로
설정하는 25를 메서드에 전달한다. 더 활발한 화산을 원한다면 언제든 이 값을 높이면
된다.

이제 쇼의 주인공이 등장할 순서이다. Particle 클래스에 screen과 background를 인
자로 전달하여 입자를 인스턴스화하고 새로운 입자를 particles 스프라이트 그룹에 추
가한다❸. 각 프레임마다 새로운 입자가 무작위로 생성되어 분화구에서 멋지게 분출될
것이다(그림 13-7 참고).

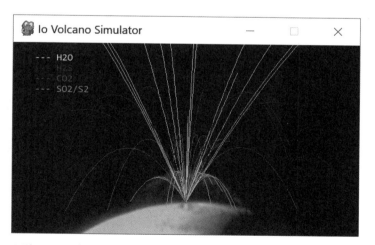

그림 13-7 초당 25 프레임의 속도로 무작위 입자가 생성되는 시뮬레이션 시작

이벤트를 처리하는 for 루프를 시작한다❹. 현재 프레임에서 발생한 모든 이벤트는 pygame에 의해 기록되고 *이벤트 버퍼*에 보관된다. event.get() 메서드는 차례대로 평가할 수 있도록 모든 이벤트의 리스트를 생성한다. QUIT 이벤트가 발생하면(사용자가 게임 윈도우를 닫을 때) pygame quit()과 시스템 exit() 메서드를 호출하여 시뮬레이션을 종료한다.

게임 오브젝트를 렌더링하고 시각적 요소를 업데이트하기 위해 pygame은 블리팅이라는 프로세스를 사용한다. 블릿은 블록 전송을 의미하며, 이는 하나의 직사각형 Surface 오브젝트에서 다른 surface 오브젝트로 픽셀을 복제하는 작업이다. 배경을 화면에 블리팅하여 이오의 이미지로 덮는다. 블리팅을 이용하면 하나의 이미지를 화면의 다른 위치에 여러 번 그릴 수 있다. 이 프로세스는 다소 느릴 수 있지만 이러한 문제를 해결하기 위해 게임 개발자들은 게임 루프마다 전체 화면을 블리팅하지 않고 업데이트되는 영역만 블리팅하는 영리한 기술을 사용한다.

배경을 화면에 블리팅하려면 화면에 blit() 메서드를 호출하고 소스와 대상에 필요한 인자를 전달한다❺. 첫 번째 예시에서 소스는 background 변수이며, 대상은 배경의 *좌측 상단 코너 좌표*이다. 배경은 화면 전체를 덮을 것이기 때문에 원점인 (0, 0)을 사용한다. 범례 레이블에 이러한 과정을 반복하여 화면의 좌측 상단 코너에 배치한다.

다음으로, particles 그룹에서 update() 메서드를 호출한다❻. 이 메서드는 화면을 업데이트하는 것이 아니라 스프라이트가 자체적으로 self.update() 메서드를 실행하도록 한다. 이후, 각 스프라이트의 rect 속성을 토대로 draw() 메서드를 사용하여 화면에 스프라이트를 블리팅한다. 이 메서드는 그리기를 수행할 표면이 필요하므로 screen을 전달한다.

draw() 메서드가 스프라이트를 처리했으니 이제 flip() 메서드를 사용하여 실제 게임 그래픽을 업데이트하면 된다❼. 플리핑은 screen 오브젝트부터 실제 도식까지 모두 블리팅하는 *더블 버퍼링*의 일종이다. 플리핑은 보이지 않는 직사각형 오브젝트에서 합성 작업을 진행한 다음 이를 최종 디스플레이에 blit() 한다. 이렇게 해서 느린 그래픽 표현 프로세스 때문에 일어날 수 있는 화면 깜빡임 현상을 피해간다.

예제는 프로그램이 모듈로써 또는 스탠드얼론 모드에서 실행되도록 하는 코드와 함께 main() 함수 외부에서 마무리된다❽.

시뮬레이션 실행

그림 13-8은 시뮬레이터를 약 1분간 작동시킨 결과이다. 수증기 융기가 윈도우 상단까지 퍼진다. 다음으로 높은 융기는 황화수소에 의해 형성되고, 이산화탄소가 뒤를 따르며, 그 다음에는 Tvashtar 융기과 완벽하게 일치하도록 설계된 아황산가스/황산가스 (S_2)가 형성된다.

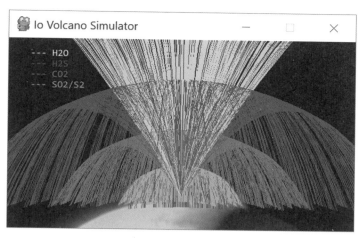

그림 13-8 1분간 tvashtar.py를 실행한 결과

SO_2만을 사용하여 시뮬레이터를 실행하려면 Particle 클래스의 __init__ 메서드로 이동해서 gas와 color 인스턴스 속성을 선택하는 행을 변경한다.

```
self.gas = 'SO2'
self.color = random.choice(list(Particle.gases_colors.values()))
```

무작위로 색상을 선택함으로써, 가능한 self.orient 각도가 모두 소진된 후에도 융기의 움직임을 파악할 수 있다. 분출 속도를 높이거나 낮추려면 main() 함수로 이동하여 clock.tick() 메소드의 초당 프레임 매개변수를 변경해보자.

현실에서는 빛과 물질의 상호작용을 분석하는 측정 기법인 *분광학*을 통해 융기 물질의 구성을 추론한다. 이는 흡수, 방출 또는 산란된 비가시 파장과 가시 파장을 모두 포함한다. "분출 스펙트럼"과 표면에 칠해진 색상은 유황이 풍부한 융기에 대한 중요한 단서를 제공한다.

요약

이 챕터에서는 pygame 패키지를 사용하여 중력을 시뮬레이션하고 외계 화산 애니메이션을 만드는 방법을 학습했다. 다음 챕터에서는 pygame을 사용하여 플레이어 상호 작용과 승패 조건을 갖춘 진짜 아케이드 게임을 만든다.

추가 참고 도서

Andy Harris의 *Game Programming: The L-Line, The Express Line to Learning*(Wiley, *2007*)은 매우 유용하고 꼼꼼한 570 페이지 분량의 pygame 개요를 제공한다.

Jonathon Harbour의 *More Python for the Absolute Beginner*(Cengage Learning Course Technology, 2012)는 (py)game 중심의 접근법을 활용하여 전작인 *Python for the Absolute Beginner*를 잇는다.

Al Sweigart의 *Invent Your Own Computer Games with Python, 4th Edition*(No Starch Press, 2016)은 초보자를 위한 파이썬과 게임 디자인을 소개한다.

pygame 온라인 '초보 가이드'는 *https://www.pygame.org/docs/tut/newbieguide.html*에서 확인할 수 있으며, '치트 시트'는 *http://www.cogsci.rpi.edu/~destem/gamedev/pygame.pdf*에서 찾을 수 있다.

William J. Daniel 등이 공동 저술한 *Three-Dimensional Simulation of Gas and Dust in Io's Pele Plume*은 택사스 대학의 Texas Advanced Computing Center에서 몬테카를로 시뮬레이션과 슈퍼컴퓨터를 직접적으로 활용하여 수행한 이오의 Pele 융기 시뮬레이션의 기록이다. 본문은 *http://cfpl.ae.utexas.edu/wp-content/uploads/2016/01/McDoniel_PeleDust.pdf*에서 읽을 수 있다.

연습 프로젝트: 장거리 여행

당신은 아쟁쿠르 전투를 치르고 있는 헨리 왕의 궁수이다. 진격 중인 프랑스군을 최대한 먼 거리에서 공격해야 한다. 이때, 장궁을 잡는 각도는 몇 도가 되어야 할까?

물리학 수업을 들어본 적이 있다면, 아마 답이 45도라는 것을 알 것이다. 하지만 저 비쩍 마른 과학자들을 믿을 수 있겠는가? 짧은 컴퓨터 시뮬레이션을 실행해서 직접 확인해 보는 편이 나을 것이다. *tvashtar.py* 코드를 복제하여 25, 35, 45, 55, 65도 중 무작위로 골라 입자를 분출하도록 수정한다. 45도는 self.color를 WHITE로 설정하고 다른 각도일 경우 GRAY로 설정한다(그림 13-9 참고).

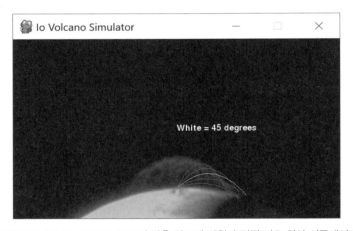

그림 13-9 25, 35, 45, 55, 65도의 방출 각도에 맞춰 수정된 이오 화산 시뮬레이터

솔루션은 부록의 *practice_45.py*를 참고하거나 영진닷컴 홈페이지에서 다운로드할 수 있다. *tvashtar_plume.gif* 파일과 동일한 폴더에 저장한다.

도전 프로젝트

다음 도전 프로젝트들을 통해 실험을 계속해보자. 솔루션은 제공되지 않는다.

쇼크 캐노피

이오의 거대한 융기는 가스 입자가 정점에 도달하여 표면으로 떨어지기 시작하는 지점인 쇼크 캐노피에서 응축되어 먼지가 되면서 가시성이 강화된 것으로 여겨진다. self.dy 속성을 사용하여 *tvashtar.py* 프로그램 사본에서 경로 색상을 수정하라. 융기 정점의 경로는 아래 경로들보다 밝아야 한다(그림 13-10 참고). 모든 도전 프로젝트와 마찬가지로 솔루션은 제공되지 않는다.

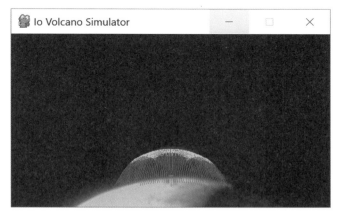

그림 13-10 밝은 경로 색상을 사용하여 쇼크 캐노피 강조

마천루

*tvashtar.py*을 복제하여 SO_2만 시뮬레이션하도록 수정하고 입자를 뒤따르는 경로가 없는 작은 흰색 원으로 표시되도록 하라(그림 13-11 참고).

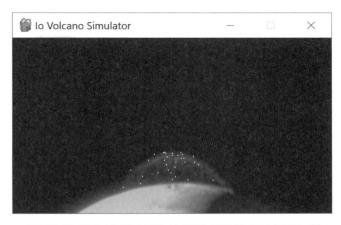

그림 13-11 SO2 시뮬레이션의 스크린샷. 개별 입자를 나타내는 원

총알 실험

대기가 없는 행성에서 하늘을 향해 수직으로 총을 쏘면 총알이 총구를 떠날 때와 동일한 속도로 땅에 떨어질까? 많은 이들을 고민에 빠뜨린 질문이지만 파이썬으로 정답을 알아낼 수 있다. *tvashtar.py* 코드를 복제하고 90도 방향으로 단일 SO_2 입자를 배출하도록 수정하라. 분출점 좌표(y = 300)에서 입자의 self.y 속성과 self.dy의 절대값을 출력한다. 시작 속도와 종료 속도를 비교하여 동일하거나 유사한지 확인한다.

 ▶ TV 쇼 MythBusters의 50번째의 에피소드에서 공중으로 발사된 총알이 다시 떨어질 때에도 치명적인 살상력을 유지할까라는 호기심을 다루었다. 그들은 지구에서 완벽하게 수직으로 발사된 총알은 공기저항으로 인해 아래로 돌아오는 동안 빙글빙글 돌면서 느려진다는 것을 발견했다. 만약 수직에서 약간 벗어난 각도로 발사한다면, 총알은 회전과 탄도 궤적을 유지하고 치명적인 속도로 지구로 돌아올 것이다. MythBusters는 호기심을 검증한 다음 결과를 거짓, 타당, 사실 세 가지로 구분하는데 이 궁금증은 지금까지 유일하게 세 가지 결과를 동시에 받았다.

14

화성 궤도 탐사선으로 화성 맵핑

화성 궤도 탐사선은 화성 궤도에 성공적으로 안착했지만, 모든 것이 순조롭지는 않다. 궤도는 타원 형태를 이루고 있고 프로젝트의 맵핑 목표를 달성하려면 저고도의 원형 궤도가 필요하다. 다행히 우주 관제 센터의 안경잡이들의 인내심과 기술력 덕분에 추진체가 딱 이를 달성할 수 있을 만큼 탑재되어 있다!

이번 챕터에서는 이 시나리오를 바탕으로 게임을 설계하고 만들어본다. pygame을 다시 사용할 것이다(267 페이지 "pygame 개요" 참조).

게이머를 위한 우주역학

당신의 게임을 최대한 현실적으로 만들기 위해 우주비행의 근간이 되는 몇 가지 기본과학에 대한 간단한 검토가 이루어진다. 이것은 짧고 즐거운 과정으로 게임 개발 및 플레이에 적합하도록 구성될 것이다.

만유인력의 법칙

중력이론에 따르면, 별이나 행성과 같은 거대한 물체가 주위의 시간과 공간을 휘어지게 만드는 것은 매트리스에 무거운 볼링 공을 놓았을 때 공과 가까운 곳에 갑작스럽고 예리한 눌림이 발생하지만 빠르게 수평을 회복하는 것과 유사하다고 할 수 있다. 이 행동은 Isaac Newton의 만유인력의 법칙에 의해 수학적으로 포착된다.

$$F = \frac{m_1 * m_2}{d^2} G$$

여기서 F는 중력이고, m_1은 물체 1의 질량, m_2는 물체 2의 질량이며, d는 물체 사이 거리이고, G는 중력상수이다($6.674 \times 10^{-11} \ N \cdot m^2 \cdot \mathrm{kg}^{-2}$).

두 물체는 각 질량의 곱을 두 물체간 거리의 제곱으로 나눈 값에 따라 서로 잡아 당기게 된다. 따라서 볼링 공 바로 아래 매트리스의 깊은 굴곡처럼 물체가 서로 가까이 있을 때 중력은 훨씬 더 강해진다. 예를 들어, 220 파운드(100kg)인 사람이 에베레스트 산 정상에 있을 경우, 지구 중심에 8,848m 더 가까운 해수면에 있을 때보다 0.5 파운드 (230g) 이상 몸무게가 덜 나간다(행성의 질량이 $5.98 \times 10^{24} \ \mathrm{kg}$이고 해수면이 지구중심에서 $6.37 \times 10^6 \ m$ 떨어져 있다고 가정할 경우).

오늘날 우리는 일반적으로 중력을 Newton의 인력점이 아니라 장(앞 예시의 매트리스처럼)으로 생각한다. 이 챕터는 여전히 Newton의 법칙으로 정의되며 보통 $\mathrm{m/sec}^2$로 표현되는 가속도로 나타난다.

Newton의 운동의 제 2 법칙에 따르면, 힘은 '질량 × 가속도'와 같다. 중력 방정식을 다음과 같이 다시 씀으로써 물체 2(m_2)에 대해 물체 1(m_1)이 가한 힘을 계산할 수 있다.

$$a = \frac{-G * m_1}{d^2}$$

여기서 a는 가속도, G는 중력상수, m_1은 물체 중 하나의 질량, d는 물체 사이의 거리를 나타낸다. 힘의 방향은 물체 2에서 물체 1의 질량 중심(m_1)을 향해 있다.

일반적으로 큰 물체에서 아주 작은 물체들을 당기는 힘은 무시된다. 예를 들어, 화성에 대해 1,000kg 위성이 가하는 힘은 화성이 위성에 가하는 힘보다 약 1.6×10^{-21}배 작다. 따라서 시뮬레이션에서 위성의 질량은 안심하고 무시해도 된다.

 ▶ 프로젝트의 단순화를 위해 거리는 물체의 중심점을 기준으로 계산한다. 실제 궤도를 선회하는 위성은 행성의 모양, 지형, 지각 밀도 등의 변화로 인해 중력 가속도의 미묘한 변화를 경험하게 될 것이다. 브리태니커 백과사전에 따르면, 이러한 변화들로 인해 지구표면의 중력 가속도는 약 0.5% 변하게 된다.

Kepler의 행성운동법칙

1609년 천문학자인 Johan Kepler는 행성의 궤도가 타원이라는 사실을 발견함으로써 행성의 움직임을 설명하고 예측할 수 있었다. 그는 또한 태양과 궤도 행성 사이에 그려진 선분이 동일한 시간 간격으로 같은 지역을 쓸고 지나간다는 것을 발견하였다. Kepler의 행성 운동 제2법칙으로 알려진 이 개념은 그림 14-1에 설명되어 있는데, 행성은 궤도상 다른 지점에 표시된다.

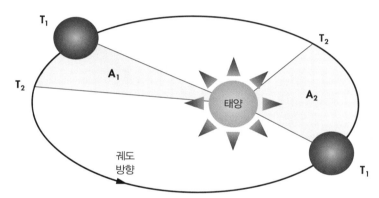

A_1의 면적 = A_2의 면적
A_1에서 T_1부터 T_2까지 걸리는 시간 = A_2에서 T_1부터 T_2까지 걸리는 시간

그림 14-1 Kepler의 행성 운동 제 2 법칙 행성이 태양 근처에 가까워질수록 궤도속도(공전속도)가 증가한다.

이 법칙은 모든 천체에 적용되며, 궤도 상의 물체가 본체와 가까워질수록 속도가 빨라지고 거리가 멀어질수록 속도가 느려진다는 것을 의미한다.

궤도 역학

궤도 선회란 기본적으로 영원히 자유낙하를 하고 있다는 뜻이다. 당신은 행성의 중력 중심(글자 그대로 중심에 위치한)으로 떨어지고 있지만, 접선속도는 당신이 계속해서 행성의 존재를 잊을 정도로 빠르다(그림 14-2 참조). 운동량과 중력의 균형을 맞추는 한, 궤도 운동은 끝나지 않을 것이다.

우주의 진공에서 행성의 궤도에 진입할 때 몇 가지 직관적이지 않은 일이 일어나기도 한다. 마찰이나 바람 저항이 없다면 우주선은 예기치 못한 방식으로 작동될 수 있다.

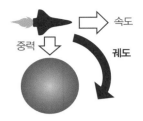

그림 14-2 우주선의 속도가 천체 주위에서 우주선을 계속해서 "자유낙하"시킬 때 궤도 운동이 진행된다.

역류 비행

스타 트렉을 한 번이라도 본 적이 있다면, 아마도 궤도 위에 *엔터프라이즈* 호가 트랙을 도는 자동차처럼 행성의 주변을 돌고 있다는 것을 인지할 수 있었을 것이다. 가능한 일이긴 하지만(또한 분명히 멋져 보이지만) 귀중한 연료를 소비하게 된다. 만일 우주선의 특정 부분이 계속해서 행성을 향하도록 할 필요가 없다면, 우주선의 뱃머리 부분은 전체 궤도를 도는 동안 항상 같은 방향을 향하게 될 것이다. 결과적으로 각 궤도에는 역류 비행하는 것처럼 보이는 시간이 존재하게 된다(그림 14-3 참조).

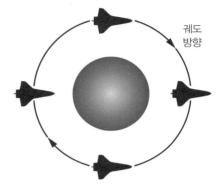

그림 14-3 우주선은 달리 강제하지 않는 한 궤도 내에서 동일한 태도를 유지한다.

이는 Newton의 관성 법칙과 연관이 있다. 관성 법칙이란 불균형력에 의해 움직여지지 않는 한 정지상태의 물체는 계속해서 정지상태를 유지하려 하고, 움직이는 물체는 동일한 속도와 방향으로 계속해서 움직이려고 하는 성질을 의미한다.

궤도의 상승 및 하강

우주에서는 브레이크가 작동하지 않고 마찰이 없어서 관성이 매우 중요하게 작용한다. 우주선의 궤도를 낮추려면 반동추진엔진을 점화하여 우주선의 속도를 낮추고 행성의 중력을 향해 더 멀리 떨어지도록 해야 한다. 이를 위해 당신은 우주선을 역추진시켜 뱃머리가 현재의 속도벡터에서 멀어지도록(후진 비행이라는 멋진 표현도 있다) 해야 한다. 이는 주추진엔진이 우주선의 뒤쪽에 있다고 가정했을 때의 얘기이다. 반대로, 궤도를 높이고자 한다면 뱃머리가 당신이 이동하고자 하는 방향을 향하도록 하기 위해 우주선을 천체의 회전 궤도와 동일한 방향으로 추진시켜야 한다. 이 두 개념은 그림 14-4에 제시되어 있다.

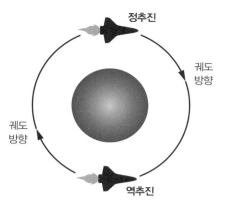

그림 14-4 우주선이 궤도에 진입하고 있는 본체의 주변을 회전하는 방향과 관련하여 우주선 뱃머리의 방향에 의해 정추진과 역추진이 정의된다.

안쪽 트랙 비행

만약 궤도에서 다른 우주선을 쫓아가고 있다면 우주선을 따라잡기 위해 속도를 높일 것인가, 아니면 늦출 것인가? Kepler의 제 2 법칙에 따르면 속도를 늦춰야 한다. 이렇게 함으로써 궤도는 낮아지고 속도는 빨라진다. 경주마와 마찬가지로 안쪽 트랙을 도는 것이 유리하다.

그림 14-5의 좌측에 있는 두 대의 우주 왕복선은 근본적으로 동일한 궤도 내에서 나란히 같은 속도로 이동하고 있다.

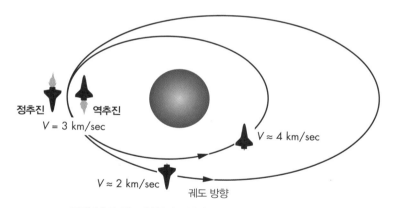

그림 14-5 궤도 역설 속도를 높이기 위해 속도를 낮춘다.

행성에서 가장 가까운 왕복선은 180도 회전하고 즉시 속도를 낮추기 위해 역추진을 점화한다. 바깥쪽 왕복선은 즉각적인 속도 상승을 위해 추진을 수행한다. 이들은 동시에 엔진 추진을 멈추고 안쪽 셔틀은 더 낮은 궤도로 떨어지는 반면 바깥쪽 왕복선은 더 높은 궤도로 이동하게 된다. 약 한 시간 정도 지난 후에는 행성과의 근접성으로 인해 안쪽 왕복선은 훨씬 더 빨리 비행하면서 바깥쪽 왕복선을 따라잡고 한 바퀴 이상 앞선 상태가 된다.

타원형 궤도의 원형화

상황에 따라 궤도의 *최원점* 또는 궤도의 *최근점*에서 엔진을 추진하여 타원형 궤도를 원형으로 만들 수 있다. 최근점(물체가 지구 주변을 회전하는 경우 원지점)은 타원형 궤도에서 가장 높은 점, 즉 물체가 자신이 회전하는 본체에서 가장 멀리 있는 지점이다(그림 14-6). 최근점(지구의 주변을 회전하는 경우 근지점)은 궤도에서 가장 낮은 지점이다.

그림 14-6 타원형 궤도에서 최원점과 최근점의 위치

최근점을 높이기 위해 우주선은 최원점에서 정추진을 수행한다(그림 14-7의 좌측 참조). 원형화를 진행하는 동안 궤도를 낮추기 위해 우주선은 최근점에서 역추진을 수행해야 한다(그림 14-7의 우측 참조).

이러한 기동의 다소 반직관적인 점은 초기 궤도(궤도의 과거 모습) 및 최종 궤도, 즉 실제 궤도가 엔진추진이 적용된 지점에서 일치한다는 것이다.

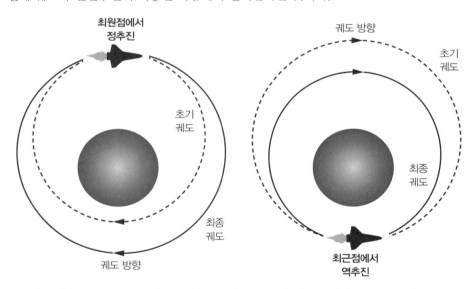

그림 14-7 최원점에서의 궤도 원형화와 궤도 상승(좌측) 및 최근점에서의 궤도 원형화와 하강(우측)

호만 전이를 통한 궤도의 상승 및 하강

호만 전이 궤도는 동일한 평면상에서 두 개의 원형 궤도 사이를 전환하기 위해 타원형 궤도를 사용한다(그림 14-8 참조). 궤도를 상승시키거나 하강시킬 수 있다. 이 기동은 상대적으로 느리지만 최대한 적은 양의 연료를 소비한다.

최근점과 최원점이 모두 다른 궤도로 변경하기 위해서는 우주선에 두 번의 엔진 추진이 필요하다. 하나는 우주선을 이행 궤도로 옮기기 위한 것이고 또 다른 하나는 최종 궤도, 즉 목적 궤도로 옮기기 위한 것이다. 궤도를 상승시킬 때 우주선은 운동 방향으로 속도 변화를 적용

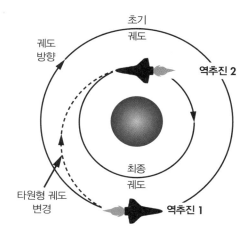

그림 14-8 호만 전이 기술을 활용한 낮은 원형 궤도로의 이동

하고, 궤도를 하강시킬 때에는 운동 방향과 반대 방향으로 속도변화를 적용한다. 속도변화는 그림 14-8과 같이 궤도의 반대쪽에서 일어나야만 한다. 두 번째 추진력이 없어도 그림 14-7의 우측에 표시된 것처럼 궤도는 첫 번째 추진지점에서 교차하게 된다.

접선 방향 점화로 궤도의 상승과 하강

접선 방향 점화(One-Tangent Burn) 기술은 호만 전이보다 우주선을 더 빠르게 다른 궤도로 이동시킬 수 있지만 효율성은 떨어진다. 점화는 추진이나 추력과 같은 용어이다. 호만 전이와 마찬가지로 궤도를 상승시키거나 하강시킬 수 있다.

이 기동에는 두 개의 엔진 추진력이 필요한데, 하나는 탄젠트적으로 궤도에 접하고 있고 다른 하나는 비탄젠트적으로 궤도에서 떨어져 있다(그림 14-9참조). 그림과 같이 초기궤도가 원형인 경우, 모든 지점들은 최근점과 최원점을 나타내며, 우주선은 언제든 첫 번째 번을 적용할 수 있다.

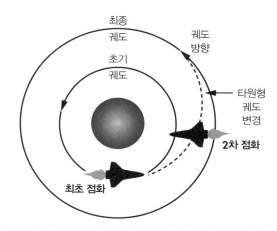

그림 14-9 접선 방향 점화을 통해 더 높은 원형 궤도로 이동

호만 전이와 마찬가지로, 정추진 점화는 궤도를 상승시키고 역추진 점화는 궤도를 하강시킨다. 궤도가 타원형일 경우, 첫 번째 점화가 궤도를 상승시키기 위해 최원점에서 정추진 점화가 되거나 궤도를 하강시키기 위해 최근점에서 역추진 점화가 된다.

나선이동을 활용한 나사선 궤도의 실행

*나선이동*은 궤도의 크기를 변경하기 위해 지속적인 낮은 추력의 점화를 사용한다. 게임에서는 그림 14-10에 제시된 것과 같이 짧고 규칙적인 간격으로 역행 또는 정추진 점화를 사용하여 이를 시뮬레이션해 볼 수 있다.

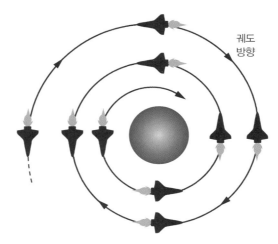

그림 14-10 일정한 간격으로 짧은 역추진 점화를 활용하는 나사선 궤도의 실행

궤도를 낮추기 위해서는 모든 점화가 역추진이어야 하며, 궤도를 상승시키기 위해 우주선은 정추진 점화를 사용한다.

동기 궤도 실행

*동기 궤도*에서 우주선이 지축을 중심으로 한 바퀴 회전하는데 걸리는 시간과 행성을 중심으로 한 바퀴 회전하는 데 걸리는 시간은 동일하다. 만일 동기 궤도가 적도와 평행하고 궤도 경사가 없다면 *정지 궤도*가 되며, 궤도 본체의 관측자 시점에서 위성은 하늘의 고정된 위치에서 움직이지 않는 것처럼 보인다. 일반적으로 통신위성은 지구로부터 22,236마일 고도를 가진 정지궤도를 사용한다. 이와 유사한 궤도는 화성 주변의 *항공정지*와 달 주변의 *달정지*가 있다.

프로젝트 # 22: 화성 궤도 게임

현실에서는 궤도 기동을 정확하게 수행하기 위해 일련의 방정식이 사용된다. 게임에서는 직관, 인내력, 반사신경을 사용하게 될 것이다. 또한, 주로 우주선의 고도 및 궤도의 환상에 대한 측정값을 활용하여 어느 정도는 계기를 통한 비행을 해야 한다.

> **목표** ▶ pygame을 사용하여 궤도역학의 기초를 가르치는 아케이드 게임을 만들어보자. 이 게임의 목표는 연료를 다 소모하거나 대기권에서 소각되는 일 없이, 위성을 원형 맵핑 궤도로 조금씩 이동시키는 것이다.

전략

챕터 13에서 했던 것처럼 게임 스케치를 통한 설계 단계를 시작한다. 이 스케치 과정은 게임이 어떻게 보여지고, 어떤 소리가 나며, 오브젝트들이 어떻게 움직이고, 플레이어와 어떻게 통신하는지 등 게임에 관련된 두드러진 특징들을 포착하는 과정이다(그림 14-11).

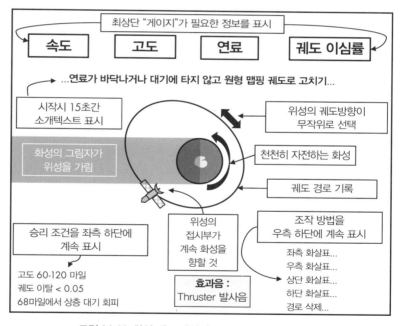

그림 14-11 화성 궤도 게임의 주요 게임 플레이 스케치

그림 14-11의 스케치는 주요 게임 플레이에 대한 설명을 보여준다. 게임 승리 및 패배 조건을 설명하기 위해서는 별도의 스케치이 필요할 것이다. 주요 게임 플레이를 위한 핵심 포인트는 다음과 같다.

- **관찰 지점은 우주 관제 센터이다.** 게임 화면은 플레이어가 잘못된 우주 탐사선을 조작할 수 있는 우주 관제 센터의 모니터와 유사해야 한다.

- **화성은 정면의 중앙에 있다.** 모두가 붉은 행성을 사랑하므로 칠흑같이 검은 화면의 중앙을 차지하게 한다.

- **화성의 화상은 변화한다.** 화성은 축을 중심으로 천천히 회전하고 그림자를 드리울 것이다. 위성은 이 그림자를 지나갈 때 매우 어두워진다.

- **위성의 초기 궤도는 무작위로 선택된다.** 위성은 무작위(이지만 제한적인) 방향과 속도로 등장한다. 드문 경우이긴 하지만 이로 인해 즉각적인 게임 오버가 야기될 수 있다. 전체 시도 중 47%가 실패하더라도 실제 임무보다는 잘 되고 있는 것이다!

- **위성을 정추진하거나 역추진할 필요는 없다.** 추진 엔진을 점화하기 전에 지속적으로 우주 탐사선을 회전시키는 것은 게임 플레이를 크게 약화시키게 된다. 종방향 추진기가 기체 주변에 배열되어 있으며 화살표 키를 사용하여 점화할 추진기를 선택한다고 가정한다.

- **추진 엔진을 점화하면 쉬익 소리가 난다.** 우주에는 소리가 존재하지 않지만 플레이어가 추진 엔진을 점화할 때마다 듣기 좋은 소리로 플레이어를 만족시킨다.

- **위성수신 안테나는 항상 화성을 향해 있다.** 원격 감지 안테나가 항상 화성을 향하도록 위성은 천천히 자동으로 회전한다.

- **위성의 궤도 경로가 보인다.** 얇은 흰색 선이 위성 뒤에서 나타나며, 플레이어가 스페이스 바를 눌러 화면에서 지울 때까지 존재한다.

- **데이터 판독 값은 화면 상단에 배치된다.** 윈도우 상단의 박스에 게임 플레이를 위해 유용한 정보가 표시되도록 한다. 주요 데이터는 우주 탐사선의 속도, 고도, 연료, 궤도이심률(궤도의 환상성 측정)이다.

- **시작 시 짧은 소개가 표시된다.** 게임을 시작하면 약 15초 동안 화면 중앙에 게임을 소개하는 텍스트가 나타난다. 텍스트는 게임 플레이를 방해하지 않으므로 플레이어는 즉시 위성 조종을 시작할 수 있다.

- **승리 조건과 주요 컨트롤 방법은 계속해서 표시된다.** 미션 목표 및 제어 키와 같은 중요한 정보는 화면의 좌우측 하단에 영구적으로 표시된다.

그림 14-12의 게임 스케치는 성공 및 실패 사례에서 발생하는 상황을 설명하고 있다. 승리 시 플레이어에게 보상을 주고 패배 시 흥미로운 결과를 제공한다.

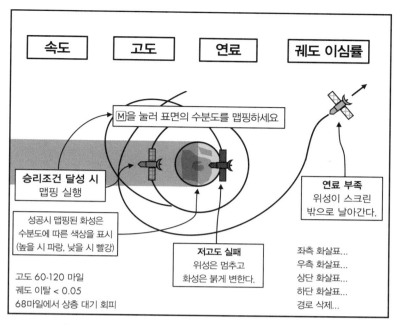

속도　　고도　　연료　　궤도 이심률

M을 눌러 표면의 수분도를 맵핑하세요

승리조건 달성 시
맵핑 실행

성공시 맵핑된 화성은
수분도에 따른 색상을 표시
(높을 시 파랑, 낮을 시 빨강)

연료 부족
위성이 스크린
밖으로 날아간다.

저고도 실패
위성은 멈추고
화성은 붉게 변한다.

고도 60-120 마일
궤도 이탈 < 0.05
68마일에서 상층 대기 회피

좌측 화살표...
우측 화살표...
상단 화살표...
하단 화살표...
경로 삭제...

그림 14-12 화성 궤도 게임에서 승리, 패배 결과에 대한 게임 스케치

게임 승패 결과에 관한 핵심 요점은 다음과 같다.

- **충돌과 점화에 따라 위성 이미지를 변경한다.**　위성의 고도가 68마일 아래로 떨어지면 대기에서 소각되어 버린다. 움직이는 위성 이미지는 화성의 측면에 붙어 불타오르는 붉은색으로 대체되는데, 이것은 실제 우주 관제 센터 화면에서 볼 수 있는 것과 유사하다.

- **연료가 부족하면 위성은 우주에서 사라진다.**　비현실적이긴 하지만, 연료가 부족한 경우 위성이 화면에서 벗어나 우주의 심연으로 사라진다. 이런 상황이 벌어진다면 플레이어는 기가 찰 것이다!

- **승리 조건은 포상을 해제한다.**　위성이 목표 고도 범위 내에서 원형 궤도를 달성하면 새로운 텍스트가 나타나 플레이어에게 M을 누르도록 안내한다.

- **M을 누르면 화성의 이미지가 변경된다.**　잠금 해제된 M을 누르면 화성 이미지가 무지개 빛 이미지로 대체된다. 차가운 색상들은 수분 함유량이 높은 토양 지역을 나타내고 따뜻한 색상들은 건조한 지역을 나타낸다.

게임 플레이의 경우 위성의 크기와 궤도 속도가 현실적이지 않지만, 전반적인 행동들은 정확하다. 당신은 286 페이지의 "게이머를 위한 우주 역학"에 설명된 모든 궤도 조작들을 정확하게 실행할 수 있을 것이다.

게임 내 요소들

화성 궤도 게임을 위해 당신에게 필요한 요소는 위성 이미지 2장, 행성 이미지 2장, 사운드 파일이다. 이 요소들은 작업을 시작할 때 한꺼번에 준비하거나 필요할 때마다 구축할 수 있다. 일반적으로 코딩 작성 중 일시적으로 휴식을 취할 수 있는 후자를 선호한다.

저작권이 없는 그래픽, 사운드 파일을 찾는 것은 어려운 일이다. 온라인에서 무료 또는 유료로 제공되는 적절한 자료를 찾을 수 있지만 여유가 있을 때마다 자신만의 자료를 만들어 두는 것이 가장 좋다. 이를 통해 향후에 발생할 수 있는 법적인 문제를 회피할 수 있다.

이 프로젝트에 사용한 스프라이트(2D 아이콘 또는 이미지)는 그림 14-13에 제시되어 있다. 위성사진, 위성이 붉게 "타오른" 모습, 극관이 중앙에 보이는 화성의 모습, 토양 수분의 그라데이션을 보여주는 다채로운 색상 오버레이를 가진 사진이 필요하다. 무료 아이콘 사이트인 AHA-SOFT(*http://www.aha-soft.com/*)에서 위성용 스프라이트를 찾아 복사하고 색상을 변경하여 충돌이 일어난 듯한 모양으로 만들었다. 두 개의 화성 스프라이트 모두 게임에 맞게 수정된 NASA 이미지다.

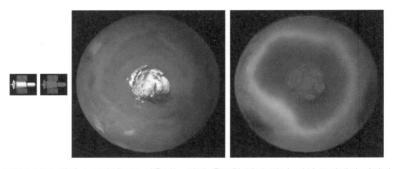

그림 14-13 게임 스프라이트로 사용되는 위성, 충돌한 위성, 화성, 화성 오버레이 이미지

오픈 소스 프로그램인 Audacity에서 제공하는 화이트 노이즈 생성기를 사용하여 위성이 점화되는 사운드 파일을 만들었다. https://www.audacityteam.org/에서 Audacity의 무료 사본을 다운로드할 수 있다. 해당 파일을 오픈 소스 표준 오디오 압축 형식인 *Ogg Vorbis* 형식으로 저장했는데 이 형식은 무료이며 파이썬이나 pygame과 호환된다. pygame은 MP3, WAV와 같은 다른 포맷도 사용할 수 있지만 이들 중 일부는 문제가 있거나 게임을 상용화하려고 할 때 법적인 문제를 야기할 수 있는 소유권 관련 이슈를 가지고 있다.

제공되는 예제 파일에서 *satellite.png, satellite_crash_40x33.png, mars.png, mars_water.png, thrust_audio.ogg*를 다운로드할 수 있다. 파일명을 유지한 상태로 파일을 다운로드하여 코드와 동일한 폴더에 저장한다.

코드

그림 14-14는 당신이 구축할 최종 게임 화면의 예시이다. 이 그림을 참조하면 코드가 어떤 역할을 하고 있는지 알 수 있을 것이다.

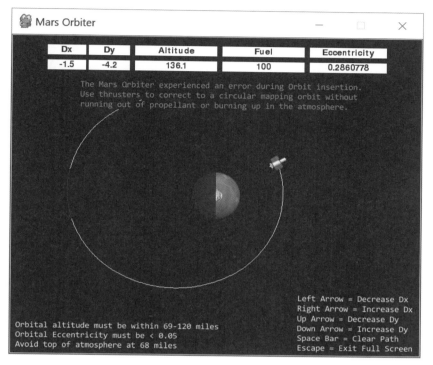

그림 14-14 mars_orbiter.py 최종 버전의 게임시작 화면 예시

전체 프로그램(*mars_orbiter.py*)은 영진닷컴 홈페이지에서 다운로드할 수 있다.

색상표 임포트 및 구축

코드 14-1은 필요한 모듈을 임포트하고 색상표를 구축하는 것을 보여준다.

mars_orbiter.py, part 1

```
❶ import os
  import math
  import random
  import pygame as pg

❷ WHITE = (255, 255, 255)
  BLACK = (0, 0, 0)
  RED = (255, 0, 0)
  GREEN = (0, 255, 0)
  LT_BLUE = (173, 216, 230)
```

코드 14-1 모듈을 임포트하고 색상표를 구축

먼저 os로 지정된 운영체제를 가져온다❶. 게임은 전체 화면 모드로 시작되지만 플레이어는 전체 화면에서 빠져나갈 수 있다. 이 모듈을 사용하면 플레이어는 Esc를 누른 후 게임 창의 위치를 제어할 수 있게 된다.

당신은 중력과 삼각법 계산을 위해 math 모듈을 사용하고 random을 사용하여 무작위 위치와 속도로 위성을 시작한다. 챕터 13에서 했던 것처럼 타이핑을 줄이기 위해 pygame 대신 pg를 사용하여 pygame을 임포트한다.

챕터 13에서와 같이 RGB 색상표를 만들고 마무리한다❷. 이렇게 하면 색상 중 하나를 할당해야 할 때 RGB값 튜플을 사용하지 않고도 색상을 활용하여 이름을 입력할 수 있다.

위성 클래스 초기화 방법 정의

코드 14-2는 게임에서 Satellite 오브젝트를 인스턴스화할 때 사용할 Satellite 클래스와 초기화 메서드를 정의한다. 이 메서드의 정의는 길기 때문에 두 개의 코드로 나뉘어 있다.

mars_orbiter.py, part 2

```
❶ class Satellite(pg.sprite.Sprite):
       """Satellite object that rotates to face planet & crashes & burns."""

❷  def __init__(self, background):
❸      super().__init__()
❹      self.background = background
❺      self.image_sat = pg.image.load("satellite.png").convert()
        self.image_crash = pg.image.load("satellite_crash_40x33.png").convert()
❻      self.image = self.image_sat
❼      self.rect = self.image.get_rect()
❽      self.image.set_colorkey(BLACK)  # sets transparent color
```

코드 14-2 Satellite 클래스 초기화 메서드의 첫 부분 정의

Satellite 오브젝트의 클래스를 정의한다❶. 객체 지향 프로그래밍을 다시 살펴보려면 챕터 11을 참조한다. Satellite 클래스에서 인스턴스화된 오브젝트들이 스프라이트가 되므로 pygame Sprite 클래스를 전달한다. 챕터 13에서 설명한 것처럼 Sprite는 스프라이트를 만들기 위한 템플릿 역할을 하는 내장 클래스이다. 당신의 새 클래스는 이 기본 클래스에서 스프라이트에 필요한 속성들을 상속할 것이다. 당신이 곧 다루게 될 rect와 image 같은 중요한 속성들이 포함된다.

다음으로 Satellite 오브젝트에 대해 __init__() 메서드를 정의하고❷, 현재 오브젝트를 참조하는 클래스 정의 안에 있는 특별한 이름인 self를 전달한다(관례적으로). 해당 메서드에 background 오브젝트 역시 전달해야 한다. 이 오브젝트 위에 위성의 경로가 그려진다.

__init__() 메서드 내에서 super를 사용하여 내장 Sprite 클래스의 초기화 메서드를 즉시 실행한다❸. 이는 스프라이트를 초기화하고 필요한 rect와 image 속성을 설정한다. super를 사용하면 기본 클래스(Sprite)를 명확히 참조할 필요가 없다. super에 대한 보다 자세한 내용은 229 페이지의 코드 11-5를 참조하거나 *https://docs.python.org/3/library/functions.html?highlight=super#super* 문서를 참조한다.

다음으로, background를 self에 오브젝트 속성으로써 할당한다❹. 그리고 pygame의 image.load() 메서드를 사용하여 두 개의 위성 이미지(작동 중, 충돌 이미지)를 로드하고 동일한 단계에서 해당 이미지에 convert() 메서드를 실행한다❺. 이 메서드는 게임 루프가 시작되면 오브젝트를 pygame이 효율적으로 사용할 수 있는 그래픽 형식으로 변환시킨다. 이 단계를 수행하지 않을 경우, 게임 실행 시 png 형식을 초당 30회 이상 변환하게 돼 현저히 느리게 만든다.

플레이어가 대기권에서 소각되었는지 여부에 따라 한 번에 하나의 위성 이미지만을 사용하며, self.image 속성을 사용하여 로드되고 변환된 이미지를 담는다❻. 소각되지 않은 위성 이미지가 기본 이미지가 되며, Satellite 오브젝트가 화성에 지나치게 가까워지면 빨강색 충돌 이미지로 대체된다.

이제 이미지에 대한 사각형 정보를 얻는다❼. pygame은 스프라이트를 사각형 표면의 오브젝트에 배치하며, 게임이 실행될 때 이 사각형들의 크기와 위치를 알아야 한다.

마지막으로 위성 이미지의 검은 부분을 보이지 않게 한다❽. 위성 아이콘은 검은 색 필드에 있으며(그림 14-13 참조), 충돌하여 소각된 이미지가 화성 위에 부분적으로 표시되도록 이미지 오브젝트의 colorkey() 메서드와 BLACK 상수를 사용하여 아이콘의 배경을 투명하게 만든다. 그렇지 않으면 붉은 위성이 있는 검정색 박스가 화성과 겹쳐지는 것을 보게 된다. 검정에 해당하는 RGB 색상을 나타내려면 튜플 (0, 0, 0)을 입력한다.

위성의 초기 위치, 속도, 연료, 소리에 대한 설정

코드 14-3은 Satellite 클래스의 초기화 메서드 정의를 완성한다. 위성 오브젝트의 초기 위치와 속도는 제한된 선택 범위에서 무작위로 선택된다. 원격 감지 접시형 안테나의 방향이 초기화되고, 연료 탱크가 가득 차고, 음향 효과가 추가된다.

mars_orbiter.py, part 3

```
❶ self.x = random.randrange(315, 425)
   self.y = random.randrange(70, 180)
❷ self.dx = random.choice([-3, 3])
❸ self.dy = 0
❹ self.heading = 0  # initializes dish orientation
❺ self.fuel = 100
   self.mass = 1
   self.distance = 0  # initializes distance between satellite & planet
❻ self.thrust = pg.mixer.Sound('thrust_audio.ogg')
❼ self.thrust.set_volume(0.07)  # valid values are 0-1
```

코드 14-3 매개변수를 초기화하여 Satellite 클래스 초기화 메서드를 완성

게임이 시작되면 위성은 화면 상단 근처의 무작위 지점에 나타난다. x, y 값의 범위에서 정확한 위치를 선택한다❶.

위성의 속도는 무작위로 선택되지만 위성이 궤도에서 벗어날 수 없을 정도로 느릴 것이다. 속도를 -3 또는 3으로 설정한다. 음수 값은 시계 반대 방향으로 궤도를 그리고, 양수 값은 시계 방향으로 궤도를 그린다. 델타x(dx) 속성만 사용하고❷, 중력이 dy를 처리하도록 한다.

챕터 13에서 논의한 바와 같이 pygame은 x-위치의 변화량(델타x 또는 *dx*)과 y-위치의 변화량(델타y 또는 *dy*)을 사용하여 화면상의 스프라이트를 움직인다. 이 벡터 구성요소들은 각 게임 루프와 함께 스프라이트의 현재 위치 (self.x, self.y)에 계산되어 추가된다.

다음으로, dy 속성을 0으로 설정한다❸. 추후 gravity() 메서드는 새로 인스턴스화 된 위성이 행성을 향해 가속할 때 초기 dy값을 설정한다.

위성의 기수 방향에 대한 속성을 할당한다❹. 행성 표면의 토양 수분을 읽어들이는 원격 감지 안테나는 항상 화성을 향하고 있어야 하며, 그림 14-3에서 보았듯이 관성을 극복하지 못할 경우에는 발생하지 않는다. 당신은 실제로 위성을 회전시키는 방법을 사용할 것이기 때문에 지금은 heading 속성을 0으로 초기화한다.

이제 연료 탱크를 100까지 채운다❺. 이것을 현실과 관련지어 보자면, 금성을 맵핑한 마젤란 탐사선에서 사용한 것과 유사한 100킬로그램의 히드라진을 떠올리면 된다.

다음으로, 오브젝트의 질량을 1로 설정한다. 이는 기본적으로 당신이 두 오브젝트의 질량을 곱하기 때문에 중력 방정식에서 화성의 질량을 사용한다는 것을 나타낸다. 앞서 언급한 바와 같이, 화성에 대한 위성의 인력은 중요하지 않으므로 계산할 필요가 없다. 위성의 mass 속성은 완전성과 추후 다른 값으로 실험할 경우를 대비한 플레이스홀더로서 포함된다.

distance 속성은 위성과 위성이 돌고 있는 본체 사이의 거리를 저장한다. 실제 값은 나중에 정의할 메서드를 통해 계산된다.

이제 음향 효과를 추가해보자. main() 함수에서 pygame의 사운드 믹서를 초기화하겠지만 지금은 추진 엔진 소리 효과를 위한 thrust 속성을 만든다❻. 믹서의 Sound 클래스를 Ogg Vorbis 형식(*.ogg*)의 짧은 화이트 노이즈 클립에 전달한다. 마지막으로 0과 1사이의 값을 사용하여 재생 볼륨을 설정한다❼. PC마다 조정이 필요할 수도 있다. 모든 플레이어가 들을 수 있고, 컴퓨터 볼륨 컨트롤을 사용해서 미세하게 조정할 수 있을 정도의 값이 필요하다.

추진 엔진 점화 및 플레이어 입력 점검

코드 14-4는 Satellite 클래스의 thruster()와 check_keys() 메서드를 정의한다. 첫 번째는 위성의 추진 엔진 중 하나가 점화된 경우 취할 조치를 결정한다. 두 번째는 화살표 키를 눌러 플레이어가 추진 엔진과 상호작용했는지 여부를 확인한다.

mars_orbiter.py, part 4

```
❶ def thruster(self, dx, dy):
      """Execute actions associated with firing thrusters."""
❷     self.dx += dx
      self.dy += dy
❸     self.fuel -= 2
❹     self.thrust.play()

❺ def check_keys(self):
      """Check if user presses arrow keys & call thruster() method."""
❻     keys = pg.key.get_pressed()
```

```
        # fire thrusters
❼   if keys[pg.K_RIGHT]:
       ❽  self.thruster(dx=0.05, dy=0)
    elif keys[pg.K_LEFT]:
          self.thruster(dx=-0.05, dy=0)
    elif keys[pg.K_UP]:
          self.thruster(dx=0, dy=-0.05)
    elif keys[pg.K_DOWN]:
          self.thruster(dx=0, dy=0.05)
```

코드 14-4 Satellite 클래스의 thruster(), check_keys() 메서드 정의

thruster() 메서드는 self, dx, dy를 인자로 사용한다❶. 양수 또는 음수일 수도 있는 마지막 두 인자가 위성의 self.dx와 self.dy 속도 구성요소에 즉시 추가된다❷. 다음은 연료 양이 두 단위 감소한다❸. 이 값을 변경함으로써 게임을 더 어렵거나 쉽게 만들 수 있다. 쉬익 소리를 만들기 위해 추진 엔진 오디오 속성에서 play() 메서드를 호출하고 마무리한다❹. OOP 메서드는 수치를 반환하는 대신 기존 오브젝트 속성들을 업데이트 한다.

check_keys() 메서드는 self를 인자로 취한다❺. 먼저, pygame의 Key 모듈을 사용하여 플레이어가 키를 눌렀는지 확인한다❻. get_pressed() 메서드는 키보드에서 각 키의 현재 상태를 나타내며 1은 True, 0은 False를 의미하는 튜플을 반환한다. True는 키가 눌렸다는 것을 의미한다. 키 상수를 사용하여 이 튜플을 색인할 수 있다. *https://www.pygame.org/docs/ref/key.html*에서 모든 키보드 상수 목록을 찾아볼 수 있을 것이다.

예를 들어, 우측 화살표 키는 K_RIGHT이다. 이 키를 눌렀을 경우❼, thruster() 메서드를 호출하고 dx, dy 값을 전달한다❽. pygame에서 x값은 화면 우측으로 증가하고 y값은 화면의 아래쪽으로 증가한다. 따라서 사용자가 좌측 화살표 키를 누르면 dx 값이 감소하고, 위 화살표를 누르면 dy 값이 감소한다. 우측 화살표는 dx를 증가시키고 아래 화살표는 dy를 증가시킨다. 화면 상단의 판독 값은 플레이어가 위성의 움직임을 기본적인 dx 및 dy 값과 연관시키는 데 도움이 된다(그림 14-14 참조).

위성 위치 시키기

코드 14-5는 Satellite 클래스의 locate() 메서드를 정의한다. 이 메서드는 행성에서 위성까지의 거리를 계산하고 접시 안테나가 행성을 가리키도록 하기 위한 기수 방향을 결정한다. 추후 중력의 세기와 궤도의 이심률을 계산할 때 거리 속성을 사용한다. 이심률은 완벽한 원에서 궤도의 편차를 측정한 것이다.

mars_orbiter.py, part 5

```
❶ def locate(self, planet):
      """Calculate distance & heading to planet."""
❷    px, py = planet.x, planet.y
❸    dist_x = self.x - px
      dist_y = self.y - py
      # get direction to planet to point dish
❹    planet_dir_radians = math.atan2(dist_x, dist_y)
```

```
    ❺ self.heading = planet_dir_radians * 180 / math.pi
    ❻ self.heading -= 90  # sprite is traveling tail-first
    ❼ self.distance = math.hypot(dist_x, dist_y)
```

코드 14-5 Satellite 클래스에 대한 locate() 메서드 정의

위성을 위치시키려면 locate() 메서드를 satellite(self)와 planet 오브젝트에 전달해야 한다❶. 먼저 x-y 공간에서 오브젝트 사이의 거리를 결정한다. 행성의 x, y 속성을 가져오고 위성의 x, y 속성에서 뺀다❸.

이제 이 새로운 거리 변수들을 사용하여 위성의 기수 방향과 행성 사이의 각도를 계산하면 위성의 접시 안테나를 행성 쪽으로 회전시킬 수 있다. math 모듈은 라디안을 사용하므로 라디안의 방향을 유지하기 위해 planet_dir_radians 로컬변수를 할당하고 아크 탄젠트를 계산하기 위해 dist_x와 dist_y를 math.atan2() 함수에 전달한다❹. pygame은 귀찮게도 각도를 사용하므로 표준 공식을 사용하여 라디안을 각도로 변환한다. math를 사용해도 되지만 숨겨진 내막을 알아보는 것도 좋을 것이다❺. 이는 위성 오브젝트의 공유 가능 속성이어야 하므로 이름을 self.heading으로 지정한다.

pygame에서 스프라이트의 전면은 기본적으로 동쪽을 향해 위치하며 이것은 위성 스프라이트가 역방향으로 선회하고 있음을 의미한다(그림 14-13의 위성 아이콘 참조). 접시가 화성을 향하게 하기 위해서는 pygame에서 음의 각도가 시계방향 회전을 일으키므로, 기수 방향에서 90도를 빼야 한다❻. 이 기동은 플레이어의 연료 할당을 전혀 사용하지 않는다.

마지막으로 x, y 성분에서 빗변을 계산하기 위해 math 모듈을 사용하여 위성과 화성 사이의 유클리드 거리를 구한다❼. 추후 다른 함수에서 사용할 것이므로 이를 위성 오브젝트의 속성으로 만들어야 한다.

 노트 ▶ 실제로 많은 양의 연료를 소비하지 않고도 위성의 접시 안테나가 행성을 향하게 하는 여러 가지 방법이 있다. 이러한 기술에는 천천히 위성을 굴리거나 회전시키는 방법, 접시 끝을 반대쪽 끝보다 무겁게 만드는 방법, 자기 토크를 사용하거나, 내부 플라이휠(반동차, 추진력 바퀴)을 사용하는 방법이 포함된다. 플라이휠은 태양전지 패널로 구동할 수 있는 전기 모터를 사용하므로 무겁고 유독한 액체 추진체를 필요로 하지 않는다.

위성 회전 및 궤도 그리기

코드 14-6은 위성 접시 안테나를 행성 쪽으로 회전시키고 그 뒤를 따르는 경로를 그리는 방법을 정의하여 Satellite 클래스를 이어간다. 추후 main() 함수에서 스페이스 바를 눌러 플레이어가 경로를 지우고 다시 시작할 수 있도록 하는 코드를 추가할 수 있다.

mars_orbiter.py,
part 6

```
    ❶ def rotate(self):
          """Rotate satellite using degrees so dish faces planet."""
    ❷     self.image = pg.transform.rotate(self.image_sat, self.heading)
    ❸     self.rect = self.image.get_rect()

    ❹ def path(self):
```

```
    """Update satellite's position & draw line to trace orbital path."""
❺  last_center = (self.x, self.y)
❻  self.x += self.dx
    self.y += self.dy
❼  pg.draw.line(self.background, WHITE, last_center, (self.x, self.y))
```

코드 14-6 Satellite 클래스의 rotate(), path() 메서드 정의

rotate() 메서드는 위성 접시 안테나를 화성쪽으로 돌리기 위해 locate() 메서드에서 계산하는 heading 속성을 사용한다. self를 rotate()로 전달하는데❶, 이는 rotate()가 나중에 호출될 때 위성 오브젝트의 이름을 하나의 인자로써 자동으로 취하게 된다는 것을 의미한다.

이제 pygame의 transform.rotate() 메서드를 사용하여 위성 이미지를 회전시킨다❷. 원본 이미지와 heading 속성을 전달한다. 원본 마스터 이미지의 품질을 떨어뜨리지 않도록 self.image 속성에 이들을 할당한다. 각 게임 루프로 이미지를 변환해야 하는데 변환된 이미지는 품질이 급격히 떨어지게 된다. 따라서 항상 마스터 이미지를 유지하고 새로운 사본을 작성하여 변환한다.

변환된 이미지의 rect 오브젝트를 가져와 함수를 종료한다❸.

다음으로, path() 메서드를 정의하고 self에 전달한다❹. 이를 통해 위성의 경로를 표시하는 선을 그린다. 선을 그리려면 두 점이 필요하므로 위성을 이동시키기 전에 위성의 중심 위치를 하나의 튜플로 기록할 변수를 지정한다❺. 그리고 dx, dy 속성으로 x, y 위치를 증가시킨다❻. pygame의 draw.line() 메서드를 사용하여 선을 정의하고 마무리한다❼. 이 메서드에는 그리기 오브젝트가 필요하므로 background 속성을 전달하고 선 색상, 이전 및 현재 x-y 위치 튜플도 전달한다.

위성 오브젝트 업데이트

코드 14-7은 위성 오브젝트를 업데이트하고 클래스 정의를 완료한다. 스프라이트 오브젝트는 거의 항상 게임이 실행될 때 프레임당 한 번 호출되는 update() 메서드를 갖는다. 움직임, 색상 변경, 사용자 상호작용 등과 같이 스프라이트에 발생하는 모든 것이 이 메서드에 포함된다. 너무 복잡해지는 것을 방지하기 위해 update() 메서드는 대체로 다른 메서드들을 호출한다.

mars_orbiter.py,
part 7

```
❶ def update(self):
      """Update satellite object during game."""
❷    self.check_keys()
❸    self.rotate()
❹    self.path()
❺    self.rect.center = (self.x, self.y)
      # change image to fiery red if in atmosphere
❻    if self.dx == 0 and self.dy == 0:
          self.image = self.image_crash
          self.image.set_colorkey(BLACK)
```

코드 14-7 Satellite 클래스의 update() 메서드 정의

update() 메서드를 정의하고 오브젝트, 즉 self를 전달하는 것으로 시작한다❶. 다음으로, 앞서 정의한 메서드를 호출한다. 첫 번째 메서드는 키보드를 통한 플레이어 상호작용 여부를 확인한다❷.

두 번째 메서드는 위성 오브젝트를 회전시켜 접시가 계속 행성을 향하도록 한다❸. 마지막 메서드는 위성의 x-y 위치를 업데이트하고, 궤도를 시각화하기 위해 뒤따르는 경로를 그린다❹.

이 프로그램은 위성이 화성의 궤도를 돌 때 위성 스프라이트의 위치를 추적해야 하므로 rect.center 속성을 할당하고 위성의 현재 x-y 위치로 설정한다❺.

플레이어가 충돌하여 대기권에서 위성이 소각되는 경우, 코드의 마지막 비트가 위성 이미지를 변경한다❻. 화성 대기권의 정상은 *지표면*에서 약 68마일 떨어져 있다. 이유는 나중에 설명하겠지만, 행성 중심에서 픽셀 단위로 측정되는 고도 값 68이 대기의 정상부와 같다고 가정한다. 만일 게임 플레이 중 위성이 이 고도 아래로 떨어지게 되면 main() 함수는 속도(dx와 dy로 표시)를 0으로 설정한다. 이 값이 모두 0이라는 것이 확인되면 이미지를 image_crash로 변경하고 배경을 투명하게 설정한다(이전의 주 위성 이미지처럼).

Planet 클래스 초기화 메서드 정의

코드 14-8은 planet 오브젝트를 인스턴스화하기 위해 사용되는 Planet 클래스를 정의한다.

mars_orbiter.py, part 8

```
❶ class Planet(pg.sprite.Sprite):
      """Planet object that rotates & projects gravity field."""

❷ def __init__(self):
      super().__init__()
   ❸ self.image_mars = pg.image.load("mars.png").convert()
      self.image_water = pg.image.load("mars_water.png").convert()
   ❹ self.image_copy = pg.transform.scale(self.image_mars, (100, 100))
   ❺ self.image_copy.set_colorkey(BLACK)
   ❻ self.rect = self.image_copy.get_rect()
      self.image = self.image_copy
   ❼ self.mass = 2000
   ❽ self.x = 400
      self.y = 320
      self.rect.center = (self.x, self.y)
   ❾ self.angle = math.degrees(0)
      self.rotate_by = math.degrees(0.01)
```

코드 14-8 Planet 클래스 정의 시작

지금쯤이면 당신도 Planet 클래스를 만들기 위한 기초 단계에 대해 잘 알고 있을 것이다. 먼저 클래스 이름을 대문자로 지정한 다음 내장된 pygame 클래스로부터 특징들을 상속할 수 있도록 Sprite 클래스를 전달한다❶. 다음으로, planet 오브젝트의 메서드인 __init__(), 즉 초기화 메서드를 정의한다❷. 그리고 Satellite 클래스에서와 같이 super() 초기화 메서드를 호출한다.

이미지들을 속성으로써 로드하는 동시에 pygame의 그래픽 형식으로 변환한다❸. 평범한 화성 이미지와 맵핑된 토양 수분을 위한 이미지가 필요하다.

실제 크기로 위성 스프라이트를 사용할 수 있지만 화성 이미지는 너무 크다. 이미지 크기를 100 × 100 픽셀로 조정하고❹, 반복되는 변형으로 인해 마스터 이미지의 품질이 저하되는 것을 방지하기 위해 크기가 조정된 이미지를 새로운 속성에 할당한다.

이제 앞서 진행한 위성 이미지와 마찬가지로 변환된 이미지의 검은 색을 투명으로 설정한다❺. pygame의 스프라이트는 모두 사각형 표면에 "장착"되며, 검은 색을 투명하게 바꾸지 않으면 행성 표면 이미지의 모서리가 겹쳐져 위성이 그리는 흰색 궤도 경로를 덮을 수 있다(그림 14-15 참조).

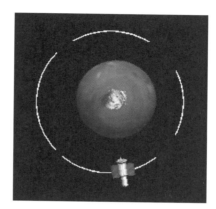

그림 14-15 궤도 경로를 덮고 있는 화성의 사각형 모서리

언제나처럼 스프라이트의 rect 오브젝트를 구한다❻. 또 다른 변형이 있을 것이므로 이미지 속성을 다시 복사하여 self.image라는 논리적인 이름을 할당한다.

행성에 중력을 적용하려면 질량이 필요하기 때문에 mass 속성을 만들고 2,000이라는 값을 할당한다❼. 이전에 당신은 위성에 1의 질량을 할당했다. 이는 화성의 질량이 위성의 2,000배에 이른다는 것을 의미한다. 하지만 상관없다. 현실의 단위를 사용하는 것이 아니기 때문에 시간과 거리의 규모는 현실과 다르다. 위성이 화성에서 불과 수백 픽셀 떨어지도록 거리를 조정하는 경우 중력 또한 확장해야 한다. 그럼에도 불구하고 위성은 여전히 현실적으로 중력에 따라 행동한다.

행성의 질량 값은 실험을 통해 결정되었다. 중력을 조정하기 위해 질량 값을 변경하거나 추후 중력상수(G) 변수를 사용할 수 있다.

planet 오브젝트의 x, y 속성을 화면의 중심점으로 설정(main() 함수에서 800 × 645의 화면 크기를 사용할 것이다)하고, 값들을 rect 오브젝트의 중심에 할당한다❽.

마지막으로 축을 중심으로 천천히 화성을 회전시키기 위해 필요한 속성을 지정한다❾. 위성을 회전시키기 위해 사용한 것과 동일한 transform.rotate() 메서드를 사용하기 때문에 각도 속성을 만들어야 한다. 그리고 rotate_by 속성을 사용하여 각 게임 루프에 따라 회전 각도가 변경되는 정도의 증가분(각도)을 할당한다.

행성 회전시키기

코드 14-9는 rotate() 메서드를 정의하여 Planet 클래스를 이어간다. 이 메서드는 축을 중심으로 행성을 회전시키고 각 게임 루프마다 작은 변화를 만들어낸다.

mars_orbiter.py, part 9

```
❶ def rotate(self):
       """Rotate the planet image with each game loop."""
❷    last_center = self.rect.center
❸    self.image = pg.transform.rotate(self.image_copy, self.angle)
       self.rect = self.image.get_rect()
❹    self.rect.center = last_center
❺    self.angle += self.rotate_by
```

코드 14-9 축을 중심으로 행성을 회전시키는 메서드 정의

rotate() 메서드는 오브젝트를 인자로 사용한다❶. 사각형 화성 이미지가 회전함에 따라 인접하는 사각형 오브젝트(rect)는 고정된 상태를 유지하며 새로운 형태를 수용하도록 확장되어야 한다(그림 14-16 참조). 이러한 크기의 변화는 rect의 중심점에 영향을 줄 수 있으므로 last_center 변수를 할당하고 행성의 현재 중심점으로 설정한다❷. 이 작업을 수행하지 않으면 게임이 실행될 때 화성은 축을 중심으로 불안정하게 흔들리게 된다.

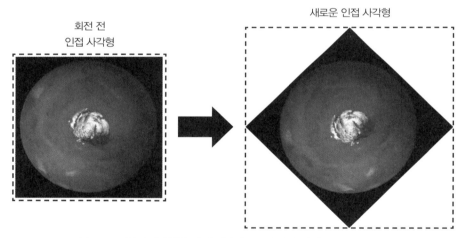

그림 14-16 인접 사각형은 회전 이미지를 수용하기 위해 크기를 변경한다

다음으로 pygame의 transform.rotate() 메서드를 사용하여 복제된 이미지를 회전시키고 self.image 속성에 할당한다❸. 이 메서드에 복사된 이미지와 각도의 속성을 전달해야 한다. 회전 직후 이미지의 rect 속성을 재설정하고 회전 중에 발생한 rect의 이동을 보완하기 위해 중심 위치를 last_center로 다시 이동시킨다❹.

planet 오브젝트가 인스턴스화 되면 각도 속성이 0도에서 시작되고 프레임마다 0.1씩 증가한다(rotate_by 속성에 할당)❺.

gravity(), update() 메서드 정의

코드 14-10은 gravity(), update() 메서드를 정의하여 Planet 클래스를 완성한다. 챕터 13에서는 중력을 y 방향으로 적용되는 상수로 취급했다. 여기에 적용된 방법은 두 오브젝트 사이의 거리를 고려하기 때문에 조금 더 정교하다.

mars_orbiter.py, part 10

```python
❶ def gravity(self, satellite):
       """Calculate impact of gravity on satellite."""
❷     G = 1.0  # gravitational constant for game
❸     dist_x = self.x - satellite.x
       dist_y = self.y - satellite.y
       distance = math.hypot(dist_x, dist_y)
       # normalize to a unit vector
❹     dist_x /= distance
       dist_y /= distance
       # apply gravity
❺     force = G * (satellite.mass * self.mass) / (math.pow(distance, 2))
❻     satellite.dx += (dist_x * force)
       satellite.dy += (dist_y * force)

❼ def update(self):
       """Call the rotate method."""
       self.rotate()
```

코드 14-10 Planet 클래스의 gravity(), update() 메서드 정의

gravity() 메서드를 정의하고 self와 위성 오브젝트를 전달한다❶. 우리는 아직 Planet 클래스를 작성하고 있으므로 self는 화성을 나타낸다.

지역 변수를 G로 명명하는 것으로 시작한다. 대문자 G는 중력 상수이며 *비례상수*라고도 한다❷. 현실에서 이것은 매우 작고 경험적으로 파생된 숫자이며, 기본적으로 모든 단위들이 올바르게 작용하도록 만들기 위한 변환상수이다. 게임에서는 현실의 단위를 사용하지 않으므로 1로 설정한다. 이렇게 하면 중력 방정식에는 영향을 미치지 않게 된다. 게임을 개발하면서 상수를 높이거나 줄여 중력을 미세조정하고 궤도상의 오브젝트에 미치는 영향 또한 미세조정할 수 있다.

두 오브젝트가 얼마나 멀리 떨어져 있는지 알기 위해 x 방향과 y 방향으로 거리를 구한다❸. 그리고 math 모듈의 hypot() 메서드를 사용하여 유클리드 거리를 얻는다. 이것은 중력 방정식의 r을 나타낸다.

중력 방정식에서 위성, 화성 간 거리의 크기를 직접 다룰 것이기 때문에 거리 벡터에서 당신에게 필요한 것은 방향이다. 따라서 dist_x와 dist_y를 distance로 나누어 벡터를 1의 크기를 가진 단위 벡터로 "정규화"한다❹. 기본적으로 직각 삼각형의 각 변의 길이를 빗변으로 나누는 것이다. 이렇게 하면 dist_x와 dist_y의 상대적인 차이로 표시되는 벡터 방향이 보존되지만 크기는 1로 설정된다. 이 정규화 단계를 수행하지 않을 경우, 비현실적이지만 흥미로운 결과가 나타난다(그림 14-17참조).

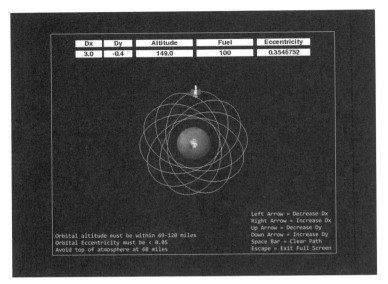

Dx	Dy	Altitude	Fuel	Eccentricity
3.0	-0.4	149.0	100	0.3546752

Orbital altitude must be within 69-120 miles
Orbital Eccentricity must be < 0.05
Avoid top of atmosphere at 68 miles

Left Arrow = Decrease Dx
Right Arrow = Increase Dx
Up Arrow = Decrease Dy
Down Arrow = Increase Dy
Space Bar = Clear Path
Escape = Exit Full Screen

그림 14-17 정규화되지 않은 거리 벡터를 사용하여 생성된 "스피로그래프" 궤도

286 페이지, "만유인력의 법칙"에 설명된 Newton 방정식을 사용하여 중력을 계산한다❺. 정규화된 거리에 힘을 곱하여 완성(각 단계에서 가속도가 속도를 얼마나 변화시키는지를 계산하기 위해)하고, 이 양을 satellite 오브젝트의 dx 및 dy 속성에 추가한다❻.

이러한 변수들 중 대부분이 self의 속성으로써 할당되지 않는다는 것에 주의하자. 이들은 다른 메서드와 공유될 필요가 없는 메서드 내의 중간 단계를 나타내며, 절차적 프로그래밍에서의 지역 변수처럼 취급할 수 있다.

마지막으로 planet 오브젝트를 업데이트하기 위해 모든 게임 루프에서 호출될 메서드를 정의한다❼. 이를 사용하여 rotate() 메서드를 호출한다.

이심률 계산

클래스 정의가 끝났다. 이제 게임 실행에 도움을 주는 몇 가지 함수를 정의할 차례이다. 코드 14-11은 위성 궤도의 이심률을 계산하는 함수를 정의한다. 플레이어는 특정 고도 범위 내에서 원형궤도를 달성해야 하며, 이 함수를 통해 환상성을 측정할 수 있다.

mars_orbiter.py, part 11

```
❶ def calc_eccentricity(dist_list):
      """Calculate & return eccentricity from list of radii."""
❷   apoapsis = max(dist_list)
      periapsis = min(dist_list)
❸   eccentricity = (apoapsis - periapsis) / (apoapsis + periapsis)
      return eccentricity
```

코드 14-11 궤도 이심률을 측정하는 함수 정의

calc_eccentricity() 함수를 정의하고 거리 리스트를 전달한다❶. main() 함수에서 모든 게임 루프마다 위성의 고도를 기록하는 sat.distance 속성을 리스트에 추가할 것이다. 이심률을 계산하기 위해서는 궤도의 최원점과 최근점을 모두 알아야 한다. 리스트에서 최대값과 최소값을 찾는다❷. 그리고 이심률을 계산한다❸. 추후 멋지고 정확한 판독을 위해 main() 함수에서 이를 소수 여덟 번째 자리까지 표시한다.

원형 궤도는 최원점과 최근점이 동일한 값을 가지며 완벽한 원의 계산은 0을 산출한다. eccentricity 변수를 반환하고 함수를 종료한다.

레이블을 만들기 위한 함수 정의

이 게임에는 지침 안내와 원격 측정 판독을 위해 상당한 양의 텍스트가 필요하다. 텍스트를 한 번에 하나의 문자열로 표시하면 많은 코드 중복이 발생할 수 있기 때문에 코드 14-12에서는 지시를 게시하는 함수, 플레이어와 공유해야 하는 속도, 고도, 연료, 이심률 데이터 스트림에 대한 함수, 두 가지를 정의한다.

mars_orbiter.py, part 12

```
❶ def instruct_label(screen, text, color, x, y):
       """Take screen, list of strings, color, & origin & render text to screen."""
❷     instruct_font = pg.font.SysFont(None, 25)
❸     line_spacing = 22
❹     for index, line in enumerate(text):
           label = instruct_font.render(line, True, color, BLACK)
           screen.blit(label, (x, y + index * line_spacing))

❺ def box_label(screen, text, dimensions):
       """Make fixed-size label from screen, text & left, top, width, height."""
       readout_font = pg.font.SysFont(None, 27)
❻     base = pg.Rect(dimensions)
❼     pg.draw.rect(screen, WHITE, base, 0)
❽     label = readout_font.render(text, True, BLACK)
❾     label_rect = label.get_rect(center=base.center)
❿     screen.blit(label, label_rect)
```

코드 14-12 지시, 판독 레이블을 작성하는 함수 정의

게임 화면에 지시 내용을 표시하기 위해 instruct_label() 함수를 정의한다❶. 화면, 텍스트를 포함하는 리스트, 텍스트 색, 텍스트가 표시될 pygame surface 오브젝트의 좌측 상단 코너 좌표를 전달한다.

다음으로, pygame에 사용할 폰트를 알려준다❷. font.SysFont() 메서드의 인자는 폰트와 크기이다. 폰트에 None을 사용하면 pygame에 내장된 기본 폰트가 호출되는데, 이는 여러 플랫폼에 적용된다. 메서드는 None과 'None'을 모두 허용한다.

소개 및 지시 텍스트는 여러 줄을 차지한다(그림 14-14의 예시 참조). 텍스트 문자열 사이의 줄 간격을 픽셀 단위로 지정해야 하므로 이에 대한 변수를 할당하고 22로 설정한다❸.

이제 텍스트 문자열 리스트를 루핑한다❹. enumerate()를 사용하여 인덱스를 가져오고 line_spacing 변수와 함께 사용하여 문자열을 올바른 위치에 게재한다. 텍스트는 표면에 배치해야 한다. 이 표면 레이블의 이름을 지정하고, font.render() 메서드에 표시하려는 텍스트 행을 전달하고, 안티앨리어싱을 True로 설정하여 텍스트를 보다 부드럽게 하고, 텍스트에 색을 입히고, 배경색을 검은 색으로 설정한다. 표면의 내용을 화면에 블리팅하고 마무리한다. y를 y + index * line_spacing으로 정의한 상태로 메서드에 레이블 변수와 좌측 상단 코너 좌표를 전달한다.

다음으로, 화면 상단에 게이지로 나타나는 데이터 판독 레이블을 위한 box_label() 함수를 정의한다(그림 14-18 참조)❺. 이 함수의 매개변수는 화면, 텍스트 일부, 게이지를 구성하는 사각형 표면의 치수를 포함하는 튜플이다.

Dx	Dy	Altitude	Fuel	Eccentricity
0.1	-3.4	158.7	100	0.20803277

그림 14-18 게임 윈도우 상단에 위치한 판독 레이블(위는 헤더 레이블, 아래는 데이터 레이블)

instruct_label() 함수로 만들어진 표면은 표시되는 텍스트의 분량에 맞게 크기가 자동으로 변경된다. 정적 디스플레이에서는 이 방식이 잘 동작하지만, 판독 데이터는 지속적으로 변경되기 때문에 게이지가 디스플레이 내부에 맞게 확장되거나 축소된다. 이를 완화하기 위해 지정된 크기의 독립형 rect 오브젝트를 사용하여 텍스트 오브젝트의 기반을 형성한다.

❷에서와 같이 폰트를 설정하여 함수를 시작한다. pygame rect 오브젝트에 base라는 변수를 할당하고, 크기에 대응하는 dimensions 인자를 사용한다❻. 이 인자는 사각형의 좌측과 상단 좌표, 너비 및 높이를 지정하여 박스의 위치를 정확하게 배치할 수 있게 해준다. 그 결과로 생성된 사각형은 게임에서 표시되는 데이터 유형에 대해 최대한 긴 판독값을 처리할 수 있을 만큼 넓어야 한다.

이제 draw_rect() 메서드를 사용하여 base를 그린다❼. 인자는 그림 표면, 채우기 색상, rect 이름, 너비는 0으로 테두리를 그리는 대신 사각형을 채워준다. 이제 이 흰색 사각형 위에 텍스트 오브젝트를 게재할 것이다.

텍스트를 렌더링하는 코드를 반복하고❽, label의 rect를 가져온다❾. get_rect() 메서드에는 중심을 base의 중심과 동일하게 설정해주는 매개변수가 있다. 이를 통해 텍스트 레이블을 흰색 기본 사각형 위에 배치할 수 있다. 마지막으로 표면의 내용을 화면으로 블리팅하고, 소스와 대상 사각형을 지정한다❿.

토양 수분 맵핑

코드 14-13은 게임의 승리 조건이 충족된 경우 플레이어가 화성을 "맵핑"할 수 있는 함수들을 정의한다. 플레이어가 M을 누르면, 이 함수들은 main() 함수에 의해 호출되고, 행성의 이미지는 토양 수분 함량을 나타내는 화려한 오버레이로 대체될 것이다. 플레이어가 키에서 손을 떼면 화성의 원래 이미지로 돌아온다. 키 검사는 main() 함수에서도 수행된다.

```
❶ def mapping_on(planet):
      """Show soil moisture image of planet."""
❷    last_center = planet.rect.center
❸    planet.image_copy = pg.transform.scale(planet.image_water, (100, 100))
❹    planet.image_copy.set_colorkey(BLACK)
      planet.rect = planet.image_copy.get_rect()
      planet.rect.center = last_center

❺ def mapping_off(planet):
      """Restore normal planet image."""
❻    planet.image_copy = pg.transform.scale(planet.image_mars, (100, 100))
      planet.image_copy.set_colorkey(BLACK)
```

코드 14-13 플레이어가 화성의 토양 수분 맵을 만들 수 있도록 하는 함수 정의

planet 오브젝트를 하나의 인자로써 간주하는 함수를 정의하며 시작한다❶. 코드 14-9에서처럼 last_center 변수를 할당하여 시작하는데, 이것은 행성이 축에서 흔들리는 것을 방지하는 데 사용된다❷.

다음으로, 화성의 물 이미지를 일반 이미지와 같은 크기로 조정하여 행성의 image_copy 속성에 할당하는데, 이는 반복적으로 사용할 경우 변형으로 인해 이미지의 질이 저하되기 때문이다❸. 이미지의 배경을 투명하게 설정하고❹, rect의 중심을 last_center 변수와 동일하게 설정하여 화성을 화면 중앙에 위치시킨다.

이제 플레이어가 화성 맵핑을 중단하는 함수를 정의한다❺. 이 함수는 planet 오브젝트를 인자로 받는다. 당신이 해야 할 일은 행성 이미지를 원래 버전으로 재설정하는 것이다❻. 계속 image_copy 속성을 사용하고 있기 때문에 다시 rect를 가져올 필요는 없지만 투명 색상은 설정해야 한다.

그림자 드리우기

코드 14-14는 화성에 "어두운 면"을 제공하고 행성의 뒤편에 그림자를 드리우는 함수를 정의한다. 그림자는 우측 모서리가 행성 스프라이트의 중심과 일치하는 검정색 반투명 사각형이다(그림 14-19 참조). 태양이 화면의 우측에 있고 화성의 춘분 또는 추분 시기라고 가정한다.

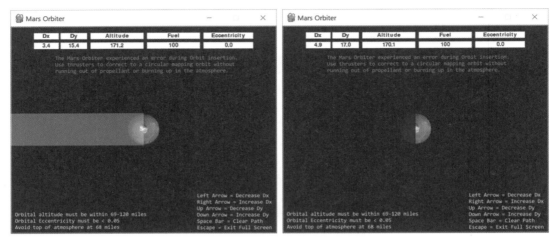

그림 14-19 반투명 흰색(좌측)과 최종 반투명 검정색(우측)의 그림자 사각형

mars_orbiter.py, part 14

```
❶ def cast_shadow(screen):
      """Add optional terminator & shadow behind planet to screen."""
  ❷  shadow = pg.Surface((400, 100), flags=pg.SRCALPHA)  # tuple is w,h
  ❸  shadow.fill((0, 0, 0, 210))  # last number sets transparency
      screen.blit(shadow, (0, 270))  # tuple is top left coordinates
```

코드 14-14 화성에 어두운 면을 만들어 그림자를 드리우는 함수 정의

cast_shadow() 함수는 screen 오브젝트를 인자로 취한다❶. 400 × 100 픽셀 pygame 표면을 shadow 오브젝트에 할당한다❷. "source alpha"에 pygame의 SRCALPHA 플래그를 사용하여 픽셀 당 알파(투명도)를 사용할 것이라고 알린다. 오브젝트를 검정색으로 채우고 마지막 숫자로 표시되는 알파(alpha)를 210으로 설정한다❸. 알파는 RGBA 색상 시스템의 일부이며 유효한 값은 0에서 255이므로 이것은 매우 어둡지만 완전한 불투명은 아니다. 마지막으로 좌측 상단 모서리의 좌표와 더불어 표면을 화면에 블리팅한다. 그림자를 끄려면 main()에서 함수 호출을 주석 처리하거나 알파값을 0으로 설정한다.

main() 함수 정의

코드 14-15는 게임을 실행하는 main() 함수 정의를 시작한다. pygame 패키지와 사운드 믹서가 초기화되고, 게임 화면이 설정되며, 플레이어에 대한 지침은 리스트로 저장된다.

mars_orbiter.py, part 15

```
  def main():
      """Set up labels & instructions, create objects & run the game loop."""
  ❶  pg.init()  # initialize pygame

      # set up display:
  ❷  os.environ['SDL_VIDEO_WINDOW_POS'] = '700, 100'  # set game window origin
  ❸  screen = pg.display.set_mode((800, 645), pg.FULLSCREEN)
```

```
❹ pg.display.set_caption("Mars Orbiter")
❺ background = pg.Surface(screen.get_size())

❻ pg.mixer.init()  # for sound effects

❼ intro_text = [
      ' The Mars Orbiter experienced an error during Orbit insertion.',
      ' Use thrusters to correct to a circular mapping orbit without',
      ' running out of propellant or burning up in the atmosphere.'
      ]

  instruct_text1 = [
      'Orbital altitude must be within 69-120 miles',
      'Orbital Eccentricity must be < 0.05',
      'Avoid top of atmosphere at 68 miles'
      ]

  instruct_text2 = [
      'Left Arrow = Decrease Dx',
      'Right Arrow = Increase Dx',
      'Up Arrow = Decrease Dy',
      'Down Arrow = Increase Dy',
      'Space Bar = Clear Path',
      'Escape = Exit Full Screen'
      ]
```

코드 14-15 pygame과 사운드 믹서를 초기화하고 게임 화면 및 지침을 설정하여 main() 함수 시작

pygame을 초기화하여 main() 함수를 시작한다❶. 그리고 os 모듈의 environ() 메서드를 사용하여 게임 창의 좌측 상단 모서리 좌표를 할당한다❷. 꼭 필요한 단계는 아니지만 우리가 직접 바탕화면에서 창이 나타나는 위치를 제어할 수 있다는 사실을 보여주려 한다.

다음으로, screen 오브젝트를 담을 변수를 할당하고 디스플레이 모드를 전체 화면으로 설정한다❸. 플레이어가 전체 화면 모드를 종료할 경우 사용할 화면 크기를 지정하기 위해 튜플 (800, 645)를 사용한다.

이제 pygame의 display.set_caption() 메서드를 사용하여 게임 창 이름을 "Mars Orbiter"로 지정한다❹. 그리고 pygame의 Surface 클래스를 사용하여 화면과 크기가 같은 게임의 background 오브젝트를 만든다❺.

추진 엔진 사운드 효과를 재생할 수 있도록 하기 위해 pygame의 사운드 믹서를 초기화한다❻. 이 소리는 위성의 초기화 메서드에서 미리 정의했다.

게임은 15초 후에 사라지는 짧은 소개로 시작된다. 키보드 컨트롤과 승리 조건을 설명하는 텍스트는 없어지지 않고 화면의 하단 모서리를 차지한다. 여기에 포함될 텍스트를 리스트로 입력한다❼. 추후 이 리스트들을 당신이 코드 14-12에서 작성한 instruct_label() 함수에 전달할 것이다. 쉼표를 사용하여 작성된 리스트의 각 아이템은 게임 윈도우에 별도 행으로 표시된다(그림 14-19 참조).

오브젝트 인스턴스화, 궤도 검증 설정, 맵핑 및 시간 기록

코드 14-16 역시 main() 함수의 내용으로, planet과 satellite 오브젝트를 인스턴스화하고, 궤도 이심률 결정에 유용한 몇 가지 변수를 할당하고, 함수 내에서 게임 시계를 준비하고, 맵핑 기능의 상태를 추적하는 변수를 할당한다.

mars_orbiter.py, part 16

```
   # instantiate planet and satellite objects
❶ planet = Planet()
❷ planet_sprite = pg.sprite.Group(planet)
❸ sat = Satellite(background)
❹ sat_sprite = pg.sprite.Group(sat)

   # for circular orbit verification
❺ dist_list = []
❻ eccentricity = 1
❼ eccentricity_calc_interval = 5  # optimized for 120 mile altitude

   # time keeping
❽ clock = pg.time.Clock()
   fps = 30
   tick_count = 0

   # for soil moisture mapping functionality
❾ mapping_enabled = False
```

코드 14-16 main()에서 오브젝트를 인스턴스화하고 유용한 변수들을 할당

main() 함수에서 Planet 클래스로부터 planet 오브젝트를 만들고❶ 스프라이트 그룹에 배치한다❷. 챕터 13에서 pygame은 그룹이라는 컨테이너를 사용하여 스프라이트를 관리한다는 것을 배웠다.

다음은 satellite 오브젝트를 인스턴스화하고, Satellite 클래스의 초기화 메서드에 background 오브젝트를 전달한다❸. 위성은 경로를 그리기 위해 background를 필요로 한다.

위성을 생성한 후 스프라이트 그룹에 배치한다❹. 일반적으로 컨테이너마다 근본적으로 다른 스프라이트 유형을 유지해야 한다. 이는 디스플레이 순서나 충돌 처리 등을 쉽게 관리할 수 있도록 해준다.

이제 이심률 계산에 도움이 되는 몇 가지 변수를 할당한다. 각 게임 루프에서 계산된 거리 값을 유지하기 위해 빈 리스트를 생성하고❺, eccentricity 변수에 플레이스홀더 값인 1을 할당하고❻, 비원형 시작 궤도를 가리킨다.

당신은 플레이어가 궤도에서 변경한 사항을 계산하기 위해 eccentricity 변수를 정기적으로 업데이트할 것이다. 이심률을 계산하기 위해서는 궤도의 최원점과 최근점이 필요하며, 큰 타원형 궤도의 경우 샘플링에 다소 시간이 걸릴 수 있다는 점을 명심한다. 다행히 당신은 69~120마일의 "승리" 궤도만 고려하면 된다. 따라서 120마일 이하의 궤도에 대해 샘플링 속도를 최적화할 수 있으며, 일반적으로 위성 스프라이트를 완성하는 데 6초 미만이 소요된다. 5초를 사용하고 이 값을 eccentricity_calc_interval 변수에 할당한다❼.

고도가 120 마일을 넘는 궤도의 경우, 계산된 이심률이 기술적으로 정확하지 않을 수 있지만, 궤도가 해당 고도에서의 승리 조건을 충족시키지 못한다는 점을 고려하면 그 정도로 충분할 것이다.

다음으로, 시간 기록 관리를 다룬다. pygame의 게임 시계를 유지하려면 clock 변수를 사용해야 하며, 이는 게임 속도를 초당 프레임으로 제어한다❽. 각 프레임은 시간의 흐름을 나타낸다. fps 변수에 값 30을 지정하면 해당 게임이 초당 30번 업데이트된다는 것을 의미한다. 그리고 소개 텍스트를 지울 시기와 calc_eccentricity() 함수를 호출할 시기를 결정하는 데 사용할 tick_count 변수를 할당한다.

맵핑 기능이 가능하도록 변수를 지정하여 섹션을 완료하고 값은 False로 설정한다❾. 플레이어가 승리 조건에 도달하면 이를 True로 변경한다.

게임 루프 시작 및 사운드 재생

코드 14-17 역시 main() 함수의 내용이며 게임 시계와 while 루프를 시작하는 *게임 루프*를 나타낸다. 플레이어가 화살표 키를 통해 수행하는 추진 엔진 점화와 같은 이벤트도 수신한다. 플레이어가 추진 엔진을 점화하면 Ogg Vorbis 오디오 파일이 재생되고, 플레이어는 만족스러운 쉬익 소리를 들을 수 있다.

mars_orbiter.py, part 17

```
❶ running = True
  while running:
❷     clock.tick(fps)
      tick_count += 1
❸     dist_list.append(sat.distance)

      # get keyboard input
❹     for event in pg.event.get():
❺         if event.type == pg.QUIT:  # close window
              running = False
❻         elif event.type == pg.KEYDOWN and event.key == pg.K_ESCAPE:
              screen = pg.display.set_mode((800, 645))  # exit full screen
❼         elif event.type == pg.KEYDOWN and event.key == pg.K_SPACE:
              background.fill(BLACK)  # clear path
❽         elif event.type == pg.KEYUP:
❾             sat.thrust.stop()  # stop sound
              mapping_off(planet)  # turn off moisture map view
❿         elif mapping_enabled:
              if event.type == pg.KEYDOWN and event.key == pg.K_m:
                  mapping_on(planet)
```

코드 14-17 게임 루프 시작. 이벤트를 받아 main()에서 사운드 재생

먼저, 게임을 진행하는 while 루프와 함께 사용할 running 변수를 할당하고❶, 루프를 시작한다. 시계의 tick() 메서드를 사용하여 게임 속도를 설정하고 이전 코드에서 생성한 fps 변수를 전달한다❷. 게임 속도가 느리다면 속도를 40fps로 설정한다. 각 루프(프레임)마다 시계 기반 카운터가 1씩 증가한다.

다음으로, satellite 오브젝트의 sat.distance 값을 dist_list에 추가한다❸. 이는 위성과 행성간의 거리이며 위성의 locate() 메서드를 통해 각 게임 루프에서 계산된다.

이제 키보드를 통해 입력한 플레이어 정보를 수집한다❹. 앞 챕터에서 설명한 것처럼, pygame은 이벤트 버퍼에 모든 사용자 상호작용(이벤트)을 기록한다. event.get() 메서드는 평가할 수 있는 이벤트의 리스트를 생성하며 이 경우 if 문이 된다. 플레이어가 게임을 종료하기 위해 윈도우를 닫았는지 확인하는 것으로 시작한다❺. 이것이 True일 경우, 게임 루프를 종료하기 위해 False로 설정한다.

플레이어가 Esc를 누르면 전체 화면 모드가 종료되므로 main()의 시작 부분에서 호출한 display.set_mode()를 사용하여 화면 크기를 800 × 645 픽셀로 재설정한다❻. 플레이어가 스페이스바를 누를 경우 배경을 검정색으로 채워 위성의 하얀색 궤도 경로를 지운다❼.

플레이어가 화살표 키를 누르면 위성 오브젝트가 쉬익 소리를 재생하지만, check_keys() 메서드는 이를 멈추지 않는다. 따라서, pygame에 KEYUP 이벤트를 전달한다❽. pygame이 플레이어가 화살표 키에서 손을 뗐다는 것을 읽어들이면 thrust에 stop() 메서드를 호출하여 소리가 재생되지 않도록 한다❾.

화성을 맵핑하려면 플레이어가 M을 누르고 있어야 하므로 동일한 KEYUP 이벤트를 사용하여 mapping_off() 함수를 호출한다. 이렇게 하면 행성 이미지가 평범한 비맵핑 상태로 재설정된다.

마지막으로 mapping_enabled 변수를 검토한다. 값이 True라면 플레이어가 승리 조건을 달성하고 화성을 맵핑할 준비가 되었다는 뜻이다❿. M을 누르면 mapping_on() 함수를 호출하여 평범한 행성 이미지 대신 토양 수분 오버레이를 표시한다.

중력 적용, 이심률 계산, 실패 처리

코드 14-18은 위성에 중력을 적용한 다음 궤도의 이심률을 계산함으로써 main() 함수의 while 루프를 이어간다. 이 이심률 값은 게임의 승리 조건 중 하나인 궤도의 원형 여부를 판단할 것이다. 또한, 이 코드는 배경을 블리팅하고 연료가 부족하거나 대기권에서 타버리는 실패 조건에 대응한다.

mars_orbiter.py,
part 18

```
        # get heading & distance to planet & apply gravity
❶   sat.locate(planet)
    planet.gravity(sat)

    # calculate orbital eccentricity
❷   if tick_count % (eccentricity_calc_interval * fps) == 0:
        eccentricity = calc_eccentricity(dist_list)
❸       dist_list = []

    # re-blit background for drawing command - prevents clearing path
❹   screen.blit(background, (0, 0))

    # Fuel/Altitude fail conditions
❺   if sat.fuel <= 0:
❻       instruct_label(screen, ['Fuel Depleted!'], RED, 340, 195)
        sat.fuel = 0
        sat.dx = 2
❼   elif sat.distance <= 68:
        instruct_label(screen, ['Atmospheric Entry!'], RED, 320, 195)
```

```
            sat.dx = 0
            sat.dy = 0
```

코드 14-18 중력 적용, 이심률 계산 및 실패 조건 처리

위성의 locate() 메서드를 호출하여 planet 오브젝트를 인자로 전달한다❶. 이 메서드는 기수 방향과 화성까지의 거리를 계산하여 접시를 가리키고, 궤도 이심률을 계산하고 중력을 적용한다. 중력을 적용하기 위해 행성의 gravity() 메서드를 호출하여 행성 오브젝트를 통과시킨다.

tick_count가 eccentricity_calc_interval * fps로 나누어 떨어지면❷ 이심률 계산 함수를 호출하여 drop_list 변수를 전달한다. 그리고 dist_list 변수를 0으로 재설정하여 거리 샘플링을 재시작한다❸.

다음으로, 화면의 blit() 메서드를 호출해 배경과 좌측 상단 코너 좌표를 전달한다❹. 구문의 배치가 중요하다. 예를 들어, 스프라이트를 업데이트하는 코드 이후로 이동시키면 게임 화면에 위성이나 화성이 보이지 않는다.

이제 원형 궤도에 오르기 전에 플레이어의 연료가 바닥날 경우를 처리한다. 먼저 행성 오브젝트의 fuel 속성에서 현재 연료 레벨을 구한다❺. 레벨이 0 이하일 경우 instruct_label() 함수를 사용하여 연료가 소진되었음을 알리고❻ 위성의 dx 속성을 2로 설정한다. 이로써 위성 스프라이트의 고도 판독값이 점점 증가하여 우주 깊은 곳까지 빠르게 날아가게 될 것이다. 비현실적이기는 하지만, 이를 통해 플레이어에게 실패를 알린다.

마지막 실패 사례는 플레이어가 대기권에서 타버리는 것이다. 위성의 distance 속성이 68 이하가 되면❼ 플레이어가 대기권에 진입했다는 것을 알리는 레이블을 화면 중앙에 만들고 위성의 속도 속성을 0으로 설정한다. 이렇게 하면 중력이 스프라이트를 행성에 고정시킬 것이다(그림 14-20). 또한, dx, dy가 0일 때, 위성의 update() 메서드(코드 14-7)가 위성의 이미지를 "파괴된" 빨강색 버전으로 대체한다.

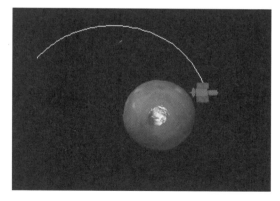

그림 14-20 충돌 설정의 위성

고도 매개변수는 고도가 행성의 표면과 위성의 거리로 측정되는 것이 아니라, 행성의 중심과 위성 스프라이트 중심 간의 거리인 distance 속성과 동일하기 때문에 약간의 편법을 사용해야 한다.

결국 중요한 것은 축적이다. 화성의 대기권은 두께가 베니어판만큼이나 얇다. 게임의 축척에 따라 화성 대기의 두께는 2 픽셀 미만이 될 것이다! 게임 설계에 따라 위성 접시의 끝이 행성을 긁으면 위성은 불타올라 소멸하지만, 위성 스프라이트의 크기가 비현실적으로 크기 때문에 스프라이트의 68마일 크기의 중심점은 더 멀리 밀려나야 한다.

성공 보상, 스프라이트 업데이트 및 그리기

코드 14-19 역시 main() 함수의 while 루프이며, 화성 토양의 수분 함량을 맵핑할 수 있는 기능을 우승자에게 보상으로서 제공한다. 현실에서는 맨땅에 꼽아 원격으로 습기를 측정할 수 있는 레이더나 초단파 공명기를 사용할 수 있다. 또한, 이 코드는 행성과 위성 스프라이트를 업데이트하고 화면에 표시한다.

mars_orbiter.py,
part 19

```
  # enable mapping functionality
❶ if eccentricity < 0.05 and sat.distance >= 69 and sat.distance <= 120:
    ❷ map_instruct = ['Press & hold M to map soil moisture']
        instruct_label(screen, map_instruct, LT_BLUE, 250, 175)
    ❸ mapping_enabled = True
  else:
        mapping_enabled = False

❹ planet_sprite.update()
❺ planet_sprite.draw(screen)
  sat_sprite.update()
  sat_sprite.draw(screen)
```

코드 14-19 맵핑 기능 활성화 및 게임 루프의 스프라이트 업데이트

궤도가 원형이고 고도 요구 조건을 만족할 경우❶, 플레이어가 M을 눌러 토양 수분을 맵핑하도록 안내하는 메시지를 표시한다❷. instruct_label() 함수는 리스트를 취하므로 텍스트는 괄호 안에 넣는다. 텍스트 색상을 밝은 파랑색으로 설정하고 화면 중앙에 배치한다.

다음으로, mapping_enabled 변수를 True로 설정한다❸. 궤도가 목표 매개변수를 벗어나면 False로 설정한다.

행성 스프라이트의 update() 메서드를 스프라이트 그룹을 통해 호출하고❹ 화면에 그린다❺. draw() 메서드의 인자는 스프라이트를 그릴 오브젝트인 screen이다. 위성 스프라이트에 대해서도 이 단계를 반복한다.

지침 표시, 원격 측정, 그림자 드리우기

코드 14-20은 지침, 데이터 판독값, 행성의 그림자를 표시하여 while 루프와 main() 함수를 완성한다. 게임 소개 텍스트는 시작할 때 잠시동안만 표시된다.

mars_orbiter.py,
part 20

```
  # display intro text for 15 seconds
❶ if pg.time.get_ticks() <= 15000:  # time in milliseconds
        instruct_label(screen, intro_text, GREEN, 145, 100)
```

```
          # display telemetry and instructions
❷     box_label(screen, 'Dx', (70, 20, 75, 20))
      box_label(screen, 'Dy', (150, 20, 80, 20))
      box_label(screen, 'Altitude', (240, 20, 160, 20))
      box_label(screen, 'Fuel', (410, 20, 160, 20))
      box_label(screen, 'Eccentricity', (580, 20, 150, 20))

❸     box_label(screen, '{:.1f}'.format(sat.dx), (70, 50, 75, 20))
      box_label(screen, '{:.1f}'.format(sat.dy), (150, 50, 80, 20))
      box_label(screen, '{:.1f}'.format(sat.distance), (240, 50, 160, 20))
      box_label(screen, '{}'.format(sat.fuel), (410, 50, 160, 20))
      box_label(screen, '{:.8f}'.format(eccentricity), (580, 50, 150, 20))

❹     instruct_label(screen, instruct_text1, WHITE, 10, 575)
      instruct_label(screen, instruct_text2, WHITE, 570, 510)

          # add terminator & border
❺     cast_shadow(screen)
❻     pg.draw.rect(screen, WHITE, (1, 1, 798, 643), 1)

❼     pg.display.flip()

❽ if __name__ == "__main__":
      main()
```

코드 14-20 텍스트와 행성의 그림자 표시, main() 함수 호출

　게임을 요약한 텍스트는 다 읽을 수 있을 만큼 길게 화면 중앙에 떠 있다가 사라져야 한다. if 문과 게임 시작 후 경과한 시간(밀리초)을 반환하는 pygame tick.get_ticks() 메서드를 사용하여 이를 제어한다. 15초 미만으로 경과한 경우 instruct_label() 함수를 사용하여 코드 14-15의 텍스트 문자열 리스트를 초록색으로 표시한다.

　다음으로, 헤더 박스로 시작하여 데이터 판독을 위한 게이지를 만든다. 5개의 판독 게이지마다 box_label() 함수를 호출한다❷. 데이터 판독값에 대해서도 이 과정을 반복한다❸. 함수에 텍스트를 전달할 때 문자열 포맷 메서드를 사용할 수 있다.

　instruct_label() 함수를 사용하여 화면 하단 모서리에 코드 14-15의 지침을 배치한다❹. 승리 조건 설명과 주요 기능 정의를 구별하려면 텍스트 색상을 자유롭게 변경하면 된다.

　이제 행성의 그림자를 표시하는 함수를 호출한 다음❺ 마무리로 pygame의 draw. rect() 메서드를 사용하여 테두리를 추가한다❻. screen 오브젝트, 테두리 색상, 모서리 좌표, 선폭을 전달한다.

　화면을 뒤집어 main() 함수와 게임 루프를 마무리한다❼. 앞 챕터에서 설명한 것처럼 flip() 메서드는 화면 오브젝트에서 시각화 도식에 이르기까지 모든 것을 블리팅한다.

　마지막으로 스탠드얼론 또는 모듈로써 실행하기 위한 표준 구문을 사용하여 전역 공간의 main()을 호출한다❽.

요약

이 챕터에서는 pygame을 사용하여 이미지 스프라이트, 사운드 효과, 키보드를 통한 게임 제어가 포함된 2D 아케이드 스타일의 게임을 만들었다. 또한, 재미있고 체험적인 궤도 역학 학습법을 만들었다. 286 페이지의 "게이머를 위한 우주 역학"에 소개된 모든 기술이 이 게임에서도 적용된다. 이어서 "도전 프로젝트"에서 게임의 플레이어 경험을 개선할 수 있다.

도전 프로젝트

다음 제안들을 바탕으로 Mars Orbiter 게임을 개선하고 새로운 도전을 추가하여 당신만의 게임을 만들어보자. 항상 그렇듯이 도전 프로젝트에는 솔루션이 제공되지 않는다.

게임 타이틀 화면

타이틀 화면이 메인 게임 화면 전에 잠시 나타나도록 *mars_orbiter.py* 프로그램을 복제하여 수정하라. *Mars Global Surveyor*(그림 14-21)처럼 타이틀 화면에 NASA 스타일의 미션 패치가 표시되도록 하되, Mars Orbiter만의 고유한 패치를 사용해야 한다. *https://space.jpl.nasa.gov/art/patches.html*에서 NASA의 다른 패치들을 확인할 수 있다.

그림 14-21 Mars Global Surveyor 미션 패치

스마트 게이지

고도와 이심률 판독값이 목표 범위를 벗어날 때 빨강색 배경 또는 빨강색 텍스트 색상을 사용하도록 *mars_orbiter.py* 프로그램을 복제하여 수정하라. 하지만, 원형 이심률 값은 고도 값이 범위 내에 들어올 때까지 빨강색으로 유지되어야 한다는 것을 주의해야 한다.

라디오 블랙아웃

위성이 shadow 사각형 안에 있을 때, 키보드 컨트롤이 잠기도록 *mars_orbiter.py* 프로그램을 복제하여 수정하라.

점수 매기기

mars_orbiter.py 프로그램을 복제하고 수정하여 플레이어를 채점하고 최고 점수를 고득점 리스트에 고정하라. 최고 점수는 최소 시간 내에 최소의 연료를 사용하면서 최저 허용 궤도를 달성하는 사람에게 주어진다. 예를 들어, 점수 중 연료 부분은 연료의 잔여량이 될 수 있다. 궤도 부분은 최대 허용 고도(120)에서 원형 궤도의 고도를 빼면 된다.

그리고 시간 부분은 원형 궤도를 달성하는 데 걸리는 시간의 역치에 1,000을 곱해서 구할 수 있다. 최종 점수에 이 세 가지 구성 요소를 추가하라.

전략 가이드

286 페이지의 "게이머를 위한 우주 역학"에 나오는 그림들 중 몇 가지를 합쳐 팝업 전략 가이드나 도움말 파일을 포함하도록 *mars_orbiter.py* 프로그램을 복제하여 수정한다. 예를 들어, 플레이어가 H를 길게 누르면 도움말이 표시된다는 것을 알리는 행을 지침에 추가한다. 이를 통해 호만 전이나 접선 방향 점화 같은 궤도 기동 이미지들을 순환시킬 수 있다. 각 기술의 장단점에 대한 코멘트를 반드시 포함하고 가이드가 열려 있는 동안에는 게임을 일시 중지시킨다.

에어로브레이킹

에어로브레이킹이란, 대기 마찰을 이용해 우주선 속도를 늦추는 연료 절약 기법이다(그림 14-22). 에어로브레이킹을 포함하도록 *mars_orbiter.py* 프로그램을 복제하여 수정하라. main() 함수에서 가장 낮은 승리 고도를 70마일로, 가장 낮은 안전 고도를 60마일로 설정한다. 만약 위성의 고도가 60에서 70마일 사이라면 속도를 조금씩 줄이도록 한다.

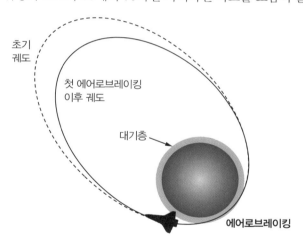

그림 14-22 역추진 번 대신 대기를 이용한 궤도 순환

그림 14-23은 게임에서 에어로브레이킹을 사용하여 타원 궤도를 원형화하는 예시이다. 대기권 상단은 80마일로 설정되었다. 에어로브레이킹은 최근점에서의 역추진과 동일한 효과를 발휘하지만, 신중히 인내심을 가지고 궤도를 대기권 밖으로 올려야 한다.

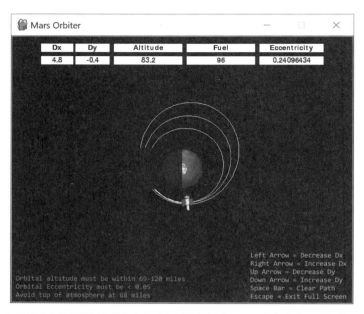

그림 14-23 에어로브레이킹을 사용하여 궤도를 선회하면 연료 소모량이 낮다는 것을 확인할 수 있다.

NASA는 *화성 전역 조사선*을 타원형 궤도에서 최종 맵핑 궤도로 이동시키기 위해 이와 유사한 기술을 사용했다. 우주선이 대기권에서 과열되는 것을 방지해야 했기 때문에 이를 달성하기까지는 수개월이 걸렸다.

침입자 경보!

mars_orbiter.py 프로그램을 복제하고 수정하여 새로운 planet 오브젝트가 인스턴스화되고 스크린을 가로질러 날아가서 자신의 중력으로 위성의 궤도를 교란시키도록 만들어보자. 혜성이나 소행성을 나타낼 새로운 스프라이트를 만들어 무작위 간격으로 발사한다(너무 잦지는 않게!). 화성의 궤도에 진입하지 않도록 오브젝트에는 화성의 gravity() 메서드를 적용하지 말고, 새로운 오브젝트의 gravity() 메서드만 위성에 적용한다. 100 픽셀 정도 떨어진 곳에서 위성의 궤도를 확연히 동요시키도록 새 오브젝트의 질량을 조정해본다. 오브젝트가 충돌하지 않고 화성이나 위성을 통과할 수 있도록 용인한다.

정상을 넘어

화성 궤도선은 현재 적도 궤도를 사용한다. 이는 화성 이미지를 한 번만 회전시키면 되기 때문에 쉽게 코딩할 수 있다. 그러나 실제 맵핑 궤도는 극궤도(적도 궤도에 수직)를 사용하며 행성의 극점들을 통과한다(그림 14-24). 행성이 궤도 내에서 회전하므로 위성은 전체 표면을 맵핑할 수 있다. 적도 궤도를 이용하면 높은 위도는 행성 표면의 곡률로 인해 근본적으로 맵핑할 수 없다(그림 14-24의 점선 참조).

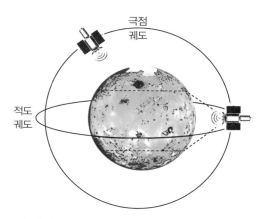

극점
궤도

적도
궤도

그림 14-24 극점 대 적도 궤도. 적도 궤도의 북쪽, 남쪽 맵핑 한계는 점선으로 표시

위성이 극궤도를 따르도록 *mars_orbiter.py* 프로그램을 복제하여 수정한다. 화성 이미지를 바꾸는 작업이 필요하다. 하지만 더 이상 하나의 하향식 이미지만 사용할 수 없다. 시야는 계속 행성의 회전축에 수직이어야 한다. 비디오 *https://youtu.be/IP2SDbhFbXk*를 참조하라. 화성의 애니메이션 gif는 *http://gph.is/2caBKKS*를 참조하라. pygame에서는 애니메이션 gif를 직접 사용할 수는 없지만, 개별 프레임을 분리하여 사용할 수 있다. 프레임 분할 도구는 온라인에서 찾을 수 있으며, 다음 챕터에서는 그 중 하나를 사용하여 비디오에서 이미지를 추출한다.

15

행성 쌓기를 이용한 천체 사진 향상시키기

만약 망원경으로 목성, 화성, 토성을 봤다면 조금 실망했을지도 모른다. 행성들은 작고 별 볼 일 없이 보이기 때문이다. 확대해서 보면 나을까 싶지만 소용 없는 일이다. 무엇이든 200배 이상 확대하면 흐릿하게 보인다.

이는 천문학자들이 시상이라고 부르는 난기류 때문이다. 맑은 밤에도 공기는 끊임없이 움직이며, 천체를 보여주는 빛의 정점을 흐리게 만드는 상승 기류와 하강 기류가 존재한다. 1980년대에 충전 결합 장치(CCD)가 상용화되면서 천문학자들은 난기류를 극복할 수 있는 방법을 찾아냈다. 디지털 사진은 이미지 쌓기(적층)라는 기술을 사용하는데, 이것은 상태가 좋은 사진들과 안 좋은 사진들의 평균을 구하거나 한 개의 이미지로 쌓는 기술이다.

사진만 충분히 있다면 행성의 표면같은 지속적이고 변하지 않는 특징들만 남기고 떠다니는 구름 같은 일시적인 현상들을 제거할 수 있다.

이를 통해 천체 촬영 사진사들은 배율의 한계를 늘릴 수 있을 뿐만 아니라 최적의 시야 조건도 얻을 수 있다.

이 챕터에서는 pillow라는 서드파티 파이썬 모듈을 사용하여 수백 개의 목성 이미지를 쌓을 것이다. 결과는 그 어떤 프레임보다 잡음의 비율이 낮은 높은 화질의 단일 이미지가 될 것이다. 또한, 파이썬 코드와는 다른 폴더에 있는 파일들을 사용하고 파이썬 운영 체제(os)와 Shell 유틸리티(shutil) 모듈들을 사용하여 파일과 폴더를 모두 조작할 수 있다.

프로젝트 #23: 목성 쌓기

크고, 밝고, 화려한 가스 덩어리인 목성은 천체 촬영 사진사들이 가장 좋아하는 피사체이다. 아마추어 망원경조차도 선형 구름 띠가 만들어내는 오렌지색 줄무늬와 지구를 삼킬 만큼 큰 타원형 폭풍인 대적점을 구분할 수 있다(그림 15-1 참조).

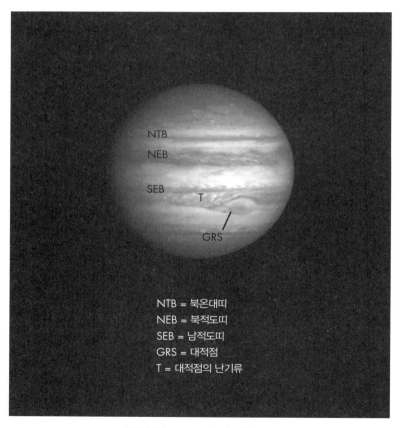

그림 15-1 Cassini 호가 찍은 목성

목성은 이미지 쌓기를 연구하기에 아주 좋은 대상이다. 선형 구름 띠와 대적점은 가장자리 선명도와 명확도 개선을 판단할 수 있는 보정 지점을 제공하며, 상대적으로 크기가 커서 노이즈를 감지하기 쉽다.

노이즈는 "입자성"을 나타낸다. 각각의 색 밴드는 고유의 아티팩트(자글거림)를 지니고 있어서 이미지에 색색의 반점을 만들어 낸다. 시간 경과에 따라 광자들이 센서에 부딪히며, 노이즈의 주요 원인은 카메라(전자 판독 노이즈와 열 신호)와 조명 자체에서 발생하는 광자 노이즈이다. 다행히도 노이즈 아티팩트는 무작위로 생성되며, 이미지를 쌓으면 대부분 상쇄된다.

> **⊕ 목표** ▶ 더 선명한 목성 사진을 만들기 위해 이미지를 자르고, 크기를 조절하고, 쌓고, 향상시키는 프로그램을 작성하라.

pillow 모듈

이미지를 다루려면 pillow라는 무료 서드파티 파이썬 모듈이 필요하다. 이는 2011년에 단종된 파이썬 이미지 처리 라이브러리(PIL)의 후속 프로젝트이다. pillow 모듈은 PIL 저장소를 "포킹"했고 파이썬 3에 맞게 코드를 업그레이드했다.

Windows, macOS, Linux에서 pillow를 사용할 수 있으며 PNG, JPEG, GIF, BMP, TIFF 등 다양한 이미지 포맷을 지원한다. 개별 픽셀 변경, 마스킹, 투명 처리, 필터링 및 강화, 텍스트 추가 등 표준 이미지 조작 절차를 제공한다. 하지만 pillow의 진짜 장점은 다수의 이미지를 쉽게 편집할 수 있는 능력이다.

pip 도구를 사용하면 pillow를 쉽게 설치할 수 있다(pip에 대한 자세한 내용은 110페이지의 "python-docx로 Word 문서 조작하기" 참조). 커맨드 라인에 **pip install pillow**를 입력한다.

대부분의 주요 리눅스 배포는 PIL이 포함되었던 패키지들에 pillow를 포함하므로 당신의 시스템에 이미 pillow가 설치되어 있을 수도 있다. 플랫폼과 상관없이 PIL이 이미 설치되어 있다면 pillow를 설치하기 전에 제거해야 한다. 자세한 설치 지침은 *http://pillow.readthedocs.io/en/latest/installation.html*에서 확인할 수 있다.

파일 및 폴더 처리

이 책의 모든 이전 프로젝트들은 파이썬 코드와 동일한 폴더에 저장된 파일과 모듈을 사용했다. 이는 간단한 프로젝트에는 유용하지만 널리 사용하기에는 그다지 현실적이지 않고, 당신이 이 프로젝트에서 생성하게 될 수백 개의 이미지 파일을 다루기에는 확실히 좋지 않다. 다행히도 파이썬은 os와 shutil처럼 이를 보완할 수 있는 모듈들을 가지고 있다. 하지만 먼저 디렉토리 경로에 대해 간단히 알아보자.

디렉터리 경로

디렉터리 경로는 파일이나 폴더의 주소이다. Windows에서는 문자로 지정된 루트 디렉토리(예를 들면, *C:*)로, Unix 기반 시스템에서는 슬래시(/)로 시작한다. Windows의 추가 드라이브는 C와 다른 문자가 할당되며, MacOS의 드라이브에는 */volume* 아래에, Unix의 드라이브에는 */mnt*("mount") 아래에 배치된다.

 이 챕터의 예시에선 Windows 운영 체제를 사용하지만, macOS나 다른 시스템에서도 동일한 결과를 얻을 수 있다. 또한, 관례대로 디렉토리와 폴더라는 용어를 번갈아가며 사용한다.

경로명은 운영 체제에 따라 다르게 나타난다. Windows는 백슬래시(\)로 폴더를 구분하고, MacOS와 Unix 시스템은 정방향 슬래시(/)를 사용한다. 또한, Unix에서는 폴더와 파일 이름에 대소문자가 구분된다.

Windows에서 프로그램을 작성하고 백슬래시로 경로명을 입력할 경우 다른 플랫폼에서는 경로를 인식하지 못한다. 다행히도 os.path.join() 메서드가 파이썬이 구동되는 운영 체제에 적합한 경로명을 자동으로 확인할 것이다. 코드 15-1에서 다른 예시들을 살펴보자.

```
❶ >>> import os
❷ >>> os.getcwd()
   'C:\\Python35\\Lib\\idlelib'
❸ >>> os.chdir('C:\\Python35\\Python 3 Stuff')
   >>> os.getcwd()
   'C:\\Python35\\Python 3 Stuff'
❹ >>> os.chdir(r'C:\Python35\Python 3 Stuff\Planet Stacking')
   >>> os.getcwd()
❺ 'C:\\Python35\\Python 3 Stuff\\Planet Stacking'
❻ >>> os.path.join('Planet Stacking', 'stack_8', '8file262.jpg')
   'Planet Stacking\\stack_8\\8file262.jpg'
❼ >>> os.path.normpath('C:/Python35/Python 3 Stuff')
   'C:\\Python35\\Python 3 Stuff'
❽ >>> os.chdir('C:/Python35')
   >>> os.getcwd()
   'C:\\Python35'
```

코드 15-1 os 모듈을 사용하여 Windows 경로명 처리

운영 체제 종속 기능에 접근하기 위해 os 모듈을 임포트한 후❶ 현재 작업 디렉토리(cwd)를 가져온다❷. cwd는 시작할 때 프로세스에 할당된다. 즉, 쉘에서 스크립트를 실행할 때 쉘의 cwd와 스크립트는 동일할 것이다. 파이썬 프로그램에서 cwd는 프로그램이 들어 있는 폴더를 말한다. cwd를 얻으면 전체 경로를 알 수 있다. 파일 구분 기호로 사용되는 백슬래시 문자를 이스케이핑하려면 백슬래시를 추가로 사용해야 한다는 점에 유의한다.

다음으로 os.chdir() 메서드를 사용하여 cwd를 변경하고❸ 이중 백슬래시를 사용하여 따옴표로 전체 경로를 전달한다. 다시 cwd를 얻어 새로운 경로를 보게 된다.

이중 백슬래시를 입력하지 않으려면 경로명 인자 문자열 앞에 **r**을 입력하여 *원시 문자열*로 변환할 수 있다❹. 원시 문자열은 백슬래시 이스케이핑 시퀀스에 다른 규칙을 사용하지만, 원시 문자열도 끝에 백슬러시가 하나만 있으면 오류가 발생한다. 경로는 여전히 이중 백슬래시로 표시된다❺.

프로그램이 모든 운영 체제와 호환되도록 하려면 os.path.join() 메서드를 사용하여 구분자 없이 폴더명과 파일명을 전달한다❻. os.path 메서드는 사용 중인 시스템을 인식하고 적절한 구분자를 반환한다. 이를 통해 파일 이름과 폴더 이름을 독립적으로 조작할 수 있다.

os.path.normpath() 메서드는 사용하고 있는 시스템에 대한 구분자를 정정한다❼. 예제의 Windows 환경에서는 잘못 기입된 Unix 유형의 구분자가 백슬래시로 대체된다. 또한, 네이티브 Windows는 정방향 슬래시 사용을 지원하고 자동으로 변환해준다❽.

루트부터 작성한 전체 디렉토리 경로를 *절대 경로*라고 부른다. 또 *상대 경로*라고 부르는 지름길을 통해 디렉토리를 보다 쉽게 다룰 수 있다. 상대 경로는 현재 작업 디렉토리를 기준으로 도출한다. 절대 경로는 정방향 슬래시 또는 드라이브 문자로 시작하지만 상대 경로는 그렇지 않다. 다음 코드 스니펫에서는 절대 경로를 입력하지 않고 디렉토리를 변경할 수 있다. 파이썬은 cwd 내에 포함되므로 새 위치를 인지한다. 상대 경로는 백단에서 cwd로 이어지는 경로와 결합하여 완전한 절대 경로를 만든다.

```
>>> os.getcwd()
'C:\\Python35\\Python 3 Stuff'
>>> os.chdir('Planet Stacking')
>>> os.getcwd()
'C:\\Python35\\Python 3 Stuff\\Planet Stacking'
```

당신은 점(.)과 점점(..)으로 폴더를 식별하고 타이핑을 줄일 수 있다. 예를 들어, Windows에서 .\는 cwd를 참조하고, \는 cwd의 상위 디렉토리를 의미한다. 점을 사용하여 cwd의 절대 경로를 얻을 수도 있다.

```
>>> os.path.abspath('.')
'C:\\Python35\\Python 3 Stuff\\Planet Stacking\\for_book'
```

점 폴더는 Windows, MacOS, Linux에서 사용할 수 있다. os 모듈에 관한 자세한 내용은 *https://docs.python.org/3/library/os.html*에서 확인할 수 있다.

쉘 유틸리티 모듈

쉘 유틸리티 모듈인 shutil은 복사, 이동, 이름 변경, 삭제와 같은 파일 및 폴더 작업을 위한 고급 기능을 제공한다. 파이썬 표준 라이브러리의 일부이므로 **import shutil**을 입력하기만 하면 shutil을 로드할 수 있다. 이 챕터의 코드 섹션에서 모듈의 사용 예시를 확인할 수 있다. 모듈 관련 문서는 *https://docs.python.org/3.7/library/shutil.html*에서 찾을 수 있다.

비디오

Brooks Clark는 바람 부는 밤에 텍사스 휴스턴에서 이 프로젝트에 사용된 목성의 컬러 비디오를 녹화했다. 재생 시간은 약 16초이며 101MB의 .mov 파일로 구성되어 있다.

비디오의 길이는 일부러 짧게 만들었다. 목성의 회전 시간은 약 10시간이기 때문에 스틸 사진은 1분 정도만 노출해도 흐릿해질 수 있고, 비디오 프레임을 쌓아 보강하고자 하는 특징은 위치가 바뀌기 때문에 과정이 다소 복잡해진다.

비디오 프레임을 개별 이미지로 변환하기 위해 DVDVideoSoft에서 개발한 무료 멀티미디어 프로그램 세트인 Free Studio를 사용했다. Free Video to JPG Converter 도구는 일정한 시간 또는 프레임 간격으로 이미지를 캡처할 수 있도록 해준다. 기류가 잔잔하고 시야가 좋을 때 이미지를 포착할 확률을 높일 수 있도록 전체 비디오의 프레임을 샘플링 간격으로 설정했다.

수백 개의 이미지라면 괄목할 만한 개선을 보여주기에 충분할 것이다. 256 프레임을 캡처했다.

제공되는 예제 파일에서 *video_frames*라는 이름의 이미지 폴더를 찾을 수 있다. 이름을 바꾸지 말고 이 폴더를 다운로드하라.

그레이스케일로 나타낸 비디오의 예제 프레임은 그림 15-2에서 확인할 수 있다. 목성의 구름 띠는 희미하고 흐릿하며, 대적점은 뚜렷하지 않고 이미지 확장의 부작용인 낮은 대비를 보인다. 노이즈 아티팩트도 목성을 더욱 거칠게 보이도록 만든다.

이러한 문제들 외에도 바람 때문에 카메라가 흔들렸고, 부정확한 추적은 행성을 프레임의 좌측 측면으로 횡이동하게 만들었다. 그림 15-3에서 횡방향 이동의 예시를 볼 수 있는데, 무작위로 선택한 5개의 프레임에서 검은 배경을 투명으로 바꾼 이미지들을 쌓아놓은 것이다.

CCD 센서 표면에 있을 결함이나 렌즈와 센서에 붙어 있을 먼지 같은 문제점들을 보완할 수 있으므로 이미지가 움직이는 것은 그리 나쁜 일만은 아니다.

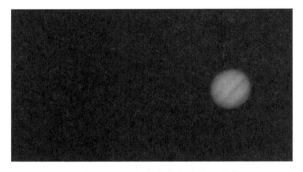

그림 15-2 목성 이미지의 예제 프레임

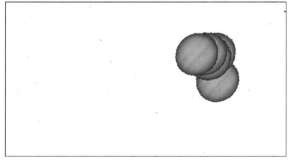

그림 15-3 무작위로 선택한 5개의 프레임을 통해 확인할 수 있는 목성 이미지의 흔들림과 횡이동 예시

하지만 이미지 쌓기의 핵심 가정은 목성의 구름 띠와 같은 지속적인 특징들이 이미지 평균화에서 서로를 보강할 수 있도록 이미지가 완벽하게 정렬된다는 것이다. 신호 대 잡음 비율을 높이려면 이미지를 등록해야 한다.

이미지 등록은 데이터를 동일한 좌표계로 변환하여 비교하고 통합하는 과정이다. 등록은 이미지 쌓기에서 가장 어려운 부분이다. 천문학자들은 일반적으로 그들의 천체 사진들을 정렬하고 쌓기 위해 RegiStax, RegiStar, Deep Sky Stacker, CCDStack과 같은 상용 소프트웨어를 사용한다. 하지만 당신은 파이썬을 이용해 직접 손을 더럽히면서 작업을 하게 될 것이다.

전략

이미지를 쌓기 위해 필요한 단계는 다음과 같다(첫 번째 단계는 이미 완료).

1. 비디오에서 이미지를 추출한다.
2. 목성 주변 이미지를 자른다.
3. 잘라낸 이미지를 동일한 크기로 조정한다.
4. 이미지를 하나의 이미지로 쌓는다.
5. 최종 이미지를 강화하고 필터링한다.

코드

모든 단계를 하나의 프로그램에 통합할 수 있지만, 이들을 세 개의 프로그램으로 나누기로 했다. 도중에 멈추고 결과를 확인하고 싶을 수도 있고, 전체 워크플로우를 완전히 재실행하지 않고도 강화와 같은 프로세스를 추후 수행할 수 있기 때문이다. 첫 번째 프로그램은 이미지를 자르고 크기를 조정하며, 두 번째 프로그램은 이미지를 쌓고, 세 번째 프로그램은 이미지를 강화한다.

자르기 및 크기 조정 코드

먼저 이미지를 등록해야 한다. 달이나 목성과 같은 크고 밝은 오브젝트의 경우, 천체 사진술의 한 가지 접근법은 네 개의 테두리가 지면에 닿도록 각 이미지를 잘라내는 것이다. 이것은 대부분의 하늘을 제거하고 흔들림과 이동 문제를 완화시킨다. 이미지들의 크기가 모두 동일하도록 잘린 이미지의 크기를 조정하고 노이즈를 줄이기 위해 조금 부드럽게 만들 것이다.

제공되는 예제 파일에서 *crop_n_scale_images.py*을 다운로드할 수 있다. 캡처한 비디오 프레임 폴더가 있는 디렉터리에 저장한다.

모듈 임포트 및 main() 함수 정의

코드 15-2는 임포트와 *crop_n_scale_images.py* 프로그램을 실행하는 main() 함수를 정의한다.

*crop_n_scale
_images.py,
part 1*

```
❶ import os
   import sys
❷ import shutil
❸ from PIL import Image, ImageOps

   def main():
       """Get starting folder, copy folder, run crop function, & clean folder."""
       # get name of folder in cwd with original video images
❹     frames_folder = 'video_frames'

       # prepare files & folders
❺     del_folders('cropped')
❻     shutil.copytree(frames_folder, 'cropped')

       # run cropping function
       print("start cropping and scaling...")
❼     os.chdir('cropped')
       crop_images()
❽     clean_folder(prefix_to_save='cropped')  # delete uncropped originals

       print("Done! \n")
```

코드 15-2 모듈 임포트 및 main() 함수 정의

운영 체제(os)와 시스템(sys)을 모두 임포트하여 시작한다❶. os 임포트는 이미 sys 임포트를 포함하지만, 이 기능은 향후 사라질 수 있으므로 수동으로 sys를 가져오는 것이 좋다. shutil 모듈에는 앞에서 설명한 셸 유틸리티들이 포함되어 있다❷. 이미징 라이브러리에서 이미지 로드, 자르기, 변환, 필터링을 수행하고 ImageOps를 사용하여 이미지 크기를 조정한다❸. import 문에는 pillow가 아닌 PIL을 사용해야 한다는 것에 주의하라.

frame_folder 변수에 시작 폴더의 이름을 할당하여 main() 함수를 시작한다❹. 이 폴더에는 비디오에서 캡처한 원본 이미지가 모두 들어 있다.

잘라낸 이미지를 새 폴더 *cropped*에 저장하되, 셸 유틸리티는 이 폴더가 이미 존재할 경우 생성하지 않으므로 잠시 후에 작성할 del_folders() 함수를 호출한다❺. 설명한대로 이 기능은 폴더가 존재하지 않으면 오류를 표시하지 않기 때문에 언제든 안전하게 실행할 수 있다.

항상 원본 이미지의 사본으로 작업을 해야 하므로 shutil.copytree() 메서드를 사용하여 원본이 들어 있는 폴더를 새로운 *cropped* 폴더에 복사한다❻. 이제 이 폴더로 전환하고❼ 이미지를 자르고 크기를 조정하는 crop_images() 함수를 호출한다. 그리고 *cropped* 폴더에 복사된 후에도 아직 남아있는 원본 비디오 프레임을 제거하는 clean_folder() 함수를 호출한다.

함수의 용도가 더욱 명확해지도록 clean_folder() 함수에 인자를 전달할 때 매개변수 이름을 사용한다.

Done!을 출력하여 프로그램이 완료되었다는 것을 사용자에게 알린다.

폴더 삭제 및 정리

코드 15-3은 *crop_n_scale_images.py*에서 파일과 폴더를 삭제하는 도우미 함수를 정의한다. 대상 디렉토리에 동일한 이름을 가진 폴더가 이미 존재할 경우, shutil 모듈은 새 폴더 생성을 거부한다. 프로그램을 두 번 이상 실행하려면 먼저 기존 폴더를 제거하거나 이름을 변경해야 한다. 또한, 이 프로그램은 이미지를 잘라낸 다음 이름을 바꾸며, 이미지 쌓기를 시작하기 전에 원본 이미지를 삭제하고 싶을 것이다. 수백 개의 이미지 파일을 다루게 될 것이기 때문에 이 함수는 고단한 작업을 자동화해 줄 것이다.

crop_n_scale
_images.py,
part 2

```
❶ def del_folders(name):
      """If a folder with a named prefix exists in directory, delete it."""
❷     contents = os.listdir()
❸     for item in contents:
❹         if os.path.isdir(item) and item.startswith(name):
❺             shutil.rmtree(item)

❻ def clean_folder(prefix_to_save):
      """Delete all files in folder except those with a named prefix."""
❼     files = os.listdir()
      for file in files:
❽         if not file.startswith(prefix_to_save):
❾             os.remove(file)
```

코드 15-3 폴더 및 파일을 삭제하는 기능 정의

폴더를 삭제하는 del_folders() 함수를 정의한다❶. 유일한 인자는 제거할 폴더 이름이 될 것이다.

다음으로, 폴더의 내용을 나열하고❷, 루핑하기 시작한다❸. 함수가 폴더 이름으로 시작하고 디렉토리인 항목을 발견하면❹ shutil.rmtree()를 사용하여 폴더를 삭제한다❺. 잠시 후에 보겠지만, 파일을 삭제하는 것과는 다른 방법이 사용된다.

 ▶ rmtree() 메서드를 사용할 때는 폴더와 내용이 영구적으로 삭제되므로 항상 주의해야 한다. 당신은 시스템의 많은 부분을 삭제할 수 있고, 파이썬 프로젝트와 관계없는 중요한 문서들을 잃게 될 수도 있으며, 컴퓨터를 망가뜨릴 수도 있다!

이제 도우미 함수를 정의하여 폴더를 "청소"하고 삭제하지 않을 파일 이름을 전달한다. 직관적이지 못한 방법처럼 보이겠지만 처리된 이미지 중 마지막 배치만 보관하면 되기 때문에 다른 파일을 명시적으로 폴더 내에 나열할 필요가 없다. *cropped*와 같이 당신이 제공한 접두사로 시작되지 않는 파일들은 자동으로 제거된다.

과정은 마지막 함수와 비슷하다. 폴더의 내용을 나열하고❼ 리스트를 루핑한다. 제공된 접두사로 파일이 시작되지 않으면❽ os.remove()를 사용하여 삭제한다❾.

이미지 자르기, 크기 조정, 저장

코드 15-4는 목성 주위의 박스에 비디오에서 캡쳐한 프레임을 등록하고 박스에 맞게 이미지를 잘라낸다(그림 15-4). 이 기법은 검정색 배경 위의 밝은 이미지에 유효하다(다른 예시는 343 페이지의 "추가 참고 도서" 참조).

원본 비디오 프레임   자른 이미지

그림 15-4 이미지를 정렬하기 위해 원래 비디오 프레임을 목성에 맞게 자르기

목성 주위에 딱 맞게 이미지를 자르면 모든 이동과 흔들림 문제를 해결할 수 있다.

잘라낸 이미지들은 더 크고 일관된 크기로 조정되고 노이즈를 줄일 수 있도록 부드럽게 처리된다. 자르고 축소한 이미지는 추후 main() 함수가 생성하는 자체적인 폴더에 저장된다.

crop_n_scale
_images.py,
part 3

```
❶ def crop_images():
    """Crop and scale images of a planet to box around planet."""
❷   files = os.listdir()
❸   for file_num, file in enumerate(files, start=1):
❹       with Image.open(file) as img:
❺           gray = img.convert('L')
❻           bw = gray.point(lambda x: 0 if x < 90 else 255)
❼           box = bw.getbbox()
            padded_box = (box[0]-20, box[1]-20, box[2]+20, box[3]+20)
❽           cropped = img.crop(padded_box)
            scaled = ImageOps.fit(cropped, (860, 860),
                                    Image.LANCZOS, 0, (0.5, 0.5))
            file_name = 'cropped_{}.jpg'.format(file_num)
❾           scaled.save(file_name, "JPEG")

if __name__ == '__main__':
    main()
```

코드 15-4 초기 비디오 프레임을 목성 주변 박스에 맞게 자르고 재정렬

crop_images() 함수는 인자를 받지 않지만❶ 결국 원본 비디오 프레임이 들어 있는 폴더의 복사본(*cropped*라고 명명된)에서 동작하게 된다. 이 함수를 호출하기 전에 복사본을 main() 함수에서 생성한다.

현재(*cropped*) 폴더의 내용 리스트를 생성하며 함수를 시작한다❷. 프로그램이 각 이미지에 순차적으로 번호를 매길 것이므로 enumerate()를 for 루프와 함께 사용하고 start 옵션을 1로 설정한다❸. enumerate()는 자동 카운터 역할을 하는 편리한 내장 함수로, 카운트는 file_num 변수에 할당된다.

다음으로, 이미지를 담을 변수 img를 생성하고 open() 메서드를 사용하여 파일을 연다❹.

경계 박스의 테두리를 목성에 맞추려면 이미지에서 목성이 아닌 모든 부분이 검정색 (0, 0, 0)이어야 한다. 안타깝게도 목성 너머에는 노이즈와 연관된 떠돌이 검은 픽셀들이 존재하며, 행성의 가장자리는 확산과 그라데이션으로 이루어져 있다. 이는 그림 15-5와 같이 균일하지 않은 박스 형태를 초래한다. 다행히 이미지를 흑백으로 변환함으로써 이 문제를 쉽게 해결할 수 있다. 변환된 이미지를 사용하여 각 컬러 사진의 적절한 박스 치수를 결정할 수 있다.

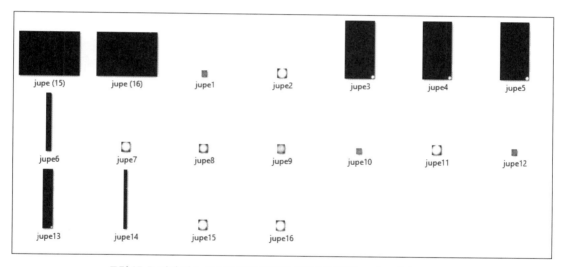

그림 15-5 경계 박스 치수를 정의 문제로 인해 불규칙한 크기로 잘라낸 이미지

경계 박스 기법을 망치는 노이즈 효과를 제거하려면 로드된 이미지를 8비트 흑백 픽셀로 구성된 "L" 모드로 변환하고 그레이 스케일 변수 gray를 지정한다❺. 이 모드에서는 채널이 하나뿐이므로(RGB는 세 개) 임계값을 설정할 때 단일 값만 결정하면 된다. 동작이 발생하는 위 또는 아래에 한계를 설정하면 되는 것이다.

명백한 흑백 이미지를 담을 새로운 변수 bw를 할당한다❻. 픽셀 값을 변경할 때 사용하는 point() 메서드와 람다 함수를 사용하여 90 이하 값을 검정색(0)으로 설정하고 나머지는 모두 흰색(255)으로 설정한다.

임계값은 시행착오를 거쳐 책정되었다. point() 메서드는 이제 경계 박스를 맞출 선명한 이미지를 반환한다(그림 15-6).

그림 15-6 흑백으로 변환된 원본 비디오 프레임 화면 캡쳐

이제 bw에 Image 모듈의 getbox() 메서드를 호출한다❼. 이 메서드는 이미지에서 0이 아닌 영역에 경계 박스를 맞춰 검은 테두리를 잘라낸다. 그리고 박스의 좌측, 상단, 우측, 하단 픽셀 좌표가 담긴 튜플을 반환한다.

박스를 사용하여 비디오 프레임을 자르면 테두리가 목성 표면에 접하는 이미지를 얻을 수 있다(그림 15-7의 중간 이미지 참조). 원하는 그림이지만 시각적으로 만족스럽지 않다. 따라서 새로운 박스 변수인 padded_box를 사방으로 20 픽셀 확장된 상태로 할당하고 검정색 패딩을 추가한다(그림 15-7의 우측 이미지 참조). 패딩은 일관되게 모든 이미지에 적용되기 때문에 잘라낸 결과물을 훼손하지 않는다.

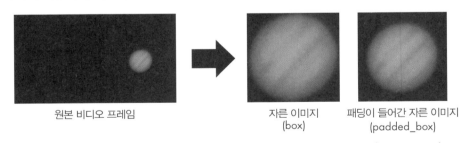

원본 비디오 프레임   자른 이미지   패딩이 들어간 자른 이미지
                                              (box)   (padded_box)

그림 15-7 목성 표면에 접하는 초기 자르기(box)와 패딩이 들어간 최종 자르기(padded_box)

crop() 메서드로 각 이미지를 잘라내어 이어간다❽. 이 메서드는 padded_box를 인자로 사용한다.

이미지 크기를 조정하려면 ImageOps.fit() 메서드를 사용한다. 이 메서드는 이미지를 입력받는다. 또한 이미지의 크기를 너비와 높이의 픽셀값으로 구성된 튜플로 입력받고 리샘플링 방식, 테두리 값(0 = 테두리 없음)도 입력받는다. 거기에 튜플을 입력해 잘라내는 지점을 지정할 수 있어 (0.5, 0.5) 튜플을 입력해 중심점을 기준으로 잘라내는 것도 가능하다. pillow 모듈도 이미지 크기를 조정하기 위한 몇 가지 알고리즘을 지니고 있지만, 유명한 *Lanczos* 필터를 선택했다. 이미지를 확대하면 선명도가 감소하는 경향이 있지만, *Lanczos*는 강한 모서리를 따라 링잉 아티팩트를 만들어낸다. 이것은 시각적 선명도를 높여준다. 이 의도하지 않은 가장자리 강화는 원본 비디오 프레임에서 희미하고 흐릿한 특징들에 집중하는데 도움을 줄 수 있다.

크기 조절 이후 file_name 변수를 할당한다. 256개의 잘린 이미지들은 *cropped_*로 시작하여 format() 메서드의 대체 필드로 전달되는 이미지의 번호로 끝난다. 파일을 저장하고 함수를 종료한다❾.

전역 공간으로 돌아가서 프로그램을 모듈로써 또는 스탠드얼론 모드로 실행하도록 하는 코드를 추가한다.

> 호환성이 높고, 색상의 그라데이션을 잘 처리하고, 메모리를 거의 차지하지 않는 JPEG 포맷으로 파일을 저장한다. JPEG는 "손실" 압축 방식을 사용하는데 이로 인해 파일을 저장할 때마다 약간의 이미지 품질 저하가 발생한다. 압축 강도를 낮추려면 저장 용량을 조금 더 소모하면 된다. 천체 사진을 다룰 때에는 대부분 TIFF와 같은 무손실 포맷을 사용할 것이다.

당신은 워크플로우의 현재 단계에서 원본 비디오 프레임을 목성 주위의 박스 크기로 잘라냈다. 그리고 잘라낸 이미지를 더 크고 일관된 크기로 재단한다(그림 15-8).

원본 비디오 프레임　　　　자른 이미지　　　　크기 조정된 이미지

그림 15-8 자르기 및 크기 조정 이후 상대적 이미지 크기

다음 본문에서는 잘리고 크기가 조정된 이미지를 쌓는 코드를 작성한다.

적층 코드

stack_images.py 코드는 마지막 프로그램에서 생성된 이미지를 가져와서 하나의 적층 이미지가 생성되도록 평균화한다. 제공되는 예제 파일에서 다운로드할 수 있다.

crop_n_scale_images.py 프로그램과 동일한 폴더에 저장한다.

　코드 15-5는 모듈 임포트, 이미지 로드, 색상 채널 리스트 생성(빨강색, 파랑색, 초록색), 채널 평균화, 채널 재결합을 수행하고 최종 적층 이미지를 생성하여 저장한다. main() 함수는 신경 쓰지 않아도 될 정도로 간단하다.

stack_images.py

```
❶ import os
   from PIL import Image

   print("\nstart stacking images...")

   # list images in directory
❷ os.chdir('cropped')
   images = os.listdir()

   # loop through images and extract RGB channels as separate lists
❸ red_data = []
   green_data = []
   blue_data = []
❹ for image in images:
       with Image.open(image) as img:
           if image == images[0]:  # get size of 1st cropped image
               img_size = img.size  # width-height tuple to use later
❺          red_data.append(list(img.getdata(0)))
           green_data.append(list(img.getdata(1)))
           blue_data.append(list(img.getdata(2)))

❻ ave_red = [round(sum(x) / len(red_data)) for x in zip(*red_data)]
   ave_blue = [round(sum(x) / len(blue_data)) for x in zip(*blue_data)]
   ave_green = [round(sum(x) / len(green_data)) for x in zip(*green_data)]

❼ merged_data = [(x) for x in zip(ave_red, ave_green, ave_blue)]
❽ stacked = Image.new('RGB', (img_size))
❾ stacked.putdata(merged_data)
   stacked.show()

❿ os.chdir('..')
   stacked.save('jupiter_stacked.tif', 'TIFF')
```

코드 15-5 색상 채널을 분리하고 평균화한 후 단일 이미지로 재결합

　먼저, 이전 프로그램에서 사용한 일부 임포트를 반복한다❶. 현재 디렉토리를 잘리고 크기가 조정된 목성 이미지가 담긴 cropped 폴더로 변경하고❷, 즉시 os.listdir()을 사용하여 폴더의 이미지 리스트를 생성한다.

　pillow를 사용하면 개별 픽셀 또는 픽셀 그룹을 조작할 수 있으며, 빨강색, 파랑색, 초록색 등 개별 컬러 채널에도 동일한 작업을 수행할 수 있다. 이를 증명하기 위해 개별 컬러 채널에서 이미지를 쌓을 것이다.

　RGB 픽셀 데이터를 저장할 빈 리스트를 세 개 만들고❸ 이미지 리스트를 루핑한다❹. 먼저, 이미지를 열고 첫 번째 이미지의 너비와 높이 픽셀을 튜플로 구한다. 이전 프로그램에서 잘라낸 이미지들의 크기를 더 크게 조정했다는 것을 기억하라.

추후 새로운 적층 이미지를 만들 때 이 치수들이 필요한데, size가 자동으로 이 정보를 검색해준다.

이제 getdata() 메서드를 사용하여 선택한 이미지의 픽셀 데이터를 구한다❺. 원하는 색상 채널의 인덱스를 메서드에 전달한다. 빨강색은 0, 초록색은 1, 파랑색은 2. 적절한 경우 결과를 데이터 리스트에 추가한다. 각 이미지의 데이터는 데이터 리스트와 별도의 리스트를 형성한다.

각 리스트의 값을 평균화하기 위해 리스트 컴프리헨션을 사용하여 모든 이미지의 픽셀을 합하고 총 이미지 수로 나눈다❻. 스플랫(*) 연산자와 zip을 사용한다. 예를 들어, red_data 리스트는 256개의 이미지 파일 중 하나를 나타내는 중첩 리스트이다. zip과 *는 리스트의 내용을 풀어서 image1의 첫 번째 픽셀과 image2의 첫 번째 픽셀을 합한다.

평균 색상 채널을 병합하기 위해 리스트 컴프리헨션과 zip을 사용한다❼. 다음으로, Image.new()를 사용하여 stacked라는 새 이미지를 생성한다❽. 메서드에 색상 모드('RGB')와 이미지의 원하는 너비와 높이를 픽셀 단위로 포함하는 img_size 튜플을 전달한다. 이는 앞서 잘라낸 이미지 중 하나에서 구한 것이다.

putdata() 메서드를 사용하여 새 stacked 이미지를 채우고 merged_data 리스트를 전달한다❾. 이 메서드는 좌측 위 코너(0, 0)에서 시작하는 시퀀스 오브젝트 데이터를 이미지로 복사한다. show() 메서드를 사용하여 최종 이미지를 표시한다. 폴더를 상위 디렉토리로 변경하고 이미지를 *jupiter_stacked.tif*라는 TIFF 파일로 저장하여 마무리한다❿.

원본 비디오 프레임 중 하나를 그림 15-9와 같이 최종 적층 이미지(*jupiter_stacked.tif*)과 비교해보면 모서리 선명도와 신호 대 잡음 비율이 뚜렷하게 향상되었다는 것을 알 수 있다. 이 차이는 컬러 사진에서 더 확연하므로 프로그램을 실행하지 않았다면 웹사이트에서 *Figure 15-9.pdf*를 다운로드한다. 이미지를 컬러로 볼 때, 적층은 더 매끄럽고 "더 부드러운" 흰색 밴드, 더 선명한 빨강색 밴드, 그리고 더 명확한 대적점을 볼 수 있게 해준다. 하지만 여전히 개선의 여지가 있기 때문에 이제 최종 적층 이미지를 향상시키기 위한 프로그램을 작성할 것이다.

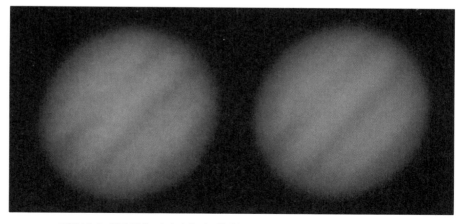

그림 15-9 최종 적층 이미지와 비교한 원본 비디오 프레임(jupiter_stacked.tif)

대적점이 적층 이미지에서 분홍색으로 보인다면, 지극히 정상이다. 종종 희미해지기도 하고, 목성 사진들은 후가공으로 색이 과장되어 있기 때문에 이 미묘한 색채는 사라진다. "Great Pink Spot(대분홍점)"은 이름에서 오는 강렬한 느낌이 없으니 어쩌면 대적점이라는 이름이 최선일지도 모른다.

강화 코드

비디오 프레임을 성공적으로 쌓아올렸지만, 목성은 여전히 비뚤어져 있고 특징은 희미하다. pillow의 필터, 강화, 변형을 사용하여 적층 이미지를 더욱 향상시킬 수 있다. 이미지를 강화할수록 "진짜" 원시 데이터로부터 점점 더 멀어지게 된다. 때문에 별도의 프로그램으로 강화 과정을 분리하는 방식을 선택했다.

일반적으로 적층 후 첫 번째 단계에서는 하이패스 필터나 언샤프 마스크 알고리즘을 사용하여 디테일을 향상시키고 밝기, 대비 및 색상을 미세 조정한다. 순서는 다르지만 코드는 pillow의 이미지 강화 기능을 사용하여 이러한 단계를 적용한다. 영진닷컴 홈페이지에서 *enhance_image.py* 코드를 다운로드할 수 있다. 다른 파이썬 프로그램과 동일한 폴더에 저장하도록 하자.

 천문학적 이미지들의 처리 역시 상당한 연관성을 갖고 있으며, 해당 주제에 관한 책도 쓰여졌다. 이 워크플로우에는 표준 단계 중 일부가 생략되었다. 예를 들어, 원본 이미지는 보정되지 않았고, 난기류에 의한 왜곡 효과도 정정되지 않았다. RegiStax 또는 AviStack과 같은 고급 소프트웨어는 구름 띠의 가장자리와 같은 왜곡된 특징들이 모든 이미지에 적절하게 겹쳐질 수 있도록 개별 이미지를 구부려 흐릿해지는 것을 방지한다.

코드 15-6은 pillow 클래스를 임포트한 다음 이전 코드에 의해 생성된 적층 이미지를 열어서 개선하고 저장한다. 크기가 작은 프로그램이지만 이미지 강화를 위한 선택지가 많기 때문에 모듈화를 선택했다.

enhance
_image.py

```
❶ from PIL import Image, ImageFilter, ImageEnhance

❷ def main():
       """Get an image and enhance, show, and save it."""
    ❸ in_file = 'jupiter_stacked.tif'
       img = Image.open(in_file)
    ❹ img_enh = enhance_image(img)
       img_enh.show()
       img_enh.save('enhanced.tif', 'TIFF')

❺ def enhance_image(image):
       """Improve an image using pillow filters & transforms."""
    ❻ enhancer = ImageEnhance.Brightness(image)
    ❼ img_enh = enhancer.enhance(0.75)  # 0.75 looks good

    ❽ enhancer = ImageEnhance.Contrast(img_enh)
       img_enh = enhancer.enhance(1.6)
```

```
        enhancer = ImageEnhance.Color(img_enh)
        img_enh = enhancer.enhance(1.7)

❾   img_enh = img_enh.rotate(angle=133, expand=True)

❿   img_enh = img_enh.filter(ImageFilter.SHARPEN)

    return img_enh

if __name__ == '__main__':
    main()
```

코드 15-6 이미지 열기, 향상, 새 이름으로 저장

임포트 문은 마지막 두 개를 제외하고는 익숙할 것이다❶. 새로운 모듈인 ImageFilter 와 ImageEnhance는 흐리게 하기, 선명하게 하기, 밝게 하기, 부드럽게 하기 등을 통해 이미지를 변경할 수 있는 사전 정의된 필터와 클래스를 포함한다(각 모듈 내용을 자세히 보려면 *https://pillow.readthedocs.io/en/5.1.x/* 참조).

main() 함수 정의로 시작한다❷. 적층 이미지를 in_file 변수에 할당하고 Image. open()으로 전달하여 파일을 연다❸. 그리고 enhance_image() 함수를 호출하여 이미지 변수를 전달한다❹. 향상된 이미지를 표시하고 이미지 품질이 저하되지 않도록 TIFF 파 일로 저장한다.

이제 이미지를 인자로 사용하는 enhance_image() 함수를 정의한다❺. pillow 문서에 따라, 모든 강화 클래스는 향상된 이미지를 반환하는 단일 메서드인 enhance(factor) 를 포함하는 공통 인터페이스를 구현한다. factor 매개변수는 강화를 제어하는 부동 소 수점 값이다. 1.0은 원본의 사본을 반환한다. 낮은 값은 색상, 밝기, 대비 등을 감소시키 고, 높은 값은 증가시킨다.

이미지의 밝기를 변경하려면 먼저 ImageEnhance 모듈의 Brightness 클래스를 원본 이 미지로 전달하여 인스턴스를 생성한다❻. pillow 문서를 따라서 이 오브젝트의 이름 을 enhancer로 명명한다. 향상된 최종 이미지를 만들기 위해 오브젝트의 enhance() 메 서드를 호출하고 factor 인자를 전달한다❼. 밝기는 0.25 감소시킨다. 행 끝부분에 있는 # 0.75 주석은 다양한 인자를 실험하는 유용한 방법이다. 주석을 사용해서 원하는 값을 저장하면 다른 테스트 값이 만족스러운 결과를 얻지 못할 경우 이전 값을 기억하고 복원 할 수 있다.

대비 항목으로 넘어간다❽. 수동으로 대비를 조정하고 싶지 않다면 pillow의 자동 대 비 메서드를 사용해볼 수 있다. 먼저, PIL에서 ImageOps를 임포트한다. 그리고 ❽의 단 계에 있는 두 행을 다음 단일 행으로 대체한다.

img_enh = ImageOps.autocontrast(img_enh).

다음으로, 색을 칠해서 대적점을 더욱 눈에 띄게 만들 것이다.

기울어진 목성을 보고 싶어하는 사람은 없다. 구름 띠가 수평을 이루고 대적점이 우 측 하단에 있는 보다 "전통적인" 시야로 이미지를 회전시킨다. 이미지에 Image 모듈의 rotate() 메서드를 호출하여 반시계 방향으로 측정된 각도를 전달하고, 자동으로 출력 이미지를 확장하여 회전된 전체 이미지를 저장할 수 있을 만큼 충분히 키운다❾.

이제 이미지를 선명화한다. 고품질 이미지도 데이터 변환, 크기 조정, 회전 등의 보간 효과를 향상시키기 위해 선명화가 필요하다. 일부 천체 사진 자원은 이 작업을 가장 먼저 하도록 권고하지만, 대부분의 이미지 처리 워크플로우에서는 마지막에 위치한다. 사용 중인 미디어는 물론이고 이미지의 최종 크기(시야 거리)에 따라 다르기 때문이다. 또한, 선명화 과정에서 노이즈 아티팩트가 증가할 수 있으며 데이터가 유실될 수 있는 "손실" 작업(다른 편집 작업 이전에 실행하기 꺼려지는 작업)이다.

선명화는 ImageFilter 클래스를 사용하므로 이전 개선 항목들과는 조금 다르다. 중간 단계는 필요하지 않다. 이미지 오브젝트에 filter() 메서드를 호출하고 사전 정의된 SHARPEN 필터를 전달하여 단일 행으로 새로운 이미지를 생성할 수 있다❿. pillow 모듈에는 UnsharpMask, EDGE_ENHANCE 등 가장자리를 선명하게 만드는 다른 필터들이 있지만, 이 이미지에서는 SHARPEN의 결과물과 별반 차이를 느낄 수 없다.

이미지를 반환하고 프로그램을 모듈로써 또는 스탠드얼론 모드로 실행하는 코드를 적용하여 마무리한다.

최종 개선 이미지는 그림 15-10에서 무작위 비디오 프레임, 최종 적층 이미지와 비교한다. 비교가 수월하도록 모든 이미지는 회전되었다.

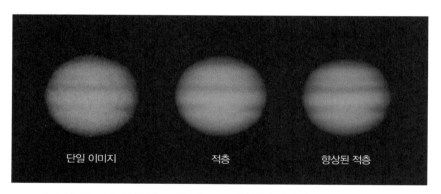

그림 15-10 무작위 비디오 프레임, 256 프레임 쌓기 결과 및 최종 향상된 이미지

컬러 이미지로 보면 개선점을 더욱 뚜렷하게 확인할 수 있다. 프로그램을 실행하기 전에 컬러 이미지를 확인하려면 *Figure 15-10.pdf*를 보거나 다운로드하면 된다.

 ▶ pillow에 익숙하다면 Image.blend() 메서드를 사용하여 몇 줄의 코드만으로 이미지를 쌓을 수 있다는 것을 알고 있을 것이다. 하지만 내가 보기에는 stack_images.py 프로그램에서 개별 색상 채널을 분리하고 평균화하여 얻은 결과물보다 노이즈가 눈에 띄게 많다.

요약

그림 15-10의 최종 이미지가 상을 받거나 *Sky & Telescope* 잡지에 실릴 일은 없겠지만 중요한 것은 도전이다. 그리고 그 도전은 비디오에서 캡쳐한 단일 이미지에 비해 현저한 향상을 이루어냈다. 색상은 더 밝고, 구름 띠는 더 선명하며 대적점은 더 뚜렷하다. 당신은 대적점의 난기류까지도 파악할 수 있다(그림 15-1 참조).

러프한 입력으로 시작했지만 당신은 이미지들을 등록할 수 있었고, 적층을 통해 노이즈를 제거할 수 있었으며, 필터와 변형을 이용해서 최종 이미지를 향상시킬 수 있었다. 그리고 이 모든 단계는 파이썬 이미지 처리 라이브러리에서 자유롭게 이용할 수 있는 pillow 포크를 통해 이루어졌다. 파일 및 폴더 조작에 사용하는 파이썬 shutil과 os 모듈에 대해서도 익힐 수 있었다.

보다 고차원적인 이미지 처리를 위해서는 cv2 및 NumPy 모듈을 설치하고 임포트하여 구현하는 OpenSource Computer Vision(OpenCV)을 사용할 수 있다. 다른 옵션은 matplotlib, SciPy, NumPy를 사용하는 것이다. 항상 그렇듯이, 파이썬에서는 다양한 방식으로 문제를 해결할 수 있다.

추가 참고 도서

Al Sweigart의 *Automate the Boring Stuff with Python: Practical Programming for Total Beginners*(No Starch Press, 2015)에는 파일, 폴더, pillow 활용에 관한 유용한 챕터들이 포함되어 있다.

천문학 분야에서 파이썬을 사용하기 위한 온라인 자원으로는 *Python for Astronomers*(*https://prappleizer.github.io/*)와 *Practical Python for Astronomers*(*https://python4astronomers.github.io/*)가 있다.

OpenCV-Python 라이브러리에 대해 자세히 알아보고 싶다면 *https://docs.opencv.org/3.4.2/d0/de3/tutorial_py_intro.html*에서 튜토리얼을 확인하라. 튜토리얼을 진행하기에 앞서, NumPy에 대한 지식을 갖추어야 한다. 이는 최적화된 OpenCV 코드를 작성하기 위한 필수 조건이기도 하다. SimpleCV를 사용하면 OpenCV보다 학습 곡선은 작지만 파이썬 2에서만 작동하는 시각 및 이미지 조작을 학습해볼 수 있다.

Thierry Legault의 *Astrophotography*(Rocky Nook, 2014)는 천체 촬영에 진지하게 관심이 있는 사람이라면 꼭 필요한 자료이다. 포괄적이고 가독성 좋은 참고 자료로써, 장비 선택부터 이미지 처리까지 모든 측면을 다룬다.

James Gilbert의 블로그 "Aligning Sun Images Using Python"(LabJG, 2013)은 경계 박스 기법을 사용하여 태양을 자르는 코드를 제공한다. 또한, 태양 흑점을 등록점으로 사용하여 태양의 회전 이미지를 재정렬하는 영리한 메서드도 포함하고 있다. *https://labjg.wordpress.com/2013/04/01/aligning-sun-images-using-python/*에서 확인할 수 있다.

구글의 한 연구팀은 적층 기법을 이용해서 스톡 사진 사이트의 이미지에서 워터마크를 제거하는 방법과 웹사이트들이 자신들의 재산을 더 잘 보호할 수 있는 방법을 알아냈다. 이 자료는 *https://research.googleblog.com/2017/08/making-visible-watermarks-more-effective.html*에서 확인할 수 있다.

도전 프로젝트: 사라지게 만들기

이미지 적층 기법은 단순히 노이즈를 제거하는 것 이상의 작업을 수행할 수 있다. 사진 속에서 움직이는 모든 것(사람들을 포함해서)을 제거할 수도 있다. 예를 들어, Adobe Photoshop은 정적이지 않은 오브젝트를 마법처럼 사라지게 만드는 적층 스크립트를 가지고 있다. 중앙값이라는 통계적 평균을 활용하는데, 이는 단순히 최소값부터 최대값까지 배열된 숫자 목록의 "중간" 값이다. 이 프로세스에는 여러 장의 사진이 필요하며 (삼각대에 장착된 카메라로 촬영되면 더 좋다) 제거하고자 하는 오브젝트가 이미지마다 움직여야 하고 배경은 일정하게 유지되어야 한다. 일반적으로 약 20초 간격으로 찍은 10~30장의 사진이나 비디오에서 추출한 비슷한 간격의 프레임이 필요하다.

평균은 숫자를 합하고 합계로 나누어 구한다. 중앙값을 사용하여 숫자를 정렬하고 중간 값을 선택하라. 그림 15-11를 보면 같은 행에 있는 5개의 이미지가 모두 동일한 픽셀 위치를 나타낸다. 네 번째 이미지는 검은 새가 날아와 멋진 흰색 바탕을 망쳐버렸다. 평균값을 쌓아올리면, 새의 존재는 그대로 남아있게 된다. 하지만 이미지를 적층할 때 중앙값을 사용하면 결과는 달라진다. 이미지들이 가지고 있는 색상 값을 빨강, 초록, 파랑의 채널별로 모은 후 정렬해 가운데 값을 고르면 각 채널이 갖는 배경색의 값(255)을 얻을 수 있다. 새의 흔적은 전혀 남지 않는다.

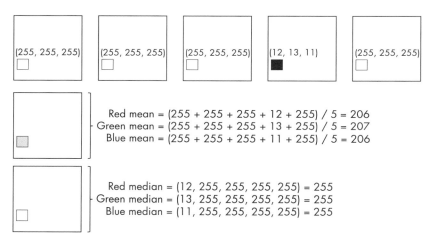

그림 15-11 동일한 픽셀이 강조되고 RGB 값이 표시된 5개의 흰색 이미지. 중앙값 적층은 검정색 픽셀을 제거한다.

일반적으로 중앙값을 사용하면, 제외해야 하는 값이 리스트의 끝부분으로 밀려난다. 이상치가 포함된 이미지의 수가 과반 미만이기만 하면 전체 사진에서 위성, 비행기 따위의 이상치를 쉽게 제거할 수 있다.

이러한 지식을 토대로 휴가 사진에서 관광객들을 제거하는 이미지 적층 프로그램을 작성하라. 테스트용으로 사용할 *moon_cropped* 폴더를 다운로드할 수 있다. 이 폴더에는 지나가는 비행기에 의해 "망쳐진" 다섯 개의 합성 달 사진이 들어있다(그림 15-12 참조).

   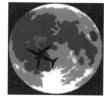 

moon_1.png   *moon_2.png*   *moon_3.png*   *moon_4.png*   *moon_5.png*

그림 15-12 중앙값 접근법 테스트를 위한 합성 달 사진

최종 적층 이미지에는 비행기의 흔적이 없어야 한다(그림 15-13).

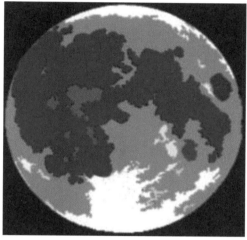

그림 15-13 중앙값을 사용하여 moon_cropped 폴더에 이미지를 쌓은 결과

도전 프로젝트이므로 솔루션이 제공되지 않는다.

16

벤포드의 법칙을 이용한 사기 탐지

전자계산기가 발명되기 전에는 숫자의 로그를 구하려면 로그표를 뒤져야 했다. 천문학자 Simon Newcomb 역시 로그표를 사용했는데, 1881년에 낮은 숫자로 시작되는 앞쪽 페이지가 뒤쪽보다 더 닳아 있다는 것을 알아차렸다. 이 평범한 관찰을 통해 그는 선행 자릿수는 큰 숫자보다 작은 숫자가 나올 가능성이 높다는 것을 깨달았다(적어도 측량값과 자연발생 상수는 그랬다). 그는 이에 대한 짧은 기사를 내고 그냥 잊어버렸다.

수십 년간 이 통계적 호기심은, Tolkien의 One Ring을 인용하자면 "모든 지식에서 잊혀졌다." 1938년, 물리학자 Frank Benford는 강, 거리 주소, 잡지에 수록된 숫자, 분자량, 야구 통계, 사망률 등 다양한 데이터 소스에서 2만 개 이상의 숫자들을 수집하면서 이 현상을 재발견했다. 이 과학적 발견을 대중화한 그가 모든 공로를 인정받았다.

첫째 자릿수의 법칙으로도 알려진 벤포드의 법칙에 따르면, 자연발생 수치분포에서 선행 자릿수의 발생 빈도는 예측 가능하고 불균일하다. 사실, 주어진 숫자는 9보다 1로 시작할 가능성이 6배나 높다. 대부분의 사람들은 균일한 분포, 즉 각 숫자가 9분의 1(11.1%)의 확률로 첫 번째 자리를 점유할 것이라 예상하기 때문에 이는 매우 직관에 반하는 사실이다. 이러한 인지적 단절 때문에 벤포드의 법칙은 금융, 과학, 선거 데이터에서 유용한 사기 탐지 도구가 되었다.

이 챕터에서는 현실의 데이터 세트를 벤포드의 법칙과 비교하고 사기 가능성을 판별하는 파이썬 프로그램을 작성할 것이다. 또한, 분석에 유용한 시각적 요소를 추가하기 위해 matplotlib에 쌓인 먼지를 마지막으로 털어낸다. 데이터 세트는 현재 논쟁이 되고 있는 2016년 미국 대통령 선거에서 추출할 것이다.

프로젝트 #24: 벤포드의 첫째 자릿수 법칙

그림 16-1은 벤포드의 법칙을 따르는 숫자 집합에서 유의미한 선행 자릿수의 막대 그래프를 나타낸다. 놀랍게도, 규모는 중요하지 않다. 호주 도로의 길이에 대한 표도 벤포드의 법칙을 따를 것이다. 통계적 원리로써, 이것은 규모 불변이다.

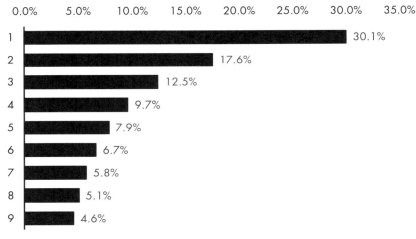

그림 16-1 벤포드의 법칙에 따른 선행 자릿수의 발생 빈도

수학자들이 벤포드의 법칙에 대해 만족스러운 설명을 떠올리는 데는 약 백 년이 걸렸다. 우리는 그냥 우주에는 큰 것보다 작은 것이 더 많다고만 생각하면 된다. Frank Benford는 9에이커의 땅보다 1에이커의 땅을 소유하는 것이 더 쉽다는 비유를 사용했다. 실제로 1이 2보다 2배, 1이 3보다 3배 많은 것으로 가정하면 벤포드의 법칙이 도출하는 빈도를 비슷하게 복제할 수 있다.

9개의 자릿수의 역수($1/d$)를 모든 역수의 합(2.83)으로 나눈다. 그리고 그 결과에 100을 곱해서 백분율을 구한다(그림 16-2 참조).

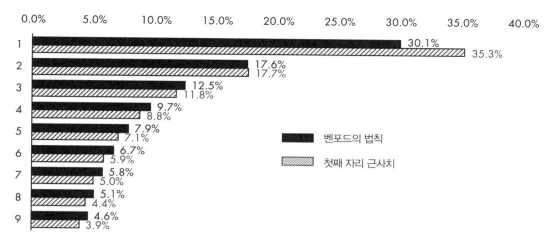

그림 16-2 첫째 자릿수의 역수에 비례하는 근사치와 벤포드의 법칙 비교

이러한 크기의 연관성 때문에 벤포드의 법칙은 로그자로 시각화할 수 있는데, 이는 지수 관계에 따라 관련 데이터를 그래프로 나타낸다. 반대수("semilog") 그래프는 한 축이 1~9처럼 맨 앞자리 숫자에 제한되어 있는 반면, 다른 축은 높은 자릿수를 갖는 광범위한 수까지 표현한다.

로그 모눈종이에서 수평선 x축은 로그의 진수를 표현하고, x축에 수직인 y축 값은 그렇지 않다(그림 16-3 참조). x축에서 숫자 사이의 너비는 균일하지 않지만 이 비선형적인 패턴이 10의 제곱으로 반복되고 있다. 이 그래프 용지는 1에서 10으로, 10에서 100으로 넘어가는 데케이드마다 일정한 너비를 갖고 있으며 그 내부의 숫자 사이 너비는 그림 16-1에 나온 막대 길이에 비례한다. 예를 들어 그림 16-3에서 1과 2 사이의 거리는 1과 10사이의 거리에서 30.1%를 차지한다. 누군가 말했듯 로그 용지에 다트만 던져도 벤포드의 법칙을 유도해낼 수 있다.

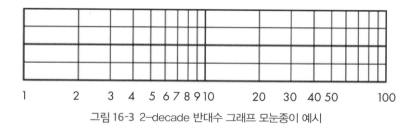

그림 16-3 2-decade 반대수 그래프 모눈종이 예시

수집하는 숫자 데이터가 벤포드의 법칙에 부합하려면 특정 조건을 충족해야 한다. 숫자는 무작위여야 하고 할당되지 않아야 하며, 최소값이나 최대값 한계도 없어야 한다. 숫자들은 다양한 자릿수를 포함해야 하며, 데이터 세트의 규모는 커야 한다.

50개 이하의 숫자를 포함하는 데이터 세트에 대해서도 벤포드의 법칙은 성립하지만, 문헌은 최소한 100에서 1,000개의 샘플을 권장한다. 벤포드의 법칙을 따르지 않는 분포의 예시는 프로 농구 선수들의 키, 미국 전화 번호, 심리적 장벽에 영향을 받는 가격 (1.99달러 대 2달러), 의료비 부담 등이 있다.

벤포드의 법칙 적용

대부분의 금융 및 회계 데이터는 자연발생 숫자에 부합하므로 벤포드의 법칙이 적용된다. 예를 들어, 1,000달러의 가치를 가진 주식 뮤추얼 펀드를 소유하고 있다고 가정해보자. 당신의 펀드가 2,000달러에 도달하려면 100% 성장해서 두 배가 되어야 한다. 2,000달러에서 3,000달러가 되려면 50%만 증가하면 된다. 첫 번째 자리가 4가 되려면 33% 더 성장해야 한다. 벤포드의 법칙이 예측하듯 선행 자릿수 1이 2가 되려면 3이 4가 되는 것보다 더 큰 성장을 필요로 한다. 벤포드 분포는 "분포의 분포"이기 때문에, 금융 데이터 세트 역시 숫자를 조합해서 얻어진 결과이므로 이에 부합하는 경향이 있다(예외도 발생하지만).

많은 사람들이 벤포드의 법칙에 대해 알지 못하기 때문에 숫자 기록을 위조할 때 이 법칙을 고려하지 않는다. 이는 법률 회계사에게 사기 가능성이 있는 데이터 세트를 신속하게 식별할 수 있는 강력한 도구를 제공한다. 벤포드의 법칙 비교 방식은 미국의 연방, 주, 지방 수준의 범죄 사건에서 법적 증거로 인정된다.

1993년의 애리조나 주 대 Nelson 사건에서 피고는 정부를 사취하기 위해 가짜 매도인들에게 거의 2백만 달러에 달하는 돈을 분배했다. 위조 수표 제작에 공을 들였지만, 첫째 자릿수 분포는 벤포드의 법칙을 명백히 위배했고(그림 16-4) 유죄 판결을 받게 되었다.

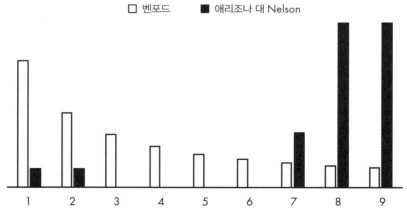

그림 16-4 애리조나 주 대 Nelson 사건(CV92–18841)에서 부정 수표의 첫 번째 자리 빈도와 벤포드의 법칙으로 예상한 빈도 비교

벤포드의 법칙은 내부 감사에도 유용하게 사용된다. 회사에서 1만 달러가 넘는 여행 및 유흥비가 부사장의 승인을 받아야 하는 경우를 가정해보자. 이러한 재정 한계는 직원들에게 인보이스를 나누거나 하는 방식으로 시스템을 악용하도록 유혹할 수 있다. 그림 16-5는 9,999달러를 초과하는 모든 값을 절반으로 분할한 100달러부터 12,000달러까지의 비용 그룹을 바탕으로 한다. 쉽게 추측할 수 있듯이, 첫째 자릿수 5와 6의 빈도가 벤포드의 법칙을 명백히 위반하며 치솟는다.

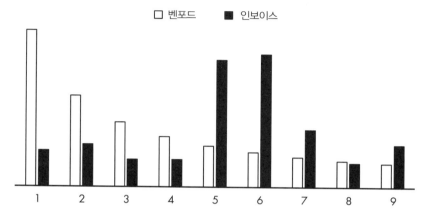

그림 16-5 100달러에서 12,000달러 사이의 데이터 세트에서 9,999달러 이상의 인보이스를 분할하면 벤포드의 법칙에 위배된다.

더 큰 규모로 보면, 벤포드의 법칙은 대기업의 금융 데이터 비리들(수익 규모 등)을 밝혀냈다. 관례화된 분식회계를 실행한 엔론의 예시가 그림 16-6에 나타나 있다. 2001년, 엔론의 파산은 당시 사상 최대 규모를 기록했으며 이 사건으로 인해 몇몇 최고 경영자들이 수감되었다. 이 스캔들은 "빅 파이브" 회계법인이자 세계 최대의 다국적 기업 중 하나인 Arthur Andersen의 해체를 야기했다.

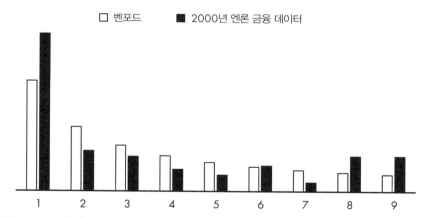

그림 16-6 2000년 엔론 금융 데이터의 첫 번째 자릿수 빈도와 벤포드의 법칙에 근거한 예상 빈도(Wall Street Journal 이후) 비교

당연한 얘기지만, 벤포드의 법칙은 범죄자들이 이 법칙을 모른다고 가정했을 때 가장 효과적인 사기 탐지 기법이다. 챕터 말미에 있는 연습 프로젝트에서는 이 법칙의 원리를 알고 있다고 가정하고 탐지를 피해 볼 것이다. 결과적으로 벤포드의 법칙을 이용하여 사기 가능성이 있는 데이터셋을 표시할 수 있지만, 그 반대를 증명하기 위해 사용할 수는 없다.

카이-제곱 검정 수행

감사자와 조사자는 데이터셋이 벤포드의 법칙에 부합하는지 확인하기 위해 여러 가지 통계적 메서드를 사용한다. 이 프로젝트에서는 경험적(관찰적) 분포가 이론적(예상) 분포와 유의미한 차이를 보이는지 여부를 판단하기 위해 일반적으로 사용되는 *카이-제곱 적합도 검정*을 사용한다. 유의 수준(p-값)이 판별 장치가 된다. 가장 일반적인 유의 수준은 0.05이지만, 0.01과 0.10도 많이 사용된다. 유의 수준 0.05는 차이가 없을 때 차이가 존재한다고 오인할 가능성이 5%라는 것을 나타낸다.

카이-제곱 적합도 검정을 수행하기 위한 단계는 다음과 같다.

1. 범주 (k) - 1로 정의되는 *자유도*(df)를 찾는다.

$$df = k - 1$$

벤포드의 법칙에서 범주형 레벨은 첫 번째 자릿수 (1~9)이므로 $df = 8$이 된다.

2. 각 레벨의 이론적 빈도에 표본 크기를 곱하여 각 레벨의 예상 빈도 카운트를 산출한다.

$$E_i = np_i$$

E가 i번째 레벨에서의 예상 빈도라면 n은 표본 크기, p는 i번째 레벨의 이론적 확률이다. 표본이 1,000개일 경우, 벤포드의 법칙 분포에서 1로 시작할 것으로 예상되는 표본의 수는 1,000 × 0.301 = 301이 될 것이다(그림 16-1 참조).

3. 두 분포의 동일 여부를 판단할 수 있는 검정 통계, 카이-제곱 무작위 변수(X^2)를 계산한다.

$$X^2_{df} = \sum_{i=1}^{n} \frac{(O_i - E_i)^2}{E_i}$$

O가 범주형 변수의 i번째 레벨에서 관찰된 빈도 카운트일 때, E는 범주형 변수의 i번째 레벨의 예상 빈도 카운트, df는 자유도를 나타낸다.

4. *카이-제곱 분포표*(표 16-1)를 참조하여 계산된 자유도에 해당하는 행 전체를 판독한다. 검정 통계가 유의하다고 간주할 수 있는 *p*-값 열에 표시된 값보다 *작으면*, 관찰된 분포와 이론적 분포가 같다는 가설이 입증된다.

자유도	극단적일 확률								
	0.99	0.95	0.90	0.75	0.50	0.25	0.10	0.05	0.01
1	0.000	0.004	0.016	0.102	0.455	1.32	2.71	3.84	6.63
2	0.020	0.103	0.211	0.575	1.386	2.77	4.61	5.99	9.21
3	0.115	0.352	0.584	1.212	2.366	4.11	6.25	7.81	11.34
4	0.297	0.711	1.064	1.923	3.357	5.39	7.78	9.49	13.28
5	0.554	1.145	1.610	2.675	4.351	6.63	9.24	11.07	15.09
6	0.872	1.635	2.204	3.455	5.348	7.84	10.64	12.59	16.81
7	1.239	2.167	2.833	4.255	6.346	9.04	12.02	14.07	18.48
8	1.647	2.733	3.490	5.071	7.344	10.22	13.36	15.51	20.09
9	2.088	3.325	4.168	5.899	8.343	11.39	14.68	16.92	21.67
10	2.558	3.940	4.865	6.737	9.342	12.55	15.99	18.31	23.21
	유의미한 차이 없음							유의미한 차이 있음	

표 16-1. 카이–제곱 분포표

표 16-1에서 p-값 0.05의 임계값은 15.51이다(8의 자유도에서). 계산된 검정 통계가 15.51보다 작으면 p-값은 0.05보다 크며, 관찰된 분포와 벤포드의 법칙에 의해 예측된 분포 사이에 통계적으로 유의미한 차이가 없다고 결론을 내린다. 여기서 p-값은 8도의 자유도를 갖는 검정 통계가 15.51보다 더 극단적일 확률이다.

카운트에 카이-제곱 테스트를 수행해야 한다는 것을 명심한다. 데이터가 백분율, 평균, 비율 등의 값이라면 검정을 시행하기 전에 값을 계수값으로 변환해야 한다.

 ▶ 수치 데이터를 로드하고, 첫 번째 자릿수의 발생 빈도를 기록하고, 카이–제곱 적합도 검정을 사용하여 벤포드의 법칙과 비교하고, 결과를 표와 도식으로 출력하는 파이썬 프로그램을 작성한다.

데이터셋

2016년 미국 대선은 부정선거 혐의들로 점철된 선거였다. 러시아인들이 도널드 트럼프를 지원했다고 비난을 받았고, 민주당 전국위원회는 후보 지명 과정에서 버니 샌더스보다 힐러리 클린턴을 더 선호했다는 비난을 받았다. 트럼프 대통령은 500만~600만 명이 불법 투표를 했다고 주장했고, 2017년 5월에는 부정선거 및 유권자 탄압 심의위원회를 출범시키는 행정명령에 서명했다.

이번 프로젝트에서는 2016년 대선 투표 기록 데이터셋을 사용할 것이다. 이는 힐러리 클린턴이 승리한 일리노이 주 102개 카운티의 최종 개표 결과로 구성된다. 일리노이 주 유권자 등록 시스템 데이터베이스는 2016년 6월부터 악의적인 출처 불명의 사이버 공격을 받았다. 일리노이 주 선거 사무국은 해커들이 수천 개의 기록에 접근했지만 어떠한 데이터도 변경하지 않았다고 확인했다.

일리노이 주의 대선 투표 용지에 놀라울 정도로 많은 후보가 나왔기 때문에, 데이터셋은 힐러리 클린턴, 도널드 트럼프, 게리 존슨, 질 스타인만 포함하도록 파싱되었다. 후보자들의 투표용지는 408줄의 텍스트 파일로 합쳐졌고 처음 5줄은 다음과 같다.

```
962
997
1020
1025
1031
```

*https://www.elections.il.gov/ElectionInformation/DownloadVoteTotals.aspx*에서 후보자들의 전체 집계를 확인할 수 있다.

이 프로젝트에서는 영진닷컴 홈페이지에서 제공되는 예제 파일의 *Illinois_votes.txt* 파일만 다운로드하면 된다. 이 파일은 파이썬 코드와 같은 폴더에 저장해야 한다.

전략

당신이 2016년 대선 당시 부정선거 의혹을 조사하는 수사관으로 배정되어 일리노이 주에 도착했다고 가정해보자. 데이터를 자세히 살펴보기 전에 명백한 이상 징후를 파악해보도록 한다. 벤포드의 법칙만으로 불법 투표 여부를 판단할 수는 없지만, 투표 조작(Tampering, 투표가 끝난 뒤에 득표수를 조작하는 것) 탐지를 시작하기에는 충분하다.

이런 경우, 결과를 전달하는 능력은 정량적 분석만큼이나 중요하다. 선거 위원단에는 전문가들뿐만 아니라 통계에 대한 지식이 제한적인 일반인들도 포함되어 있다. 게다가 배심원 중에는 전문가가 단 한 명도 없을 것이다. 자신과 다른 사람들을 설득하려면 표, 그래프, 정량적 카이-제곱 변수(검정 통계) 등 다양한 형태로 결과를 나타내야 한다.

분석의 개별 단계는 함수 캡슐화에 도움이 된다. 따라서, 의사 코드 대신 당신에게 필요한 함수들을 살펴보자.

`load_data()` 데이터를 리스트로 로드한다.

`count_first_digits()` 각 카운티의 관찰된 투표 합계의 첫 번째 자릿수를 표로 나타낸다.

`get_expected_counts()` 벤포드의 예측대로 첫 번째 자릿수에 대한 카운트를 판단한다.

`chi_square_test()` 관찰된 카운트와 예상 카운트에 카이-제곱 적합도 검정을 실행한다.

`bar_chart()` 관찰된 첫 번째 자리의 백분율을 예상 값과 비교하는 막대 그래프를 생성한다.

`main()` 데이터셋 파일명을 가져오고, 함수들을 호출하고, 통계를 출력한다.

코드

이 섹션에서는 부정선거를 조사하기 위해 *benford.py* 코드를 사용했지만, 이 유연한 코드는 의료 검사 결과, 소득세 수입 또는 고객 환불과 같은 범주형 값이 계수되는 모든 데이터셋에서 사용할 수 있다. 거래로 인한 공정 비효율성 검출, 데이터 누락이나 편집된 값, 오타 등 데이터 수집 및 처리 관련 문제, 베스트 케이스 샘플링이나 워스트 케이스 샘플링 선호도와 같은 측정 전략이나 설문 등 사기와는 관련이 없는 문제에도 사용이 가능하다.

영진닷컴 홈페이지에서 코드를 다운로드할 수 있다. 353 페이지의 "데이터셋"에 설명한 *Illinois_votes.txt* 텍스트 파일도 필요할 것이다.

모듈 임포트 및 데이터 로드

코드 16-1은 모듈을 임포트하고 데이터를 로드하는 함수를 정의한다. 이 프로젝트에서는 Microsoft Excel에서 내보낸 탭 구분 방식의 텍스트 파일을 데이터로 사용한다. 이 텍스트 파일을 문자열 리스트로 로드한다.

benford.py, part 1

```
import sys
import math
❶ from collections import defaultdict
❷ import matplotlib.pyplot as plt

# Benford's law percentages for leading digits 1-9
❸ BENFORD = [30.1, 17.6, 12.5, 9.7, 7.9, 6.7, 5.8, 5.1, 4.6]

❹ def load_data(filename):
    """Open a text file & return a list of strings."""
    ❺ with open(filename) as f:
        return f.read().strip().split('\n')
```

코드 16-1 모듈 임포트 및 데이터 로드 함수 정의

이제 거의 모든 임포트가 친숙해졌을 것이다. collections 모듈은 세트, 튜플, 리스트, 사전과 같은 표준 파이썬 컨테이너에 대한 특수한 대안을 제공한다❶. 첫째 자릿수의 빈도를 계산하려면 defaultdict가 필요하며, 이는 누락된 값을 제공하기 위해 팩토리 함수를 호출하는 dict 서브 클래스이다. defaultdict를 사용하면 루프를 이용해 사전을 만들고 오류를 띄우지 않고 자동으로 새로운 키를 생성한다. 그리고 사전 오브젝트를 반환한다.

마지막 임포트는 matplotlib 플로팅이다❷. matplotlib과 설치 방법에 대한 자세한 내용은 194 페이지의 "감지 가능성 코드"를 참조하라.

이제 1~9 순서로 정렬된 벤포드의 법칙 백분율을 포함하는 리스트에 변수를 할당한다❸. 그리고 텍스트 파일을 읽고 리스트를 반환하는 함수를 정의한다❹. 이전과 마찬가지로 with를 사용해서 종료 후 파일이 자동으로 닫히도록 한다❺.

첫 번째 자릿수 카운트

코드 16-2는 첫째 자릿수를 카운트하고 그 결과를 사전 데이터 구조에 저장하는 함수를 정의한다. 최종 카운트와 각 카운트 빈도의 백분율은 후속 함수에서 사용할 리스트로 반환된다. 또한, 이 함수는 데이터의 품질 관리를 수행하고, 잘못된 샘플이 발견될 경우 사용자에게 알리고 프로그램을 종료한다.

benford.py, part 2

```
❶ def count_first_digits(data_list):
       """Count 1st digits in list of numbers; return counts & frequency."""
❷     first_digits = defaultdict(int)  # default value of int is 0
❸     for sample in data_list:
❹         if sample == '':
               continue
           try:
               int(sample)
           except ValueError as e:
               print(e, file=sys.stderr)
               print("Samples must be integers. Exiting", file=sys.stderr)
               sys.exit(1)
❺         first_digits[sample[0]] += 1
       # check for missing digits
       keys = [str(digit) for digit in range(1, 10)]
       for key in keys:
           if key not in first_digits:
               first_digits[key] = 0
❻     data_count = [v for (k, v) in sorted(first_digits.items())]
       total_count = sum(data_count)
       data_pct = [(i / total_count) * 100 for i in data_count]
❼     return data_count, data_pct, total_count
```

코드 16-2 리스트에 있는 첫 번째 자릿수를 카운트하고 절대 카운트와 빈도를 반환하는 함수 정의

count_first_digits() 함수는 load_data() 함수에서 반환된 문자열 목록을 인자로 취한다❶. main()에서 두 함수를 모두 호출할 것이다.

defaultdict를 사용하여 first_digits라는 사전을 생성한다❷. 이 단계는 이후 인구를 위한 사전을 설정한다. defaultdict의 첫 번째 인자는 객체이다(인자 없음). 정수를 계수하기 때문에 객체를 int의 형식 생성자로 지정한다. defaultdict를 사용하면 작업이 누락된 키를 발견할 때마다 default_factory 함수를 인자 없이 호출하고 출력값이 값으로 사용된다. 존재하지 않는 키는 default_factory가 반환하는 값을 갖게 되며, **KeyError**는 발생하지 않는다.

이제 for 루프를 시작하고 data_list의 표본들을 검토한다❸. 표본이 비어 있는 경우 (텍스트 파일에 빈 행이 포함되어 있는 경우❹) continue로 스킵한다. 그렇지 않다면 try를 사용하여 표본을 정수로 변환한다. 예외가 발생하면 표본이 적절한 카운트 값이 아닌 것이므로 사용자에게 알리고 프로그램을 종료한다. 다음 출력 예시에서 입력 파일에는 플로트 값 (0.01)이 포함되며 main() 함수는 파일명을 출력한다.

COUNT 데이터를 담고 있는 파일명: bad_data.txt
기본 10인 int()에 대해 잘못된 리터럴: '0.01'
표본은 정수가 되어야 한다. 종료.

표본이 검정을 통과하면 첫 번째 요소(선행 자릿수)를 사전 키로 만들고 값에 1을 더한다❺. int와 함께 defaultdict를 사용했기 때문에 키에는 기본값인 0이 할당된다.

모든 파이썬 사전이 그러하듯이, first_digits에는 순서가 없다. 카운트를 벤포드의 법칙 분포와 비교하려면 수열 순서로 나열된 키가 필요하므로 리스트 컴프리헨션을 사용하고 정렬하여 first_digits의 새로운 버전을 만들고 data_count라고 명명한다❻. 이제 다음과 같이 키에 따라 정렬된 값이 산출된다.

```
[129, 62, 45, 48, 40, 25, 23, 21, 15]
```

다음으로, 카운트를 합한 다음 새로운 리스트를 생성하고 카운트를 백분율로 변환한다. 이 두 리스트와 합산된 카운트를 반환하여 함수를 종료한다❼. 목록의 카운트는 1부터 9까지 정렬되기 때문에 연관된 첫째 자릿수는 필요하지 않다(정렬에 내포되어 있다).

예상 카운트 구하기

코드 16-3은 벤포드의 법칙에 근거하여 관찰 데이터를 취하고 선행 자릿수의 예상 카운트를 계산하는 get_expected_counts() 함수를 정의한다. 이 예상 카운트는 추후 카이-제곱 적합도 검정과 함께 관찰 데이터가 벤포드의 법칙을 얼마나 잘 준수하는지 확인하기 위한 리스트로 반환된다.

benford.py, part 3

```
❶ def get_expected_counts(total_count):
       """Return list of expected Benford's law counts for a total sample count."""
❷     return [round(p * total_count / 100) for p in BENFORD]
```

코드 16-3 데이터셋에 대해 벤포드의 법칙 카운트를 산출하는 함수 정의

이 함수의 인자는 코드 16-2의 count_first_digits() 함수를 통해 반환한 합산 카운트이다❶. 벤포드의 법칙에 따라 예측 가능한 카운트를 얻으려면 각 자릿수의 빈도 확률을 사용해야 하므로, BENFORD 리스트의 백분율을 100으로 나누어 변환한다. 그리고 total_count 변수에 해당 확률을 곱한다. 이 모든 작업은 return 문의 일부로써 리스트 컴프리헨션을 통해 수행할 수 있다.

적합도 판단

코드 16-4는 352 페이지의 "카이-제곱 검정 수행"에 기술된 카이-제곱 검정을 구현하기 위한 함수를 정의한다. 이 검정은 벤포드의 법칙에 의해 예측된 예상 카운트에 대한 관찰 카운트의 적합도를 계산한다. 함수는 먼저 카이-제곱 검정 통계량을 계산한 후, 8도의 자유도에 대한 *p*-값 0.05에서 카이-제곱 분포표 항목과 비교한다. 비교 결과를 바탕으로 True 또는 False를 반환한다.

```
❶ def chi_square_test(data_count, expected_counts):
      """Return boolean on chi-square test (8 degrees of freedom & P-val=0.05)."""
❷   chi_square_stat = 0  # chi-square test statistic
❸   for data, expected in zip(data_count, expected_counts):
❹     chi_square = math.pow(data - expected, 2)
          chi_square_stat += chi_square / expected
❺   print("\nChi Squared Test Statistic = {:.3f}".format(chi_square_stat))
      print("Critical value at a P-value of 0.05 is 15.51.")

❻   return chi_square_stat < 15.51
```

코드 16-4 관찰 데이터 적합도를 벤포드의 법칙과 비교 측정하는 함수 정의

카이-제곱 검정은 카운트에 작용하므로 이 함수에는 count_first_digits()와 get_expected_counts() 함수가 반환한 데이터 카운트와 예상 카운트 리스트가 필요하다❶. chi_square_stat 변수를 할당하여 카이-제곱 검정 통계량을 담고 값을 0으로 할당한다❷.

zip을 사용하여 data_counts와 expected_counts의 아홉 개 값을 루핑한다. zip은 하나의 리스트의 첫 번째 항목을 두 번째 리스트의 첫 번째 항목과 쌍으로 묶고 같은 작업을 반복한다❸. 카이-제곱 통계량을 계산하려면 먼저 각 자릿수의 카운트를 추출하여 결과를 제곱한다❹. 그리고 이 값을 자릿수에 대한 예상 카운트로 나누고 그 결과를 chi_square_stat 변수에 추가한다. 결과는 소수점 셋째 자리까지 출력한다❺.

자유도 8에서 p-값 0.05에 해당하는 임계 값(표 16-1 참조), 15.51에 대한 chi_square_stat 변수의 참, 거짓을 반환한다. chi_square_stat이 이 값보다 작으면 함수는 True를 반환하고, 그렇지 않다면 False를 반환한다.

막대 차트 함수 정의

코드 16-5는 관찰된 카운트 백분율을 matplotlib 막대 그래프로 표시하기 위한 함수의 첫 번째 부분을 정의한다. 챕터 12에서 은퇴 후 노후자금 시뮬레이션 결과를 그래프로 표시하기 위해 사용했던 익숙한 코드를 사용한다. 이 함수는 벤포드의 법칙 백분율을 빨간색 점으로 표시하므로, 관찰된 데이터가 예상 분포에 얼마나 잘 부합하는지 시각적으로도 추정할 수 있다.

matplotlib 웹사이트에는 다양한 플롯을 구축하기 위한 많은 코드 예시가 있다. 이 코드는 부분적으로 *https://matplotlib.org/examples/api/barchart_demo.html*의 데모 예제에 기초하고 있다.

```
❶ def bar_chart(data_pct):
      """Make bar chart of observed vs expected 1st-digit frequency (%)."""
❷   fig, ax = plt.subplots()

❸   index = [i + 1 for i in range(len(data_pct))]  # 1st digits for x-axis

      # text for labels, title, and ticks
❹   fig.canvas.set_window_title('Percentage First Digits')
❺   ax.set_title('Data vs. Benford Values', fontsize=15)
❻   ax.set_ylabel('Frequency (%)', fontsize=16)
```

```
❼ ax.set_xticks(index)
  ax.set_xticklabels(index, fontsize=14)
```

코드 16-5 bar_chart() 함수의 첫 번째 부분 정의

　관찰된 데이터의 첫 번째 자릿수 빈도 리스트(백분율)를 인자로 받는 bar_chart() 함수를 정의한다❶. flt.subplots() 함수는 그림과 축 오브젝트의 튜플을 반환한다. 이 튜플을 풀어서 fig와 ax라는 변수에 넣는다❷.

　다음으로, 리스트 컴프리헨션을 사용하여 1~9 사이의 자릿수 리스트를 생성한다❸. 이 index 변수는 차트에 있는 수직 막대 9개의 x축 위치를 각각 정의한다.

　플롯의 제목, 레이블 등을 설정한다. 플롯 윈도우의 이름을 'Percentage First Digits'로 지정하고❹ 플롯 내에 제목을 표시한다❺. 일반 제목을 사용하였지만, 좀 더 구체적으로 커스터마이징 할 수 있다. fontsize 키워드 인자를 사용하여 텍스트 크기를 15로 설정한다. 윈도우 제목은 fig의 속성이지만 다른 레이블은 ax의 속성이 된다.

　set_ylabel()을 사용하여 y축의 이름을 "Frequency (%)"로 지정하고❻ index 변수를 기준으로 x축 눈금 표시를 설정한다❼. 눈금 레이블은 숫자 1에서 9까지이므로 다시 인덱스 변수를 사용하여 폰트 크기를 14로 설정한다.

막대 차트 함수 완성

코드 16-6은 막대를 정의하고, 각 막대의 상단에 빈도 값을 주석으로 달고, 벤포드 분포 값을 빨강색 배경의 원으로 표시함으로써 bar_chart() 함수를 완성한다.

benford.py, part 6

```
  # build bars
❶ rects = ax.bar(index, data_pct, width=0.95, color='black', label='Data')

  # attach a text label above each bar displaying its height
❷ for rect in rects:
❸   height = rect.get_height()
❹   ax.text(rect.get_x() + rect.get_width()/2, height,
            '{:0.1f}'.format(height), ha='center', va='bottom',
            fontsize=13)

  # plot Benford values as red dots
❺ ax.scatter(index, BENFORD, s=150, c='red', zorder=2, label='Benford')

  # Hide the right and top spines & add legend
❻ ax.spines['right'].set_visible(False)
  ax.spines['top'].set_visible(False)
❼ ax.legend(prop={'size':15}, frameon=False)

❽ plt.show()
```

코드 16-6 막대 차트 생성 함수 완료

　사각형들을 뜻하는 rects 변수를 생성하고 막대 차트의 막대들을 담는다❶. 이들은 모든 막대가 담긴 컨테이너를 반환하는 bar() 메서드를 이용해서 생성한다. 인덱스 변수와 빈도 카운트 리스트를 백분율로 전달하고, 각 막대의 너비를 0.95로 설정하고, 검정색으로 채우고, label 인자를 'Data'로 설정한다.

마지막 매개변수는 범례를 자동으로 생성하는 아주 편리한 방법이다. 함수가 거의 끝 부분에서 이것을 활용할 것이다.

Y축을 비스듬히 보고 추측할 필요가 없도록 막대 바로 위에 실제 막대 값을 플로팅하는 것을 좋아한다. 이를 위해, rects의 각 막대(rect)를 루핑하여❷ y축 값인 높이를 구한다❸. ax 오브젝트의 text() 메서드를 호출하고❹, 바 좌측의 x 위치(get_x() 메서드로 구한)를 전달하고, 레이블을 막대 위 중앙에 배치하기 위해 바 너비의 절반을 더한다. get_width() 메서드를 사용했기 때문에 막대 너비는 ❶에서 한 번만 할당하면 된다. 이제 막대 높이(소수점 한 자리까지 표현)와 가로, 세로 정렬 차례이다. 각각 텍스트 경계 박스의 중앙과 하단으로 설정한다. 텍스트 크기를 할당하여 마무리한다.

이제 각 첫 번째 자릿수의 벤포드 분포 빈도 위치를 표시할 matplotlib "마커(여기서는 점)"를 생성한다. 산점도를 도출하는 scatter() 메서드를 사용하여 이 작업을 수행한다.

scatter()의 처음 두 인자는 각 마커에 대한 x-y 위치로, index와 BENFORD 리스트의 연속적인 쌍으로 표시된다. 다음은 150으로 설정된 마커 크기와 색상이다. red와 DodgerBlue 둘 다 괜찮다. 마커를 막대 상단에 게재하려면, zorder를 2로 설정한다. 그림의 요소들은 matplotlib "아티스트"라고 불리며, 더 높은 zorder 값을 가진 아티스트는 더 낮은 값을 가진 아티스트 위로 그려진다. 범례를 생성할 때 사용되는 레이블 인자로 마무리한다.

다음 두 문장은 가독성을 위한 것이다. 기본적으로 matplotlib은 플롯의 내부에 박스를 그리며, 상단 테두리는 각 막대 상단에 게재된 레이블을 방해할 수 있다. 따라서 가시성을 False로 설정하여 상단 및 우측 경계를 제거한다❻.

legend()를 사용하여 플롯에 대한 범례를 작성한다❼. 이것은 인자 없이 동작하지만 size 속성을 15로 설정하고 범례 주변의 프레임을 끄면 훨씬 멋진 결과물이 도출될 것이다. 차트를 표시하기 위해 plt.show()를 호출하고 마무리한다. 그림 16-7에서 막대 그래프 예시를 확인할 수 있다.

main() 함수는 인터프리터 윈도우에 텍스트로 추가 정보를 표시한다. 텍스트에는 카이-제곱 검정 통계량 값이 포함된다.

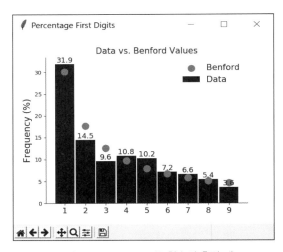

그림 16-7 bar_chart() 함수의 출력 예

main() 함수 정의 및 실행

코드 16-7은 main() 함수를 정의하고, 모듈 또는 독립형으로 프로그램을 실행한다. 대부분의 작업은 개별 함수에서 이루어지기 때문에 main()은 "주로(mainly)" 이 기능들을 호출해서 일부 통계를 인쇄한다.

benford.py, part 7

```python
def main():
    """Call functions and print stats."""
    # load data
    while True:
❶      filename = input("\nName of file with COUNT data: ")
        try:
            data_list = load_data(filename)
        except IOError as e:
            print("{}. Try again.".format(e), file=sys.stderr)
        else:
            break
❷  data_count, data_pct, total_count = count_first_digits(data_list)
❸  expected_counts = get_expected_counts(total_count)
    print("\nobserved counts = {}".format(data_count))
    print("expected counts = {}".format(expected_counts), "\n")

❹  print("First Digit Probabilities:")
❺  for i in range(1, 10):
        print("{}: observed: {:.3f}  expected: {:.3f}".
              format(i, data_pct[i - 1] / 100, BENFORD[i - 1] / 100))

❻  if chi_square_test(data_count, expected_counts):
        print("Observed distribution matches expected distribution.")
    else:
        print("Observed distribution does not match expected.",
              file=sys.stderr)

❼  bar_chart(data_pct)

❽ if __name__ == '__main__':
    main()
```

코드 16-7 main() 함수 정의, 모듈 또는 스탠드얼론으로 프로그램 실행

먼저 사용자에게 분석할 카운트 데이터가 포함된 파일명을 입력하도록 요청한다❶. 사용자가 올바른 파일명을 입력하거나 창을 닫을 때까지 이 요청을 while 루프에 포함시킨다. 사용자는 파일명을 입력하거나 현재 작업 디렉토리에 저장되지 않은 데이터셋을 로드하려는 경우에는 전체 경로명을 입력할 수 있다. 예를 들어, Windows에서는

```
Name of file with COUNT data: C:\Python35\Benford\Illinois_votes.txt
```

try 문을 사용하여 이전에 작성한 load_data() 함수를 호출하고 해당 함수에 파일명을 전달한다. 파일명이 유효하다면 반환된 리스트가 data_list 변수에 할당된다. 예외가 발생하면 오류를 캐치하여 출력한다. 그렇지 않다면, while 루프에서 break한다.

다음으로, 반환된 데이터 카운트 리스트를 count_first_digits() 함수에 전달하고 data_count, data_pct, total_count 변수에 각각 첫 번째 자릿수 리스트, 백분율 리스트, 총 카운트 리스트를 압축 해제한다❷. 그리고 get_expected_counts() 함수를 호출한 뒤 total_count 변수를 전달하여 벤포드의 법칙 분포를 통한 예상 카운트 리스트를 생성한다❸. 관찰 카운트와 예상 카운트의 목록을 출력한다.

이제 데이터의 첫째 자릿수 빈도와 예상 값을 비교하는 표를 생성한다. 쉘에서는 십진수 값이 매력적으로 정렬되므로 확률을 사용한다. 헤더 print 문으로 시작하여❹ 숫자 1부터 9까지 루핑하고 관찰된 카운트(데이터) 결과값을 출력한 다음, 각 예상 카운트를 소수점 셋째 자리까지 출력한다. 두 리스트의 인덱스는 0으로 시작하므로 i에서 1을 빼야 한다.

관찰된 데이터가 예상 분포에 얼마나 부합하는지 계산하기 위해 두 개의 카운트 목록을 chi_square_test() 함수로 전달한다❻. 함수가 True를 반환하면 print 문을 사용하여 사용자에게 관찰된 분포가 벤포드의 법칙과 일치한다는 것을 알린다(정확히 말하자면, 두 분포 사이에 유의한 차이가 없음). 그렇지 않다면, 일치하지 않는다고 보고한다(쉘 사용자에게는 빨강색 폰트로).

chi_square_test() 함수는 결과를 인터프리터 윈도우에 표시하므로, bar_chart() 함수를 호출하여 막대 차트를 생성한다❼. 백분율로 산출한 데이터 리스트를 전달한다.

전역 공간으로 돌아가서, 프로그램을 모듈로써 실행하거나 스탠드얼론 모드로 실행하기 위한 코드를 추가하고 프로그램을 마무리한다❽.

Illinois_votes.txt 데이터셋에서 프로그램을 실행하는 경우, 그림 16-8에 표시된 출력을 확인한다. 벤포드의 법칙에 따르면, 투표 결과에 명백한 이상 징후는 없다.

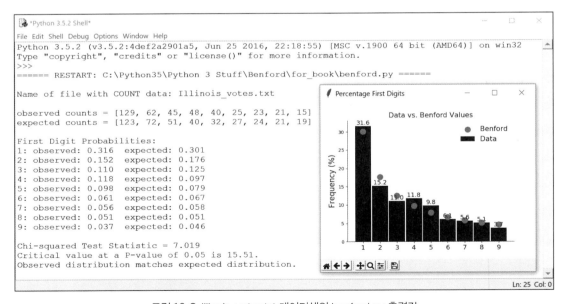

그림 16-8 Illinois_votes.txt 데이터셋의 benford.py 출력값

트럼프의 표만으로 프로그램을 실행한 뒤 클린턴의 표만으로 실행하면, 그림 16-9에 나타난 결과를 얻을 수 있다. 검정 통계가 15.129인 트럼프의 분포는 카이-제곱 검정을 간신히 통과한다.

트럼프 표

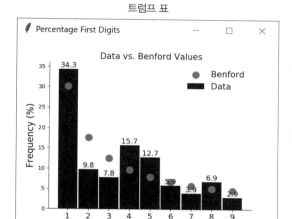

클린턴 표

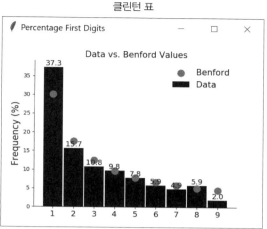

그림 16-9 일리노이 주의 트럼프 결과(좌측)와 클린턴 결과(우측) 비교

이런 경우에는 즉각적인 결론 도출을 주의해야 한다. 데이터셋은 후보당 102개의 표본에 불과하며, 결과는 시골과 도시 지역 간의 인구통계 및 투표율 차이 등에 영향을 받을 수 있다. 도시와 시골의 격차에 관한 흥미로운 기사는 *http://www.chicagotribune.com/news/data/ct-illinois-election-urban-rural-divide-2016-htmlstory.html*에서 확인할 수 있다.

364 페이지의 "연습 프로젝트: 벤포드 이기기"에서 일리노이 주의 투표수를 조작하고 결과를 바꿀 기회를 얻게 될 것이다. 그리고 앞의 코드를 사용하여 결과가 벤포드의 법칙에 얼마나 부합하는지 확인할 수 있다.

요약

챕터 1에서는 15 페이지의 연습 프로젝트 "보급형 막대 차트"와 16 페이지의 도전 프로젝트 "해외 보급형 막대 차트"를 통해 언어에서 글자의 발생 빈도는 불규칙하면서도 예측 가능하다는 사실을 알아보았다. 이는 암호해석을 위한 강력한 도구를 제공한다. 책의 마지막 부분에서 우리는 숫자 역시 이러한 속성을 공유한다는 것을 발견했고, 사기 탐지를 위한 강력한 도구를 만들었다. 짧고 간단한 파이썬 프로그램을 통해 당신은 천국의 기둥을 흔들어 전능한 높은 분에게 천벌을 내릴 수 있다. 단지 책의 앞면이 더 더럽다는 사실을 알아차린 한 사람 덕분에.

호기심을 풀어보는 신비한 파이썬 프로젝트는 이것으로 끝이다. 당신이 재미있었고, 새로운 것을 배웠고, 자신만의 신비한 프로젝트를 만들 영감을 얻었기를 바란다!

추가 참고 도서

Mark Nigrini의 *Benford's Law: Applications for Forensic Accounting, Auditing, and Fraud Detection*(John Wiley & Sons, 2012)은 사기, 탈세, 다단계 금융 사기 등의 예시와 함께 벤포드의 법칙과 관련된 수학, 이론과 시험을 다룬다.

연습 프로젝트: 벤포드 이기기

이 연습 프로젝트를 통해 선거를 조작하는 기술을 시험해보자. 부록에서 솔루션을 확인하거나 예제 파일에서 *beat_benford_practice.py*를 다운로드할 수 있기 때문이다.

데이터셋이 벤포드의 법칙을 따른다고 해서 유효하다고 간주해서는 안 된다. 이유는 간단하다. 벤포드의 법칙은 원리를 이해하면 피할 수 있기 때문이다.

이를 증명하기 위해, 당신이 일리노이 주의 모든 투표 기록을 열람할 수 있는 사악한 외국 정부의 해커라고 상상해보자. 카운티 전체의 표를 갖고 도널드 트럼프가 승리할 수 있도록 하는 파이썬 프로그램을 작성하되, 투표수는 벤포드의 법칙에 부합해야 한다. 일리노이 주는 청색주이므로 압승을 하지는 않도록 주의하라(일반 투표에서 대략 10-15% 포인트 우위로 정의). 의심을 피하기 위해 트럼프는 단 몇 포인트 차이로 이겨야만 한다.

 ▶ 모든 주는 재검표에 관한 규정을 가지고 있다. 사기꾼은 선거를 조작하기 전에 재검표로 인한 정밀 조사를 피하고 싶을 것이다. 각 주의 실제 법령을 읽는 것은 따분한 일이지만, Citizens for Election Integrity Minnesota가 볼 만한 요약을 제공한다. 일리노이 주 법령은 https://ceimn.org/searchable-databases/recount-database/illinois/에서 확인할 수 있다.

당신의 프로그램은 총 투표수를 유지하면서 다른 후보자들의 표를 훔쳐야 한다. 그렇게 하면 총 투표수는 변하지 않는다. 질적 통제 단계로 트럼프와 클린턴의 카운티별 및 주 전체의 이전, 신규 득표 합계를 출력한다. 그리고 *benford.py*에 입력할 수 있는 텍스트 파일을 작성해서 벤포드의 법칙을 어떻게 따랐는지 확인할 수 있다.

각 후보별 데이터셋은 이미 작성되어 있으며 영진닷컴 홈페이지에서 다운로드할 수 있다. 각 데이터셋은 그냥 카운티의 이름 순으로 정렬된 숫자열이다(그러므로 순서를 변경하면 안 된다.).

Clinton_votes_Illinois.txt

Johnson_votes_Illinois.txt

Stein_votes_Illinois.txt

Trump_votes_Illinois.txt

그림 16-10은 상기 데이터셋을 사용한 내 시도 *beat_benford_practice.py*의 출력값에 *benford.py*를 실행한 결과이다. 분포는 카이-제곱 검정을 통과하고 벤포드의 법칙으로 예측된 값에 대해서도 시각적으로 설득력이 있다(다소 불완전하지만).

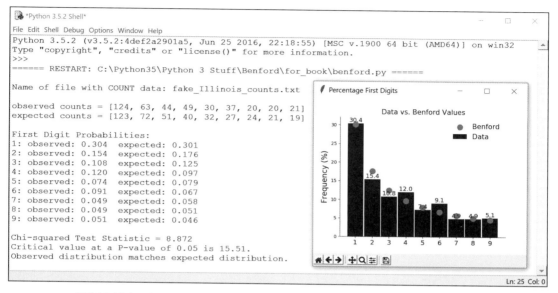

그림 16-10 benford.py로 beat_benford_practice.py의 분포를 실행한 결과. 나쁜 짓 성공

다음은 *beat_benford_practice.py*의 출력 중 일부 행이며, 카운티별 이전 및 신규 투표 합계는 다음과 같다.

```
old Trump: 12412      new Trump: 13223      old Clinton: 3945      new Clinton: 3290
-------------------------------------------------------------------------------------
old Trump: 13003      new Trump: 14435      old Clinton: 7309      new Clinton: 6096
-------------------------------------------------------------------------------------
old Trump: 453287     new Trump: 735863     old Clinton: 1611946   new Clinton: 1344496
-------------------------------------------------------------------------------------
old Trump: 6277       new Trump: 6674       old Clinton: 1992      new Clinton: 1661
-------------------------------------------------------------------------------------
old Trump: 4206       new Trump: 4426       old Clinton: 1031      new Clinton: 859
-------------------------------------------------------------------------------------
```

위에서 세 번째 행은 시카고가 있는 쿡 카운티를 나타낸다. 여전히 클린턴이 승리하지만, 더 낮은 차이로 승리한다는 것에 주목하라. 트럼프가 근소한 차이로 주 전체를 이겼다고 해도 이 청색 카운티를 이겼다면 투표 조작이 있었다는 확실한 증거가 되었을 것이다.

도전 프로젝트

이 도전 프로젝트에 뛰어들어보자. 솔루션은 제공되지 않는다.

전장 벤포딩

어떤 후보든 자신이 이길 것이라고 확신한다면 부정행위를 할 필요가 없다. 만약 당신이 부정선거를 조사하는 수사관이라면, 아마도 전장을 방불케 하는 주에서부터 시작할 것이다. 이들은 어느 쪽으로든 바뀔 수 있고, 후보자들도 이런 곳에서 선거자금(그리고 시간)을 대부분 소모한다. Ballotpedia(*https://ballotpedia.org*)에 따르면, 2016년 트럼프의 격전지는 애리조나, 아이오와, 미시건, 위스콘신, 오하이오, 펜실베니아, 노스캐롤라이나, 플로리다였다. 클린턴은 콜로라도, 네바다, 뉴햄프셔, 버지니아였다.

주의 온라인 투표 기록은 일반적으로 Microsoft Excel 스프레드 시트와 같은 여러 형식으로 제공된다. 전장 주의 기록을 모아 텍스트 파일로 변환한 후 *benford.py*를 실행한다. 오하이오 주의 기록들은 다음 링크에서 찾을 수 있다. *https://www.sos.state.oh.us/elections/*

아무도 보지 않을 때

Tip O'Neill 전 미국 하원의장은 "모든 정치는 지역에 달렸다."라는 유명한 말을 남겼다. 이것을 마음에 새기고 *benford.py* 프로그램을 사용하여 판사, 시장, 군 감독관, 보안관, 시의회 의원 등과 같은 지역 선거를 확인해보자. 이러한 이벤트들은 일반적으로 상원 의원, 주지사, 대통령 선거보다 관심을 끌지 못한다. 불규칙성이 발견되면, 본격적인 수사에 착수하기 전에 투표 데이터셋이 벤포드의 법칙에 부합하는지 확인하라!

부록

연습 프로젝트 솔루션

본 부록에서는 각 챕터의 연습 프로젝트에 대한 솔루션을 제공한다. 디지털 버전은 이 책의 웹사이트 영진 닷컴 홈페이지에서 확인할 수 있다.

챕터 1: 우스꽝스러운 이름 생성기

피그 라틴

*pig_Latin
_practice.py*

```
"""Turn a word into its Pig Latin equivalent."""
import sys

VOWELS = 'aeiouy'

while True:
    word = input("Type a word and get its Pig Latin translation: ")

    if word[0] in VOWELS:
        pig_Latin = word + 'way'
```

```
    else:
        pig_Latin = word[1:] + word[0] + 'ay'
    print()
    print("{}".format(pig_Latin), file=sys.stderr)

    try_again = input("\n\nTry again? (Press Enter else n to stop)\n ")
    if try_again.lower() == "n":
        sys.exit()
```

보급형 막대 차트

EATOIN
_practice.py

```
"""Map letters from string into dictionary & print bar chart of frequency."""
import sys
import pprint
from collections import defaultdict

# Note: text should be a short phrase for bars to fit in IDLE window
text = 'Like the castle in its corner in a medieval game, I foresee terrible \
trouble and I stay here just the same.'

ALPHABET = 'abcdefghijklmnopqrstuvwxyz'

# defaultdict module lets you build dictionary keys on the fly!
mapped = defaultdict(list)
for character in text:
    character = character.lower()
    if character in ALPHABET:
        mapped[character].append(character)

# pprint lets you print stacked output
print("\nYou may need to stretch console window if text wrapping occurs.\n")
print("text = ", end='')
print("{}\n".format(text), file=sys.stderr)
pprint.pprint(mapped, width=110)
```

챕터 2: 팔린그램 주문 찾기

사전 정리

dictionary
_cleanup
_practice.py

```
"""Remove single-letter words from list if not 'a' or 'i'."""
word_list = ['a', 'nurses', 'i', 'stack', 'b', 'c', 'cat']
word_list_clean = []

permissible = ('a', 'i')

# remove single-letter words if not "a" or "I"
for word in word_list:
```

```
            if len(word) > 1:
                word_list_clean.append(word)
            elif len(word) == 1 and word in permissible:
                word_list_clean.append(word)
            else:
                continue

    print("{}".
```

챕터 3: 아나그램 풀기

아나그램 찾기

*count_digrams
_practice.py*

```
"""Generate letter pairs in Voldemort & find their frequency in a dictionary.

Requires load_dictionary.py module to load an English dictionary file.

"""
import re
from collections import defaultdict
from itertools import permutations
import load_dictionary

word_list = load_dictionary.load('2of4brif.txt')

name = 'Voldemort'  #(tmvoordle)
name = name.lower()

# generate unique letter pairs from name
digrams = set()
perms = {''.join(i) for i in permutations(name)}
for perm in perms:
    for i in range(0, len(perm) - 1):
        digrams.add(perm[i] + perm[i + 1])
print(*digrams, sep='\n')
print("\nNumber of digrams = {}\n".format(len(digrams)))

# use regular expressions to find repeating digrams in a word
mapped = defaultdict(int)
for word in word_list:
    word = word.lower()
    for digram in digrams:
        for m in re.finditer(digram, word):
            mapped[digram] += 1

print("digram frequency count:")
count = 0
for k in mapped:
    print("{} {}".format(k, mapped[k]))
```

챕터 4: 미국 남북전쟁 암호 해독

링컨 해킹

코드 단어	평문
WAYLAND	captured
NEPTUNE	Richmond

Plaintext: Richmond에서 붙잡힌 Tribune의 특파원이 왜 구금되었는지를 확인하고 이것을 채울 수 있으면 그들을 풀어줄 수 있다. (correspondents of the Tribune captured at Richmond please as certain why they are detained and get them off if you can this fills it up.)

암호 유형 식별

identify_cipher
_type_practice.py

```python
"""Load ciphertext & use fraction of ETAOIN present to classify cipher type."""
import sys
from collections import Counter

# set arbitrary cutoff fraction of 6 most common letters in English
# ciphertext with target fraction or greater = transposition cipher
CUTOFF = 0.5

# load ciphertext
def load(filename):
    """Open text file and return list."""
    with open(filename) as f:
        return f.read().strip()

try:
    ciphertext = load('cipher_a.txt')
except IOError as e:
    print("{}. Terminating program.".format(e),
          file=sys.stderr)
    sys.exit(1)

# count 6 most common letters in ciphertext
six_most_frequent = Counter(ciphertext.lower()).most_common(6)
print("\nSix most-frequently-used letters in English = ETAOIN")
print('\nSix most frequent letters in ciphertext =')
print(*six_most_frequent, sep='\n')

# convert list of tuples to set of letters for comparison
cipher_top_6 = {i[0] for i in six_most_frequent}

TARGET = 'etaoin'
count = 0
for letter in TARGET:
    if letter in cipher_top_6:
        count += 1
```

```
        if count/len(TARGET) >= CUTOFF:
            print("\nThis ciphertext most-likely produced by a TRANSPOSITION cipher")
        else:
            print("This ciphertext most-likely produced by a SUBSTITUTION cipher")
```

사전으로 키 보관하기

*key_dictionary
_practice.py*

```
"""Input cipher key string, get user input on route direction as dict value."""
col_order = """1 3 4 2"""
key = dict()
cols = [int(i) for i in col_order.split()]
for col in cols:
    while True:
        key[col] = input("Direction to read Column {} (u = up, d = down): "
                        .format(col).lower())
        if key[col] == 'u' or key[col] == 'd':
            break
        else:
            print("Input should be 'u' or 'd'")

    print("{}, {}".format(col, key[col]))
```

가능한 키 자동화

*permutations
_practice.py*

```
"""For a total number of columns, find all unique column arrangements.

Builds a list of lists containing all possible unique arrangements of
individual column numbers, including negative values for route direction
(read up column vs. down).

Input:
-total number of columns

Returns:
-list of lists of unique column orders, including negative values for
route cipher encryption direction

"""
import math
from itertools import permutations, product

#------BEGIN INPUT---------------------------------------------------

# Input total number of columns:
num_cols = 4

#------DO NOT EDIT BELOW THIS LINE------------------------------------


# generate listing of individual column numbers
```

```
columns = [x for x in range(1, num_cols+1)]
print("columns = {}".format(columns))

# build list of lists of column number combinations
# itertools product computes the Cartesian product of input iterables
def perms(columns):
    """Take number of columns integer & generate pos & neg permutations."""
    results = []
    for perm in permutations(columns):
        for signs in product([-1, 1], repeat=len(columns)):
            results.append([i*sign for i, sign in zip(perm, signs)])
    return results

col_combos = perms(columns)
print(*col_combos, sep="\n")  # comment-out for num_cols > 4!
print("Factorial of num_cols without negatives = {}"
      .format(math.factorial(num_cols)))
print("Number of column combinations = {}".format(len(col_combos)))
```

루트 전치 암호 우회: 브루트 포스 공격

이 연습 프로젝트는 두 개의 프로그램을 사용한다. 두 번째인 *perms.py*는 첫 번째 프로그램, *route_cipher_hacker.py*의 모듈로써 사용되었다. 이는 371 페이지의 "가능한 키 자동화"에 기술된 *permutations_practice.py* 프로그램에서 생성되었다.

route_cipher_hacker.py

route_cipher
_hacker.py

```
"""Brute-force hack a Union route cipher (route_cipher_hacker.py).

Designed for whole-word transposition ciphers with variable rows & columns.
Assumes encryption began at either top or bottom of a column.
Possible keys auto-generated based on number of columns & rows input.
Key indicates the order to read columns and the direction to traverse.
Negative column numbers mean start at bottom and read up.
Positive column numbers means start at top & read down.

Example below is for 4x4 matrix with key -1 2 -3 4.
Note "0" is not allowed.
Arrows show encryption route; for negative key values read UP.

    1   2   3   4
 ___ ___ ___ ___
| ^ | | | ^ | | |  MESSAGE IS WRITTEN
|_|_|_v_|_|_|_v_|
| ^ | | | ^ | | |  ACROSS EACH ROW
|_|_|_v_|_|_|_v_|
| ^ | | | ^ | | |  IN THIS MANNER
|_|_|_v_|_|_|_v_|
| ^ | | | ^ | | |  LAST ROW IS FILLED WITH DUMMY WORDS
|_|_|_v_|_|_|_v_|
START       END
```

```
Required inputs - a text message, # of columns, # of rows, key string
Requires custom-made "perms" module to generate keys
Prints off key used and translated plaintext
"""

import sys
import perms

#==============================================================================
# USER INPUT:

# the string to be decrypted (type or paste between triple-quotes):
ciphertext = """REST TRANSPORT YOU GODWIN VILLAGE ROANOKE WITH ARE YOUR IS JUST
SUPPLIES FREE SNOW HEADING TO GONE TO SOUTH FILLER
"""

# the number of columns believed to be in the transposition matrix:
COLS = 4

# the number of rows believed to be in the transposition matrix:
ROWS = 5

# END OF USER INPUT - DO NOT EDIT BELOW THIS LINE!
#==============================================================================



def main():
    """Turn ciphertext into list, call validation & decryption functions."""
    cipherlist = list(ciphertext.split())
    validate_col_row(cipherlist)
    decrypt(cipherlist)

def validate_col_row(cipherlist):
    """Check that input columns & rows are valid vs. message length."""
    factors = []
    len_cipher = len(cipherlist)
    for i in range(2, len_cipher):  # range excludes 1-column ciphers
        if len_cipher % i == 0:
            factors.append(i)
    print("\nLength of cipher = {}".format(len_cipher))
    print("Acceptable column/row values include: {}".format(factors))
    print()
    if ROWS * COLS != len_cipher:
        print("\nError - Input columns & rows not factors of length "
            "of cipher. Terminating program.", file=sys.stderr)
        sys.exit(1)

def decrypt(cipherlist):
    """Turn columns into items in list of lists & decrypt ciphertext."""
    col_combos = perms.perms(COLS)
    for key in col_combos:
        translation_matrix = [None] * COLS
        plaintext = ''
        start = 0
```

```
                stop = ROWS
                for k in key:
                    if k < 0: # reading bottom-to-top of column
                        col_items = cipherlist[start:stop]
                    elif k > 0: # reading top-to-bottom of columnn
                        col_items = list((reversed(cipherlist[start:stop])))
                    translation_matrix[abs(k) - 1] = col_items
                    start += ROWS
                    stop += ROWS
                # loop through nested lists popping off last item to a new list:
                for i in range(ROWS):
                    for matrix_col in translation_matrix:
                        word = str(matrix_col.pop())
                        plaintext += word + ' '
                print("\nusing key = {}".format(key))
                print("translated = {}".format(plaintext))
            print("\nnumber of keys = {}".format(len(col_combos)))

    if __name__ == '__main__':
        main()
```

perms.py

```
"""For a total number of columns, find all unique column arrangements.

Builds a list of lists containing all possible unique arrangements of
individual column numbers including negative values for route direction

Input:
-total number of columns

Returns:
-list of lists of unique column orders including negative values for
route cipher encryption direction

"""

from itertools import permutations, product

# build list of lists of column number combinations
# itertools product computes the Cartesian product of input iterables
def perms(num_cols):
    """Take number of columns integer & generate pos & neg permutations."""
    results = []
    columns = [x for x in range(1, num_cols+1)]
    for perm in permutations(columns):
        for signs in product([-1, 1], repeat=len(columns)):
            results.append([i*sign for i, sign in zip(perm, signs)])
    return results
```

챕터 5: 영국 대내란 암호 암호화

Mary 구하기

save_Mary
_practice.py

```python
"""Hide a null cipher within a list of names using a variable pattern."""
import load_dictionary

# write a short message and use no punctuation or numbers!
message = "Give your word and we rise"
message = "".join(message.split())

# open name file
names = load_dictionary.load('supporters.txt')

name_list = []

# start list with null word not used in cipher
name_list.append(names[0])

# add letter of null cipher to 2nd letter of name, then 3rd, then repeat
count = 1
for letter in message:
    for name in names:
        if len(name) > 2 and name not in name_list:
            if count % 2 == 0 and name[2].lower() == letter.lower():
                name_list.append(name)
                count += 1
                break
            elif count % 2 != 0 and name[1].lower() == letter.lower():
                name_list.append(name)
                count += 1
                break

# add two null words early in message to throw off cryptanalysts
name_list.insert(3, 'Stuart')
name_list.insert(6, 'Jacob')

# display cover letter and list with null cipher
print("""
Your Royal Highness: \n
It is with the greatest pleasure I present the list of noble families who
have undertaken to support your cause and petition the usurper for the
release of your Majesty from the current tragical circumstances.
""")

print(*name_list, sep='\n')
```

콜체스터 캐치

*colchester
_practice.py*

```python
"""Solve a null cipher based on every nth letter in every nth word."""
import sys

def load_text(file):
    """Load a text file as a string."""
    with open(file) as f:
        return f.read().strip()

# load & process message:
filename = input("\nEnter full filename for message to translate: ")
try:
    loaded_message = load_text(filename)
except IOError as e:
    print("{}. Terminating program.".format(e), file=sys.stderr)
    sys.exit(1)

# check loaded message & # of lines
print("\nORIGINAL MESSAGE = {}\n".format(loaded_message))

# convert message to list and get length
message = loaded_message.split()
end = len(message)

# get user input on interval to check
increment = int(input("Input max word & letter position to \
                    check (e.g., every 1 of 1, 2 of 2, etc.): "))
print()

# find letters at designated intervals
for i in range(1, increment + 1):
    print("\nUsing increment letter {} of word {}".format(i, i))
    print()
    count = i - 1
    location = i - 1
    for index, word in enumerate(message):
        if index == count:
            if location < len(word):
                print("letter = {}".format(word[location]))
                count += i
            else:
                print("Interval doesn't work", file=sys.stderr)
```

챕터 6: 투명 잉크로 쓰기

빈 행 개수 체크하기

*elementary_ink
_practice.py*

```python
"""Add code to check blank lines in fake message vs lines in real message."""
import sys
import docx
from docx.shared import RGBColor, Pt

# get text from fake message & make each line a list item
fake_text = docx.Document('fakeMessage.docx')
fake_list = []
for paragraph in fake_text.paragraphs:
    fake_list.append(paragraph.text)

# get text from real message & make each line a list item
real_text = docx.Document('realMessageChallenge.docx')
real_list = []
for paragraph in real_text.paragraphs:
    if len(paragraph.text) != 0:  # remove blank lines
        real_list.append(paragraph.text)

# define function to check available hiding space:
def line_limit(fake, real):
    """Compare number of blank lines in fake vs lines in real and
    warn user if there are not enough blanks to hold real message.

    NOTE:  need to import 'sys'

    """
    num_blanks = 0
    num_real = 0
    for line in fake:
        if line == '':
            num_blanks += 1
    num_real = len(real)
    diff = num_real - num_blanks
    print("\nNumber of blank lines in fake message = {}".format(num_blanks))
    print("Number of lines in real message = {}\n".format(num_real))
    if num_real > num_blanks:
        print("Fake message needs {} more blank lines."
              .format(diff), file=sys.stderr)
        sys.exit()

line_limit(fake_list, real_list)

# load template that sets style, font, margins, etc.
doc = docx.Document('template.docx')

# add letterhead
doc.add_heading('Morland Holmes', 0)
```

```python
subtitle = doc.add_heading('Global Consulting & Negotiations', 1)
subtitle.alignment = 1
doc.add_heading('', 1)
doc.add_paragraph('December 17, 2015')
doc.add_paragraph('')

def set_spacing(paragraph):
    """Use docx to set line spacing between paragraphs."""
    paragraph_format = paragraph.paragraph_format
    paragraph_format.space_before = Pt(0)
    paragraph_format.space_after = Pt(0)

length_real = len(real_list)
count_real = 0  # index of current line in real (hidden) message

# interleave real and fake message lines
for line in fake_list:
    if count_real < length_real and line == "":
        paragraph = doc.add_paragraph(real_list[count_real])
        paragraph_index = len(doc.paragraphs) - 1

        # set real message color to white
        run = doc.paragraphs[paragraph_index].runs[0]
        font = run.font
        font.color.rgb = RGBColor(255, 255, 255)  # make it red to test
        count_real += 1

    else:
        paragraph = doc.add_paragraph(line)

    set_spacing(paragraph)

doc.save('ciphertext_message_letterhead.docx')

print("Done"))
```

챕터 8: 하이쿠 시 음절 세기

음절 카운터 vs. 사전 파일

test_count
_syllables
_w_dict.py

```python
"""Load a dictionary file, pick random words, run syllable-counting module."""
import sys
import random
from count_syllables import count_syllables

def load(file):
    """Open a text file & return list of lowercase strings."""
    with open(file) as in_file:
        loaded_txt = in_file.read().strip().split('\n')
        loaded_txt = [x.lower() for x in loaded_txt]
        return loaded_txt
```

```
try:
    word_list = load('2of4brif.txt')
except IOError as e:
    print("{}\nError opening file. Terminating program.".format(e),
            file=sys.stderr)
    sys.exit(1)

test_data = []
num_words = 100
test_data.extend(random.sample(word_list, num_words))

for word in test_data:
    try:
        num_syllables = count_syllables(word)
        print(word, num_syllables, end='\n')
    except KeyError:
        print(word, end='')
        print(" not found", file=sys.stderr)
```

챕터 10: 우리는 혼자인가? 페르미 역설 탐구

머나먼 우주

galaxy
_practice.py

```
"""Use spiral formula to build galaxy display."""
import math
from random import randint
import tkinter

root = tkinter.Tk()
root.title("Galaxy BR549")
c = tkinter.Canvas(root, width=1000, height=800, bg='black')
c.grid()
c.configure(scrollregion=(-500, -400, 500, 400))
oval_size = 0

# build spiral arms
num_spiral_stars = 500
angle = 3.5
core_diameter = 120
spiral_stars = []
for i in range(num_spiral_stars):
    theta = i * angle
    r = math.sqrt(i) / math.sqrt(num_spiral_stars)
    spiral_stars.append((r * math.cos(theta), r * math.sin(theta)))
for x, y in spiral_stars:
    x = x * 350 + randint(-5, 3)
    y = y * 350 + randint(-5, 3)
    oval_size = randint(1, 3)
    c.create_oval(x-oval_size, y-oval_size, x+oval_size, y+oval_size,
                fill='white', outline='')
```

```
# build wisps
wisps = []
for i in range(2000):
    theta = i * angle
    # divide by num_spiral_stars for better dust lanes
    r = math.sqrt(i) / math.sqrt(num_spiral_stars)
    spiral_stars.append((r * math.cos(theta), r * math.sin(theta)))
for x, y in spiral_stars:
    x = x * 330 + randint(-15, 10)
    y = y * 330 + randint(-15, 10)
    h = math.sqrt(x**2 + y**2)
    if h < 350:
        wisps.append((x, y))
        c.create_oval(x-1, y-1, x+1, y+1, fill='white', outline='')

# build galactic core
core = []
for i in range(900):
    x = randint(-core_diameter, core_diameter)
    y = randint(-core_diameter, core_diameter)
    h = math.sqrt(x**2 + y**2)
    if h < core_diameter - 70:
        core.append((x, y))
        oval_size = randint(2, 4)
        c.create_oval(x-oval_size, y-oval_size, x+oval_size, y+oval_size,
                      fill='white', outline='')
    elif h < core_diameter:
        core.append((x, y))
        oval_size = randint(0, 2)
        c.create_oval(x-oval_size, y-oval_size, x+oval_size, y+oval_size,
                      fill='white', outline='')

root.mainloop()
```

은하 제국 건설하기

*empire
_practice.py*

```
"""Build 2-D model of galaxy, post expansion rings for galactic empire."""
import tkinter as tk
import time
from random import randint, uniform, random
import math


#=============================================================================
# MAIN INPUT

# location of galactic empire homeworld on map:
HOMEWORLD_LOC = (0, 0)

# maximum number of years to simulate:
MAX_YEARS = 10000000
```

```python
# average expansion velocity as fraction of speed of light:
SPEED = 0.005

# scale units
UNIT = 200


#=====================================================================

# set up display canvas
root = tk.Tk()
root.title("Milky Way galaxy")
c = tk.Canvas(root, width=1000, height=800, bg='black')
c.grid()
c.configure(scrollregion=(-500, -400, 500, 400))

# actual Milky Way dimensions (light-years)
DISC_RADIUS = 50000

disc_radius_scaled = round(DISC_RADIUS/UNIT)

def polar_coordinates():
    """Generate uniform random x,y point within a disc for 2-D display."""
    r = random()
    theta = uniform(0, 2 * math.pi)
    x = round(math.sqrt(r) * math.cos(theta) * disc_radius_scaled)
    y = round(math.sqrt(r) * math.sin(theta) * disc_radius_scaled)
    return x, y

def spirals(b, r, rot_fac, fuz_fac, arm):
    """Build spiral arms for tkinter display using Logarithmic spiral formula.

    b = arbitrary constant in logarithmic spiral equation
    r = scaled galactic disc radius
    rot_fac = rotation factor
    fuz_fac = random shift in star position in arm, applied to 'fuzz' variable
    arm = spiral arm (0 = main arm, 1 = trailing stars)
    """
    spiral_stars = []
    fuzz = int(0.030 * abs(r))  # randomly shift star locations
    theta_max_degrees = 520
    for i in range(theta_max_degrees):  # range(0, 700, 2) for no black hole
        theta = math.radians(i)
        x = r * math.exp(b*theta) * math.cos(theta + math.pi * rot_fac)\
            + randint(-fuzz, fuzz) * fuz_fac
        y = r * math.exp(b*theta) * math.sin(theta + math.pi * rot_fac)\
            + randint(-fuzz, fuzz) * fuz_fac
        spiral_stars.append((x, y))
    for x, y in spiral_stars:
        if arm == 0 and int(x % 2) == 0:
            c.create_oval(x-2, y-2, x+2, y+2, fill='white', outline='')
        elif arm == 0 and int(x % 2) != 0:
            c.create_oval(x-1, y-1, x+1, y+1, fill='white', outline='')
        elif arm == 1:
            c.create_oval(x, y, x, y, fill='white', outline='')
```

```
def star_haze(scalar):
    """Randomly distribute faint tkinter stars in galactic disc.

    disc_radius_scaled = galactic disc radius scaled to radio bubble diameter
    scalar = multiplier to vary number of stars posted
    """
    for i in range(0, disc_radius_scaled * scalar):
        x, y = polar_coordinates()
        c.create_text(x, y, fill='white', font=('Helvetica', '7'), text='.')

def model_expansion():
    """Model empire expansion from homeworld with concentric rings."""
    r = 0 # radius from homeworld
    text_y_loc = -290
    x, y = HOMEWORLD_LOC
    c.create_oval(x-5, y-5, x+5, y+5, fill='red')
    increment = round(MAX_YEARS / 10)# year interval to post circles
    c.create_text(-475, -350, anchor='w', fill='red', text='Increment = {:,}'
                  .format(increment))
    c.create_text(-475, -325, anchor='w', fill='red',
                  text='Velocity as fraction of Light = {:,}'.format(SPEED))

    for years in range(increment, MAX_YEARS + 1, increment):
        time.sleep(0.5) # delay before posting new expansion circle
        traveled = SPEED * increment / UNIT
        r = r + traveled
        c.create_oval(x-r, y-r, x+r, y+r, fill='', outline='red', width='2')
        c.create_text(-475, text_y_loc, anchor='w', fill='red',
                      text='Years = {:,}'.format(years))
        text_y_loc += 20
        # update canvas for new circle; no longer need mainloop()
        c.update_idletasks()
        c.update()

def main():
    """Generate galaxy display, model empire expansion, run mainloop."""
    spirals(b=-0.3, r=disc_radius_scaled, rot_fac=2, fuz_fac=1.5, arm=0)
    spirals(b=-0.3, r=disc_radius_scaled, rot_fac=1.91, fuz_fac=1.5, arm=1)
    spirals(b=-0.3, r=-disc_radius_scaled, rot_fac=2, fuz_fac=1.5, arm=0)
    spirals(b=-0.3, r=-disc_radius_scaled, rot_fac=-2.09, fuz_fac=1.5, arm=1)
    spirals(b=-0.3, r=-disc_radius_scaled, rot_fac=0.5, fuz_fac=1.5, arm=0)
    spirals(b=-0.3, r=-disc_radius_scaled, rot_fac=0.4, fuz_fac=1.5, arm=1)
    spirals(b=-0.3, r=-disc_radius_scaled, rot_fac=-0.5, fuz_fac=1.5, arm=0)
    spirals(b=-0.3, r=-disc_radius_scaled, rot_fac=-0.6, fuz_fac=1.5, arm=1)
    star_haze(scalar=9)

    model_expansion()

    # run tkinter loop
    root.mainloop()

if __name__ == '__main__':
    main()
```

탐지를 피하기 위한 우회 방법

*rounded_*
*detection_*
practice.py

```python
"""Calculate probability of detecting 32 LY-diameter radio bubble given 15.6 M
randomly distributed civilizations in the galaxy."""
import math
from random import uniform, random
from collections import Counter

# length units in light-years
DISC_RADIUS = 50000
DISC_HEIGHT = 1000
NUM_CIVS = 15600000
DETECTION_RADIUS = 16

def random_polar_coordinates_xyz():
    """Generate uniform random xyz point within a 3D disc."""
    r = random()
    theta = uniform(0, 2 * math.pi)
    x = round(math.sqrt(r) * math.cos(theta) * DISC_RADIUS, 3)
    y = round(math.sqrt(r) * math.sin(theta) * DISC_RADIUS, 3)
    z = round(uniform(0, DISC_HEIGHT), 3)
    return x, y, z

def rounded(n, base):
    """Round a number to the nearest number designated by base parameter."""
    return int(round(n/base) * base)

def distribute_civs():
    """Distribute xyz locations in galactic disc model and return list."""
    civ_locs = []
    while len(civ_locs) < NUM_CIVS:
        loc = random_polar_coordinates_xyz()
        civ_locs.append(loc)
    return civ_locs

def round_civ_locs(civ_locs):
    """Round xyz locations and return list of rounded locations."""
    # convert radius to cubic dimensions:
    detect_distance = round((4 / 3 * math.pi * DETECTION_RADIUS**3)**(1/3))
    print("\ndetection radius = {} LY".format(DETECTION_RADIUS))
    print("cubic detection distance = {} LY".format(detect_distance))

    # round civilization xyz to detection distance
    civ_locs_rounded = []

    for x, y, z in civ_locs:
        i = rounded(x, detect_distance)
        j = rounded(y, detect_distance)
        k = rounded(z, detect_distance)
        civ_locs_rounded.append((i, j, k))

    return civ_locs_rounded
```

```
def calc_prob_of_detection(civ_locs_rounded):
    """Count locations and calculate probability of duplicate values."""
    overlap_count = Counter(civ_locs_rounded)
    overlap_rollup = Counter(overlap_count.values())
    num_single_civs = overlap_rollup[1]
    prob = 1 - (num_single_civs / NUM_CIVS)

    return overlap_rollup, prob

def main():
    """Call functions and print results."""
    civ_locs = distribute_civs()
    civ_locs_rounded = round_civ_locs(civ_locs)
    overlap_rollup, detection_prob = calc_prob_of_detection(civ_locs_rounded)
    print("length pre-rounded civ_locs = {}".format(len(civ_locs)))
    print("length of rounded civ_locs_rounded = {}".format(len(civ_locs_rounded)))
    print("overlap_rollup = {}\n".format(overlap_rollup))
    print("probability of detection = {0:.3f}".format(detection_prob))

    # QC step to check rounding
    print("\nFirst 3 locations pre- and post-rounding:\n")
    for i in range(3):
        print("pre-round: {}".format(civ_locs[i]))
        print("post-round: {} \n".format(civ_locs_rounded[i]))

if __name__ == '__main__':
    main()
```

챕터 11: 몬티 홀 문제

생일 역설

*birthday
_paradox
_practice.py*

```
"""Calculate probability of a shared birthday per x number of people."""
import random

max_people = 50
num_runs = 2000

print("\nProbability of at least 2 people having the same birthday:\n")

for people in range(2, max_people + 1):
    found_shared = 0
    for run in range(num_runs):
        bdays = []
        for i in range(0, people):
            bday = random.randrange(0, 365)  # ignore leap years
            bdays.append(bday)
        set_of_bdays = set(bdays)
        if len(set_of_bdays) < len(bdays):
            found_shared += 1
    prob = found_shared/num_runs
```

```
        print("Number people = {} Prob = {:.4f}".format(people, prob))

print("""
According to the Birthday Paradox, if there are 23 people in a room,
there's a 50% chance that 2 of them will share the same birthday.
""")
```

챕터 13: 외계 화산 시뮬레이션

끝장 보기

practice_45.py

```python
import sys
import math
import random
import pygame as pg

pg.init()  # initialize pygame

# define color table
BLACK = (0, 0, 0)
WHITE = (255, 255, 255)
LT_GRAY = (180, 180, 180)
GRAY = (120, 120, 120)
DK_GRAY = (80, 80, 80)

class Particle(pg.sprite.Sprite):
    """Builds ejecta particles for volcano simulation."""

    gases_colors = {'SO2': LT_GRAY, 'CO2': GRAY, 'H2S': DK_GRAY, 'H2O': WHITE}

    VENT_LOCATION_XY = (320, 300)
    IO_SURFACE_Y = 308
    GRAVITY = 0.5  # pixels-per-frame
    VELOCITY_SO2 = 8  # pixels-per-frame

    # scalars (SO2 atomic weight/particle atomic weight) used for velocity
    vel_scalar = {'SO2': 1, 'CO2': 1.45, 'H2S': 1.9, 'H2O': 3.6}

    def __init__(self, screen, background):
        super().__init__()
        self.screen = screen
        self.background = background
        self.image = pg.Surface((4, 4))
        self.rect = self.image.get_rect()
        self.gas = 'SO2'
        self.color = ''
        self.vel = Particle.VELOCITY_SO2 * Particle.vel_scalar[self.gas]
        self.x, self.y = Particle.VENT_LOCATION_XY
        self.vector()
```

```python
    def vector(self):
        """Calculate particle vector at launch."""
        angles = [65, 55, 45, 35, 25]  # 90 is vertical
        orient = random.choice(angles)
        if orient == 45:
            self.color = WHITE
        else:
            self.color = GRAY
        radians = math.radians(orient)
        self.dx = self.vel * math.cos(radians)
        self.dy = -self.vel * math.sin(radians)  # negative as y increases down

    def update(self):
        """Apply gravity, draw path, and handle boundary conditions."""
        self.dy += Particle.GRAVITY
        pg.draw.line(self.background, self.color, (self.x, self.y),
                     (self.x + self.dx, self.y + self.dy))
        self.x += self.dx
        self.y += self.dy
        if self.x < 0 or self.x > self.screen.get_width():
            self.kill()
        if self.y < 0 or self.y > Particle.IO_SURFACE_Y:
            self.kill()

def main():
    """Set up and run game screen and loop."""
    screen = pg.display.set_mode((639, 360))
    pg.display.set_caption("Io Volcano Simulator")
    background = pg.image.load("tvashtar_plume.gif")

    # Set up color-coded legend
    legend_font = pg.font.SysFont('None', 26)
    text = legend_font.render('White = 45 degrees', True, WHITE, BLACK)


    particles = pg.sprite.Group()

    clock = pg.time.Clock()

    while True:
        clock.tick(25)
        particles.add(Particle(screen, background))
        for event in pg.event.get():
            if event.type == pg.QUIT:
                pg.quit()
                sys.exit()

        screen.blit(background, (0, 0))
        screen.blit(text, (320, 170))

        particles.update()
        particles.draw(screen)

        pg.display.flip()
```

```
    if __name__ == "__main__":
        main()
```

챕터 16: 벤포드의 법칙을 이용한 위조 탐지

벤포드 이기기

*beat_benford
_practice.py*

```python
"""Manipulate vote counts so that final results conform to Benford's law."""

# example below is for Trump vs. Clinton, Illinois, 2016 Presidental Election

def load_data(filename):
    """Open a text file of numbers & turn contents into a list of integers."""
    with open(filename) as f:
        lines = f.read().strip().split('\n')
        return [int(i) for i in lines]  # turn strings to integers

def steal_votes(opponent_votes, candidate_votes, scalar):
    """Use scalar to reduce one vote count & increase another, return as lists.

    Arguments:
    opponent_votes - votes to steal from
    candidate_votes - votes to increase by stolen amount
    scalar - fractional percentage, < 1, used to reduce votes

    Returns:
    list of changed opponent votes
    list of changed candidate votes

    """
    new_opponent_votes = []
    new_candidate_votes = []
    for opp_vote, can_vote in zip(opponent_votes, candidate_votes):
        new_opp_vote = round(opp_vote * scalar)
        new_opponent_votes.append(new_opp_vote)
        stolen_votes = opp_vote - new_opp_vote
        new_can_vote = can_vote + stolen_votes
        new_candidate_votes.append(new_can_vote)
    return new_opponent_votes, new_candidate_votes


def main():
    """Run the program.

    Load data, set target winning vote count, call functions, display
    results as table, write new combined vote total as text file to
    use as input for Benford's law analysis.

    """
    # load vote data
    c_votes = load_data('Clinton_votes_Illinois.txt')
```

```python
    j_votes = load_data('Johnson_votes_Illinois.txt')
    s_votes = load_data('Stein_votes_Illinois.txt')
    t_votes = load_data('Trump_votes_Illinois.txt')

    total_votes = sum(c_votes + j_votes + s_votes + t_votes)


    # assume Trump amasses a plurality of the vote with 49%
    t_target = round(total_votes * 0.49)
    print("\nTrump winning target = {:,} votes".format(t_target))

    # calculate extra votes needed for Trump victory
    extra_votes_needed = abs(t_target - sum(t_votes))
    print("extra votes needed = {:,}".format(extra_votes_needed))

    # calculate scalar needed to generate extra votes
    scalar = 1 - (extra_votes_needed / sum(c_votes + j_votes + s_votes))
    print("scalar = {:.3}".format(scalar))
    print()

    # flip vote counts based on scalar & build new combined list of votes
    fake_counts = []
    new_c_votes, new_t_votes = steal_votes(c_votes, t_votes, scalar)
    fake_counts.extend(new_c_votes)
    new_j_votes, new_t_votes = steal_votes(j_votes, new_t_votes, scalar)
    fake_counts.extend(new_j_votes)
    new_s_votes, new_t_votes = steal_votes(s_votes, new_t_votes, scalar)
    fake_counts.extend(new_s_votes)
    fake_counts.extend(new_t_votes)  # add last as has been changing up til now

    # compare old and new vote counts & totals in tabular form
    # switch-out "Trump" and "Clinton" as necessary
    for i in range(0, len(t_votes)):
        print("old Trump: {} \t new Trump: {} \t old Clinton: {} \t " \
            "new Clinton: {}".
            format(t_votes[i], new_t_votes[i], c_votes[i], new_c_votes[i]))
        print("-" * 95)
    print("TOTALS:")
    print("old Trump: {:,} \t new Trump: {:,} \t old Clinton: {:,}  " \
        "new Clinton: {:,}".format(sum(t_votes), sum(new_t_votes),
                                    sum(c_votes), sum(new_c_votes)))

    # write out a text file to use as input to benford.py program
    # this program will check conformance of faked votes to Benford's law
    with open('fake_Illinois_counts.txt', 'w') as f:
        for count in fake_counts:
            f.write("{}\n".format(count))


if __name__ == '__main__':
    main()
```

호기심을 풀어보는
신비한 파이썬 프로젝트

1판 1쇄 발행   2020년 5월 22일

저   자 | Lee Vaughan
역   자 | 전인표
발 행 인 | 김길수
발 행 처 | (주)영진닷컴
주   소 | 서울 금천구 가산디지털2로 123 월드메르디앙벤처센터 2차
          10층 1016호 (우)08505
등   록 | 2007. 4. 27. 제16-4189호

ISBN | 978-89-314-6208-1

YoungJin.com Y.
영진닷컴

The Electronic Frontier Foundation (EFF) is the leading organization defending civil liberties in the digital world. We defend free speech on the Internet, fight illegal surveillance, promote the rights of innovators to develop new digital technologies, and work to ensure that the rights and freedoms we enjoy are enhanced — rather than eroded — as our use of technology grows.

EFF.ORG

ELECTRONIC FRONTIER FOUNDATION

Protecting Rights and Promoting Freedom on the Electronic Frontier